LES

RUES DE PARIS

PARIS ANCIEN ET MODERNE

PARIS. TYPOGRAPHIE DE WITTERSHEIM,
RUE MONTMORENCY, N° 8.

LES
RUES DE PARIS

PARIS ANCIEN ET MODERNE

ORIGINES, HISTOIRE

MONUMENTS, COSTUMES, MŒURS, CHRONIQUES ET TRADITIONS

OUVRAGE

RÉDIGÉ PAR L'ÉLITE DE LA LITTÉRATURE CONTEMPORAINE

SOUS LA DIRECTION DE

LOUIS LURINE

et illustré de 300 dessins exécutés par les artistes les plus distingués

---

TOME PREMIER

PARIS

G. KUGELMANN, ÉDITEUR, 25, RUE JACOB

1844

A TRAVERS LES RUES.

La littérature française a essayé bien des fois de reproduire par le roman, par l'anecdote, par la satire, par la comédie, la physionomie éclatante, l'individualité merveilleuse de la grande cité parisienne; de nobles esprits, des écrivains d'élite, à toutes les époques de notre histoire littéraire, ont esquissé les traits du caractère et de la figure des Parisiens de leur siècle.

Les silhouettes de Tallemant des Réaux, les originaux copiés par Labruyère, les ridicules surpris par l'œil perçant de Lesage, les fictions transparentes de La Fontaine, les délicieuses fantaisies de cette immortelle caillette qui a nom madame de Sévigné, les personnages vivants de Molière, les héros déshabillés de Saint-Simon, les peintures exagérées de Mercier, de Sainte-Foix et de Rétif de La Bretonne, les observations ingénieuses de notre littérature contemporaine, ont passé tour à tour sur la toile mobile du tableau de Paris, en y laissant tomber de l'esprit, de l'imagination, de la verve, de la malice, de la haine, quelquefois un peu de morale, et souvent beaucoup de génie.

Les peintres *à la plume*, dont je parle, s'efforcent, à l'exemple du Diable boiteux, d'étaler à nos yeux, au travers des toits de la ville, les mœurs, les habitudes, les modes, les amours et les vices de la personnalité parisienne : comme l'immortel Asmodée, ils s'ingénient à regarder, de près et de loin, dans le salon, dans l'antichambre et dans l'alcôve des maisons de Paris; ils braquent la lunette de l'observation, comique ou sévère, sur le théâtre, sur l'église et sur le prétoire; ils fouillent des yeux, et par la pensée, dans les prisons, dans les hospices, dans les bagnes, chez le pauvre et chez le riche, chez les grands et chez les petits, chez le roi et chez le peuple, partout où l'on pleure, où l'on crie, où l'on chante, où l'on pense, où l'on aime, où l'on calomnie, où l'on vole, où l'on tue, où l'on souffre, où l'on travaille, en se pressant de vivre pour mourir.

Eh bien! à cette vaste collection de dessins, de caricatures ou de portraits, d'usages, de lois, d'idées, de modes, de vilenies, de passions, de souffrances et de sottises; à toutes ces couleurs si brillantes, si capricieuses et si variées; à ces mille coups de pinceau qui doivent servir à retracer à nos yeux le spectacle des sociétés parisiennes, il a manqué peut-être, selon moi, la peinture historique de ces rues de Paris où ont marché, en des appareils si divers, les originaux que l'on a essayé de faire revivre dans le monde de l'observation littéraire.

Le cadre de cette nouvelle et difficile publication embrassera Paris tout entier et son immense histoire : nous pénétrerons dans les boues marécageuses de la primitive Lutèce ; nous passerons devant le seuil des maisons moins grossières du Paris des rois Francs ; autour du sombre et fétide berceau de la cité, nous verrons s'élever, sur les bords de la Seine, deux villes rivales, deux sœurs jumelles, qui protégeront la triste vieillesse de leur mère ; nous marcherons dans la fange et dans la fumée des rues de Paris du xie siècle ; nous foulerons les premiers pavés de la ville de Philippe-Auguste ; nous nous hasarderons, en tremblant, dans le terrible Paris du moyen-âge ; nous saluerons le Paris de François Ier, le Paris de la renaissance ; nous coudoierons les Parisiens du grand siècle, de la Régence et de la Révolution ; nous tenterons de ressusciter le cadavre archéologique de Paris ; enfin, nous assisterons, par l'étude, à la naissance, au développement, à l'agrandissement merveilleux de la misérable cité d'autrefois, s'élevant, s'élevant toujours jusqu'aux proportions splendides de la capitale du monde.

Le livre *des Rues de Paris* s'adressera, comme le disait naguère l'intelligent éditeur qui ose entreprendre un pareil ouvrage : à l'historien, par le récit des évènements publics ; au penseur, par les enseignements de l'histoire ; au philosophe, par le souvenir du travail, de la lutte et du progrès ; à l'artiste, par l'étude et la reproduction exacte de monuments ; à l'antiquaire, par l'esquisse rétrospective des ruines et des reliques nationales ; aux femmes, par la curiosité du roman et de la mode ; à l'homme du monde, par le charme d'une science facile ; à l'homme du peuple, par les chroniques et les traditions populaires ; à l'étranger, au voyageur, par les indications les plus complètes et les plus magnifiques sur la cité moderne qu'il viendra voir.

A chaque pas, en effet, au détour de chaque rue, les yeux fixés sur l'écriteau qui porte son nom, il vous sera facile de déchiffrer, ce livre à la main, une page de l'histoire morale, intellectuelle, politique ou religieuse de la ville de Paris. Si cela vous intéresse, les vieilles rues s'empresseront de vous parler de l'invasion des Normands, de la lutte des Bourguignons et des Armagnacs, du règne des Anglais en France, ou du siége de Paris par Henri IV. Voulez-vous d'autres récits, d'autres drames, d'autres tableaux historiques? Voyez un peu, au hasard, en courant, à vol d'oiseau : derrière les pilliers des halles, voici le berceau de Molière, et vous songez aussitôt au génie, à la gloire, aux douleurs du grand poète comique de Louis XIV ; le marché des Innocents n'est par loin, ce me semble, et voilà Jean Goujon qui va mourir sur un échafaud d'une magificence assez rare, sur un échafaud de pierre sculptée, dont il a su faire un admirable chef-d'œuvre ; la rue de Bièvre, habitée autrefois par Dante Alighieri, ne doit-elle pas conserver, dans un souvenir, un rayon de l'immortalité de l'exilé de Florence? La mort de Coligny, dans la rue Béthisy, est toute pleine d'une terrible histoire où vont figurer l'Église et la Réforme, le Pape et Luther, Henri de Navarre et la Ligue, histoire politique et religieuse dont le dénouement se fera tout-à-l'heure, au bruit de l'arme intolérante de Charles IX ; du quai du vieux Louvre, où le fanatisme assassinait le peuple, à la rue de la Ferronnerie, où un fanatique assassinait un roi, il n'y a guère que la distance du poignard de Ravaillac.

Je viens de nommer le roi Charles IX: n'est-ce pas là une royauté qui se trouve tout entière dans le drame mystique de la Saint-Barthélemy, et les acteurs de cette tragédie royale et populaire, bourreaux, comparses ou victimes, n'ont-ils pas représenté leurs personnages dans le sang et dans la boue des rues de Paris? C'est une ville immense qui va servir de théâtre au spectacle des *Vépres Parisiennes*.

Le prologue de la Saint-Barthélemy se joue dans les fossés Saint-Germain-l'Auxerrois, deux jours avant la représentation de la grande pièce, imaginée par des collaborateurs que l'on appelle Catherine de Médicis, Charles IX, le duc d'Anjou, le cardinal de Lorraine, les Guise, le duc d'Albe, le pape Pie IV et le roi d'Espagne Philippe II.... Ce jour-là, à la première scène du prologue, le crédule amiral de Coligny passe lentement, un mémoire à la main, dans la rue des Fossés-Saint-

Germain-l'Auxerrois; un coup d'arquebuse part aussitôt de la maison de Villemur, l'ancien précepteur du duc de Guise, et deux balles atteignent le vénérable passant; on le porte dans son hôtel de la rue Béthisy; Ambroise Paré lui coupe le pouce

de la main droite; le roi, la reine-mère et la cour viennent rendre une visite à l'illustre blessé; Catherine de Médicis le console et le flatte, en lui promettant une *vengeance si exemplaire, que jamais elle ne s'effacera de la mémoire des hommes;* Charles IX lui dit en l'embrassant : *Mon père, la blessure est pour vous; la douleur est pour moi!* Et comme l'innocent amiral s'avise de se plaindre des catholiques, de ses ennemis, de ses assassins, Sa Majesté daigne lui répondre : *Mon père, vous vous échauffez un peu trop; cela pourra nuire à votre santé.* — Tudieu! quel bon roi, quel excellent ami, quel charitable médecin que ce Charles IX !

Au rideau ! au rideau ! voici le drame dans les rues. Le 24 août, un dimanche, à trois heures du matin, l'église de Saint-Germain-l'Auxerrois fait entendre le *tocsin* des *massacreurs*, en guise d'ouverture, et la tragédie commence ; le premier acte se passe encore dans l'hôtel de l'amiral de Coligny.

Un gentilhomme, un serviteur fidèle s'écrie, en s'adressant à son noble maître : *Monseigneur, on nous égorge, on nous fusille ; c'est Dieu qui nous apelle à soi ; on a forcé le logis, et n'y a moyen de résister.* — *Je suis disposé à mourir*, répond le huguenot : *vous autres, sauvez-vous !*

Coligny reste seul ; un assassin nommé Besme s'avance vers lui, une épée à la main : *N'es-tu pas l'amiral ? — C'est moi ! frappe ! En me tuant, tu ne me feras perdre que bien peu de jours !*

Dans la cour de l'hôtel, une voix retentissante interpelle le meurtrier : *Besme, as-tu achevé ?* — Besme se penche à la croisée pour lui répondre : *C'est fait, monseigneur !* — *Jette son cadavre par la fenêtre !* réplique le duc de Guise.

Et soudain, le corps de l'amiral de Coligny tombe sur le pavé de la cour ; le visage du malheureux vieillard est abîmé par le sang et par la boue ; on l'essuie avec un mouchoir, pour mieux le reconnaître, et le duc de Guise se prend à dire, en le reconnaissant à merveille : *C'est bien lui !* — N'est-ce point là une belle fin de premier acte ?

Dès ce moment, l'imbroglio sanglant se déroule sur les places publiques, sur les quais, dans toutes les rues de Paris ; la pièce dure trois jours, ni plus ni moins, et la toile tombe lentement, bien lentement, sur le tableau de quelques milliers de personnes que l'on égorge, ou que l'on a égorgées au nom du roi.

Les auteurs de la pièce s'imaginent peut-être qu'elle n'a pas assez brillamment réussi, et plus tard, Louis XIV lui-même se chargera de prendre leur revanche dans un grand ouvrage politique intitulé : *La révocation de l'édit de Nantes*.

Quelles scènes à raconter, bon Dieu ! à propos de la Saint-Barthélemy, pour l'historien qui écrira, dans ce livre, l'histoire des *quais de Paris !*

S'il vous est possible d'oublier, un instant, ce vaste abattoir où l'on assomme, avec une croix catholique, les hommes, les consciences et les idées, prenez garde à cet étranger, à cet Italien qui passe noblement sur le seuil du Louvre : inclinez-vous devant la majesté du génie ; adorez, avec toute la poésie de votre cœur, un poète que l'on nomme le Tasse, une royauté charmante, que le cardinal d'Este vient d'introduire à la cour horrible de Charles IX.

Vous plaît-il d'assister tour à tour, à des époques bien différentes l'une de l'autre, à l'empoisonnement de Gabrielle, aux jeux d'esprit du café Procope, ou à la première représentation du *Mariage de Figaro*? Entrez vite dans la *rue de l'Ancienne Comédie*, qui est en même temps la *rue des Fossés-Saint-Germain-des-Prés* : vous y trouverez encore la façade de l'ancien théâtre ; vous y trouverez le célèbre Café-bel-Esprit du xviiie siècle, où les étudiants d'aujourd'hui jouent au domino sur la fameuse table de Voltaire. Un pauvre auteur comédien, dont il ne nous sied pas de juger, dans ce livre, les opinions et le courage, la vie et la mort, demeura, durant les premiers mois de son séjour à Paris, dans la rue de l'Ancienne-Comédie : ce fut là peut-être que naquit, dans la pensée et sous la plume du poète, le *Philinte de Molière*, la meilleure création dramatique de Fabre-d'Églantine. — Fabre paya de sa tête l'honneur d'avoir inventé le calendrier révolutionnaire. Passez par la rue Dauphine, traversez l'immense carrefour suspendu que l'on appelle le Pont-Neuf, demandez la rue des Fossés-Saint-Germain-l'Auxerrois, frappez à la plus belle porte de l'impasse Sourdis, et vous croirez entendre le dernier soupir de la plus séduisante maîtresse de Henri IV.

Marchons toujours : le cul-de-jatte Scarron riait et faisait de l'esprit, en souffrant, dans la *rue de la Tixeranderie* ; c'est de là que sont sortis le *Roman Comique* pour amuser le peuple, et madame de Maintenon pour amuser un roi qui n'était plus amusable, suivant elle. Dans cette maison qui fait l'angle de la *rue de l'École-de-Médecine*, l'on entendait, il n'y a pas longtemps de cela, une voix éclatante qui n'était rien moins que la voix révolutionnaire de Danton, et, sur le seuil de cette porte, Charlotte Corday aiguisait peut-être, au

coin d'une borne, le couteau qu'elle destinait à Marat. Cette maison, embellie par le ciseau de Jean Gougon, dans la *rue Culture-Sainte-Catherine*, c'est l'hôtel de Carnavalet, de spirituelle mémoire; c'est la demeure littéraire de l'adorable marquise et de sa fille adorée, la comtesse de Grignan; c'est le bureau d'esprit de madame de Lafayette, de La Rochefoucauld, de Bussy-Rabutin, de Fouquet, de Ponponne, de Corneille, du cardinal de Retz et de Condé; c'est de l'hôtel Carnavalet, c'est de la rue Culture-Sainte-Catherine, par ces croisées que vous voyez encore entr'ouvertes, que se sont envolées, une à une, le matin, le soir, à toutes les heures du jour et de la nuit, ces charmantes feuilles de papier rose, ces lettres délicieuses, qui sont tout simplement les chefs-d'œuvre de madame de Sévigné. A l'autre bout de la ville, sur le *quai Voltaire*, au coin de la rue de Beaune, l'ancien hôtel de Villette, abîmé par le marteau de la bande noire, a servi d'habitation triomphale à l'auteur de *Zaïre* et de *Candide*. Près de mourir, le souverain philosophe du xviiie siècle fit graver, sur les vitres de sa chambre mortuaire, cette inscription que vous pouvez y lire encore : « La vie est un songe ! » — Quel rêveur, que celui dont les rêves d'esprit faisaient penser les hommes et les peuples éveillés !

Dans le cadre des légendes religieuses et des traditions terribles, la *rue des Martyrs* se glorifiera d'avoir vu marcher saint Denis, allant demander à Dieu, sa tête à la main, le glorieux salaire de ses souffrances; la *rue du Martroy* nous montrera le chemin ensanglanté qui conduisait au calvaire de la Grève; les pèlerins qui s'en allaient adorer le saint sépulcre, ou qui revenaient déjà de la Terre-Sainte, faisaient une pieuse station dans la *rue de Jérusalem*, sans deviner, hélas ! tout ce qu'il y aurait un jour de triste, de nécessaire et d'horrible dans les murs de cette Jérusalem nouvelle; la *rue d'Enfer* nous révélera les mystères de sa lutte contre Satan : dans les bruits de la tentation infernale, nous entendrons encore les murmures des jeunes filles possédées... je ne sais de quel bon diable, les exorcismes des pères Chartreux et les ardentes prières du roi saint Louis; de la superstition au fanatisme, il n'y avait, dans ce temps-là, que la distance d'un bûcher : le pétillement des flammes de la *place Dauphine* ne nous empêchera pas d'entendre les derniers adieux, les malédictions suprêmes du grand-maître Jacques Molay à Philippe-le-Bel.

Si l'odeur du sang de la *place de Grève* vous inspire le goût des hautes-œuvres de la justice, exécutées par les supplices de tous les temps, le bourreau consentira, pour vous plaire, à pendre un malheureux dans la *rue de l'Échelle;* il vous gratifiera du spectacle de l'*Estrapade*, sur la place qui porte ce nom : il fera bouillir un faux monnoyeur dans la chaudière de la *rue de l'Échaudé;* il coupera la langue, il percera les oreilles d'un patient dans la *rue Guillory;* en voyant les quatre chevaux qui écartèlent un innocent ou un coupable, à la fameuse *Croix du Trahoir,* n'allez pas vous écrier, à l'impitoyable façon d'une grande dame du xviii⁰ siècle : Pauvres bêtes !... comme elles se donnent du mal !

Si des gouttelettes de sang et de boue ont rejailli sur vos habits, sur vos mains et jusque sur votre visage, autour de ces échafauds, de ces piloris, de ces fourches patibulaires d'autrefois, que l'on appelle des *justices, grandes* et *petites;* si cette lourde atmosphère, imprégnée de miasmes et de souillures, toute pleine des derniers soupirs et des derniers blasphèmes du crime, pèse sur votre cœur et vous étouffe, nous pouvons aller de ce pas nous soulager, en nous purifiant, dans les baignoires de la *rue des Vieilles-Etuves;* après cela, nous aurons encore assez de temps pour nous distraire aux jeux publics de la *rue du Mail* et de la *rue des Poulies.* Mais, dépêchons-nous, s'il vous plaît, et n'allons pas chercher midi à quatorze heures dans la *rue du Cherche-Midi;* aussi bien, la nuit ne se fera pas attendre, et j'ai toujours peur de passer, après le coucher du soleil, dans la *rue de la Truanderie,* où les gueux importunent les honnêtes gens par l'étalage de toutes sortes d'affreuses misères; dans la *rue des Mauvaises Paroles,* où l'argot m'a déjà poursuivi de ses barbares sottises; dans la *rue Tire-Chappe,* où les filous s'entendent comme il sied à des larrons en foire; dans la *rue Mauconseil,* où la faim et le vice conseillent aux voleurs et aux meurtriers de détrousser, en les tuant, les riches bourgeois de la bonne ville.

N'est-ce pas une tradition tout-à-fait romanesque, un souvenir charmant que nous allons devoir à la *rue de la Jussienne,* ou plutôt, *rue de l'Égyptienne?* L'on croirait que les deux héroïnes de *Notre-Dame de Paris,* ce beau roman d'un grand poète, ont figuré pour la première fois dans la fange de cette petite rue : il s'agit en effet d'une chèvre et d'une jeune fille. Imaginez qu'un jour une pauvre enfant de Bohême, ne sachant plus où elle va, ne sachant plus d'où elle vient, comme tous

A travers les rues.

les Bohémiens et comme toutes les hirondelles de ce monde, apparaît tout à coup sur le petit pont de l'égoût qui a donné son nom à la *rue du Ponceau ;* la foule se presse autour de la jolie bohémienne : on caresse la chèvre, et bien des passants voudraient caresser la jeune fille ; trois hommes surtout, en des costumes bien divers, avec une courtoisie et des manières bien différentes, la poursuivent de leurs compliments, de leurs œillades et de leurs vilains désirs ; l'un est un arquebusier du roi : il est jeune, il est grand, il est beau, et je crois, Dieu me pardonne ! que l'Égyptienne lui sourit à la dérobée ; l'autre est un malheureux de la *Vallée-de-Misère :* il est vieux, il est gros, il est difforme, et je crains bien qu'il ne soupire, qu'il ne pleure longtemps pour les beaux yeux de la cruelle jeune fille ; le troisième, qui le croirait ! le troisième est un homme d'église : il porte la robe d'un moine ; on le respecte, on le craint et on le salue ; il n'y a que la jeune fille qui ait dédaigné de le saluer.

Le soldat, le prêtre et le truand marchent sur les pas de l'Égyptienne, l'un derrière l'autre, à distance, comme il sied à des gens qui ne se ressemblent point : la robe du moine touche à la robe de la jeune fille ; l'arquebusier amoureux est plus près d'elle qu'on ne le pense ; le truand est le plus à plaindre : il aime, il souffre, il se désespère et il vient le dernier !... N'est-ce point là Phœbus ? Avez-vous deviné Claude Frollo ? Avez-vous reconnu le misérable sonneur de Notre-Dame ?

Si vous avez admiré le roman moderne, vous savez à peu près la fin de cette vieille histoire : la vierge à la chèvre adora l'arquebusier infidèle ; le moine se vengea de la jeune fille, avec l'aide du bourreau, en l'accusant d'une sorcellerie qui n'était guère que celle de la jeunesse et de la beauté ; le truand seul pleura la Bohémienne, et un soir, quand il reparut dans la *Cour des Miracles,* les gueux se moquèrent de lui, parce qu'ayant faim, il donnait à manger à une chèvre. — Voilà l'origine de la *rue de la Jussienne.*

Puisque nous marchons au hasard dans les rues mystérieuses du vieux Paris, n'oublions pas de consulter le grand Albert, qui commente Aristote sur une place publique ; quand nous en serons au Paris du xviiie siècle, nous consulterons la fameuse devineresse de la place Maubert, place maudite qui cache le nom fantastique de *Magnus Albertus;* voici un autre sorcier que l'on nomme Nicolas Flammel! et qui s'amuse à chercher *l'absolu,* dans son laboratoire, dans son enfer de la *rue Saint-Jacques-la-Boucherie;* pauvre et crédule Nicolas Flammel! la véritable pierre philosophale est là, tout près de toi, dans le creuset de l'usure, chez les banquiers de la *rue des Lombards;* la rue des Lombards, ce guêpier natal de l'usure parisienne, ce berceau enrubanné du *Fidèle Berger,* dont l'origine se cache dans les papillotes du règne de Louis XV. Chose étrange! Gilbert, le poète Gilbert, a préludé par des devises de confiseur,

dans une arrière-boutique de la rue des Lombards, à l'impitoyable satire des philosophes et de la philosophie!

Dans notre siècle, que l'on appelle une époque sans nom, et que l'on pourrait appeler, ce me semble, l'époque mêlée, il n'y a plus de hiérarchies, de degrés, de castes, ni de costumes, ni d'insignes, ni d'attributs, ni de religions. Dans la France, dans le Paris d'autrefois, chacun vit dans sa sphère, à la place qui lui est propre, dans la rue où est le privilége de son état, avec les apparences spéciales de son rang, de sa fortune et de son industrie, toujours sur le même échelon de cette grande échelle, couchée par terre, qui représente la société parisienne du vieux temps : société numérotée, enrégimentée, disciplinée, où l'ordre naît précisément de la division des classes, où l'unité trouve le moyen de sortir du fractionnement des droits, de l'inégalité des personnes, en confisquant les idées et les principes.

A ces causes, n'est-ce donc rien, pour les curieux, pour les observateurs, pour les hommes du monde du xixe siècle, que de pénétrer, sans peine, sans fatigue, dans l'histoire vivante des corporations, des arts et des métiers? histoire des marchands, des artisans et des bourgeois de Paris; histoire singulière qui commence dans une boutique, dans un atelier, dans une officine, par la lutte du travail contre le privilége, de l'industrie contre l'oisiveté, de la roture contre la noblesse, de l'intelligence contre l'argent, de la ville contre la cour, et qui se dénouera, tôt ou tard, sur une place publique, dans un dernier combat, dans une étreinte solennelle, entre les grands et les petits, entre les nobles et les bourgeois, entre un peuple nouveau et une royauté ancienne !

Puisqu'il s'agit en ce moment des corporations, des arts et des métiers, il nous faut remercier bien humblement, au nom des malades et des malheureux de tous les temps, le prévôt Jean Morin, qui créa le *bureau des pauvres*, avec des lettres-patentes du roi : le bureau des pauvres du xvie siècle est devenu aujourdhui le conseil-général des hospices. La vie publique de ce Jean Morin, et de bien d'autres prévôts des marchands de Paris, ne sera pas une histoire dépourvue d'intérêt et de charme, quand elle nous sera racontée au pied de la vieille tour de l'*Hôtel-de-Ville*, dont la première pierre fut posée par le prévôt de Viole, le 15 juillet 1533.

Entre nous, et la main sur la conscience, le sentiment du devoir ne nous oblige-t-il point à saluer, de la meilleure grâce du monde, une corporation d'élite que nous rencontrerons à chaque pas, dans les *rues de Paris*, et qui n'est autre que la célèbre compagnie du barreau parisien? Le savant, le légiste, l'historien, qui doit exhumer dans ce livre les chroniques du *Palais-de-Justice*, étalera devant nous, dans une glorieuse auréole, la robe des anciens avocats, robe illustre qui a protégé si souvent le peuple, le droit, la monarchie et la liberté !

Allons, debout! point de trêve, point de repos, marchons encore..... Voici le Paris de la renaissance, voici le Paris de François Ier, le Paris chevaleresque, le Paris de l'amour et de la poésie ! Dès ce moment, le marbre, le velours, les toiles peintes et la soie remplacent le fer et la pierre du moyen âge ; les arts inaugurent la grande ville ; les artistes, français ou étrangers, commencent à se promener dans les *rues de Paris;* François Ier envie la splendeur des Médicis, à Florence, et du pape Léon X, à Rome ; on fonde le *Collége de France;* on va construire le *Palais des Tuileries;* on répare, sur les dessins de Pierre Lescot, la vieille *Forteresse du Louvre*, pour y recevoir un hôte qui porte le titre d'empereur et le nom de Charles-Quint ; on institue l'*Imprimerie Royale*, que l'on confie à la direction de Robert Estienne ; Jules Romain, Léonard de Vinci, le Primatice, André del Sarto daignent visiter la cour de France, et la sombre majesté de la physionomie parisienne reflète quelque chose des magnificences de Chambord, de Fontainebleau et de Saint-Germain.

J'y songe. Vraiment! voici un beau spectacle, et bien digne d'un grand prince : ce brillant gentilhomme que vous voyez entrer dans la *rue Saint-Jean-de-Beauvais*, c'est François Ier, ni plus ni moins, qui s'en va faire l'éloge de l'imprimerie, et récompenser d'illustres imprimeurs, dans la modeste maison des Estienne !

A la fin du règne de Louis XIII, nous entrerons dans Paris, si vous voulez bien le permettre, par la *rue des Frondeurs*, le jour où s'élève précisément la première barricade de la Fronde ; nous passerons dans la *rue de Richelieu*, toute pleine de la grandeur d'un roi de France qui n'était pourtant qu'un simple prêtre, un simple ministre, un simple grand homme ; nous passerons par le *Palais-Royal*, que l'on appelait naguère le Palais-Cardinal ; nous visiterons le *Luxembourg*, le *Val-de-Grâce* et la *Sorbonne*, construits par l'ordre de Louis XIII ; nous assisterons à une séance de l'Académie Française, fondée par Richelieu, et rien ne nous empêchera de nous promener à plaisir, sur la *place Royale*, dans la foule des grands seigneurs, des grands courtisans et des grandes dames, au milieu des

beaux esprits, des beaux dangereux et des belles coquettes de ce temps-là.

La porte Saint-Denis, qui garde encore cette inscription : *Ludovico Magno*, n'est-elle pas une entrée magnifique pour arriver dans les rues du Paris de Louis XIV? La porte Saint-Denis me semble assez large, assez vaste, assez haute, pour que le grand roi lui-même y puisse passer, le sceptre à la main et la couronne sur la tête?

Sous le règne de Louis XIV, les hôtels splendides, les constructions utiles, les monuments magnifiques, les brillants costumes et les passants illustres abondent, comme par enchantement, dans toutes les rues de Paris : après avoir admiré la *colonnade du Louvre*, bâtie sur les dessins de Claude Perrault, et l'*hôtel des Invalides*, et les *Gobelins*, et l'*hôpital général*, et l'*Observatoire*, et la *place Vendôme*, et l'*église de Saint-Sulpice*, et le *jardin des Tuileries*, et les *Champs-Élysées*, et la *Bibliothèque Royale*, et le *pont Royal*, que sais-je ! nous admirerons encore, dans les rues de Paris, tous les personnages d'élite d'un siècle auguste, toutes les royautés de Louis XIV, tous les nobles fleurons de son étincelante couronne : Bossuet et Racine, La Fontaine et Despréaux, Molière et Corneille, Colbert et Lenôtre, Mansard et Le Puget, La Rochefoucauld et Pascal, Mallebranche et Massillon, Turenne, Jean Bart et d'Aguesseau, Sévigné, Maintenon, Montespan et Lafayette, tous les grands noms, toutes les gloires, toutes les splendeurs du grand siècle et du grand roi !

Les rues de Paris doivent au règne de Louis XV l'École militaire, Sainte-Geneviève, l'École de droit, la Halle au blé, l'Hôtel des Monnaies, la fontaine de Bouchardon, l'église Saint-Philippe-du-Roule, le palais Bourbon, le quartier de la Chaussée-d'Antin, la place Louis XV, le Garde-meubles, les boîtes de la petite poste et les réverbères.

Sous Louis XV, l'Académie Française tenait ses séances dans une des salles du Louvre, et lorsque M. d'Angivilliers fit semer de gazon la cour de ce palais, les *Nouvelles à la main* publièrent le quatrain suivant :

> Des favoris de la muse française,
> D'Angivilliers a le sort assuré ;
> Devant la porte il a fait croître un pré,
> Pour que chacun y pût paître à son aise.

Au xviiie siècle, c'est-à-dire sous le règne apparent de Louis XV, les rues de Paris, qui prenaient autrefois des noms de marchands, de bourgeois, d'officiers, d'évêques, de princes, de seigneurs, de chapelles, de fiefs, de monastères, d'hôtels royaux ou de supplices, commencèrent à se donner des titres littéraires et philosophiques : l'Encyclopédie et la Révolution n'étaient pas loin ; les rues de Paris ne devaient-elles pas à Voltaire, le véritable roi de France de cette époque, l'honneur qu'elles avaient fait à Louis XIV, le roi du dix-septième siècle ?

Sous le règne de Voltaire, les têtes parisiennes tournent au vent de la littérature sceptique et de la philosophie ; la grande ville semble vouloir prendre une face tout-à-fait nouvelle ; la cour est trop petite pour le palais de Versailles, et le château des Tuileries est presque trop grand pour la royauté de Louis XV ; la mode est à l'émancipation intellectuelle, politique, sociale ; on discute les vieilles croyances, les vieilles religions et les vieilles idées ; on se rit déjà, dans une double haie d'imprécations et de sarcasmes, des juges, des prêtres et des rois, du prétoire, de l'autel et du trône ; l'heure providentielle de vouloir et d'oser est à la fin venue : la grande ville se réveille, se lève, s'agite, et tâtonne sur un sol qui tremble ; alors, au milieu des rues de Paris, les volontés se cherchent, se rapprochent et se mettent en commun ; les intérêts personnels s'oublient et se taisent ; l'égoïsme de chacun disparaît et va se perdre dans l'égoïsme de tous ; en un pareil moment, les moyens de transport et de communication, si l'on peut s'exprimer ainsi, s'organisent au profit de cette pensée populaire qui germe, qui fermente, et qui veut éclore au soleil de l'égalité ; des liens réciproques se forment ou se fortifient ; de hautes initiatives président aux mouvements du peuple qu'elles aident, qu'elles provoquent, qu'elles répriment tour à tour et à leur gré ; la science, la littérature, la philosophie, le badinage et la mode, tout est mis à contribution pour le triomphe d'un principe ; Paris ouvre à deux larges battants ses salons, ses académies, ses cénacles, tous ses bureaux d'esprit, à cette foule d'incrédules et de railleurs raisonnables, dont l'influence est à la veille de conclure pour la liberté, sur des prémisses posées par les institutions et les siècles !

N'est-ce point là, bien pâle, bien rapide, bien incomplète sans doute, l'histoire du pressentiment public au xviiie siècle! N'est-ce point ainsi que commence, que grossit à vue d'œil, dans les rues de Paris, et que se précipite la grande association philosophique, ce fleuve terrible qui creuse son lit au travers de toutes les digues, de toutes les terres de la monarchie, qu'il balaye et qu'il féconde, en y apportant l'engrais de son limon révolutionnaire ?

Après cela, ma foi ! que vous dirai-je encore des rues de Paris ? Vous y verrez passer les grands hommes, les victimes, les héros d'une glorieuse et sanglante révolution ; vous y verrez figurer les personnages abâtardis, les mœurs, les coutumes et les folies ridicules du Directoire.

Vous y rencontrerez les géants qui reviennent d'Égypte et d'Italie ; vous y verrez parader, au milieu des applaudissements et des vivats de la foule, les soldats de l'Empire, qui obéissent à la voix d'un demi-dieu ; plus tard, vous tâcherez d'y rencontrer, le moins souvent possible, des étrangers, des ennemis armés qui se promènent avec délices dans la Campanie parisienne ; enfin, vous y saluerez, avec un noble orgueil, avec une joie patriotique, l'avènement d'une Révolution nouvelle qui s'élève sur le pavois populaire des barricades de Juillet, et vous ne sortirez, infatigables promeneurs, de l'enceinte de la ville moderne, que par cette dernière rue pavée de canons, que l'on appelle les Fortifications de Paris !

Certes ! je le disais bien : c'est là une belle histoire, l'histoire de la France tout entière racontée par les rues de Paris : histoire du peuple et de la bourgeoisie, dans les rues baptisées par des vilains et des marchands ; histoire des fiefs et des priviléges, dans les rues baptisées par l'opulence des nobles, des dignitaires et des seigneurs ; histoire de l'Église, dans les rues baptisées par les chapelles, par les images religieuses et par les couvents ; histoire de la servitude ou de la barbarie, dans les rues baptisées par un préjugé, par une persécution ou par un supplice ; histoire des états, des arts et des métiers, dans les rues baptisées par une boutique, par une industrie, par une enseigne ; histoire de l'administration et de la police, dans les rues baptisées par les officiers du parlement et de la ville ; histoire des grands hommes dont s'honore la France, dans les rues baptisées par le souvenir d'un nom illustre ou d'un chef-d'œuvre; histoire des luttes et des guerres nationales, dans les rues baptisées par une victoire ou par une conquête; histoire universitaire de Paris, dans les rues baptisées par un collége ou par une école; et, pour que rien ne manque aux détails, aux aperçus, aux inductions de cette histoire, la volonté de Henri IV, de Richelieu et de Louis XIV nous laissera deviner le premier mot de la centralisation parisienne dans les rues de Paris, baptisées, par ces trois souverains, du nom glorieux de chaque province française.

Dix-huit siècles vont nous répondre, pour ressusciter avec nous la grande ville de César, de Philippe-Auguste, de François Ier, de Louis XIV et de Napoléon! Tous ceux qui aiment encore la poésie des souvenirs, l'étude des sociétés éteintes, ou le spectacle de la vie contemporaine, viendront se promener, à coup sûr, au milieu des populations diverses qui doivent passer, une à une, avec les siècles, dans la poussière historique de ce monument littéraire.

L'on a dit bien souvent que l'on pourrait écrire une précieuse histoire de France avec des matériaux qui ne seraient que des noms propres : les collaborateurs de ce livre vont essayer de retrouver cette histoire dans les noms des *rues de Paris*.

Et pour ajouter encore un nouveau charme, un nouvel intérêt à la vérité rétrospective d'un pareil ouvrage, le génie de l'artiste secondera la science de l'historien, la fantaisie de l'observateur et l'imagination du poète. Nanteuil trouvera le moyen de faire sortir une scène dramatique et charmante du fond des vieilles chartes des rois, des cartulaires des églises et des registres des parlements; Jules David et Français embelliront la modeste origine d'une rue, en poétisant la prose d'un simple chroniqueur; lorsqu'il s'agira d'une narration instructive, Marckl et Baron arriveront bien vite à notre aide, pour la rendre ingénieuse, originale et amusante ; si nous avons peur des souillures secrètes ou publiques de certaines voies parisiennes, Daumier nous forcera de rire, en prêtant au vice d'autrefois les apparences d'une plaisanterie ou d'un ridicule ; si nous avons besoin d'assister à la résurrection poétique d'un monument, d'un palais, d'un édifice, d'une maison, abîmée par les siècles et par les orages, Lemercier et Godefroy relèveront tous ces Lazares de pierre, en les frappant du bout de leur merveilleuse baguette; quand il nous faudra vivre dans le Paris du dix-neuvième siècle, Gavarni nous donnera, sur le théâtre de la Mode, une représentation de la Petite Comédie Parisienne ; enfin, le crayon et la plume écriront ensemble, sur la même page, pour les yeux, pour la pensée, pour le caprice et pour le cœur.

Cette fois, du moins, le préjugé public aura raison : les artistes, les écrivains, les passants spirituels de la grande ville, que je précède et que je vous annonce, nous donneront le droit de dire, je l'espère : L'esprit court les rues !

Louis Lurine.

Place de l'Hôtel-de-Ville.

PLACE DE L'HOTEL-DE-VILLE.

Écoutez attentivement le bruit des faits, la voix des événements, le cri des populations, les grandes clameurs de la multitude, les agitations sourdes et latentes, les tumultes lointains, les murmures des chroniques et les échos de toute notre histoire; au fond de ces rumeurs, vous entendrez toujours bruire ou retentir ces mots : « L'Hôtel-de-Ville ! » Tantôt à la base, tantôt au sommet, ils sont partout, dans tous les lieux et dans tous les temps : c'est le cri de ralliement des émotions nationales. — Les nations et les cités ont-elles donc, comme les hommes, un visage et une âme? Ont-elles donc aussi une physionomie sur les traits de laquelle se reflètent toutes leurs impressions? Vraiment, on est porté à croire à cette individualité des peuples et des villes, lorsqu'on observe avec quelle persévérance tous les mouvements des sociétés viennent, pour chacune d'elles, graviter vers un centre commun.

A la naissance même de Paris, dès les premiers vagissements de l'antique Lutèce, nous voyons se former et s'établir cette prépondérance d'un endroit sur tous les autres. Une troupe d'hommes actifs et laborieux sort des forêts druidiques pour chercher un bien-être qu'elle ne trouve plus dans ces sombres retraites. Le fleuve attire d'abord leurs regards; leurs rudes instincts devinent tout de suite les avantages de ce moyen de communication; ils ont compris ce que Pascal dira plus tard : Les rivières sont des chemins qui marchent.

C'est sur *la Grève* que se posent les premières cabanes; les îles du fleuve voient construire les premières habitations, et lorsque tant de splendeur et de magnificence, à travers des phases si multipliées, si agitées et si diverses, auront remplacé ces humbles demeures, la Ville reconnaissante gardera pour emblème le signe de son origine, et le vaisseau d'argent dira, sur l'écusson de Paris, qu'il fut fondé par une colonie de bateliers et de pêcheurs. Sur la rive se dressera le palais de la Cité, et c'est là, en face de l'édifice municipal, qu'éclateront en cris d'allégresse ou en sanglots toutes les joies et toutes les souffrances du peuple. C'est là aussi qu'il viendra, tour à tour menaçant, irrité, calme, superbe, fort, puissant, résigné, exalté, abattu, vaincu ou triomphant, paisible ou tourmenté, sage ou en délire, réclamer ses droits, conquérir ses franchises, honorer la vertu, châtier le crime, gémir sur des désastres et célébrer ses fêtes, commencer, continuer et accomplir toutes ses révolutions.

Contre cette volonté civique, rien ne pourra prévaloir; tous les pouvoirs qui présideront aux destinées de la France s'inclineront devant l'Hôtel-de-Ville.

L'histoire de la place de l'Hôtel-de-Ville n'est pas seulement le premier chapitre de l'histoire de Paris dans son existence comme cité, c'est le sommaire le plus complet de l'histoire de France.

Il doit nous suffire d'indiquer ces idées, sans leur donner un développement qui s'éloignerait à la fois et du principe et du but de cet ouvrage, qui ne veut parcourir les âges passés et le temps présent que pour leur demander les souvenirs pittoresques et animés qui font revivre sous nos yeux les hommes et les choses.

Pour bien comprendre le langage des événements, il faut se rappeler que les premiers droits de la cité parisienne furent ses priviléges de commerce et de navigation sur la Seine; la conquête et toutes les dominations qui se succédèrent ne purent anéantir ces franchises, qui devaient être à la fois si fécondes et si stériles, mais qui furent toujours le gage assuré de son indépendance et de sa prospérité. Le peuple de Paris avait commis à son Hôtel-de-Ville ce dépôt sacré : c'était l'objet de sa sollicitude la plus vive et la plus constante; tout ce que la population ressentait la ramenait donc naturellement aux soins de cette défense ; l'Hôtel-de-Ville était comme le cœur de la cité, le siége de toutes ses émotions.

Les vicissitudes architectoniques de l'Hôtel-de-Ville ne présentent qu'un intérêt médiocre. Il n'est pas rare que l'aspect des monuments en raconte les annales; cette histoire est assurément plus grave, plus authentique et plus durable que celle qui nous est transmise par les livres; mais il est des édifices dont l'extérieur se prête mal à ces enseignements, c'est qu'ils n'ont pas été créés d'un seul jet; ils ne sont pas empreints du caractère d'une époque et ne peuvent point en reproduire le type; leur construction semble n'avoir pas été dirigée par une pensée unique; on croirait qu'ils sont nés du caprice et de la fantaisie. Tel est le style de l'Hôtel-de-Ville de Paris : il n'a rien qui puisse instruire avec sûreté ceux dont le regard l'interroge. Il faut bien le dire, il manque de grâce, sans avoir de dignité, et aucun de ses traits n'indique sa destination; il est aussi éloigné du goût que de la magnificence; des constructions récentes ont beaucoup fait pour sa parure et rien pour sa beauté.

Il n'en est pas ainsi du cadre au milieu duquel il est posé. La place de l'Hôtel-de-Ville a une figure qui lui est propre, sa physionomie est étrangement expressive, elle n'a laissé altérer aucun de ses traits, elle porte un de ces vieux visages dont chaque ride atteste le passage d'une passion.

Sa situation tient à l'origine même de Paris; dans les îles qu'elle regarde et sur les rives qu'elle touche, des huttes de pêcheurs ont tracé la première enceinte. Vis-à-vis d'elle sont nés les monuments qui témoignaient d'une grandeur future. Les églises, les monastères, le palais des rois, les asiles ouverts à la souffrance et à l'infortune, les grands logis de la noblesse, la maison de justice, les entrepôts des marchands et la maison des bourgeois se groupèrent autour d'elle ; elle devint le *forum* naturel de cette ville qui commençait à se montrer si puissante : le rôle qui lui appartenait dans l'histoire de Paris lui fut promptement tracé, et rien n'a pu l'en faire dévier : elle a fidèlement gardé la mémoire de tout ce qu'elle a vu.

Qu'importent après cela les récits de la tradition qui ont sèchement enregistré des titres d'acquisition, de transmission et de propriété, comme s'il ne s'agissait, dans l'existence de l'Hôtel-de-Ville de Paris, que de constater la légitimité du domaine? Les bourgeois eurent d'abord une *maison de la marchandise*; vers le milieu du treizième siècle, en 1357, ils achetèrent une maison qui avait appartenu à Philippe-Auguste ; on l'appelait la *maison aux piliers*, parce qu'elle était soutenue par de gros piliers : on la nommait aussi la *maison du dauphin*, parce qu'après avoir été prise par Philippe de Valois à la reine veuve de Louis-le-Hutin, elle avait été donnée à Guy, dauphin de Vienne. Réparée par les soins des prévôts des marchands et des échevins, cette maison, qu'on appelait indifféremment *maison de Ville* ou *maison de la Prévôté*, fut, en 1368, ornée de peintures par Jean de Blois. En 1380, sous le règne de Charles VI, deux cents Parisiens, habitants notables, réunis sous la présidence du prévôt des marchands, y faisaient entendre leurs doléances contre les violences exercées par les parents du roi. En 1533, Pierre de Viole, prévôt des marchands, posait la première pierre de l'Hôtel-de-Ville ; en 1553, Dominique de Cortone en poursuivait la construction ; en 1605, il était achevé par Dominique Bonardo, sous l'édilité de François Miron, prévôt des marchands.

En 1801, lorsque la préfecture du département de la Seine prit possession de l'Hôtel-de-Ville, l'édifice fut agrandi par la démolition de l'église de Saint-Jean-en-Grève et d'une partie des monuments de l'hôpital du Saint-Esprit. Aujourd'hui, des travaux considérables ont doublé son étendue, régularisé sa forme, et on fait de loyaux efforts pour donner à l'Hôtel-de-Ville de Paris des dehors dignes de la capitale de la France. Nous n'avons point à nous prononcer sur ces nouveaux accroissements ; ils n'occuperont notre attention que lorsque l'ordre de notre observation nous conduira à l'examen de la place de l'Hôtel-de-Ville, telle que l'ont faite les dernières modifications qu'elle a subies.

Nous sommes de ceux dont la réflexion obéit aux objets extérieurs et ne cherche point à leur faire violence ; dans nos lignes, c'est la place de l'Hôtel-de-Ville qui nous montrera elle-même les signes et les souvenances des événements dont elle a été le théâtre.

Par une belle et radieuse matinée de printemps de l'année 1381, une foule considérable était rassemblée à la halle de Paris, et dans les rues étroites qui entouraient ce vaste marché ; il y avait là force bourgeois et manants ; les marchandes s'étonnaient de cette affluence extraordinaire, et composée de gens qui paraissaient occupés de tout autre chose que de faire leurs provisions. Des groupes se formaient ; l'inquiétude, une anxiété universelle et des signes non équivoques de mécontentement se manifestaient partout ; on entendait déjà gronder la tempête populaire.

— Ils sont sans pitié, disait à ceux qui l'entouraient un marchand drapier ; ils nous accablent d'impôts, et je sais de bonne part qu'ils viennent encore de décréter de nouvelles taxes.

— Ils n'oseront pas les demander ! s'écria avec véhémence un boucher.

— Bah ! ils oseront tout ! Est-ce qu'ils ne sont pas les maîtres ?

— Nous verrons bien, murmuraient quelques voix...

— Vous verrez, reprit un homme au visage pâle et austère, vous verrez la ruine de la France, la nôtre, et celle de nos familles...

— Nos braves échevins ne le souffriront pas, répondirent quelques bourgeois.

— Vos échevins! Quel mal ont-ils empêché? Ne se sont-ils pas toujours contentés de satisfactions vaines, et n'ont-ils pas toujours blâmé nos efforts?... Ah! s'ils avaient laissé agir le bon peuple de Paris, ces princes, qui ont déjà volé la couronne, ne nous voleraient pas nos franchises, nos priviléges et notre argent.

Ce dernier mot produisit la commotion la plus vive; une clameur haute et terrible s'éleva de toutes parts; des cris partis de différents endroits lui répondirent, et il sembla que cette multitude allait s'ébranler. Aussitôt quelques hommes se détachèrent des groupes et se hâtèrent de calmer cette irritation; ils étaient accueillis avec impatience: mais l'autorité qu'ils exerçaient n'était point méconnue : c'étaient des bourgeois notables qui, par dessus toutes choses, redoutaient la sédition.

— Écoutez, dit un d'entre eux, le roi Charles VI...

— C'est un enfant : il n'a pas quatorze ans.

— Mais...

— Ses oncles règnent en sa place; le duc d'Anjou, le régent, dont la cupidité est insatiable, ne rêve qu'impôts et taxes, et, après nous avoir tout pris, il prétend fouiller nos maisons pour nous enlever jusqu'à nos dernières ressources.

— Ces mesures ont trouvé de l'opposition dans le conseil.

— Et que lui importe, à lui, qui brave toutes les volontés?

— Il y a eu des remontrances...

— Des pleurs d'enfants, qu'on n'écoute pas.

— L'impôt ne sera pas exigé...

— Et si je vous disais, maître Michaud, qu'il est déjà vendu à ceux qui doivent le percevoir, et que M. le duc d'Anjou a déjà touché le prix des taxes qu'il a cédées.

— Parlez plus bas, maître Bernard, j'aperçois des hommes de la cour.

Effectivement, quelques personnages portant, comme marque distinctive de leur noblesse, des chaînes d'or, parcouraient les groupes des bourgeois, sans parler, mais écoutant tous les propos; des archers se tenaient prêts à recevoir leurs ordres : c'étaient des officiers du palais.

Cependant l'émotion de la foule se calmait; des paroles rassurantes avaient dissipé les craintes et apaisé les ressentiments; déjà le calme se rétablissait, lorsque parut tout à coup, au milieu de la halle, un homme à cheval. Il portait une armure complète, mais sombre, sans devises et sans armoiries; la visière de son casque, à demi baissée, laissait à peine voir les traits de son visage; il tenait à la main droite un clairon, et sonna une fanfare qui attira autour de lui toute la population.

Lorsque le silence fut établi, il annonça que des voleurs venaient d'enlever les diamants de la couronne, et que dix marcs d'or étaient promis à ceux qui aideraient à découvrir les auteurs de ce vol... Puis, profitant de la surprise que causait cette proclamation, il ajouta, avec une voix qu'il sut rendre étrangement éclatante et formidable : « Et demain, habitants de Paris, l'impôt sera perçu ! »

Après avoir prononcé ces paroles, il perça la foule et partit au grand galop de son cheval, avant que les archers aient pu seulement faire une démonstration contre lui.

Ces mots soulevèrent la multitude ; elle s'émut comme un seul homme, et avec des cris horribles, elle s'élança vers les quais, et au-dessus de cet immense tumulte on entendait ces mots : « A l'Hôtel-de-Ville ! »

En un moment le flux populaire remplit toute la place de l'Hôtel-de-Ville ; il y arriva par le côté qui fait face à l'édifice. On se précipita vers les portes, elles furent brisées et enfoncées ; on s'arma des maillets de plomb que Charles V avait fait fabriquer, et qu'il avait déposés là comme dans un arsenal ; puis, avec d'épouvantables clameurs, on se retira dans toutes les directions, rompant et mettant à sac tout ce qu'un caractère royal signalait à la haine du peuple. A l'un des angles de la place de l'Hôtel-de-Ville, on voit encore la tourelle d'où un homme vêtu d'une longue robe noire, et le visage caché sous un capuchon rabattu, donna à cette multitude furieuse le signal du départ, en frappant lui-même avec un lourd maillet trois coups dont la muraille a longtemps gardé l'empreinte.

Ce fut la première journée des *maillotins*.

Près de trois siècles s'étaient écoulés; le 2 juillet 1682, le peuple de Paris était réuni sur la place de l'Hôtel-de-Ville. L'attitude de la population était grave, ferme, imposante. On s'entretenait sans colère des querelles qui divisaient la cour et le parlement. On touchait au terme de cette guerre civile, accomplie avec une si singulière tranquillité, de cette guerre où les bourgeois de Paris se battaient dans leurs rues sans se déranger de leurs travaux et de leurs loisirs; de cette guerre où le cardinal de Retz a dit qu'il ne fallait pas *désheurer* les combattants. On s'entretenait des prouesses que M. de Turenne et M. le prince de Condé faisaient à la tête des armées; on parlait du siège d'Etampes, de l'arrivée de M. le prince, qui venait de se replier sur Paris, des négociations de la cour et de l'assemblée que tenaient en ce moment même, à l'Hôtel-de-Ville, les magistrats de la bourgeoisie. Le peuple, dans cette circonstance, comme dans toutes les principales journées de la Fronde, montrait un sens admirable; il pesait la cour et le parlement, Mazarin et ses adversaires, Turenne et Condé, les hommes et les évènements, avec une indifférence parfaite, prompt seulement à s'émouvoir et à se montrer lorsqu'il s'agissait de ses droits.

A contempler cette réunion d'hommes, il semblait que la curiosité les eût appelés dans cet endroit; il était impossible d'apercevoir les traces d'un autre sentiment.

Le canon grondait cependant, les détonnations se rapprochaient et devenaient plus distinctes, le combat touchait aux portes de la ville, M. le prince et ses troupes tentaient de se jeter dans le faubourg Saint-Antoine. Les deux grands capitaines qui dirigeaient cette sanglante partie d'échecs avaient fait preuve d'une égale habileté et acquis une gloire égale; l'armée de Turenne, renforcée par le maréchal de La Ferté, allait pourtant s'assurer la victoire. Les Parisiens jugeaient les coups, sans prendre parti pour l'une ou pour l'autre cause. Une femme triompha de cette apathie.

C'était mademoiselle de Montpensier. Sa parole ardente et animée entraîna sur ses pas ces masses inertes; le peuple ouvrit à M. le prince les portes de Paris, et le combat remua tout le faubourg Saint-Antoine; du haut de la Bastille, le canon, sous les ordres de Mademoiselle, foudroyait l'armée royale. Cette journée sauva, dit-on, la gloire de Condé; elle témoigna aussi de la force de ce peuple, que les grands sont toujours forcés d'invoquer dans leurs petites querelles.

Après la bataille, les Parisiens se réunirent encore sur la place de l'Hôtel-de-Ville; pendant qu'on délibérait au dedans, ils avaient agi au dehors, et longtemps à la base de la façade, vers l'est, on a vu les marques laissées sur la pierre noircie par les feux qu'on alluma le soir, en chantant des *Mazarinades*.

. . . .

Mais quel spectacle attend cette foule qui remplit au loin les abords de la place de l'Hôtel-de-Ville? Pourquoi ce déploiement de force inaccoutumé? D'où vient que la terreur est sur tous les visages? Cependant, les mouvements de ce peuple ne révèlent aucune agitation; nous ne sommes plus aux temps de trouble et d'émeute; la Ligue et la Fronde n'ont plus que des souvenirs historiques; nous sommes parvenus à la moitié de ce dix-huitième siècle qui se distingua par de si merveilleux raffinements de luxe et d'élégance. Aux croisées, aux balcons, à la façade de l'Hôtel-de-Ville même, nous apercevons au-dessus de la multitude qui couvre le pavé, des femmes brillantes de parures, des seigneurs étincelants de broderies; nous croyons reconnaître les dames et les gentilshommes qui embellissent habituellement les salons de Versailles. La cour à la place de la Grève ! Qui donc a pu l'y attirer et l'y conduire ?

Depuis plusieurs jours, sur la place de l'Hôtel-de-Ville, on avait disposé un espace de cent pieds, entouré de palissades plantées en carré ; il n'avait d'issue que dans un coin et une communication avec l'Hôtel-de-Ville : au milieu se dressait un échafaud. Cet espace était gardé intérieurement par le lieutenant de robe-courte et sa compagnie, et extérieurement par les soldats du guet à pied ; le guet à cheval était sur la place aux Veaux. Les avenues de la Grève étaient gardées de distance en distance par des détachements de gardes-françaises, ainsi que le chemin du Palais à Notre-Dame. Dans tous les quartiers et principaux carrefours de la ville, il y avait des postes, et l'on avait pris toutes les précautions nécessaires pour assurer l'ordre et la tranquillité publique. C'était le lundi 28 mars 1757.

On amena en grande pompe et entouré de gardes et d'officiers de justice, un homme ; sa taille était d'environ cinq pieds, il était mince, sa figure n'avait aucune expresssion remarquable, il paraissait douloureusement résigné, mais sans faiblesse ; ses traits étaient sans pâleur, malgré la souffrance qui semblait avoir brisé son corps ; il était âgé de quarante-deux ans. Placé près de l'estrade, contre laquelle il s'appuya, il attendit longtemps certains préparatifs ; on le déshabilla et on le plaça nu et couché sur l'échafaud, qui était élevé d'environ trois pieds et demi au-dessus du sol, long et large de près de neuf pieds. Le patient fut lié et retenu par des cercles de fer, posés au-dessous des bras et au-dessus des cuisses. Il considérait ses membres avec attention, il contempla les apprêts sans s'émouvoir, et jeta sur la foule qui se pressait autour de l'enceinte un regard plein de fermeté.

Il était cinq heures du soir ; le supplice commença.

La main droite, qui tenait un couteau, fut brûlée ; les atteintes de la flamme arrachèrent un cri horrible, et le condamné regarda ensuite froidement le membre calciné. Le greffier s'approcha de lui dans cet instant, et le somma de nouveau de nommer ses complices ; il protesta qu'il n'en avait pas. Ici nous laisserons parler l'épouvantable procès-verbal de ces faits : « Au même instant ledit condamné a été tenaillé aux mamelles, bras, cuisses et gras des jambes, et sur lesdits endroits a été jeté du plomb fondu, de l'huile bouillante, de la poix brûlante, de la cire et du soufre fondus ensemble, pendant lequel supplice ledit condamné s'est écrié à plusieurs fois : — « *Mon Dieu, la force, la force ! — Seigneur, mon Dieu, ayez pitié de moi !... — Seigneur, mon Dieu, que je souffre ! — Seigneur, mon Dieu, donnez-moi la patience !* »

Nous copions encore :

« A chaque tenaillement, on l'entendait crier douloureusement ; mais, de même qu'il l'avait fait lorsque sa main avait été brûlée, il regarda chaque plaie, et ses cris cessaient aussitôt que le tenaillement était fini. Enfin, on procéda aux ligatures des bras, des jambes et des cuisses, pour opérer l'écartèlement. Cette préparation fut très longue et très douloureuse. Les cordes étroitement liées, portant sur les plaies si récentes, cela arracha de nouveaux cris au patient, mais ne l'empêcha pas de se considérer avec une curiosité singulière. Les chevaux ayant été attachés, les tirades furent réitérées longtemps avec des cris affreux de la part du supplicié. L'extension des membres fut incroyable ; mais rien n'annonçait le démembrement. Malgré les efforts des chevaux, qui étaient jeunes et vigoureux, peut-être trop, cette dernière partie du supplice durait depuis plus d'une heure, sans qu'on pût en prévoir la fin. Les médecins et chirurgiens attestèrent aux commissaires qu'il était presque impossible d'opérer le démembrement si l'on ne facilitait l'action des chevaux, en coupant les nerfs principaux, qui pouvaient bien s'allonger prodigieusement, mais non pas être séparés sans une amputation. Sur ce témoignage, les commissaires firent donner l'ordre à l'exécuteur de faire cette amputation, d'autant plus que la nuit approchait et qu'il leur parut convenable que le supplice fût terminé auparavant. En conséquence de cet ordre, aux jointures des bras et des cuisses, on coupa les nerfs au patient ; on fit alors tirer les chevaux. Après plusieurs secousses, on vit se détacher une cuisse et un bras. Le supplicié regarda encore cette douloureuse séparation ; il parut conserver la connaissance après les deux cuisses et un bras séparés du tronc, et ce ne fut qu'au dernier bras qu'il expira. Les membres et le corps furent jetés sur un bûcher. »

Ce supplice est le plus horrible de tous ceux qu'ait vus la place de l'Hôtel-de-Ville. Là, dans des temps de barbarie, s'étaient dressés des bûchers ; là, le 16 juillet 1676, la marquise de Brinvilliers avait eu la tête tranchée, son corps avait été brûlé ; cette exécution fournit même à madame de Sévigné le texte d'une des lettres les plus gaies qu'elle ait écrites ; on y lit cette phrase : « Elle monta seule et nu-pieds sur l'échafaud, et fut un quart-d'heure *miraudée, rasée dressée et redressée par le bourreau.* »

Malgré ces formidables traditions, les actes que nous venons de rappeler resteront comme un monument d'abominable cruauté ; ils se passaient à l'époque où la nation française se vantait d'être la plus polie de l'univers. Au siècle de Louis XIV succédait l'avènement de cette philosophie qui entreprit d'éclairer le monde, et c'était à ces clartés, à la face de tout un peuple, qu'on déployait ce faste de férocité !

Le supplicié s'appelait : Robert-François Damiens !

Il avait frappé d'un coup de couteau le roi Louis XV. L'atrocité du supplice fit disparaître l'indignation causée par son attentat.

Le soir, les courtisans racontèrent avec complaisance tous les détails de cette longue torture; une jeune duchesse se fit remarquer par la grâce et la vérité avec lesquelles elle retraçait les moindres phases de l'agonie de Damiens. Pendant plusieurs mois, on alla visiter le lieu du supplice et chercher les marques qu'il avait laissées.

La place de l'Hôtel-de-Ville est comme une table d'airain sur laquelle chaque évènement de l'existence nationale gravait des traces profondes.

Trente-trois ans plus tard, la foule accourait encore aux pieds de l'Hôtel-de-Ville; une garde nombreuse se pressait encore à toutes les avenues. Des portes du Châtelet, pour s'avancer vers la place de Grève, sortait, entre deux haies de soldats, un personnage dont la démarche et le maintien témoignaient de quelque distinction; il y avait en lui les habitudes du militaire et du courtisan; il paraissait âgé de quarante-cinq ans. C'était Thomas de Mahi, marquis de Favras, que la chambre du conseil du Châtelet de Paris, la compagnie assemblée, avait condamné à être amené et conduit dans un tombereau, après amende honorable, à la place de Grève, pour y être pendu et étranglé, jusqu'à ce que mort s'en suive, par l'exécuteur de la haute justice, à une potence placée sur ladite place de Grève.

Le matin, il avait remis lui-même au greffier, après la lecture de l'arrêt, sa croix de Saint-Louis. Lorsqu'il sortit du Châtelet, les spectateurs battirent des mains; ces applaudissements se répétèrent devant Notre-Dame, au moment de l'amende honorable; il les subit avec sérénité; cette joie du peuple ne sembla ni l'affliger, ni l'irriter. Favras était accusé « *D'avoir formé, communiqué à des militaires, banquiers et autres personnes, et tenté de mettre à exécution un projet de contre-révolution en France, qui devait avoir lieu en rassemblant les mécontents des différentes provinces, en donnant entrée dans le royaume à des troupes étrangères, en gagnant une partie des ci-devant gardes-françaises, en mettant la division dans la garde nationale, en attentant à la vie de trois des principaux chefs de l'administration, en enlevant le roi et la famille royale, pour les mener à Péronne, en dissolvant l'assemblée nationale, et en marchant en force vers la ville de Paris, ou en lui coupant les vivres pour la réduire.* »

Voici le récit d'un contemporain :

« Conduit à la Grève, Favras est monté à l'Hôtel-de-Ville, où il a fait un testament de mort qu'il a dicté pendant quatre heures.

La nuit étant venue, on a distribué des lampions sur la place de Grève, et on en a mis jusque sur la potence. Il est descendu de l'Hôtel-de-Ville, marchant d'un pas assuré. Au pied du gibet, il a élevé la voix, en disant : «*Citoyens, je meurs innocent, priez Dieu pour moi.*» Vers le second échelon, il a dit d'un ton aussi élevé : « *Citoyens, je vous demande le secours de vos prières, je meurs innocent.* » Au dernier échelon, il a dit : « *Citoyens, je*

meurs innocent, priez Dieu pour moi. » Puis, s'adressant au bourreau :
« *Et toi, fais ton devoir.* »

On a appelé Favras *le dernier des marquis ;* sa mort fut le premier acte de justice révolutionnaire. Vingt-quatre ans auparavant, Lally, bâillonné, avait eu la tête tranchée sur la place de Grève.

Les annales de cette place de l'Hôtel-de-Ville sont sanglantes ; mais on y aperçoit nous ne savons quelle fatalité populaire qui leur donne un caractère grand et majestueux ; on sent que dans ces supplices mêmes s'accomplissait l'enfantement de la civilisation.

En se rapprochant de nous, ces fastes semblent acquérir plus d'énergie et plus d'élévation.

Dans les idées de la population parisienne, la place de Grève avait une signification néfaste, parce que c'était le lieu où l'on infligeait les châtiments. On vit un jour une troupe de convulsionnaires s'arrêter au milieu de cette place et la bénir, comme l'endroit où, disaient-ils, ils seraient *exécutés mortellement.* Ces pensées funestes ne diminuaient rien de la puissance des leçons de l'histoire. Le peuple de Paris savait que la place de l'Hôtel-de-Ville avait vu toutes les conquêtes de la liberté, et que de là étaient partis, à toutes les époques d'oppression, les redressements populaires; il se montra toujours sensible à ces souvenances de patriotisme.

La place de l'Hôtel-de-Ville fut le théâtre des principaux événements de la révolution de 1789; mais elle n'eut dans cette partie de notre histoire qu'une part glorieuse.

L'Hôtel-de-Ville fut, en quelque sorte, le palais de la révolution; ce fut à l'Hôtel-de-Ville que résidait la Commune de Paris; ce fut là que siégeait le comité de salut public; là se dénoua le drame du 9 thermidor; là tomba Robespierre, cette effroyable personnification du dogme de la terreur.

La place de l'Hôtel-de-Ville était le quartier général des forces révolutionnaires; les citoyens y accouraient pour former les faisceaux civiques, et pour prêter leur appui à la loi; la turbulence, le désordre, le pillage et le meurtre, préparaient en d'autres endroits leurs moyens de destruction. C'était ailleurs qu'ils rassemblaient les hordes dont les excès ont souillé cette époque. La place de l'Hôtel-de-Ville resta pure de crimes, et ne retentit jamais que des généreux accents d'un peuple redemandant ses droits.

Sous l'empire, elle s'associa avec enthousiasme à l'éclat qui glorifiait le pays; elle vit rayonner les fêtes splendides, elle répéta avec transport les échos de nos victoires; elle saluait avec amour et avec ivresse les fêtes qui célébraient nos triomphes. Si elle ne cessa pas d'être le lieu des supplices, du moins fut-elle aussi l'enceinte de prédilection pour toutes les joies de la patrie; elle préparait ainsi, dans le présent, pour l'avenir, l'instant où elle n'aurait plus à présenter à l'histoire que des titres chers à toutes les nobles affections.

L'empire eut toujours pour la place de l'Hôtel-de-Ville une préférence marquée; Napoléon pensait qu'il eût manqué quelque chose à sa gloire, si le bruit et la renommée de ses triomphes n'eussent pas retenti autour de l'Hôtel-de-Ville de Paris. C'était sur cette place que le peuple aimait à s'assembler pour entendre le canon des Invalides, dont les salves proclamaient les bulletins de la grande armée.

Lors du mariage de l'empereur, la ville de Paris s'associa avec splendeur aux fêtes des Tuileries; Napoléon éprouvait une joie véritable à présenter sa femme à la bourgeoisie de Paris, dont l'élite était rassemblée dans les salons de l'Hôtel-de-Ville; mais il ne se borna pas à ces hommages de l'étiquette; plusieurs fois, pendant le bal, il conduisit l'impératrice aux fenêtres, et il la montra lui-même à la foule, qui resta rassemblée sur la place durant toute la nuit. L'empereur ne voulait pas que les fêtes de la cour fussent renfermées dans les appartements; il s'efforçait d'y appeler et d'y mêler les émotions du dehors; nul mieux que lui n'a compris cet art de parler aux effusions de la multitude. Il y avait alors un usage qui resserrait les liens entre le trône et la cité : chaque année, la ville de Paris donnait en son Hôtel-de-Ville un banquet et un bal au souverain : on choisissait ordinairement pour cette solennité le jour de la fête auguste. Dans ces bals, la bourgeoisie était soumise au costume de la cour; c'est-à-dire

qu'elle n'était reçue qu'avec cet habit auquel on avait conservé le nom d'*habit à la française*; les broderies, les dentelles, le chapeau empanaché et l'épée étaient les accessoires obligés de cette parure. Malgré les embarras attachés à une toilette qu'ils ne portaient qu'une fois l'an, les bourgeois prenaient gaîment leur parti de cette mascarade, qui était, sans contredit, l'attrait le plus piquant de ces réunions. Pendant la durée du bal, les curieux remplissaient la place; c'était un des meilleurs divertissements du peuple à Paris, que de voir descendre de voiture et entrer à l'Hôtel-de-Ville les bourgeois ainsi affublés. Souvent on reconnaissait les invités et on les appelait tout haut par leur nom, avec ces sarcasmes et ces éclats de rire qui sont la menue justice du peuple. De tous les points de la ville on venait à ce rendez-vous.

Ce bal de l'Hôtel-de-Ville fut quelquefois l'occasion de réjouissances dont la place de Grève était alors le centre. L'édifice apparaissait radieux de lumières; on réservait pour cet endroit les plus magnifiques illuminations; une ligne de feu s'étendait le long des quais jusqu'au château des Tuileries; de vastes trépieds antiques supportaient les gerbes de flammes qui éclairaient le trajet, et quand le cortége impérial entre la double haie des vétérans de la garde défilait, sous les yeux de la foule, rien ne peut donner une idée de l'enthousiasme qui éclatait sur son passage ; car c'était après une victoire, après une conquête, après un royaume ajouté à l'empire, que Napoléon aimait à paraître ainsi devant les habitants de la capitale de ses États. A l'arrivée de l'empereur, les batteries d'artillerie placées sur les quais voisins annonçaient l'inauguration de la fête, et la place de Grève et les deux rives répondaient à ce signal par une immense acclamation. En face de l'Hôtel-de-Ville, jaillissait tout à coup un feu d'artifice gigantesque ; ordinairement il faisait luire quelque page des guerres récentes. Tout Paris a gardé la mémoire de ce passage du Mont-Saint-Bernard, qui montrait, au milieu d'une auréole flamboyante, les fatigues et les trophées de notre armée d'Italie. C'était un admirable spectacle ! Pendant que nos soldats gravissaient ces montagnes de feu, on voyait se détacher au sommet une figure bien connue, entourée par des lueurs qui semblaient empruntées aux astres, et les regards se reportaient ensuite vers l'endroit d'où Napoléon contemplait lui-même cette rayonnante apothéose. Sur le fleuve, une flottille toute pavoisée de reflets lumineux répondait par de continuelles éruptions à la mousqueterie et aux canons qui tonnaient sur la cime. C'était l'histoire écrite en caractères de feu.

Pendant toute la durée de ces nuits, rien ne pouvait arracher la foule à la place de l'Hôtel-de-Ville, et pour ceux qui écoutaient ses entretiens, il était évident que, malgré les délices du bal, le peuple avait la meilleure part de ces fêtes.

Napoléon aimait ces démonstrations ; il y avait en lui des instincts qui le rapprochaient du peuple et de ses plaisirs.

La restauration se prêta d'abord d'assez bonne grâce à ces réjouissances : la cour y retrouvait d'ailleurs des traditions que la vieille royauté avait habilement cultivées ; mais les bals de l'Hôtel-de-Ville tombèrent en désuétude, comme si personne ne se fût soucié de ces rapprochements. Il y a bien de l'imprudence dans de pareils dédains !

L'Hôtel-de-Ville de Paris était en possession de privilèges qu'il n'a pas perdus ; toutes les nouvelles qui pouvaient intéresser le pays devaient être portées à l'Hôtel-de-Ville par un message exprès. Les mariages et les naissances des princes tenaient le premier rang parmi ces dépêches que la foule accueillait toujours avec tant d'empressement. Dans ces circonstances, on allait au loin sur la route que devait parcourir l'envoyé, et par mille questions chacun cherchait à pressentir la nouvelle. Le peuple rassemblé sur la place de Grève porta lui-même dans ses bras, jusqu'au perron de l'Hôtel-de-Ville, le page chargé d'annoncer la naissance du fils de Napoléon. Un présent et des honneurs étaient attachés à ces sortes de missions.

Un fait prouve jusqu'à quel point l'Hôtel-de-Ville est le centre où viennent frapper toutes les impressions de la cité. Lors de la conspiration de

Mallet, il y eut un moment où les conjurés étaient parvenus à accréditer, auprès du gouvernement lui-même, la nouvelle de la chute de Napoléon. Le premier soin de M. Frochot, alors préfet du département de la Seine, fut de faire préparer une des salles de l'Hôtel-de-Ville pour l'installation du gouvernement provisoire. L'empereur ne lui pardonna pas cet excès de zèle et le destitua. Dans sa déposition devant la cour des pairs, M. de Chabrol, paraissant comme témoin dans le procès des derniers ministres de Charles X, n'hésitait pas à dire qu'il regardait la possession de l'Hôtel-de-Ville comme le signe assuré du succès pour ceux qui s'y maintenaient ou pour ceux qui s'en emparaient.

Le peuple de juillet ne s'y trompa point; ce fut pour l'Hôtel-de-Ville, et sur la place de Grève, qu'il livra le plus terrible de ses combats; les traces en sont partout; les architectes ont beau les effacer, la mémoire du peuple les conserve et les transmet; elle les a fait passer dans son langage et dans ses habitudes; rien ne peut les faire disparaître. Tant que le drapeau tricolore ne flotta point sur cette place, rien ne fut décidé pour la lutte; l'Hôtel-de-Ville, pris et repris, resta enfin au pouvoir du peuple, et seulement alors la victoire fut assurée. Les Tuileries et le Louvre n'étaient que les postes secondaires; c'était à l'Hôtel-de-Ville seulement que pouvait siéger la souveraineté nationale. Nous ne redirons pas cette partie de notre histoire; mais nous devons rappeler que la plus glorieuse page des chroniques de la place de Grève a été écrite pendant les trois journées de juillet 1830.

Dans l'enceinte des villes, il y a des endroits qui semblent privilégiés entre tous, pour la noblesse et la générosité de leurs inspirations; il est des endroits dans lesquels le peuple, lorsque d'odieux spectacles ne l'y appellent point, ne se réunit que pour se montrer fort et magnanime. La place de l'Hôtel-de-Ville de Paris a toujours exercé cette salutaire influence; c'est là que sont nées presque toutes les bonnes résolutions du peuple de Paris. Sans entrer dans un ordre d'idées qui doit rester étranger à ces lignes, il nous est permis de dire que tant que la révolution de juillet bivouaqua sur la place de l'Hôtel-de-Ville, elle resta pure, et que rien n'altéra ni son courage, ni son intégrité; son berceau est demeuré sans tache, et rien n'a flétri son premier asile; sur la place de l'Hôtel-de-Ville qu'elle venait d'agiter par de si violentes secousses, dans cet espace qui l'avait vue si intrépide, si forte et si puissante, elle se montra calme jusqu'à la magnanimité, désintéressée jusqu'à l'héroïsme, et daignant à peine songer à ce qu'elle venait de conquérir.

Pour la place de l'Hôtel-de-Ville, les journées de juillet furent une consécration; il ne fallait pas que le sang des criminels tombât plus longtemps sur ces pavés que le sang de tant de braves gens avait arrosés. La place de l'Hôtel-de-Ville, glorifiée par des exploits si étonnants et si rapides, ne pouvait plus être souillée par les exécutions; l'échafaud ne pouvait plus se dresser, là où le pavois de la souveraineté nationale avait été élevé; ce lieu avait été sanctifié, il ne devait plus être déshonoré.

Ce n'était pas assez qu'une décision officielle eût éloigné de la place de l'Hôtel-de-Ville l'appareil des exécutions; une expiation semblait nécessaire. Le châtiment infligé aux criminels n'avait pas seul versé le sang répandu dans ce lieu : à toutes les époques de notre histoire, les passions politiques ou des vengeances ambitieuses y ont assouvi leurs fureurs. Si la cruauté de Louis XI fit tomber aux Halles la tête de Jacques d'Armagnac, si la haine implacable de Richelieu fit décapiter sur la place de Grève Bouteville et Deschapelles, dans des temps plus rapprochés de nous, d'autres martyrs ont été immolés par la rage des partis. A ces victimes il fallait, non pas une réhabilitation, mais un pieux hommage, un témoignage de piété nationale.

Les sergents de la Rochelle avaient été exécutés sur la place de Grève.

Les citoyens comprirent le devoir que leur imposait ce souvenir; on les vit, silencieux et recueillis, s'avancer vers le lieu où le sang avait été injustement versé; puis, entourant de leurs regrets, de leurs larmes et de leur vénération le lieu où s'était accompli le sacrifice, rendre à la mémoire des victimes ce lustre que le supplice n'avait pas terni, mais qu'il fallait rappeler aux pensées du pays. Dans cette cérémonie, si digne de la victoire qui l'avait précédée, il n'y eut que des larmes et des paroles de louange pour les victimes, pas une seule imprécation contre les bourreaux!

La place de l'Hôtel-de-Ville perd chaque jour quelque chose de ce qui animait les traits de sa physionomie populaire.

Longtemps elle fut pour le peuple de Paris un lieu de rendez-vous auquel il rapportait toutes ses sensations. Tout le mouvement de la ville laborieuse s'y faisait sentir. La foule y venait chercher ses délassements chéris, sûre de trouver là les récréations qu'elle aimait le plus; sous les rires de la multitude s'étalaient les plus joyeux spectacles; les bateleurs, et tous ceux qui remplissent de prodiges et de merveilles nos rues et nos places y établissaient leurs enchantements; plus d'une fois ces réjouissances nomades étaient dispersées par les valets du bourreau qui plantaient la potence et dressaient l'échafaud et le pilori. C'était sur la place de l'Hôtel-de-Ville que s'allumait le feu de la Saint-Jean, dont les flammes éclairaient les rondes populaires, et ne laissaient pas le loisir de penser à d'autres bûchers. C'était une cérémonie funeste pour les chats: on en apportait de tous les coins de Paris; on les enfermait dans des sacs, avant de les lancer dans le bûcher; les liens qui les retenaient captifs étaient bientôt brisés, et les animaux suppliciés bondissaient alors avec furie et avec des miaulements effroyables, au grand plaisir de la foule qui croyait pieusement brûler autant de sorciers qu'elle livrait de chats aux flammes de la Saint-Jean. Aux bons jours, on accourait sur la place de l'Hôtel-de-Ville pour savoir s'il était tombé d'en haut quelques largesses dont il fallût se réjouir. La place de l'Hôtel-de-Ville, qui avait vu toutes les dissensions civiles, a vu aussi toutes les réconciliations.

Dans certains pays, il existe, pour désigner l'hôtel-de-ville, une dénomination qui, selon nous, résume avec bonheur toutes les idées qui se rattachent à cet édifice: on l'appelle la *maison commune*.

Tous les souvenirs du travail et de l'industrie de Paris ont, à l'Hôtel-de-Ville, leurs papiers de famille.

C'est de là que partent chaque année nos jeunes soldats; c'est de là qu'ils s'élancent avec des chants et des fanfares, heureux de ce qui, chez tous les autres peuples, est un sujet d'abattement et de douleur.

La place de l'Hôtel-de-Ville est encore aujourd'hui le vaste caravansérail d'une grande partie de la classe laborieuse; toute la population des ouvriers employés aux constructions s'y réunit; c'est là que se contractent les engagements auxquels Paris doit ses embellissements et ses constructions nouvelles; c'est le bazar de la main-d'œuvre qui édifie. *Faire grève* est une expression consacrée pour peindre la situation d'un ouvrier sans ouvrage. Ainsi, c'est sur cette même place, où il a si vaillamment conquis toutes ses libertés, que le peuple vient demander et chercher le travail.

C'est un sol qu'il ne peut fouler sans y retrouver une de ses vertus, la patience ou le courage. EUGÈNE BRIFFAULT.

RUE DE LA CHAUSSÉE D'ANTIN.

Il y a quelque trente ou quarante ans cette rue commençait par une danseuse et finissait par un cardinal. Un cothurne blanc et un chapeau rouge, tels étaient les deux pôles de cette rue qui, entre ses deux trottoirs, résume encore aujourd'hui toute la civilisation parisienne.

Cette danseuse s'appelait mademoiselle Guimard; ce cardinal était l'archevêque de Lyon, l'oncle de Napoléon, le cardinal Fesch, une des dernières et des plus grandes figures que nous ait laissées le vieux catholicisme.

Entre la danseuse et l'archevêque, comme un trait d'union, brille le nom formidable de Mirabeau, dont l'hôtel s'élevait à égale distance de ses deux voisins, celui qui avait été l'hôtel chorégraphique, et celui qui devait être l'hôtel religieux.

On voit que la rue de la Chaussée-d'Antin, pour si jeune qu'elle soit, n'est pas trop mal partagée. Le théâtre, l'église et la tribune lui font une couronne de souvenirs.

Aujourd'hui l'opulente rue commence par un charcutier et finit par un marchand de vin; elle est toute jalonnée d'épiciers. Un apothicaire manipule la rhubarbe et le quin-

quina au rez-de-chaussée de l'hôtel Guimard; un marchand de nouveautés outrage de son enseigne la façade de l'hôtel Fesch.

Où il y avait de grands seigneurs on rencontre, au niveau du sol, des boutiquiers; au premier étage, des banquiers : l'alpha et l'oméga de notre moderne société. C'est que nous sommes loin des galantes prodigalités de la régence, des luttes parlementaires de la révolution de 89, des gigantesques batailles de l'empire; aujourd'hui il y a une charte et deux chambres.

La Chaussée-d'Antin s'est dépouillée de son auréole aristocratique; que vouliez-vous qu'elle fît contre trois?

Mais laissons là des considérations qui tiennent à l'histoire de la grandeur et de la décadence des royaumes, et disons d'abord ce qu'était la rue de la Chaussée-d'Antin avant qu'elle fût.

Au commencement, comme dirait la Bible, il y avait, entre les quartiers de la Grange-Batelière et la Ville-l'Évêque, un abominable marécage, formé de lambeaux de prairies où les roseaux poussaient à même; toutes sortes de maisons foisonnaient sur ce terrain vague, qui était aux roués de la régence ce qu'était le Pré-aux-Clers aux raffinés de la ligue, un lieu de débauches, de plaisirs et de duels, trois choses qui, en ce temps-là, faisaient trois synonymes.

Les maisons étaient basses et d'équivoque apparence; on y entendait incessamment un grand fracas de bouteilles, un grand retentissement de couplets où la morale n'avait que faire, et un doux bruit de lèvres gourmandes et lascives qui aurait donné fort à penser aux philosophes du temps, si des philosophes avaient pu s'égarer en pareil lieu.

Tout au bout de ce marécage, le village des Porcherons groupait ses chaumières. Ces chaumières-là n'avaient aucun lien de parenté avec leurs homonymes des romances contemporaines. Ce sont petites cousines à la façon de Bretagne. Nos chaumières tenaient la porte gaillardement retroussée, qu'on nous passe l'expression, et la fenêtre au vent; elles étaient de tournure plaisamment égrillarde, et il s'y faisait, pour tout dire en un mot, une grande consommation de jeune vertu et de vin vieux.

Le village de Clichy, qui ne se piquait pas non plus d'un grand rigorisme en matières de bonne mœurs, tendait la main à son voisin, le village des Porcherons, et à eux deux ils menaient bien la vie la plus débraillée qui se pût voir dans la banlieue de Paris.

C'étaient deux grands cabarets. On y allait gris, on en revenait ivre.

Pour aller de la ville à ce lieu de perdition, les gentilshommes à cheval, les courtisanes en carosses, et un peu aussi les bourgeois à pied, avaient tracé un chemin sinueux qui, partant de la porte Gaillon, aboutissait aux Porcherons.

Ce chemin, qui trottait à travers champs et fondrières, la bride sur le col, enjambait, à l'aide d'un mauvais pont, un affreux égoût que longeait un sentier boueux et qui s'appelait le ruisseau de Ménilmontant.

Cette sentine et ce ruisseau sont le père et la mère de la rue de Provence. Le pont, qui était fort vilain et fort crevassé, avait nom le Pont-Arcans. On avait oublié d'y mettre des garde-fous, et on le passait à la grâce de Dieu.

Déjà, par lettres-patentes du 4 décembre 1720, la prévôté de Paris était autorisée à ouvrir une rue allant du boulevard, vers l'extrémité de la rue Louis-le-Grand, jusqu'à la rue Saint-Lazare. Cette rue, que tous les mauvais sujets de la cour entouraient de leur protection, croissait et multipliait. Les bâtiments voués au culte de la galanterie s'élevaient rapidement. Chacun, dans ce monde, qui avait fait du plaisir son Dieu, voulait avoir son ermitage sur ce terrain qui reliait les remparts aux Porcherons.

Tout d'abord cette rue prit le nom de *Chaussée-Gaillon*, à cause de son point de départ, qui était le boulevard en face de la porte Gaillon ; puis on l'appela rue de l'*Hôtel-Dieu*, parce qu'elle conduisait à une ferme dépendante de l'hôpital de ce nom ; enfin elle fut baptisée rue de la *Chaussée-d'Antin*, de ce que son entrée était précisément en face de l'hôtel d'Antin, depuis hôtel Richelieu.

On voit que le vieux et bachique chemin de la *Grande-Pinte*, qui tirait son nom d'un cabaret bien connu de ceux qui allaient quotidiennement de Paris aux Porcherons, usait volontiers du procédé des coureurs d'aventures qui se débaptisent pour se rebaptiser à tous propos. Mais la Chaussée-d'Antin n'était pas encore au bout de ses métamorphoses patronymiques. En 1791 le peuple lui donna le nom de rue *Mirabeau*, en souvenir du fougueux révolutionnaire qui, après avoir ébranlé un trône, venait de mourir dans cette rue. En 1793, la terreur avait déjà proscrit le nom de Mirabeau, et la Chaussée-d'Antin écrivait à ses angles le nom de rue du *Mont-Blanc*, qui lui venait d'un nouveau département réuni à la république par décret du 27 novembre 1792.

Ce nom, elle le garda jusqu'en 1815. Alors la municipalité parisienne passa l'éponge sur le baptême de la révolution, et la Chaussée-d'Antin reprit sa monarchique appellation.

Autrefois, dans le bon temps des Porcherons, quand venait le dimanche, la bonne ville de Paris dégorgeait sa population d'oisifs par la porte Gaillon, et c'était alors, tout le jour et toute la nuit, un grand vacarme par le chemin. Si les dragons de la reine et les gardes-suisses ne répondaient pas à l'appel du soir, le lieutenant du guet n'avait qu'à faire filer des patrouilles vers les Porcherons, et on glanait les soldats par les champs. Si les mères imprudentes permettaient aux jeunes filles d'aller cueillir des bluets dans les blés de ce côté-là, les jeunes filles ne trouvaient que des mousquetaires et je vous laisse à penser lesquels d'entre eux cueillaient les autres.

Les grandes dames, toutes grandes dames qu'elles étaient, ou peut-être parce qu'elles étaient grandes dames, ne dédaignaient pas d'aller à petit bruit, dans un transparent incognito qui ne trompait personne, vers ces retraites amoureuses, où elles étaient sûres de toujours trouver à qui parler. Cette dame qui franchit si lestement les fossés sur un genêt d'Espagne, c'est madame de Cœuvres : le duc de Saux l'attend quelque part, aux environs. Ce fiacre modeste, qui passe au petit trot de deux rosses, les stores pudiquement baissés, ne renferme pas moins que la comtesse d'Olonne, à qui le marquis de Beuvron a donné rendez-vous. Voyez-vous au crépuscule cette petite mercière qui file gaîment par le chemin avec un chevau-léger au bras ? Si quelque curieux passait de trop près, peut-être reconnaîtrait-il madame la maréchale de La Ferté sous le casaquin de la grisette, et M. le duc de Longueville sous les aiguillettes du cavalier ;

mais peut-être aussi l'importun serait-il contraint de dégaîner pour rendre compte de son indiscrétion.

Après ces expéditions érotiques, lorsque deux gentilshommes en bonne fortune se rencontraient sur le pont Arcans, il arrivait le plus souvent qu'aucun d'eux ne voulant céder le pas à l'autre, les nobles adversaires

Chaussée-d'Antin.

mettaient l'épée à la main, au clair du soleil ou au clair de lune. Les dames faisaient bien semblant de méditer un évanouissement, mais restaient fermes sur leurs haquenées, ou mollement couchées dans leurs carrosses; les passants s'arrêtaient, et un grand cercle s'arrondissait autour des combattants, qui s'égratignaient le plus galamment du monde.

Ce fut sur ce pont, dont aucun musée n'a conservé une pierre, que le comte de Fiesque, ramenant un jour madame de Lionne, rencontra M. de Tallard qui emmenait Louison d'Arquien. Les deux gentilshommes, fort épris de leurs maîtresses, mirent vaillamment pied à terre, et, comme Renaud et Roland pour Angélique, croisèrent le fer en présence d'une nombreuse compagnie qui applaudissait.

Madame de Lionne agitait son mouchoir par la portière; Louison riait et battait des mains, et les deux comtes ferraillaient.

Après qu'on se fut assez déchiré les pourpoints et taillade les manches, les dames se jetèrent entre les épées, comme jadis les Sabines, et chacun des cavaliers embrassa celle qui ne lui appartenait pas le plus gaîment qu'il put.

Cependant quelques grands seigneurs et de riches financiers commençaient à faire bâtir, çà et là, le long du chemin, de magnifiques hôtels, et de ces petites maisons qui avaient la façade humble et les appartements splendides : diamants cachés dans du plomb.

A mesure que les hôtels et les petites maisons s'alignaient, la rue de la Chaussée-d'Antin prenait une agitation plus somptueuse, une activité plus élégante. Si les gardes-françaises, les clercs de la bazoche, les pages, les chevaliers d'industrie couraient encore les cabarets d'alentour avec les grisettes et les filles, déjà la bonne compagnie, les gentilshommes de Trianon, les courtisanes titrées, les comédiennes en réputation, les fermiers-généraux, s'arrêtaient à la Chaussée-d'Antin, dont les hôtels, silencieux et ternes le jour, s'emplissaient de bruits et de lumières quand venait la nuit. De discrètes voitures, des vinaigrettes couleur de muraille, stationnaient aux portes de petites maisons muettes. Les cavaliers passaient encapuchonnés dans leurs manteaux sombres; les marquises descendaient furtivement du carrosse dans leurs mantes grises. Les hommes avaient le chapeau rabattu sur le nez, les dames le loup de satin noir sur le visage; mais si le vent soulevait la mante ou le manteau, on voyait une épaule nue ou la garde d'une épée.

Tout-à-coup, un grand fracas de chevaux courant sur la chaussée retentissait; des lueurs éclatantes reluisaient sur les murs avec des reflets rouges et tremblants; les manants se rangeaient; des piqueurs armés de torches passaient au galop, précédant une voiture bleue menée royalement par des laquais en bottes fortes. Le cortége disparaissait sous la porte cochère d'un hôtel dont la face murée cachait un jardin resplendissant de feux.

Où allait le régent de France, et quelle affaire pressée l'appelait loin du Palais-Royal? Demandez-le à la duchesse de Phalaris, à madame de Tencin, ou, mieux encore, au marquis de Cossé, au duc de Brissac, au poète Lafare, ses camarades de plaisirs.

Mademoiselle Guimard, qui, après avoir obtenu en 1762 un engage-

ment à raison de 600 livres par an à l'Académie Royale de Musique, avait gagné, à la pointe de ses pirouettes, sa réputation, sa fortune et le cœur du prince de Soubise, eut un soir, en s'éveillant, fantaisie d'un hôtel dans cette rue que hantait un si grand monde. La jeune et belle damnée, comme disait Marmontel, était lasse de sa maison de Pantin où pullulaient les grands seigneurs, les encyclopédistes, les beaux esprits du temps. Les architectes se mirent à l'œuvre, et comme ce que voulait le *squelette des grâces* l'art le voulait aussi, bientôt une fête merveilleuse inaugura le *Temple de Terpsychore*, ainsi qu'on disait alors. Entre autres magnificences, l'hôtel contenait un théâtre assez vaste pour loger cinq cents personnes. Après le ballet, mademoiselle Guimard s'y donnait le délassement de la comédie jouée par l'élite des pensionnaires du roi.

Aujourd'hui l'hôtel, mis en loterie en 1786 et réduit à sa plus mince expression, est occupé par une maison de banque; un pharmacien a élevé ses pénates au niveau du sol. Le titulaire, grand critique au repos, mange les revenus de l'émétique et du séné sous les pampres de Portici.

Quelle moqueuse destinée que celle qui écrit le nom de Planche sur la façade de l'hôtel Guimard!

Mais 93 passa sur toutes ces folles splendeurs, et des gloires des hôtels Montmorency, Montesson, Montfermeil, il ne resta que le souvenir. Les sections siégeaient à l'aise sous ces lambris dorés tout parfumés encore. De toute cette luxueuse et prodigue société de la Chaussée-d'Antin, il ne survivait rien qu'une danseuse. Comme ces feuilles qui surnagent au milieu des tempêtes, elle s'était sauvée de la tourmente révolutionnaire. Devait-elle son salut à sa légèreté? Nous ne savons, mais la vérité historique nous oblige de confesser qu'elle était presque ruinée déjà avant 89.

Quand vint l'empire, avec ses triomphes militaires, son grandiose pompeux, mais un peu lourd et tiré au cordeau, la rue de la Chaussée-d'Antin perdit sa galante originalité. En ce temps-là on se battait trop pour avoir le temps de beaucoup aimer. Si Mars est l'amant de Vénus, comme l'affirme la mythologie, c'est alors que Mars est en garnison; quand il tient campagne il n'a que faire de l'amour. Tout en voyant défiler les grands régiments qui descendaient de Clichy pour parader aux yeux de leur maître sur la place du Carrousel, la Chaussée-d'Antin oubliait son printemps amoureux et commençait à prendre goût aux choses métalliques. Serait-ce la vue des canons de bronze qui lui donna la passion des louis d'or? Peut-être! Le monde vit d'oppositions. Ses petites maisons se transformèrent en comptoirs, ses mystérieuses retraites en bureaux, et on se mit à y empiler tant d'argent, qu'il n'y a plus assez de silence pour entendre le bruit d'un baiser.

Quelques uns des corps qui allèrent s'engloutir dans les steppes de la Russie sortirent par la rue de la Chaussée-d'Antin; quelques régiments russes pénétrèrent sur le boulevard par cette artère, où circule la moitié de l'argent de Paris.

Les querelles politico-religieuses du cardinal Fesch et de son neveu l'Empereur n'étaient pas non plus de nature à égayer beaucoup cette rue; les conférences du prélat, qui venait de refuser l'archevêché de Paris, et de M. de Portalis, ministre de la justice et des cultes, n'étaient bonnes tout au plus qu'à chasser l'esprit malin, si par hasard il se fût entêté à demeurer dans la rue du Mont-Blanc.

Mais après 1815, et surtout après 1830, ce fut bien pis. Les agents de change, les commerçants, les courtiers et les boutiques ont envahi la rue de la Chaussée-d'Antin. Cette rue qui touchait au pavillon d'Hanovre, ce splendide ermitage du vainqueur de Mahon, cette rue qui avait son berceau en face de l'hôtel d'Antin, où vivait le plus magnifique roué du dix-huitième siècle, est aujourd'hui tout aussi marchande que la rue Vivienne, tout aussi traficante que la rue des Lombards. On y vend et on y achète de tout; le négoce s'y étend depuis la beauté jusqu'à la canelle.

Arrivée à ses limites, tout contre le marchand de vin qui la borne au nord, la rue de la Chaussée-d'Antin conduit, par la rue Saint-Lazare, à un chemin de fer, et par la rue de Clichy à la prison pour dettes.

A gauche, le symbole le plus hardi de l'industrie heureuse; à droite, le correctif de l'industrie maladroite. Là-bas, quelques spéculateurs habiles; ici, quelques actionnaires.

Une cellule et un wagon, voilà l'enfer et le paradis de la Chaussée-d'Antin. Où vouliez-vous que cette rue de la finance conduisît?

Ce n'est pas que la rue de la Chaussée-d'Antin n'ait encore des prétentions à l'aristocratie: elle se donne des tons de grande dame mais sa voisine, la rue du Faubourg-Saint-Honoré, la regarde d'un air dédaigneux par-dessus la Madeleine. En témoignage de sa noblesse, la rue de la Chaussée-d'Antin cite les deux ambassadeurs de Naples et de Belgique, qui avaient fait élection de domicile dans ses hôtels. Mais ces deux ambassades ont déménagé, je crois, et de toute cette diplomatie il ne reste rien que le souvenir d'une blonde ambassadrice dont les coquettes habitudes et l'esprit alerte rappelaient un temps qui n'est plus.

Madame L... méritait de naître cent ans plus tôt. Elle a été la dernière femme à la mode de Paris.

Un instant la rue de la Chaussée-d'Antin essaya de galvaniser sa défunte galanterie. Mais, hélas! ce fut un essai malheureux. *Les Nuits Vénitiennes,* qui devaient transporter la fille de l'Adriatique avec son aventureux carnaval dans l'enceinte du Casino-Paganini, ne montrèrent rien qu'une douzaine de pauvres filles échappées de la rue de Bréda et mal voilées d'écharpes roses.

Puisque le nom du Casino-Paganini s'est présenté sous notre plume, nous ne le laisserons pas échapper sans en dire quelques mots. Aussi bien vit-il encore par l'enseigne.

Il y a des établissements malheureux. Si le concert Musard a fait retentir le monde de son nom après avoir fait trembler la rue Vivienne sous son orchestre, le Casino Paganini n'a jamais eu grande réputation, bien qu'il ait essayé de faire beaucoup de bruit.

Fondé dans un hôtel somptueux, au milieu de riches salons et de jardins embaumés, il devait avoir pour marraine la plume de Charles Nodier et pour parrain le violon de Paganini. La plume qui appelle ne lui a pas fait défaut, mais l'archet qui retient lui a manqué.

Le Casino, à qui de si brillantes destinées étaient promises, est aussitôt mort que né. Et cependant les ciseaux d'un artiste merveilleux l'avaient orné d'une magnifique façon. C'est d'ailleurs, avec quelques cartons, tout ce qui nous reste de Galbaccio, ce jeune artiste qui rêvait des temples, des basiliques, des palais à édifier, et qui ne trouvait que des maisons à bâtir. Comme il ne rencontrait que des agioteurs et des banquiers dans cette société où il cherchait des grands seigneurs, il prit le parti de se tuer, emportant dans sa tombe un génie inutile à son siècle.

Si Galbaccio avait vécu aux temps des Césars, Néron lui aurait confié l'érection de son palais doré; il avait l'imagination assez gigantesque pour le comprendre. Au dix-huitième siècle, mademoiselle Guimard l'aurait prié de lui élever une petite maison : il avait l'esprit assez élégant pour la deviner.

Au saint jour du dimanche, le boulevard des Italiens, comme un vomitoire, expulse toute la population de Paris dans la rue de la Chaussée-d'Antin, qui est alors l'antichambre de Saint-Germain, le portique de Versailles. Cette malheureuse rue, incessamment livrée aux roues bruyantes des omnibus, est affreusement foulée par des tourbillons de Parisiens, tous vêtus de costumes hyperboliques dont les bourgeois du quartier Saint-Denis savent seuls les modes et seuls conservent les traditions · chapeaux à la bolivar et parapluies, socques articulés et manches à gigot. L'abomination de la désolation !

Le reste de la semaine on trafique, et cependant ce nom de Chaussée-d'Antin réveille tant d'idées aristocratiques, que malgré soi on se surprend à rêver de grandes dames et de gentilshommes en poudre, rien qu'à l'entendre prononcer.

La rue de la Chaussée-d'Antin est la capitale des vaudevilles de M. Scribe. Il semble qu'autour d'elle, et grâce à sa plume de colibri, papillonne une élégante cohue de femmes d'agents de change, de jeunes veuves, de colonels de l'empire, de roués fashionables, de médecins charmants, de gros barons, de mariées en voiles blancs, de coquettes héritières qui parlent un jargon délicieux tout imprégné de patchouli et de vétiver.

C'est la vérité vue au travers du kaléidoscope de l'imagination ; c'est un daguerréotype auquel il ne manque que les omnibus et les marchands de vin. Cependant la rue de la Chaussée-d'Antin se relie par un de ses angles au siècle joyeux dont elle a perdu la tradition. A l'angle du boulevard des Italiens, tout en face du pavillon d'Hanovre, qui sans doute l'inspire, le café Foy a dressé ses cabinets particuliers.

Pendant les nuits d'hiver, les cabinets s'illuminent ; par la porte bâtarde, qui s'ouvre discrètement sur la rue de la Chaussée-d'Antin, disparaissent de jeunes femmes encapuchonnées dans leurs pelisses. Le souper vit encore, et de nombreux adorateurs l'encensent ; sur le trottoir, glissent, trottent même, les jeunes religieuses des monastères du quartier Saint-Georges ; les roués de la rue Laffitte les accompagnent dans le mystère de la nuit et du paletot ; puis si le carnaval ouvre sa saison de bals sur Paris, arrivent débardeurs et pierrettes, andalouses et balochards.

Les dominos sont des rats, les habits sont des lions, et quels lions ! Hélas ! n'en disons rien, la prudence le veut. Les Guimard d'aujourd'hui s'appellent Carabine, les Richelieu Chicards ! *Sic transit gloria mundi,* dirait M. Nisard.

Dans cinquante ans, ce que nous appelons à présent la Chaussée-d'Antin sera dans la rue de Londres, peut-être même autour de la place d'Europe. Espérons que nous ne vivrons pas jusqu'à cet avenir de charbon de terre et de locomotives.

Nous ne terminerons pas cet article sans payer un tribut d'hommages à la littérature de la rue de la Chaussée-d'Antin, laquelle rue, comme chacun sait, a été le prétexte d'un ermite. Cette littérature est représentée par un hôtel et un écrivain. L'hôtel porte le nom de madame Récamier, cet illustre bas-bleu qui s'est fait abbesse ; l'écrivain s'appelle M. Campenon. Si vous ne le connaissez pas, nous ajouterons que M. Campenon est académicien. Faut-il ajouter encore que monsieur et madame Ancelot demeurent tout à côté et sous l'égide de la Chaussée-d'Antin, rue Joubert ?

AMÉDÉE ACHARD.

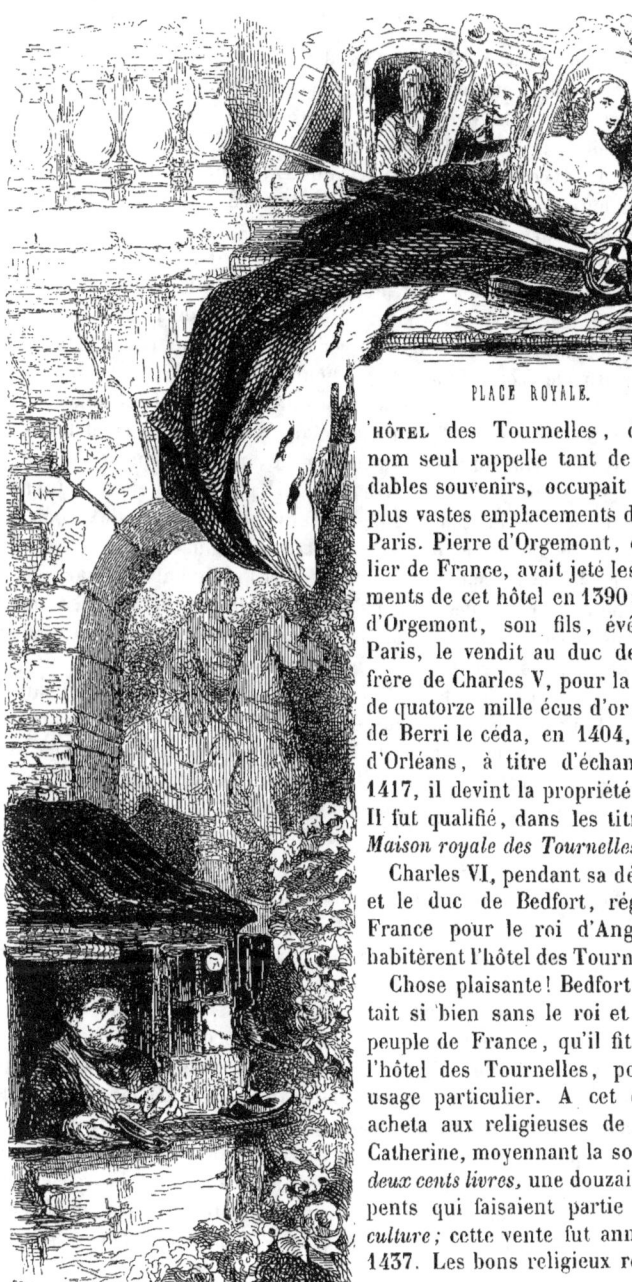

PLACE ROYALE.

'HÔTEL des Tournelles, dont le nom seul rappelle tant de formidables souvenirs, occupait un des plus vastes emplacements du vieux Paris. Pierre d'Orgemont, chancelier de France, avait jeté les fondements de cet hôtel en 1390; Pierre d'Orgemont, son fils, évêque de Paris, le vendit au duc de Berri, frère de Charles V, pour la somme de quatorze mille écus d'or; le duc de Berri le céda, en 1404, au duc d'Orléans, à titre d'échange; en 1417, il devint la propriété du roi. Il fut qualifié, dans les titres, de *Maison royale des Tournelles*.

Charles VI, pendant sa démence, et le duc de Bedfort, régent de France pour le roi d'Angleterre, habitèrent l'hôtel des Tournelles.

Chose plaisante! Bedfort comptait si bien sans le roi et sans le peuple de France, qu'il fit rebâtir l'hôtel des Tournelles, pour son usage particulier. A cet effet, il acheta aux religieuses de Sainte-Catherine, moyennant la somme de *deux cents livres,* une douzaine d'arpents qui faisaient partie de leur *culture;* cette vente fut annulée en 1437. Les bons religieux reprirent les douze arpents sans être forcés de rendre les deux cents livres.

Une partie de l'hôtel des Tournelles portait le nom spécial d'*hôtel du Roi*. — L'entrée de l'hôtel du Roi fut décorée d'un écusson aux armes de France, peint par Jean de Bourgogne, dit de Paris.

Louis XI y fit construire une galerie qui traversait la rue Saint-Antoine, et qui aboutissait à l'*Hôtel-Neuf* de madame d'Étampes. — Louis XII mourut aux Tournelles.

L'emplacement de l'hôtel des Tournelles servit à établir le *Marché-aux-Chevaux*, qui fut, en 1578, le théâtre d'une lutte violente entre les mignons de Henri III et les favoris du duc de Guise. Dieu merci! tout cela disparut un peu plus tard, pour céder le terrain aux constructions de la place Royale. Voilà bien, si j'ai bonne mémoire, tout ce que l'on trouve dans le livre de Dulaure, à propos de l'hôtel des Tournelles.

Ce terrible hôtel des Tournelles était à la fois une citadelle, une maison royale, une prison, une ménagerie, une maison des champs, quelque chose qui tenait du Louvre et de la Bastille: on en contait mille fables remplies d'inquiétudes et de terreurs. La tour de Nesle, d'odieuse mémoire, n'occupait pas plus vivement les imaginations et les souvenirs. Vous le savez déjà, le duc de Bedfort l'avait habité, quand Paris fut tombé au pouvoir des Anglais. Un parc de vingt arpents entourait cette maison sur laquelle le Parisien osait à peine jeter les yeux. Mais enfin, les Anglais furent chassés de ce royaume qui ne leur avait que trop obéi, chacun reprit en France sa place légitime, le roi aussi bien que le peuple. Soudain vous eussiez vu le roi Charles VII ramener sa bannière triomphante dans ces murailles réparées, vous eussiez retrouvé le bruit et l'éclat des fêtes, et les nuits joyeuses et toutes les pompes de la majesté royale et galante du roi Charles et de ses successeurs. Figurez-vous François Ier, le roi chevalier, remplissant ces murailles de tout le bruit des fêtes, de tous les chefs-d'œuvre des arts, et des premiers efforts de la poésie, et des bruits de la guerre, et de l'oisiveté de la paix, et de la grâce passionnée de ses nombreux amours. Là régnait en souveraine la duchesse d'Étampes; là le Primatice, Cellini et les plus grands artistes de l'Italie, apportaient les chefs-d'œuvre les plus beaux et les plus rares parmi leurs chefs-d'œuvre; là aussi a régné, a vécu Diane de Poitiers, la très-belle. Sous le fils de François Ier, le château des Tournelles jeta son plus vif et son dernier éclat. Plus que jamais la cour était brillante, le roi jeune et passionné, les Guise eux-mêmes et les Montmorenci se courbaient devant la majesté royale. Plus que jamais aussi les femmes les plus admirées et les jeunes accouraient de toutes parts à ces fêtes de chaque jour. Car c'était là une des révolutions heureusement tentées par le roi François Ier et à laquelle son fils Henri II avait été fidèle, s'en rapporter aux belles dames pour parer, pour orner, pour enchanter la cour. Ce fut aussi une révolution dans l'histoire. En effet, depuis ces jours de conquête et de plaisirs, l'histoire a pris une toute autre allure ; elle est devenue moins grave, moins sentencieuse, elle s'est mise à rechercher les plus petites causes pour expliquer souvent les plus grands effets. Mais si l'histoire s'est sentie de ce changement, à plus forte raison l'art et la poésie, à plus forte raison les parures et la décoration intérieure. Certes, que d'or et de bijoux, que de meubles et de tentures brillantes, que de tableaux et de statues, que d'orangers magnifiques en fleurs et d'eaux jaillissantes, que de cuisiniers et de poètes, quelle profusion insensée de diamants et de perles, de dentelles et de velours, d'hermine et de broderie ont été la conséquence de cette introduction des femmes belles et parées dans les maisons royales ! Comme aussi que de fêtes, que de joûtes d'amour et d'esprit en l'honneur des dames, que de tournois ! A l'un de ces tournois où toute la cour était présente, au plus bel instant de la joie générale, sous les yeux et sous l'admiration de sa belle maîtresse et de bien d'autres dont il portait les couleurs, le roi Henri II se mit à joûter avec M. de Montgommeri, capitaine de la garde écossaise. Le coup de l'Ecossais fut si violent, que la lance pénétra dans le crâne du roi de France. Ainsi mourut à peine âgé de quarante ans, au milieu d'une fête,

et sous les yeux d'une maîtresse adorée, un des derniers rois de la maison de Valois. Cette fois la maison de Valois était frappée au cœur ; et malgré trois Valois qui devaient régner encore, trois Valois entés sur les Médicis ! le tour de la maison de Bourbon était venu.

Depuis ce fatal tournoi et à dater de la mort de Henri II, l'hôtel des Tournelles devint comme un lieu frappé de malédiction, dans lequel mille terreurs superstitieuses assiégeaient non plus les passants, mais les habitants de ces royales demeures. Charles IX, l'avant-dernier des Valois, esprit inquiet et malheureux, âme faible et cruelle, prince déshonoré par le plus affreux des crimes qu'il n'eût jamais commis tout seul, fit porter l'ordre au parlement (1565), que l'on eût à démolir l'hôtel des Tournelles, et à tracer sur ce vaste emplacement comme une ville nouvelle qui fît oublier toute cette histoire d'Anglais vainqueurs, de trahisons, de galanteries, de cruautés.

Cet ordre d'un roi, qui ne fut que trop bien obéi dans des circonstances plus difficiles, s'exécuta lentement. L'hôtel des Tournelles tomba pierre à pierre, et comme si le parlement eût regretté tant de souvenirs entassés dans ces murs. Il fallait attendre le règne de Henri IV, pour que ce nouvel emplacement de Paris prît enfin une physionomie nouvelle. Aussi bien, une fois que le plan de la place Royale eut été conçu, et que les plans eurent été discutés et arrêtés en présence même de M. de Sully, la place Royale s'éleva comme par enchantement. Le plan de cette cité nouvelle était plein de grandeur et de majesté. La place devait avoir neuf pavillons à chacune de ses trois faces ; ces pavillons devaient être supportés par une suite d'arcades, larges de huit pieds et demi, hautes de douze pieds, ornées de pilastres doriques, formant autant de corridors couverts d'une voûte surbaissée de pierres et de briques. Comme on voit, c'était l'idée première du Palais-Royal, et une généreuse idée dans ces temps qui n'avaient guère d'autre souci que la bataille. Figurez-vous quelle dut être la joie du Parisien, quand, à la place de cette ruine presque féodale, il put se promener tout à l'aise dans ce bel et noble espace, à l'abri du soleil en été, de la pluie en hiver, ouvert à la promenade, au repos, aux doux loisirs ; c'était peut-être la première fois qu'on s'occupait ainsi et dans un si grand détail du bien-être du public ; car au milieu de la place on avait semé du gazon et des fleurs, on avait amené des eaux jaillissantes, et plus tard on devait y placer la statue équestre du roi Louis XIII sur un piédestal de marbre blanc, avec cette louange en latin que la révolution française a brisée en brisant la statue :

« A la glorieuse et immortelle mémoire du très-grand et très-invincible Louis le Juste, treizième du nom, roi de France et de Navarre. Armand, cardinal et duc de Richelieu, son premier ministre dans tous ses illustres et généreux desseins, comblé d'honneurs et de bienfaits par un si bon maître, lui a fait élever cette statue en témoignage de son zèle, de son obéissance et de sa fidélité, 1639. »

Voilà à peu près ce que dit l'antiquaire de la place Royale ; l'antiquaire, par métier, ne s'inquiète guère que des pierres taillées et des morceaux de bronze fondu avec plus ou moins d'art et de bonheur, puis, quand il a bien arrangé sa description méthodique, notre homme passe à une autre description, sans s'inquiéter de satisfaire votre cœur ou votre esprit ; c'est à peine s'il vous raconte que le cheval de cette statue de Louis XIII avait été fondu par Daniel de Volterre, et que peu ne s'en est fallu qu'il n'eût été créé par le grand Michel-Ange. Après quoi et lorsqu'à peine la description est achevée, quand la dernière pierre de taille vient d'être placée par la main du dernier grand seigneur, quand toute une société savante, élégante et polie s'est agitée entre ces nobles murailles qui sont devenues le centre de l'urbanité française et de l'atticisme européen, une révolution impitoyable tombe soudain sur ces nobles monuments qui étaient l'orgueil de la nation toute entière, elle renverse, elle détruit, elle arrache les gazons et les marbres, elle brise en mille pièces la statue de Louis XIII et le cheval de Daniel de Volterre ; bien plus, cette révolution impitoyable porte ses mains violentes sur les grands noms abrités dans ces palais si remplis de grâce extérieure, elle tue après avoir tout brisé, et enfin, couverte de sang et de poussière, elle s'en va où l'appellent d'autres ruines et d'autres violences.

Mais, dites-vous, ce qui est brisé on le relève, les familles ne meurent pas tout entières sur l'échafaud, il y a des choses que l'on ne peut anéantir, l'esprit, par exemple. Cela est ainsi que vous le dites ; on ne brise que les choses périssables, il y a des noms qui resteront jusqu'à la fin dans notre histoire, le monument renversé se remplace par un autre monument ; mais l'esprit humain est capricieux, la popularité est changeante ; dans une ville comme Paris, la foule se déplace comme fait la mer qui passe d'une grève à une autre grève : elle était là-bas, elle est ici. La révolution qui a chassé la belle foule de la place Royale, l'a poussée au Palais-Royal, par exemple, et là, entre ces arcades remplies d'or et de bruit, autour de ces gazons et de ces eaux bruyantes, dans la même enceinte abritée contre la pluie et le soleil, la conversation française et l'esprit parisien ont établi leur nouveau domicile. Mais, juste ciel, ce n'est plus la causerie d'autrefois, ce n'est plus l'esprit murmurant et doucement jaseur de la place Royale, ce n'est plus ce charmant et poétique murmure dans lequel tant de voix calmes et correctes développaient à plaisir tous les beaux sentiments du cœur ; ce n'est plus cette opposition prudente et cachée des beaux-esprits, des grands seigneurs, des galantes personnes de la cour de Louis XIII et de Louis XIV. Au Palais-Royal vous trouverez cette opposition brutale et furibonde qui se souvient des déclamations ardentes de Camille Desmoulins, quand les feuilles des arbres du jardin servaient de cocarde aux factieux. Vous voyez donc qu'en effet les monuments peuvent mourir aussi bien que les hommes, que la vie qui était là-bas a reflué dans un nouveau centre, et qu'à tout prendre, si elles étaient sages, les révolutions n'auraient guère besoin de se mêler aux affaires humaines pour tout renverser, pour tout détruire ; il suffirait d'abandonner l'esprit français à sa légèreté et à son inconstance naturelles. Ce Palais-Royal, dont nous vous parlons, à cette heure même, n'a-t-il pas déjà perdu une grande partie de sa popularité et de sa fortune ? est-il encore ce qu'il était il y a seulement trente ans, le centre unique de toutes les passions, de tous les tumultes, de tous les vices, de toutes les colères ? Non certes, et c'est une raison pourquoi il faut se hâter d'en écrire l'histoire, pour peu que nous voulions écrire l'histoire d'une chose qui vit encore. Nous cependant, nous écrirons, s'il vous plaît, à propos de la place Royale, l'histoire d'une ruine qui ne vit plus.

Le roi Henri IV, frappé par un misérable dont le nom passera à la postérité couvert d'une exécration méritée, mourut trop vite pour achever son œuvre de la place Royale. Il avait encore une ou deux guerres à accomplir, après quoi il se fût abandonné à la joie d'embellir Paris sa bonne ville. Dans les millions de l'épargne qui était déposée à la Bastille, plus d'un million eût été employé à cette fête digne d'un roi, l'embellissement de sa ville capitale. Celui-là mort, la place Royale se protégea elle-même, elle s'embellit, elle se compléta, elle se défendit non pas par le nombre mais par le nom, par le crédit, par la fortune personnelle de ses habitants. La première fête que donna Paris après la mort de son roi Henri IV, se donna à la place Royale. Les historiens, et même les plus graves, n'ont pas dédaigné de se rappeler les moindres détails de cette fête en l'honneur du nouveau roi. La reine régente avait commandé au duc de Guise, au duc de Nevers et au comte de Bassompierre, à qui l'on pouvait se fier pour accomplir dignement ces sortes de magnificences héroïques, d'être les tenants d'un carrousel, qu'ils feraient brillant et émouvant de leur mieux avec cette condition que les hommes ne joûteraient pas contre les hommes ; du reste on laissait à tout gentilhomme le droit d'être magnifique en ses armes, chevaux et vêtements. La reine voulait aussi que la place Royale, depuis peu bâtie par son maître et seigneur le roi Henri IV, fût le théâtre de ces joûtes galantes. A ces trois là se joignirent le prince de Joinville et le comte de la Chataigneraie. Les uns et les autres ils prirent le titre de *chevaliers de la gloire*, ils se placèrent l'arme au poing en ce *palais de la félicité*, défiant quiconque y voudrait pénétrer de vive force. Les susdits chevaliers de la gloire avaient nom : Alcindor, Léontide, Alphée, Lysandre, Argant ; le lieu de la lice n'était autre que la place Royale *de l'abrégé du monde*. Le 25 du mois portant le nom du dieu Mars, leur dieu favori, avait été choisi pour le jour du combat. A cet appel, tout seigneur vieux ou jeune, riche ou pauvre, qui pouvait acheter un pourpoint brodé en or, ou l'avoir à crédit, se fit un honneur d'y répondre. Cette fois, plus que jamais, la place Royale se remplit de fête et de joie. Le splendide *palais de la félicité* s'éleva comme par enchantement au centre de la place; tout autour furent

dressés des échafauds qui montaient jusqu'au premier étage; quatre échafauds avaient été réservés pour le roi et ses sœurs, pour la reine sa mère, pour la princesse Marguerite, pour les juges du camp, à savoir le connétable et quatre maréchaux de France. Quelle foule avide et brillante et parée! A toutes les fenêtres des maisons, sur les entablements des combles, au *pavillon du roi*, au *pavillon de la reine*, partout, sans compter ce peuple entassé sur le pavé derrière les gardes.— Ce grand spectacle ne dura pas moins de deux jours, tant était grand le nombre de gentilshommes qui voulaient avoir l'honneur d'y jouer leurs rôles. Les cinq tenants, Alcindor, Léontide, Alphée, Lysandre, Argant, firent leur entrée suivis ou précédés d'une armée véritable de cinq cents hommes, les archers, les trompettes, les hommes-d'armes, les musiciens, les hallebardiers, les esclaves, les pages, les mores, les turcs, les allusions.— Venaient ensuite, tirés par deux cents chevaux, un rocher chargé de musique, et le Pinde tout entier du haut duquel plusieurs divinités chantaient des vers. L'Olympe une fois passé, arrivaient les chevaliers du soleil conduits par le prince de Conti, Aristée, puis les *chevaliers du lys* guidés par le duc de Vendôme, les deux Amadis représentés par le comte d'Ayen et le baron d'Uxelles; Henri de Montmorency, le fils du connétable, marchait seul et s'appelait Persée: pauvre et noble jeune homme, qui lui eût dit qu'il mourrait de la main du bourreau? Le duc de Retz commandait aux *chevaliers de la fidélité*, le duc de Longueville s'appelait le *chevalier du phénix*; on avait aussi annoncé les *quatre vents*, mais il ne s'en trouva que trois à l'appel, le vent du nord, le chevalier de Balagny, s'étant fait tuer l'avant-veille dans un duel. Comme aussi les *nymphes de Diane* étaient représentées par quatre beaux cavaliers qui plus tard devinrent tous les quatre maréchaux de France; ajoutez *des chevaliers de l'univers*, et *neuf Romains* choisis dans les grands hommes de Plutarque. Figurez-vous les plus grands noms de la France engagés dans ce vaste tournoi, jeunes gens pleins d'ardeur, intrépides soldats, galants seigneurs recherchés dans toutes les ruelles; c'était à qui dans cette foule illustre déploierait le plus de magnificence, d'invention et de bonne humeur. Chaque troupe voulait avoir son miracle, son pacte, sa métamorphose. Benserade n'était pas encore de ce monde, mais Ovide présidait à toutes ces inventions. O juste ciel! dans cette place Royale déserte aujourd'hui, silencieuse, dont le bourgeois du Marais (le plus calme des bourgeois) foule d'un pas timide les dalles sonores, cent mille personnes se tenaient dans l'attitude du recueillement et de l'admiration. Les figurants des diverses troupes étaient au nombre de deux mille, et mille chevaux et vingt grandes machines, et des éléphants, des rhinocéros, des ours, un monstre marin. Quarante-sept joûteurs, y compris les *trois vents*, les nymphes et les romains, s'étaient réunis avec les cinq tenants pour lutter à qui briserait le mieux une lance contre un poteau (on se souvenait du roi Henri II tué pour ainsi dire à la même place). Les mieux faisant de ces journées gagnaient les prix, et quelques-uns de ces prix valaient quatre cents pistoles. — Le second jour de cette fête héroïque, le *palais de la félicité* tira un feu d'artifice au bruit de deux cents pièces de canon. Le troisième jour était destiné à la course de la bague. Le soir venu, la cavalcade toute entière se mit à parcourir la ville à la lueur de mille lanternes qui mirent à peine le feu à deux maisons. Ainsi furent célébrées par des cérémonies jusqu'alors sans exemple, l'inauguration de la place Royale et les fiançailles du roi Louis XIII avec Anne d'Autriche. Pendant bien longtemps on ne parla que de la place Royale et de ces divertissements fameux dont le récit a suffi à composer un gros volume in-4°.

Cette place Royale fut à la mode si fort, qu'il eût été de mauvais goût d'aller se battre ailleurs. Les raffinés y venaient vider, l'épée à la main, leurs petits différents. On ne faisait pas mieux dans les jardins même de l'hôtel des Tournelles, quand M. de Jarnac et M. de la Chataigneraie s'y portèrent, devant le roi, ce cruel défi qui se termina dans la forêt de Saint-

Germain, par la mort de M. de la Chataigneraie. — Un peu plus tard, et c'est à peine si la place Royale était tracée, six bons amis vinrent s'y couper la gorge selon l'usage des temps (Castres contre Antragues, Maugiron contre Ribirac, Levarot contre Schomberg). Les plus belles épées et les plus alertes ont été tirées sur la place Royale. Et pourquoi? Hélas! M. de Bouteville, se fiant à son nom de Montmorency, s'en vint lui aussi à la place Royale pour y braver l'ordre du roi contre les duels. L'infortuné jeune homme paya de sa tête cette folie. C'était mourir bien jeune et bien cruellement pour un petit crime! Mais le cardinal de Richelieu se plaisait à ces exécutions sanglantes. Il aimait à s'entourer d'épouvante et de terreur. Que de mauvais jours il a fait passer aux beaux esprits de la place Royale, mais aussi comme les beaux esprits de la place Royale lui faisaient payer en sarcasmes et en malédictions tout le noble sang qu'il a répandu!

Croyez-moi, même pour les esprits les plus légers et les plus futiles en apparence, c'est une bien triste tâche de rechercher sous ces cendres refroidies le peu de feu qu'elles couvrent encore, c'est une tâche bien triste que de parcourir, après deux générations si vivantes par l'esprit, par la grâce, par le génie, par la beauté et le courage, ces mêmes lieux abandonnés aujourd'hui à des vieillards sans nom, à des enfants, à des invalides, à tout ce qui est l'oubli, le silence, le repos, le sommeil. Quand vous marchez sur ces dalles sonores, vous vous faites peur à vous-même, et vous détournez la tête pour savoir si quelqu'un ne vient pas derrière vous, des héros d'autrefois, La Trémouille, Lavardin, Condé, Lauzun, Benserade? Dans cette obscurité et dans ce silence, vous vous demandez à vous-même pourquoi donc les gens de M. de Larochefoucauld, de Gabrielle d'Estrées et de madame de Montespan n'ont pas allumé leurs torches pour éclairer le carrosse ou la chaise à porteurs de leurs maîtres? Silence! D'où vient ce bruit de musique et de petits violons? Il vient de la rue du Parc. Et cette foule de bourgeois à l'air empressé, où vont-ils? Eh donc! ils vont où les appelle Molière, leur ami; ils vont où les convie la comédie, cette émotion toute nouvelle: ils se rendent en toute hâte à l'hôtel Carnavalet pour y voir jouer le *Georges Dandin* de Molière. Et tous ces grands hôtels que je vois là, dont les portes sont fermées, silencieuses, et toutes ces hautes fenêtres où nul ne se montre, sinon quelque servante en haillons, comment s'appelaient-ils autrefois? C'était l'hôtel Sully, l'hôtel Videix, l'hôtel d'Aligre, l'hôtel de Rohan, l'hôtel Rotrou, l'hôtel Guéménée, nobles maisons changées en hôtels mal garnis, contre lesquelles le savetier du coin et l'écrivain public ont placé leurs échoppes immondes! Que peuvent-elles penser, ces nobles murailles, à se voir ainsi dévastées, silencieuses, dédaignées! Quel silence dans ces salons si remplis naguère de causerie puissante! Quelle tristesse sous ces plafonds dorés, tout chargés d'amours et d'emblèmes! quelle révolution incessante, quelle misère! Et ne faut-il pas bien du courage, encore une fois, pour suivre à la piste tous les souvenirs de ces beaux lieux, dans lesquels ont vécu, ont pensé tout haut, les plus rares esprits, les plus beaux génies, les plus charmants railleurs, les plus excellents caractères de cette singulière époque qui précédait de si près, comme pour l'annoncer, tout le dix-septième siècle français ; grands noms devant lesquels chacun s'incline, beaux esprits d'une popularité toute puissante, illustres habitués de la place Royale, qui composent, en effet, toute son histoire.

Toutefois, cette évocation des temps passés a cela d'utile, qu'elle peut nous consoler de l'oubli et du silence qui nous menace à notre tour. Quand on pense de combien peu d'années se composent la gloire, le renom et la popularité de ce monde, on finit par s'en inquiéter un peu moins. Cette place Royale, après avoir été, pour ainsi dire, le plus vaste et le plus puissant salon de l'Europe, n'est plus, à deux siècles de distance, que l'écho lointain et silencieux de l'esprit d'autrefois. On ne sait même pas les noms des hommes qui ont rempli cette enceinte du bruit de leurs noms et de leur esprit. Et cependant ils ont tous passé sous ces arcades, les

uns et les autres. Scarron s'y faisait porter, pendant que sa femme, jeune et belle, appuyée sur la portière de sa chaise, le suivait d'un pas déjà grave et solennel, ne se doutant guère qu'un jour elle aurait, en présence de toute une armée, S. M. Louis XIV, la tête nue, pour escorter sa chaise à porteurs. Mais déjà autour de cette femme se partagent l'attention, le silence, l'obéissance, le respect. On faisait grâce aux vives saillies de son mari en faveur de l'esprit correct et sérieux de sa femme. La grande dame se révélait dans toute sa simple et gracieuse majesté ; et voilà comment le petit salon du poète malheureux qui a travesti Virgile suffisait à peine à contenir tous ces hommes illustres à des titres si divers.

Dans cette pauvre maison, si obscure au dehors, si pleine d'éclat et d'esprit au dedans, nul n'avait le droit de pénétrer, s'il n'était, avant tout, homme d'esprit et de bonne compagnie. Ni les titres, ni la richesse, ni la naissance, ne suffisaient à vous introduire au milieu de ce cercle d'hommes choisis entre tous. Mais aussi il suffit de citer quelques uns de ces noms-là, et vous pourrez juger de cette toute-puissance : M. de Vivonne, qui avait tout l'esprit de sa maison ; le chevalier de Matta, dont chaque bon mot était répété de la ville à la cour ; le chevalier de Grammont, le héros de Hamilton, son digne historien ; Charleval, le plus élégant des poètes négligés ; Coligni, héros en Hongrie, à Paris le prosélyte de Ninon, l'émule du grand Condé à la cour ; Ménage, si savant et si bel esprit ; Pélisson, si laid avant qu'il n'eût parlé ; Désivetaux, si naïf qu'on le trouvait rustre et crédule ; Hénault, le maître de madame Deshoulières et le traducteur de Lucrèce ; l'abbé Tétu, le complaisant de toutes les femmes, sans être ni leur amant, ni leur dupe ; Montreuil, dont on lit encore les madrigaux ; Maigny, dont on regrette les chansons ; le marquis et la marquise de la Sablière, celui-ci d'un esprit délicat et fin, celle-là d'un grand courage et d'un grand cœur ; madame la duchesse de Lesdiguières : elle avait grande envie de plaire, et nonobstant cette grande envie, elle plaisait tout comme si elle n'y eût pas songé ; madame la comtesse de La Suze : qu'elle était faible, mais aussi qu'elle était charmante ! Et madame de Sévigné : c'est tout dire, elle a créé, en se jouant, la riche langue du grand siècle ; et mademoiselle de Scudéry, si honnête homme. Dans ce salon tout rempli d'un certain abandon poétique inconnu même à l'hôtel de Rambouillet, régnait, sans qu'on y prît garde, madame Scarron, éclatante, superbe, admirée, admirable. Là point de conversations futiles, point de récits de ruelle, peu ou point de petits vers ; chacun, excepté le maître de la maison qui n'y prenait pas tant de garde, se faisait honneur de parler le langage de la raison, de la sagesse et du bon sens.

Par cet unique rendez-vous des beaux esprits et des grands seigneurs, vous pouvez juger de tous les autres, car pas un nom des deux règnes, pas un prince de Louis XIII, pas un poète de Louis XIV, ne manque à cette galerie de la place Royale : M. le duc de La Rochefoucauld, madame de Lafayette, la duchesse de Lesdiguières, le prince de Condé,

Molière, saint Vincent de Paule, le grand Corneille et Thomas son bon frère, La Fontaine, le duc de Montpensier, M. de Thou et M. de Cinq-Mars, ils y sont tous. Quel drame étrange et singulier s'est passé dans cette enceinte ! Quel entassement incroyable de passions et de noms propres ! Entendez-vous ces éclats de rire tout remplis de moquerie et de scepticisme ? C'est la Marion Delorme qui s'enivre d'amour, c'est Ninon de Lenclos, le plus charmant enfant d'Épicure, et Chapelle et Bachaumont. Voilà pour les fous et pour les folles de leur esprit et de leurs corps. Les autres sont plus rares : ils se nomment et mademoiselle Delaunay, et mademoiselle Polallion, et madame de Montausier, madame de Gondran, madame de Vervins, le maréchal d'Effiat, le P. Joseph, ce gentilhomme qui cachait fièrement sous l'humble robe d'un capucin un politique digne du cardinal de Richelieu. Silence ! et qu'on s'agenouille ! Voici venir dans sa litière rouge, escorté par ses gardes-du-corps, son éminence monseigneur le cardinal en personne ! Qui encore ? le maréchal de Biron, le maréchal de Roquelaure, le marquis de Pisani, le duc de Bellegarde, le baron de Thermes, la princesse de Conti, le poète Desportes, le duc de Joyeuse, qui était un grand protecteur des gens de lettres, le cardinal Duperron, l'ami du poète Desportes, l'archevêque de Sens son frère, le duc de Sully, mademoiselle et monsieur de Senneterre, celle-ci, belle et bien faite, qui savait toutes les nouvelles, et qui, bien peu s'en faut, a été une femme de lettres, et son frère Senneterre, l'espion de Richelieu, l'ami de Mazarin ; le maréchal de la Force, — nous étions chez lui tout à l'heure : le jour de la Saint-Barthélemy, on l'avait laissé parmi les morts. Il était un des grands amis de Henri IV, et fort peu courtisan ; il avait quatre-vingt-neuf ans quand il voulut se marier pour la quatrième fois, alléguant que ne pouvant plus courir le cerf, il lui était impossible de demeurer seul à la campagne. Allons encore, allons toujours, voici le grand poète lyrique, François Malherbe, le pensionné de la reine Catherine de Médicis ; la vicomtesse d'Orchies, de la maison des Ursins, qui n'avait rien de beau que la gorge et le tour du visage, et qui croyait médiocrement en Dieu ; M. des Yvetots : il s'habillait fort bizarrement, il avait des chausses à bandes comme celles des Suisses du roi, attachées avec des brides, des manches de satin de la Chine, un pourpoint et un chapeau en peau de senteur, une chaîne de paille à son cou, et il sortait en cet habit-là ; tantôt il était vêtu en satyre, tantôt en berger, tantôt en dieu, et il obligeait sa nymphe à s'habiller comme lui, aujourd'hui bergère, le lendemain déesse ; M. de Guise, le fils du Balafré : quand il quitta sa maîtresse, mademoiselle Marcelle, une personne de la meilleure grâce du monde, de belle taille, blanche, les cheveux châtains, qui dansait bien, qui savait la musique jusqu'à l'écrire, qui faisait des vers, et dont l'esprit était honnête et neuf, mademoiselle Marcelle composa cette chanson sur son amant volage :

> Il s'en va, ce cruel vainqueur,
> Il s'en va plein de gloire ;
> Il s'en va méprisant mon cœur,
> Sa plus noble victoire ;
> Et malgré toute sa rigueur,
> J'en garde la mémoire.
> Je m'imagine qu'il prendra
> Quelque nouvelle amante ;
> Mais qu'il fasse ce qu'il voudra,
> Je suis la plus galante.
> Mon cœur me dit qu'il reviendra,
> C'est ce qui me contente.

Mais le cruel ne revint pas, et la pauvre Marcelle mourut de douleur. Au reste, il était temps qu'elle mourût, il ne lui restait plus dans son escarcelle qu'un petit écu de trois livres.

C'est ainsi qu'un rien suffit à cette résurrection des temps passés. Chantez-moi sur un vieil air cette tendre élégie de la pauvre Marcelle, je n'aurai pas besoin de l'accompagnement obligé du luth ou du théorbe pour que je voie passer devant moi, dans leurs appareils les plus pompeux ou les plus modestes, tous les hôtes de la place Royale : — Voici le connétable de Luynes, cet homme qui a volé sa fortune, le virulent assassin et le lâche successeur du maréchal d'Ancre ; il ne valait guère mieux que l'homme assassiné et dépouillé si lâchement ; voici le maréchal d'Estrées, le digne frère de ses six sœurs ; le président Chevry, le bouffon de M. de Sully ; M. d'Aumont, le visionnaire, le très bien venu à l'hôtel Rambouillet ; madame de Reniez, madame de Gironde, sa fille ; M. de Turin, inflexible magistrat. Le roi Henri IV lui dit un jour : « M. de Turin, je veux que M. de Bouillon gagne son procès. —Sire, répondit le bonhomme, rien n'est plus facile, je vous enverrai le procès, et vous le jugerez vous-même. » Que si cependant cette longue liste de noms propres et ces nombreux souvenirs vous étonnaient à propos de la place Royale, je vous répondrais : Quoi d'étonnant ; souvenez-vous quels ont été les deux siècles qui ont glissé sous ces arcades ? Jamais, en effet, à aucune époque on n'a rencontré plus d'hommes importants : M. le chancelier de Bellièvre, qui ne s'est jamais mis en colère ; madame de Puisieux, qui chantait devant le cardinal de Richelieu toutes sortes de jolies chansons, dont il riait comme un fou. La princesse d'Orange et le duc de Mayenne, qui joue son rôle dans l'*Astrée*. Qui encore ? madame d'Aiguillon, la nièce du cardinal, si avare, qu'on reconnaissait ses jupes à la crotte qui les couvrait ; le maréchal de Brézé, qui obéissait à sa servante ; le maréchal de la Meilleraie, un grand assiégeur de villes, qui n'entendait rien à la guerre de campagne ; et le roi Louis XIII, dont nous ne parlons pas. C'était un beau cavalier, il était bien à cheval, il mettait bien une armée en bataille, il eût enduré la fatigue au besoin. Ses amours étaient d'étranges amours : il n'avait rien d'un amoureux que la jalousie, un rien le rendait fou d'amour. Un jour, il vit une jeune fille qui plaçait une bougie dans un flambeau, et il lui envoya dix mille écus pour sa vertu. Un autre jour, mademoiselle d'Hautefort cache un billet dans son sein, le roi veut avoir ce billet, il le prend avec

des pincettes. Ah! ce roi-là n'annonçait guère son fils Louis XIV, et ne ressemblait guère à son père Henri IV. Il serait mort plutôt que d'être amoureux *pour tout de bon*, comme il disait. Singulier prince, il mourut avec un grand courage ; on alla à son enterrement comme à des noces. N'oubliez pas Beautru. Il ne s'est pas marié parce que la reine l'appelait Beautrou, ce qui eût fait un vilain nom pour sa femme ; il a été un des beaux esprits de son temps ; il était hardi, insolent, grand joueur, de mœurs et de religion fort libertin, médisant à outrance. Le cardinal Richelieu l'aimait pour sa confiance. Il avait des réparties fort singulières. Un jour, comme il passait devant le crucifix, il leva humblement son chapeau : « Voilà, lui dit quelqu'un, qui est de bon exemple. — C'est vrai, dit-il, nous nous saluons, mais nous ne nous parlons pas. » Il disait aussi du roi d'Angleterre, Charles Ier : « C'est un veau qu'on traîne de marché en marché, jusqu'à ce qu'on le mène à la boucherie. » Quelle fête est-ce donc et qui joue de la viole de si bon cœur? Ne serait-ce pas le père de mademoiselle de Lenclos? Non; c'est Maugars, le joueur de viole du cardinal. Un jour, Bois-Robert, le bouffon du cardinal, fit donner à Maugars l'abbaye de Crâne-Étroit, et le cardinal de rire aux éclats de la bouffonnerie. C'était un bon diable, ce Maugars, plein de talent, d'invention, de petites ruses de pauvre diable, et avec cela, fier comme un poète qui eût été riche. Ne sentez-vous pas une odeur de bergerie? Les pâturages sont tout dressés, les agneaux bêlants appellent leur mère : c'est Racan qui chante ses idylles. Figurez-vous un berger gentilhomme. Il était le digne disciple de Malherbe; et, à tout prendre, un beau génie, mais distrait, et n'étant jamais où il devait être. Le jour où il fut reçu à l'Académie, il arriva avec un papier que son chien avait déchiré. Voilà, dit-il, mon discours; je ne puis pas le recopier et je ne le sais pas par cœur.

Maintenant que j'y songe, nous avons eu le plus grand tort d'oublier l'abbé Tallemand dans cette cohue dont il a été l'historien goguenard. Nous avons eu tort d'oublier Despréaux le satirique, le bon sens en personne, le bon sens inflexible et tout d'une pièce; comme aussi ce serait grand dommage de tirer La Fontaine de cet isolement qui fait sa joie, de le mêler à ces beaux esprits si peu naïfs, de l'asseoir dans une ruelle, et de lui faire débiter les jolis petits lieux communs de chaque jour. Non, ne parlons pas de La Fontaine : il n'a fait que passer sous les ombrages de la place Royale; mais parlons de Bois-Robert. Il a été un des rois de la place Royale; il se fit de bonne heure le complaisant du cardinal. C'était un bouffon qui faisait rire le maître à tous. Au reste, rendons-lui cette justice, Bois-Robert n'a fait de mal à personne; il en a consolé plus d'un qui était dans la peine; il en a visité plus d'un qui était à la Bastille. En un mot, tout bouffon qu'il a été, il a été le fondateur de l'Académie Française. Quand il est mort, il disait encore ce bon mot : « Je ne demande qu'une chose, c'est d'être aussi bien avec Notre-Seigneur que j'ai été avec le cardinal de Richelieu. »

Pourquoi donc, je vous prie, puisque nous sommes à la place Royale, ne pas parler de la marquise de Rambouillet? Elle a joué, à coup sûr, un grand rôle dans ce monde à part, qu'on appelle *le beau monde*. Madame de Rambouillet était une personne d'un goût très fin et même exquis, qui s'entendait à toutes les élégances de la vie. A elle seule elle a fait une révolution dans l'art de disposer et d'arranger l'intérieur d'une maison. Elle fut la première qui changea l'escalier de place, afin d'avoir une longue suite de chambres et de salons; elle avait bâti à elle-même son hôtel. Dans cette maison, ainsi bâtie pour que l'air et la lumière, et partant la bonne humeur et la santé, y entrassent de toutes parts, se donnait rendez-vous tout ce qu'il y avait de plus galant à la cour, tout ce qu'il y avait de beaux esprits dans la ville. C'est là que fut fondée cette grande puissance qu'on appelle la causerie. La marquise de Rambouillet était jeune et belle; son esprit était net, sa parole était vive. Elle avait pour ses amis toutes sortes de malices charmantes. Molière, il est vrai, dant un des accès de sa mauvaise humeur, a dénoncé le bel esprit des *précieuses;* mais cependant, quelle que soit la verve de Cathos, de Madelon et de Mascarille, on ne peut nier que cette langue française, qui commençait à peine, n'ait gagné beaucoup de grâce à être parlée avec tant de soins et d'études, et dans un si beau salon, par la plus belle compagnie. Madame de Rambouillet a été véritablement une des premières personnes qui ont donné le signal au grand siècle. Madame de Sévigné, elle-même, est venue un peu plus tard que la belle Arthénice. D'ailleurs, elle a été la mère de madame de Montausier, ce rare et modeste esprit, qui a écrit tant de pages élégantes et simples sous le nom de Voiture.

Dans ces murs, et pour Lucie d'Angennes, Julie de Rambouillet, fut rêvée et exécutée la *Guirlande de Julie*. La fête de Julie arrivait un mois d'hiver (1644), les fleurs manquaient pour composer un bouquet digne d'elle. M. le duc de Montausier (il était un peu l'amant de Julie, et il a attendu bien longtemps quelle le voulût accepter pour son mari) appela à son aide tous les poètes de son temps pour que chacun apportât une fleur de son choix à cette guirlande. Vous pensez si ces messieurs obéirent à cet appel fait à leur courtoisie! Pas un ne manqua à cette fête de la beauté et de l'esprit : M. d'Andilly le père et M. d'Andilly le fils, M. Chapelain et M. Colletet, M. Desmarets, M. Godeau, M. de Gombaud, M. l'abbé de Serisy et M. de Malleville, M. de Montmor, M. Racan, M. Tallemant des Réaux et M. de Scudéry, et enfin M. Conrart, que l'on peut à bon droit appeler avec Bois-Robert le père de l'Académie Française. Sur les plus belles feuilles d'un blanc vélin, le fameux maître d'écriture Jarry se chargea de transcrire cette merveille. A la première page Zéphire se balance dans les airs; il tient d'une main une rose et de l'autre main la guirlande de fleurs peinte par Robert, ainsi que les vingt-neuf fleurs que vous retrouverez dans les vingt-neuf pages suivantes. Il est bien entendu que M. de Montausier n'a pas renoncé à jouer sa partie dans ce concert d'éloges en l'honneur de la femme qu'il aimait. Comme chacun de messieurs les poètes pouvait choisir sa fleur favorite, Chapelain choisit l'*impériale* en l'honneur de Gustave-Adolphe, le héros de Julie; M. Colletet et M. de Montausier avaient choisi la *rose*, M. de Gombault l'*amaranthe*, M. d'Andilly la fleur de *thym*, M. Desmarest la *violette;* et même on se souvient de ces vers :

> Franche d'ambition, je me cache sous l'herbe,
> Modeste en ma couleur, modeste en mon séjour ;
> Mais si sur votre front je puis me voir un jour,
> La plus belle des fleurs sera la plus superbe.

Ce beau volume ainsi rempli de vers et de fleurs, fut relié par Gaston, le relieur du cardinal de Richelieu ; il avait placé au dedans et au dehors de ce beau livre le chiffre de Julie d'Argennes ; tant qu'elle vécut, madame de Montausier conserva précieusement ce monument élevé à son esprit, à ses grâces, à sa beauté, et elle le montrait avec orgueil. Après la mort de cette dame, la *Guirlande de Julie* passa à sa fille madame la duchesse d'Uzès, et à la mort de cette dame, le précieux volume fut vendu quinze louis à M. Moreau, le premier valet de chambre de M. le duc de Bourgogne. M. l'abbé de Ruthelin, M. de Bozes, M. Caignat, M. le duc de la Vallière ont possédé tour à tour la *Guirlande de Julie*. Un libraire de Londres l'a acheté quinze mille francs, et l'a revendu à madame la duchesse d'Uzès pour quarante mille francs. On n'a pas tort de parler de la destinée des livres.

N'oublions pas, dans notre histoire, madame d'Hyères, si aimable dans ses folies ; la sœur de madame de Montausier, mademoiselle de Rambouillet ; et mademoiselle Paulet, qui jouait du luth mieux que personne, et dont le chevalier de Guise fut amoureux si fort. Chose étrange, et qu'on ne sait pas, c'est que mademoiselle Paulet, élégante, jolie, musicienne, bel-esprit, courageuse et fière, fut la première qui, en France, fut appelée une lionne. Aujourd'hui, le titre de lionne est un grand titre ; c'est une gloire. Une femme qui n'est pas une lionne se croit déshonorée. Mademoiselle Paulet ne fut pas si fière, elle s'emporta fort contre Voiture, mais le nom lui en resta. Tant il est vrai que dans une civilisation quelque peu avancée, rien n'est nouveau, surtout en fait de ridicules.

Si j'avais le temps, comme je vous raconterais l'histoire de Voiture. Il était le fils d'un marchand de vins, mais il se tirait gaiement d'affaire en disant qu'il avait été réengendré avec madame et mademoiselle de Rambouillet. C'était un bel-esprit ; il aimait l'amour et le jeu, mais le jeu plus que l'amour. Il traitait les plus grands seigneurs avec un sans-façon et un sans-gêne merveilleux. Un jour, il mena chez madame de Rambouillet deux grands ours qu'il avait rencontrés dans la rue. Il mettait facilement la main à l'épée. Il mourut, disait mademoiselle Paulet, comme le Grand-Seigneur, entre les bras de ses sultanes. C'est lui qui dit ce joli mot sur le jeune Bossuet, qui avait alors quatorze ans lorsqu'il prêcha son premier sermon à l'hôtel de Rambouillet, un quart-d'heure avant minuit : « Je n'ai jamais entendu prêcher ni si tôt, ni si tard. » Songez donc que toute la famille des Arnault a passé dans la place Royale en y laissant son empreinte. La marquise de Sablé a vécu dans cette grande maison à côté de la comtesse de Maure, porte à porte ; mais elles se visitaient chaque jour par écrit. C'étaient deux frileuses. Un jour cependant la comtesse de Maure était si malade que la marquise de Sablé se décida à descendre l'escalier pendant que l'on portait au-dessus de sa tête le baldaquin du lit de la cuisinière. Dame! ce sont là des histoires

d'autrefois; on devine, on reconnaît tout un siècle à ces sortes de loisirs. Le maréchal de Grammont faisait partie, lui aussi, de cette société choisie, et quels beaux contes il leur débitait du plus grand sang-froid ! Là, venait tout rempli de morgue et de science, le président Jeannin, qui osa défendre Laon contre Henri IV. Après la paix, Henri IV voulut l'avoir, disant que puisqu'il avait servi fidèlement un petit prince, il pouvait bien servir un grand roi. Un jour que la reine-mère lui avait envoyé une grosse somme d'argent, le président renvoya cette somme, en disant qu'une régente ne pouvait disposer de rien tant que son fils était mineur. Mais, plus nous allons et plus ces hommes du passé se montrent à nous. M. Gombaut, l'évêque de Vence, M. Gombaut, le poète, que madame de Rambouillet appelait *le beau ténébreux*. Son plus grand chagrin eût été qu'on sût sa misère, et ses amis lui faisaient croire que l'argent qu'ils lui donnaient était envoyé par le roi. Gombaut, c'est toute la misère et toute la fierté du poète. Chapelain fut tout au rebours; il était le plus vanté, le plus riche et le plus mal vêtu de tous les beaux-esprits. Quand il fut présenté pour la première fois à madame de Rambouillet, il portait un habit de satin colombain, doublé de panne verte, et passementé de petits passements colombains et verts, à œil de perdrix; il avait à son chapeau un crêpe qui, à force d'être porté, était devenu couleur de feuille morte ; avec un vieux cotillon de sa sœur, il s'était fait un justaucorps en taffetas noir ; sa perruque est une fable, Boileau en a fait un poème. Ainsi était bâti l'auteur de la *Pucelle*.

Vous aviez aussi dans ce temps-là la reine de Pologne, pauvre reine, et la duchesse de Croï, la fille de madame d'Urfé. Faites place et rangez-vous, voici le maréchal de Bassompierre, c'est le plus bel-esprit de la cour. La reine lui passe toutes ses folies. Le cardinal La Rochefoucauld et le chancelier Séguier le saluent de la main, tandis que Jodelet se met à vendre des barbes pour le parlement de Metz, qu'on venait de remplir de jeunes gens. Mesdames de Rohan s'en vont aujourd'hui faire une visite à madame de la Maisonfort. N'entendez-vous pas venir Fontenay Coup-d'Épée ? c'est un brave qui va rendre sa visite de chaque jour à mademoiselle Férier, la fille du ministre. Dumoustier, le dessinateur, perd son temps à dire des injures à tout le monde. Le président Le Coigneux court après les belles dames ; puis, quand il rentre chez lui, il dit : Je vais voir ma vieille, en parlant de sa femme. M. d'Emery, le financier, l'ami de Marion Delorme, il avait gagné neuf millions en dix ans : on disait de lui que c'était le plus damné des hommes. Desbarreaux jure et s'emporte. Dans sa voiture à quatre chevaux, Marion Delorme, magnifique et dépensière, mène la vie à grandes guides et meurt à trente-neuf ans, laissant pour 20,000 écus de dentelles et pas un sou d'argent comptant. Cet esprit qui passe tout là-bas, c'est Pascal ; cet homme qu'on salue jusqu'à terre, c'est le maréchal de l'Hôpital. N'auriez-vous pas aimé la comtesse de La Suze qui faisait de si jolis vers et des élégies si touchantes ; madame de Jeaucourt, qui était si jolie et qui a été le modèle des mères ; le président de Nicolaï, dont la jeunesse fut si orageuse ; le père André dont la parole brutale et toute remplie de violences était loin d'annoncer le père Bourdaloue et le père Massillon qui n'étaient pas loin ! Que dites-vous de madame Pillon, la sincérité même, qui avait bouche en cour ; madame Pillon, une simple bourgeoise, à force d'esprit et de boutades piquantes, était également redoutée à la ville et à la cour. Et madame de Moutan, qui avait les mains aussi belles que les mains de la reine. Et madame d'Ayvait, si colère qu'elle a pensé tuer sa fille d'un coup de poing. Et, parmi les beaux-esprits, M. Costar. Un jour, dans cette même place Royale, passait madame de Longueville : sa chaise se brise ; un grand laquais se présente pour venir en aide à madame la duchesse: « A qui êtes-vous ? lui dit-elle. — Je suis à M. Costar. — Et qui est-ce M. Costar ? — C'est un bel-esprit, madame. — Et qui te l'a dit ? — Si vous ne voulez pas me croire, madame, prenez la peine de le demander à M. Voiture. — Tel maître, tel valet, dit la duchesse, voyant le valet si beau et si bien élevé.

Songez donc enfin, que parmi ces hommes, que le Marais nous rappelle, il faut compter le cardinal de Retz et M. de Roquelaure et madame de la Roche-Guyon, chantée par Benserade, et la Serre et la Calprenède. Vous ne pouvez pas comprendre quelle était la toute-puissance d'une femme d'esprit, de madame de Cornuel, par exemple. C'était l'esprit en personne; elle disait de la religion, déjà! la religion n'est pas mourante, mais seulement défaillante. Un jour qu'elle fut arrêtée par des voleurs, un de ces bandits lui mit la main sur la gorge : « Vous n'avez que faire là, mon ami, lui dit-elle, je n'ai ni perles ni tétons. »

Ne quittons pas cette *place Royale*, où s'est dépensé tant d'esprit, tant de grâces et tant d'amours, sans saluer de nos regards et de nos regrets l'hôtel Carnavalet : De cette maison, aujourd'hui silencieuse, est sortie, tout armée, la langue française et la plus belle langue que la France ait parlée, la langue de madame de Sévigné.

C'est ainsi que dans cette heureuse ville il n'y a pas un coin de terre, pas une ruine, qui ne puisse servir à écrire quelques beaux chapitres tous remplis des plus grands noms de l'histoire, et dans lequel vous verriez s'agiter au milieu des espérances, des déceptions et des progrès de tous genres, les plus nobles, les plus illustres et les plus excellents esprits.

Jules Janin.

RUE PIERRE-LESCOT.

Les rues, comme les hommes, ont leur destinée. En matière de viabilité, je suis fataliste; non point que la grande et la petite voirie ne subissent aussi la loi de toutes les choses humaines, l'instabilité, mais de même que certaines familles conservent, au milieu de toutes les révolutions, le dépôt sacré des traditions de l'ancienne société, certaines rues perpétuent la physionomie de l'ancienne ville. Il y a telle place publique, tel carrefour qui, par une force mystérieuse et providentielle, semble éternellement voué à la même spécialité. Je ne sais quel instinct secret pousse sans cesse les mêmes classes ou les mêmes professions vers les mêmes lieux. Les voleurs, les filous, les mendiants, les filles publiques, les saltimbanques n'ont pas quitté tous les repaires qu'ils habitaient au moyen-âge. Supposez un tremblement de terre qui bouleverse Paris, vous verrez au bout de quelque temps ces oiseaux de la civilisation revenir par bandes peupler les quartiers où ils étaient établis autrefois. Ainsi l'hirondelle ne retrouvant plus son nid au retour, en bâtit un nouveau à la place où s'abritait sa dernière couvée.

Nous parlerons tout-à-l'heure des hirondelles de la rue Pierre-Lescot; disons quelques mots auparavant de la rue elle-même. Le lecteur verra bien que nous avions raison de soutenir qu'il y a des localités prédestinées.

Nous sommes en plein moyen-âge, en 1267; c'est le plus haut que nous puissions remonter pour trouver trace de notre rue; mais était-ce bien une rue que cette réunion de maisons basses, recouvertes en chaume pour la plupart, et situées sur l'emplacement dont nous nous occupons? S'il faut en croire les chroniques, rien n'était plus rue que la rue Jean-Saint-Denis, nom qu'elle devait sans doute à quelque membre de la famille Saint-Denis, qui comptait des chanoines dans l'abbaye de Saint-Honoré. Saint-Denis, nom illustre, maintenant porté par des cabotins de province! Mais ne sortons pas de notre rue.

La rue Jean-Saint-Denis n'avait point à cette époque l'honneur d'appartenir à la capitale, elle faisait probablement l'ornement principal de quelque village placé sous la protection de l'abbaye de Saint-Honoré, ou bien elle composait à elle seule un de ces hameaux groupés sur les verdoyants monticules qui bordaient les rives de la Seine. Il me semble voir notre rue dans toute la laideur pittoresque de sa physionomie gothique. Des chaumières lézardées, du fumier en guise de pavé, de la mousse sur les toits, la lanterne de la vierge du coin pour tout éclairage. Des jardins derrière les maisons; derrière les jardins, la rivière. J'imagine que déjà, à cette époque, il devait y avoir des cabarets dans la rue Jean-Saint-Denis, cabarets renommés où les étudiants, les bohêmes, venaient ripailler et paillarder, suivant l'expression consacrée. Quoique la tradition soit à peu près muette à cet égard, on peut affirmer que le moyen-âge a pris ses ébats dans cette rue; c'est lui évidemment qui a montré la route à la renaissance, au dix-septième siècle, à son fils dénaturé, ou plutôt à son coquin de neveu, le dix-huitième siècle, à la république, à l'empire, à la restauration, et enfin à la révolution de juillet.

Sautons quelques siècles à pieds joints. Il n'y a pas longtemps que le moyen-âge a rendu le dernier soupir. Le hameau, perdu sur les rives de la Seine, est devenu une rue de Paris. La capitale l'a confisqué à son profit. Les chaumières disparaissent pour faire place à des maisons; les tavernes où les disciples d'Abeilard venaient oublier les combinaisons ardues du *sic et non*, sont devenues des cabarets où vont s'enivrer les poètes. Que de fois Villon a dû laisser sa dernière rime et son dernier sou sur la table de ces salles enfumées! Si l'affreuse hôtellerie de Macette a existé autre part que dans l'imagination de Régnier, croyez bien que c'est dans la rue en question qu'il faut la chercher; je suis sûr qu'elle s'ouvrait juste à l'endroit où s'élève maintenant l'*hôtel de Calais* ou l'*hôtel de*

France. Que voulez-vous que deviennent des hôtels sur de pareils emplacements?

Le roi des ribauds étendit sa juridiction sur la rue Jean-Saint-Denis; souvent ce monarque vint y tenir cour plénière et y juger les différends de ses sujets. La salle principale d'un bouchon était métamorphosée en tribunal. Le juge souverain montait sur une table et les plaidoiries commençaient. Quel auditoire on devait voir et quelles plaintes on devait entendre! Des femmes, les cheveux épars, la voix rauque, les vêtements en désordre; des hommes déguenillés, barbus, sinistres, cachant un poignard dans leur ceinture; des matrones ridées, au chef branlant, les lèvres et le menton couverts de ce duvet que l'école romantique appelle des moisissures. Voici Cocarde qui montre ses épaules couvertes de cicatrices et qui demande réparation de la volée que lui a administrée la veille le terrible Bombardier, lansquenet licencié à la suite de la paix, et maintenant Adonis de carrefour; place à ce brave homme au gros ventre! c'est un marchand étranger qui réclame sa bourse que Jeanne *la Rousse* et la charmante, lui a soustraite entre chien et loup, c'est-à-dire pendant qu'il était entre deux vins; faites silence maintenant pour écouter les lamentations chevrotantes de cette vieille qui réclame le prix des meubles et des pots cassés à la suite d'une orgie de ces messieurs et de ces dames. On échange des interpellations, les démentis s'entrechoquent; le lansquenet montre le poing à Cocarde; Jeanne la Rousse fait la nique au gros marchand; la vieille discute ou plutôt glapit à propos de la valeur de ses bahuts. Les spectateurs, en attendant leur tour, prennent fait et cause pour l'une des parties. Dès que Cocarde ouvre la bouche, mille voix s'élèvent à l'instant pour l'encourager; si elle pleure, mille gémissements se font entendre; Bombardier a des amis dévoués, mais leurs éclats de rire ne peuvent dominer le bruit des sanglots; le gros marchand jure et blasphème, la Rousse se tord les côtés, l'hôtelière se précipite aux genoux du juge, le tumulte est à son comble; c'est un charivari discordant, un brouhaha, un sabbat véritable. Le roi des ribauds fait un signe, et ses archers, qui, en guise d'arcs, portent de bonnes et belles hallebardes, rétablissent le silence à grands coups de bois de lance. Alors Sa Majesté très-peu catholique se lève et prononce la sentence, la force armée s'empare des condamnés et le monarque transporte ses assises ambulantes dans quelque rue borgne de la cité. Voilà le magnifique spectacle que présentait au quinzième, et même au commencement du seizième siècle, un cabaret de la rue Jean-Saint-Denis, le premier de chaque mois. Ce cabaret judiciaire avait seul le privilége d'allumer une lanterne rouge devant sa porte, depuis le crépuscule jusqu'à l'aurore, et de donner asile à tous ceux qui se présenteraient à quelque heure de la nuit que ce fût.

Bon sang ne peut mentir. Vous jugez à présent des progrès qu'a suivis notre rue depuis le moyen-âge. C'est d'abord un rendez-vous champêtre pour les parties plus ou moins fines des basses classes de la population parisienne, une espèce de Meudon populaire. Une fois englobée dans Paris, ses bonnes dispositions ne font que croître et embellir. La paysanne un peu égrillarde est devenue une véritable gourgandine. Le temps n'est pas loin où sa réputation franchira les barrières, et où les pères et mères des provinces de France recommanderont à leurs fils d'éviter toute fréquentation avec elle.

Il faut avouer aussi que jamais rue ne fut plus convenablement située pour devenir un admirable coupe-gorge, un délicieux clapier. Sous Henri IV, déjà la rue Saint-Honoré avait presque acquis le développement qu'on lui voit aujourd'hui; elle roulait, d'un bout de Paris à l'autre, comme une vaste rivière, les vagues toujours mouvantes d'une population composée de gens de tous les états, de tous les quartiers, de tous les pays. Ce fut cet encombrement qui coûta la vie au Béarnais. Le Palais-Royal opère sa jonction avec ce fleuve, juste devant la rue dont nous parlons qui n'est qu'une sorte d'exutoire, une espèce de canal où se jettent toutes les immondices qui flottent à la surface de l'eau. Du côté du nord, notre voie de communication s'ouvre sur des espaces vagues dont l'étendue était considérable à une certaine époque. Les décombres toujours amoncelés pour l'achèvement du Louvre, les accidents du terrain, la solitude qu'on était sûr de rencontrer en de tels lieux, les rendaient essentiellement propices à l'exécution de tous les crimes et de toutes les turpitudes qui ont besoin du silence et de la nuit. Là les voleurs tenaient leurs conciliabules nocturnes, là l'enfant ignorant, le moine obscène, le vieillard dévoré d'une luxure stérile, venaient chercher une satisfaction honteuse à d'impurs désirs; là le vol et l'assassinat étaient pour ainsi dire endémiques; d'abjectes syrènes attiraient leur proie et ne la rendaient plus. Au dernier coup du couvre-feu, bandits et ribaudes prenaient possession de leurs domaines et faisaient la maraude jusqu'au milieu de la nuit. Tout ce peuple maudit rentrait ensuite dans les repaires que lui offrait la rue voisine; alors, sans prendre la peine d'essuyer les mains tachées de sang, commençait l'ignoble orgie, le vin, les baisers, les blasphêmes; et de semblables nuits se succédaient jusqu'à ce que la main de la police arrachant le verre et la chanson aux lèvres du meurtrier, et le poignard à son bras, lui ménageât un terrible et dernier réveil en face de l'échafaud.

L'histoire de la rue Pierre-Lescot peut se résumer dans ces quatre mots, assassinat, vol, misère, prostitution. Cette rue n'a-t-elle donc jamais connu l'innocence, et n'a-t-elle pas eu ses beaux jours?

Innocente, elle ne le fut jamais; son enfance et sa jeunesse ont été passablement agitées, comme on a pu s'en convaincre par ce que nous venons de dire. J'aime à croire que l'âge mûr l'a trouvée plus raisonnable ; les rues deviennent peut-être vertueuses à trente ans comme les femmes. Un moment, on eût dit que le repentir l'avait touchée. C'était au dix-huitième siècle : vous savez comment on se repentait alors.

N'importe! un beau matin, notre rue éprouve le besoin de faire peau neuve, de se dépayser ; elle veut changer de nom, ne pouvant changer de quartier. Soudain, un badigeonneur se présente et efface le nom de Jean-Saint-Denis pour le remplacer par cette désignation plus gracieuse : Rue du *Panier-Fleuri*. La mode était alors aux choses champêtres ; je m'étonne que l'imagination rustique des hommes de l'époque ne se soit pas davantage exercée sur les rues de Paris ; nous aurions eu la *place du Chalumeau*, le *carrefour de la Coudrette*, la *traverse Philis*, le *passage de la Houlette* et le *cul-de-sac Corydon*. Tous ces noms-là valent bien pour le moins ceux d'aujourd'hui. Quoi qu'il en soit, nous voici arrivés au second acte de cette trilogie, dont le premier est intitulé *Jean-Saint-Denis ;* le second, le *Panier Fleuri*, et le troisième *Pierre Lescot*.

Était-ce dans cette rue que la célèbre madame Grégoire tenait son cabaret à l'enseigne du *Panier-Fleuri*, ou bien ce nom n'est-il qu'un témoignage du succès obtenu par cet établissement, et la bonne ville de Paris avait-elle fait comme ces marchands qui choisissent pour exergue à leur enseigne le titre de la pièce la plus applaudie pendant l'année ? Je penche décidément pour cette dernière version, aussi flatteuse pour madame Grégoire que la chanson consacrée à sa gloire. Il me semble que, sous l'influence de sa désignation nouvelle, notre rue dut prendre une allure plus jeune, plus riante, plus gaie. Les maisons, en effet, furent recrépies et passées à la chaux, les enseignes remises à neuf, et l'on vit des vases de fleurs au rebord de quelques fenêtres, indice certain de la présence de plusieurs grisettes. C'en est fait, la rue Jean-Saint-Denis a rejeté toute la vieille souillure du moyen âge ; elle va renaître aux fraîches amours, aux chants joyeux : les grisettes l'ont sanctifiée !

Le dix-huitième siècle a été l'âge d'or de la rue Pierre Lescot ; à cette époque, en effet, la mode était aux cabarets, aux grisettes, à tous les plaisirs de la vie en plein air ; les Porcherons n'étaient pas le seul endroit où les grands seigneurs aimassent à s'encanailler. Plus d'un désertait sa petite maison sombre et mystérieuse pour les joies plus épicées des caravansérails publics. La rue du *Panier-Fleuri* eut des gargottes privilégiées qui se donnèrent le luxe de quelques cabinets particuliers ; le marquis, déguisé sous le manteau couleur de muraille du tiers-état, y conduisait la lingère de sa femme, tandis que, dans l'appartement à côté, la marquise faisait couler le champagne dans le verre d'un homme de lettres ou d'un jeune commis aux gabelles. Une simple cloison séparait le ménage. Faites disparaître quelques planches, et les deux moitiés de la société se surprennent en flagrant délit. L'aristocratie et la démocratie contractaient ainsi une alliance dérobée, en attendant le jour de la grande fusion révolutionnaire. Un peu de lumière et de gaîté pénétra alors dans cet enfer ténébreux ; les chambres nues et froides de ses maisons virent quelques gracieux visages ; il y eut moins de taudis et plus de mansardes ; la reine hideuse de cet empire, la misère dégradée, disparut pour faire place à la pauvreté riante qui espère, et si le passant attardé entendait encore au rez-de-chaussée des chants qui troublaient le silence de la nuit, il voyait briller aux étages les plus élevés des lampes qui n'étaient pas celles de la débauche. La rue du *Panier-Fleuri* devait, toutes convenances de siècle et de civilisation gardées, offrir à peu près le même spectacle que présentent de nos jours certaines parties du quartier Notre-Dame-de-Lorette, la rue La Ferrière, par exemple. Hélas ! ce temps heureux fut de courte durée ; peu à peu les anciennes habitudes reprirent le dessus, la nichée de hiboux, chassée un instant par la clarté, reprit possession de son domicile, des femmes en oripeaux se promenèrent à l'angle de la rue Saint-Honoré ; on retrouva des cadavres au milieu des landes architecturales, sur lesquelles le Louvre continuait à ne pas se finir, et le lieutenant de police fut obligé d'inscrire sur son livre noir le nom idyllique du *Panier-Fleuri*.

Les gardes-françaises furent les instruments principaux de cette décadence rapide. Je ne voudrais rien dire qui pût nuire à l'estime dont jouit ce corps, mais, je ne puis m'empêcher de le faire remarquer, malgré l'engouement que l'on a depuis quelque temps pour eux, les soldats des gardes-françaises étaient bien les plus mauvais sujets de l'armée. Le garde-française est charmant avec son habit blanc à revers bleu de ciel, lorsqu'ayant à son bras une jeune beauté qui baisse les yeux, il frise galamment sa moustache en montrant à sa compagne les blonds épis de la moisson nouvelle, asile discret qui doit abriter leurs amours. Il y a là matière à de ravissantes aquarelles ; en dehors du dessin, le garde-française est ce qu'on peut appeler un garnement fort peu sentimental de sa nature, nullement scrupuleux dans les affaires de cœur, et raccoleur plus que les nécessités du service ne le permettent. Faire le raccolage sur le Pont-Neuf, sur le quai de la Ferraille au profit du roi de France, ne lui suffisait pas ; plus d'un enrôlait des défenseurs à la patrie et des amants à ses maîtresses. Quelles maîtresses, bon Dieu ! que les beautés de la rue du *Panier-Fleuri* ! C'était là cependant qu'ils choisissaient leurs odalisques. Plus d'un riche financier, plus d'un abbé trop galant, plus d'un bourgeois en maraude, payèrent cher leurs excursions sur les terres de ces braves guerriers. Que de fois, entr'ouvrant tout à coup une armoire cachée ou une porte secrète, on vit des soldats français, feignant les transports de la plus vive jalousie, interrompre un entretien commencé, et interposer la lame de leur épée entre deux caresses. Honteux d'être surpris en pareil lieu, et dans un tel moment, l'amant improvisé offrait sa

bourse. Je vous laisse à penser si elle était acceptée, non sans quelques difficultés cependant, afin de ménager l'illusion de la mise en scène. Il ne se passait pas de nuit sans que la rue du *Panier-Fleuri* ne fût le théâtre de semblables tours. La chronique scandaleuse du temps était pleine de ces mésaventures ; on nommait tout haut les victimes du drame, et les mémoires, indiscrets confidents des médisances de l'époque, nous ont transmis les noms de plusieurs d'entre eux. Un prince, deux évêques, trois financiers, un acteur de la Comédie-Française furent rançonnés dans la rue du *Panier-Fleuri*, après être tombés de cette façon entre les mains des sous-officiers aux gardes ; les sergents surtout étaient passés maîtres dans ces jeux, qui faisaient pour ainsi dire partie de l'éducation militaire. Les mœurs de l'armée se sont bien améliorées depuis, et, heureusement pour leur réputation, les gardes-françaises ont racheté ce passé légèrement scabreux devant les fossés de la Bastille et sur les champs de bataille de la république.

Cette digression militaire était indispensable à l'intelligence complète de l'histoire que nous avons entreprise. Au dix-huitième siècle, en effet, elle se résume tout entière dans le garde-française, comme sous la république elle s'identifie avec l'existence des fédérés. On se souvient de ces bataillons de volontaires que les départements envoyèrent, après le 10 août, pour pousser à la roue révolutionnaire. L'énergie des Marseillais, la fermeté des Bretons, la vivacité des Languedociens, toutes les forces de la France furent mises en réquisition pour traîner le char de la république. Il fallait bien que tous ces hommes, dans la force de l'âge et de l'enthousiasme, dérobassent quelques minutes à la chose publique pour les donner à l'amour. La rue du *Panier-Fleuri* présentait alors un curieux spectacle : on vit les beautés peu désintéressées de ce quartier, saisies à leur tour de la fièvre patriotique, offrir gratis leurs faveurs aux défenseurs de la liberté ; elles aussi voulaient faire un sacrifice à la patrie ; elles couraient au-devant des fédérés, étalant sur leur sein déshonoré une large cocarde tricolore ; elles les entraînaient, elles les portaient en triomphe, pour ainsi dire, dans leur demeure, et comme on avait le courage, la vertu, le désintéressement, on eut aussi l'amour civique. Plus de refrain bachique, plus de chanson obscène, mais la *Marseillaise*, partout et toujours ! Il suffit d'un noble enthousiasme pour ramener à la vertu, et certes celui qui eût vu ces femmes à genoux, les yeux levés vers le ciel, faisant un appel à l'amour sacré de la patrie, et appelant la liberté au milieu de ses défenseurs, celui-là n'eût pas osé dire : Voilà des prostituées !.

Je suis étonné que personne n'ait songé à demander alors d'échanger le nom passablement rococo et aristocratique de cette rue contre une désignation plus républicaine. Ce ne fut qu'en 1806 que le préfet de police se passa cette fantaisie. La rue du *Panier-Fleuri* prit le nom de *Pierre Lescot*, seigneur de Clugny, près Versailles, et de Clermont, conseiller au parlement, chanoine de Paris, et célèbre architecte sous les règnes de François Ier et Henri II. Le vieux Louvre, c'est-à-dire la galerie occidentale, a été bâtie sur ses dessins, et sculptée par Jean Goujou. C'est pour honorer la mémoire de Pierre Lescot, et à cause de sa proximité du Louvre, que la rue du *Panier-Fleuri* fut débaptisée. C'est un singulier honneur que l'on a fait à un chanoine, que d'inscrire son nom au fronton d'une pareille rue.

Depuis l'empire jusqu'à nos jours, les destinées de la rue Pierre Lescot n'ont pas été des plus brillantes, si l'on en excepte la période de l'invasion. Ceci est le revers de la médaille, la contre-partie de l'enthousiasme républicain chez les prostituées de Paris. L'argent enlevé aux chaumières de la Champagne affluait dans les lupanars de la rue Pierre Lescot : Autrichiens, Prussiens, Cosaques, Tartares, venaient là jouir à leur manière des plaisirs de la capitale. A leurs chefs, le Palais-Royal; à eux, les ruelles voisines. Quelle joie pour ces barbares de sentir la main d'une femme souriante passer dans les poils hérissés de leur barbe rousse! Qu'importe l'odeur qu'ils exhalent, l'argent ne sent pas le suif! Caresses, agaceries, rien n'était épargné pour plaire à ces sauvages, qui jetaient sur les tabliers, les chaînes d'or, les boucles d'oreilles, les bijoux, fruits de leurs rapines. Aussi vit-on les fils des Huns pousser, comme leur aïeul Attila, le plaisir jusqu'à l'apoplexie, et se tuer de luxure. La rue Pierre Lescot coûta à l'armée russe autant qu'une bataille. Au milieu de ce hideux dévergondage, on cite un trait qui démontre que la fierté n'abdique jamais complètement au cœur des femmes. Une malheureuse fille séduite, et tombée, par suite de l'abandon de son séducteur, dans l'abîme de la prostitution, échut à un sous-officier cosaque dans le partage d'une nuit. Parmi les bijoux que son vainqueur faisait, en vrai barbare, reluire à ses yeux, elle reconnut un médaillon de famille que son frère, sergent dans la garde, portait toujours sur son cœur. Pour l'en dépouiller, il avait fallu le tuer. La pauvre fille était obligée de se livrer au meurtrier de son frère. La résistance était impossible, mais non pas la vengeance. Pendant que le cosaque assouvi se livrait au sommeil, Judith prit un des pistolets d'Holopherne et lui brûla la cervelle. Le lendemain elle fit l'aveu complet de son crime et des motifs qui l'avaient guidée. Elle mourut en prison.

Après la révolution de juillet, la rue *Pierre Lescot* obtint une vogue nouvelle. Les premières années qui suivirent ce changement furent le dix-huitième siècle de la bourgeoisie. On aimait aussi à s'encanailler, et comme le romantisme avait mis le moyen âge en odeur de sainteté, on choisissait de préférence, pour faire l'école buissonnière, les lieux qui rappelaient les mœurs du vieux Paris. A ce titre, la rue *Pierre Lescot* eut les honneurs d'une exhumation complète. Les étudiants, les clercs de notaire, les hommes de lettres visant à la Porte-Saint-Martin, se réunissaient là pour broyer de la couleur locale, et faire les truands. On allait dans la rue *Pierre Lescot* voir la maîtresse de M. Coco, premier valet de M. Sanson, tourmenteur juré de la bonne ville de Paris ; on la regardait de loin, et, après cette orgie, on rentrait chez soi mettre la dernière main à un roman intitulé *la Reine des Gourgandines*. A cette époque il n'y avait plus ni saltimbanque, ni prostituée, ni mendiant; ou était amoureux d'Esmeralda, on voyait partout des Chantefleuries, on donnait un sou parisis au grand Coësre. L'argot commençait à poindre dans la littérature, et l'on prêchait ouvertement la réhabilitation de la chair en prenant du punch rue Monsigny. Vous comprenez en quelle haute estime devait être la rue *Pierre Lescot* chez les amateurs de poésie et de philosophie pittoresques. Aujourd'hui cet engouement n'existe plus, et la rue *Pierre Lescot* est redevenue ce qu'elle n'a jamais cessé d'être, c'est-à-dire un des plus complets échantillons de la misère et de l'abjection parisiennes.

En traversant la rue *Pierre Lescot,* on s'aperçoit qu'elle n'a rien perdu de sa physionomie impériale. Les devantures de boutiques, les enseignes, les ustensiles dont on se sert dans les cafés datent encore de 1806. Entrez dans la boutique de ce marchand de bric-à-brac, vous y trouverez des pendules à sujets mythologiques, des fauteuils avec des aigles sculptés, des vases d'albâtre, des canapés carrés en velours d'Utrecht jaune, toute la défroque enfin des tapissiers de l'empire. Pendant le jour, cette rue n'offre rien de bien curieux; elle est morne, silencieuse, obscure; il n'y a là-dedans que des industriels nocturnes, des logeurs et des filles publiques; je ne parle pas de cet établissement de bouillon hollandais qui est venu se fourvoyer, on ne sait trop pourquoi, dans cet endroit, et dont l'air honnête jure avec la mine peu engageante des autres établissements, hôtels pour la plupart sur la porte desquels on lit, en caractères à demi effacés : *Ici on loge à la nuit.*

Le prix de la couchée varie depuis dix jusqu'à trente sous, suivant qu'on demande une chambre tout seul, des draps propres, ou qu'on se contente d'un lit de sangle dans un dortoir. Il y a dans certains hôtels une salle où l'on ne paye que deux sous; il est vrai que pour tout lit on a le sol, pour oreiller la muraille; des cordes transversales séparent les dormeurs en deux rangs, s'il est possible de dormir en un tel gîte. Quel pandémonium de figures bizarres, de vêtements délabrés, doivent présenter ces tristes chambrées! Les uns entrent en chancelant et se laissent tomber, ivres d'eau-de-vie et de fatigue, sur le pavé boueux où ils s'endorment bientôt; ceux-là sont les heureux de l'endroit, les habitués du logis. Ils ont passé leur soirée dans quelque estaminet borgne, occupés à boire l'argent gagné, Dieu sait dans quelle industrie, et maintenant ils cuvent leur vin; d'autres, groupés dans un coin, causent à voix basse et d'un air animé en montrant un paquet que l'un d'eux cache sous sa redingote : ce sont des voleurs qui attendent que le jour soit venu pour aller partager le produit d'*une affaire* dans quelque carrière de Montmartre. Voyez-vous là-bas, adossé contre le mur, cet homme qui, les bras croisés contre la poitrine, l'œil fixé au plafond, a l'air de réfléchir profondément; ses traits, jeunes encore, sont cependant flétris avant l'âge; ses vêtements ne sont pas déchirés, mais souillés de boue : c'est un ouvrier qui fait le lundi depuis trois semaines, et qui voit venir le moment où, après avoir dissipé ses économies dans de crapuleuses distractions, il va être obligé de rentrer dans l'atelier. C'est le remords qui tient ses yeux ouverts. L'insomnie de son voisin ne peut être attribuée à la même cause. Nonchalamment assis sur sa redingote qui lui sert de coussin, les mains cramponnées à la corde qui marque la frontière des deux royaumes, il balance le haut de son corps et regarde d'un air stupide le bout des semelles de ses bottes qui laissent voir un lambeau de bas ; croyez-vous qu'il songe aux moyens de se procurer des bottes neuves? Eh, mon Dieu, non ! notre homme est un ancien habitué du Cent-Treize devenu joueur de poule ; il rêve, tout éveillé, qu'il carambole à la roulette, et que la rouge sort dix-sept fois de la blouse. Un vieillard en cheveux blancs profite du peu de clarté qui règne dans l'appartement pour coudre son pantalon lézardé de toutes parts ; un enfant de dix ans, aux cheveux blonds, à la figure délicate, sommeille appuyé contre le vieillard; la fièvre de la misère a tracé un cercle bleu au-dessous de ses yeux ; le pauvre enfant murmure quelques paroles entrecoupées ; il rêve peut-être à sa mère. Mon Dieu ! qu'il soit heureux pendant quelques instants. Mais non, les lourds barreaux qui s'entre-croisent derrière la porte retombent avec fracas, car, quoique on paye à l'avance, l'hôtelier, par prudence, croit devoir retenir ses hôtes prisonniers toute la nuit, la serrure crie sur ses gonds : Réveillez-vous, gens qui dormez, et montrez vos papiers aux sergents de ville ; la police veut savoir s'il n'y a pas parmi vous quelque assassin, ou tout au moins deux ou trois voleurs. Le chef de la patrouille fait avec soin sa tournée dans la salle ; personne n'échappe à son coup d'œil vigilant, et rarement sa visite s'achève sans qu'il n'envoie quelques individus passer le reste de leur nuit à la préfecture. Après le départ de l'escouade, la porte se ferme, la chandelle s'éteint, le silence et l'obscurité règnent dans ce dortoir de la misère, sur lequel s'appesantit une atmosphère tiède et nauséabonde comme celle que l'on respire dans les magasins de vieux chiffons.

Dans la maison voisine c'est une autre scène. Minuit vient de sonner ; le trottoir est abandonné ; ses habitantes ont regagné leurs pénates en compagnie de leurs hideux amants. Suivez de l'œil cet homme qui évite la clarté, et se glisse silencieusement le long des maisons ; le voilà qui s'arrête et fait entendre un faible sifflement. Aussitôt une lumière paraît à une fenêtre, une porte s'entr'ouvre, il va entrer ; tout à coup des hommes cachés s'élancent sur lui et le garrottent, non point sans essuyer une vigoureuse résistance. Ce rôdeur nocturne est un assassin qui s'est soustrait jusqu'à ce jour aux recherches de la police ; il ne rentre à Paris que la nuit et dans de rares intervalles ; quelque agent aura surpris le secret de son rendez-vous, ou bien sa maîtresse l'aura livré elle-même ; en tout cas, c'est l'amour qui l'a perdu. Au tumulte occasionné par cette lutte, toutes les croisées se sont ouvertes, et les compagnons du prisonnier, ses complices peut-être, la figure éclairée par les reflets vacillants d'une lampe fumeuse, regardent partir, avec colère et stupeur, cet homme qu'ils ne reverront que sur l'échafaud,

Nous avons montré la prostitution et la misère vivant côte à côte dans cette affreuse rue *Pierre Lescot*, la prostitution et la misère dans tout ce qu'elles ont de plus dégoûtant. Rien ne semble indiquer que ces deux cruelles sœurs veuillent faire ailleurs élection de domicile. Dans cent ans, à moins que le progrès ne nous ait débarrassés des voleurs et des filles publiques, on verra toujours là une de leurs colonies. Pour le quart-d'heure, la rue *Pierre Lescot* est une de celles que l'on ne traverse qu'avec

répugnance, et qu'on ose à peine nommer; il faut qu'il y ait dans sa réputation quelque chose de bien mérité, puisque ce fou qui voulait se venger à force de misère de l'ingratitude de ses amis, Chodruc-Duclos, n'avait trouvé rien qui fût plus à la hauteur de ses haillons et qui fût mieux assorti à son dénuement qu'un logement dans la rue *Pierre Lescot*.

Taxile Delort.

ALLÉE ET AVENUE DE L'OBSERVATOIRE.

En face l'un de l'autre, et à une distance de 1,407 mètres, deux monuments grandioses se regardent fièrement à la partie méridionale de Paris. L'un de ces monuments est consacré à la plus exacte des sciences, et les lois immuables du monde physique y sont étudiées ; dans l'autre, les lois les moins stables y sont votées, et l'on y débat les hypothétiques questions de cette science incertaine que l'on appelle la politique. Ces deux édifices, si différents par la forme et par la destination qu'on leur a données, se nomment l'*Observatoire* et le *Palais des Pairs* ou *du Luxembourg*.

L'Observatoire, ce gigantesque monument s'élevant à vingt-six mètres et demi au-dessus du sol, ferait douter du goût de Perrault, si le Louvre n'étalait pas au centre de Paris sa belle colonnade.

Le Luxembourg, où l'ordre toscan se marie avec assez de bonheur à l'ordre dorique, est l'œuvre plus élégante de Jacques de Brosse, ce modeste et véritable artiste dont aucune biographie ne nous a rien transmis, ni le lieu de sa naissance, ni aucun détail particulier de sa vie, ni l'époque de sa mort; mais qu'importe le coin de terre où est né l'artiste qui honore tant un pays? qu'importe comment a vécu, dans sa propre maison, celui dont l'existence laborieuse se révéla par des chefs-d'œuvre comme le portail de Saint-Gervais? qu'importe la mort d'un homme que ses travaux rendent immortel!

Soyons plus juste, sinon plus intelligent que la biographie : saluons, en passant dans le jardin du Luxembourg, l'ombre illustre de ce grand architecte qui a nom Jacques de Brosse.

Entre le Palais de la Pairie et le Palais de la Science, entre ces deux masses de pierres, l'œil s'arrête agréablement sur des tapis de gazon, sur des plates-bandes fleuries, sur des quinconces épais, sur un vaste et pur bassin où se prélassent des cygnes gracieux, sur de longues et vertes allées de marronniers alignés comme des soldats.

L'allée de l'Observatoire, la plus belle des allées du Luxembourg, prend ce nom à partir des deux lions classiques que le bon goût de M. de Gizors, architecte du Palais des Pairs, ne tardera pas sans doute à faire descendre de leurs ignobles piédestaux. La ligne de clôture du jardin était encore, vers la fin de l'empire, à ces deux lions fabuleux; et jusqu'à l'époque où furent supprimés les ordres monastiques, le terrain occupé aujourd'hui par l'allée, jusqu'à la grille de l'Observatoire, appartenait presque entièrement au couvent des Chartreux.

Dès que Jacques de Brosse eut achevé le palais du Luxembourg, Marie de Médicis, désirant un peu d'air et d'espace autour de sa belle construction toscane, céda, du côté sud-ouest, aux bons religieux, deux fois plus de terrain qu'elle ne leur en demandait à la partie nord de leurs propriétés. Rois et reines ont dû toujours faire bonne part aux hommes de Dieu! Avec de pareilles transactions, si le couvent ne s'arrondissait pas, il s'étendait du moins; ce qui ne l'empêcha pas de payer bien médiocrement l'histoire de saint Bruno, cette admirable galerie de Lesueur, au sein de laquelle l'auteur alla finir ses jours attristés, comme un père se réfugie, dans sa vieillesse, au milieu de ses enfants.

L'alignement général qui a établi une seule pente de l'Observatoire au palais du Luxembourg est un des plus magnifiques embellissements dont Napoléon ait doté Paris. Depuis la révolution, toute cette avenue, si plane aujourd'hui, était livrée aux décombres. Les remblais avaient commencé, à la vérité, sous le Directoire, mais ils n'allaient pas vite. Napoléon imprima aux travaux une grande activité, et une circonstance politique les mena à bonne fin.

Après les désastres de Russie, l'empereur se préoccupait beaucoup des ouvriers de Paris. Il appela au palais des Tuileries le préfet de police, M. Pasquier, auteur d'un rapport secret sur la population ouvrière, prête à se soulever, assurait-il, faute de pain.

— Ne peut-on, lui dit l'empereur, procurer de l'ouvrage à ces braves gens?

— Sire, répondit le préfet, pour satisfaire toutes les classes ouvrières qui souffrent, il faudra beaucoup de commandes.

— Eh bien! reprit Napoléon, que l'on aille au faubourg Saint-Antoine commander des meubles pour tous les monuments de la couronne; qu'on parquette le Louvre. Tous les travaux seront à ma charge : ma cassette y pourvoira.

— Sire, c'est bien pour les ouvriers à rabot, à marteau, à industrie particulière, et la sollicitude de votre majesté se signale en cette occasion comme toujours; mais que ferons-nous des ouvriers qui n'ont que leurs bras!

— N'avez-vous pas de grands ouvrages de terrassement à faire exécuter?

— Il serait bien facile d'en trouver, sire... Mais ces ouvrages se payent au comptant.... et de l'argent....

— Vous êtes préfet de police : vous devez savoir où il y en a, ou vous ne savez pas votre métier.

— Sire, la caisse du Sénat contient quatre ou cinq cent mille francs.

— Qu'on les prenne. Le premier corps de l'État doit, après moi, donner l'exemple des sacrifices en faveur du peuple de Paris. Que la Couronne et le Sénat nourrissent la classe ouvrière; ce ne sera, après tout, qu'un prêté rendu.

Il n'y avait pas à répliquer....... Les cinq cent mille francs furent *demandés*.

Les marteaux retentirent, les rabots gémirent, les scies crièrent dans toutes les salles du Louvre, au milieu des houras de *vive l'empereur!* Des milliers de bras furent employés aussi à niveler l'allée de l'Observatoire; mais nul n'y cria *vive le Sénat!*

Quand il puisa dans la caisse du Luxembourg, M. Pasquier ne s'attendait pas à devenir pair et chancelier de France : il est même probable qu'il donnerait sur les doigts de M. Delessert, si celui-ci osait aujourd'hui ouvrir les coffres de la pairie avec les rossignols de la police, pour donner de l'ouvrage aux ouvriers de Paris. La pairie est peu prêteuse; aussi croyons-nous qu'elle saurait conserver ses économies beaucoup mieux que ne le fit le sénat conservateur.

A la droite de l'allée de l'Observatoire, depuis les lions jusqu'à la grille servant de clôture au jardin, on voit une vaste pépinière, triste coup d'œil à l'époque où ces milliers d'arbres, rangés par familles et dépouillés par la froidure, figurent, à s'y méprendre, des plantations d'échalas ou de balais; mais d'un aspect ravissant, au contraire, quand le feuillé, en se développant, fait de ce bas-fond comme un immense tapis vert à compartiments, sur lequel glisse le regard des promeneurs.

Le terrain inférieur, faisant pendant à celui-ci, sous la contre-allée de gauche, est occupé par un jardin où les étiquettes, écrites en latin, rivalisent d'éclat avec les fleurs. C'est un jardin botanique servant aux études des élèves de la Faculté.

Cette longue, large, admirable allée de l'Observatoire est parcourue quotidiennement par les rentiers du faubourg Saint-Germain, plus haut placés que ceux du Marais sur l'échelle hiérarchique du *trois* et du *cinq*. C'est la promenade favorite des juges fatigués de leur sommeil de l'audience, des conseillers retraités, des avocats invalides : on pourrait la nommer *la petite Provence* de Thémis. Les amateurs d'antiquités peuvent y aller voir tous les soirs, de six à huit heures inclusivement, la dernière culotte courte de Paris, portée par un honorable professeur de l'école de

droit. Les douillettes puce, ces paletots élégants de nos aïeux, y sont encore visibles par les belles gelées de février; enfin, on y suit de l'œil avec curiosité, comme une chose d'autrefois, le dernier des carlins, tenu en laisse par la dernière des chanoinesses, qui emportera avec elle dans la tombe cet unique survivant d'une espèce détruite.

Parmi tous ces personnages à la démarche grave et mesurée, l'allée de l'Observatoire est vivement arpentée, trois fois par semaine, le dimanche, le lundi et le jeudi, par des couples joyeux d'étudiants et de grisettes qui vont d'un pas rapide et dégagé, heurtant du coude et du langage, juges impotents et douairières pudiques. Eh bien! franchissons avec ces hardis et aventureux voyageurs la grille du Luxembourg, cette limite du monde, ce *nec plus ultrà* des promeneurs habituels. Élançons-nous aussi dans l'*avenue* de l'Observatoire.

Au son du piston qui retentit, les couples légers s'envolent sous les quinconces à la gauche de l'esplanade ; ils se précipitent dans un établissement rival de *la Chaumière*. O glorieux saint Bruno ! qu'est devenue votre sévère *Chartreuse*? Qu'a-t-on fait de votre discipline? S'ils revenaient au monde, ces moines de votre ordre rigide ; s'ils parcouraient ces lieux consacrés par eux à la prière et au silence, où éclatent aujourd'hui les cris de la folie, les rires immodérés, que penseraient-ils, hélas!... que diraient-ils devant ces danses lascives, à l'aspect de cette licence que ne peuvent comprimer des escouades de sergents de ville ?... Encore une fois, hélas!... ils s'envelopperaient dans leur froc...., s'ils ne le jetaient point aux orties !

Notre pudeur ne nous permet pas d'entrer dans ce lieu de perdition ; mais, comme le paysan qui risquait un œil, nous avons osé y jeter un regard furtif et curieux :

A *la Chartreuse* comme à la *Chaumière*, l'élève en droit joint à l'étude des six codes la pratique du code de l'amour ; l'élève en médecine vient y faire son cours de phrénologie, en étudiant les protubérances sur nature ; bien d'imprudentes jeunes filles y commencent ou y entretiennent, en formant la chaîne, de coupables liaisons..... Et l'hospice de *la Maternité* est à la distance d'un carré de contredanse.... ; et l'hospice des *Enfants Trouvés* est à la longueur d'une course de galop.... ; et à quelques pas plus loin, est *le Couvent des Filles repenties*!..

Mais, comme pour me distraire de ces tristes réflexions, une voix me crie gare! et une énorme boule, lancée avec vigueur, passe à deux lignes de mon tibia. Heureusement le joueur n'était pas adroit ; il m'a manqué. Quelle imprudence, aussi, d'aller me planter sur un terrain dévolu aux joueurs de boules ! Ces quinconces ne sont-ils pas leur propriété? Les dynasties finissent, les trônes s'écroulent, les révolutions s'accomplissent ; et ces honnêtes citoyens restent impassibles, sous le fardeau de leurs boules jumelles... plus forts qu'Atlas, qui n'avait qu'un monde à porter.

—Depuis quarante ans ce sont les mêmes joueurs, me disait un jour un habitant du quartier.

—Oui, lui répondis-je ; comme le couteau de Jeannot était toujours le même couteau. Tantôt le *pointeur* abdique le *cochonet* pour cause de rhumatisme, et un *pointeur* en expectative prend alors sa place ; tantôt le *buteur* meurt de vieillesse et cède ses boules à un surnuméraire. Aujourd'hui la lame est usée, demain le manche se brisera. Joueurs et couteau...

toujours la même histoire.

Avant de continuer notre ascension vers l'Observatoire, jetons derrière nous un long regard de satisfaction dans la rue de l'Est, où les belles maisons s'élèvent par enchantement, où de larges trottoirs témoignent de la sollicitude municipale. Remercions encore l'édilité parisienne, qui a doté de contre-allées viables le boulevard Mont-Parnasse, cet ancien détroit infranchissable au temps des neiges et des pluies.

Et maintenant découvrez-vous, hommes d'intelligence! Vous avez Port-Royal à votre gauche; voilà l'ombre de Nicole, voilà celle d'Arnauld; voici, grande entre toutes, l'ombre de Pascal, cet immortel et implacable adversaire des jésuites! Incertain, tourmenté, s'agitant toujours sous le doute, signalant la Foi comme la souveraine du monde, mais ne pouvant courber devant elle sa raison mathématique : tel fut Pascal de son vivant; tel ses livres nous l'avaient montré; tel surtout il nous apparaît, aujourd'hui que de précieuses trouvailles ont restitué à ce *croyant sceptique* un grand nombre de ses pensées, tombées sous les ciseaux sacriléges de l'abbé Perrier et du duc de Roannès.

Pendant la révolution, l'abbaye de Port-Royal prit le nom de Port-Libre : ironie administrative dont s'amusèrent beaucoup les suspects qu'on y renferma; c'est aujourd'hui le triste port des femmes en couche, le refuge des femmes enceintes après leur huitième mois de grossesse. Mais ne peut-on faire le bien sans humilier celui qui doit en profiter? Les malheureuses qui veulent solliciter l'aumône d'un lit de douleurs sont forcées de demander en rougissant où est la rue de *la Bourbe*. Ce nom ignoble ne peut-il donc pas être remplacé par celui de Port-Royal, riche de souvenirs glorieux?— Si les jésuites sont encore à ménager, pourquoi ne pas adopter l'appellation significative de rue de la *Maternité?*

A peine entrés dans la vie, les pauvres orphelins sont enlevés aux embrassements de leurs mères, et transportés à quelques pas de là, dans la rue d'Enfer, à l'hospice *de l'Allaitement* ou *des Enfants Trouvés*. Ainsi la première course dans le monde, pour ces créatures sans nom, c'est la largeur de l'avenue de l'Observatoire! Elle ne l'ignorait pas, cette pauvre mère qu'on vit un jour, à sa sortie de l'hospice de la Maternité, aller s'agenouiller à la porte des Enfants Trouvés, avant de se replonger dans cette ville immense où, trop souvent, la misère et la honte étouffent le remords d'une faute, et jusqu'au souvenir d'un fils abandonné.

Après la rue d'Enfer, l'avenue est traversée encore par la rue de Cassini, baptisée par le nom d'un savant Italien dont nous dirons bientôt les titres au souvenir et à la gratitude de la ville française.

Nous voici enfin au terme de notre course, devant l'Observatoire, ce fastueux monument élevé à l'astronomie par la magnificence du grand siècle. Louis XIV avait choisi lui-même cet emplacement, et les Chartreux, dont les propriétés s'avançaient jusques-là, ne voulaient pas céder de terrain; astronomie et astrologie se confondaient dans l'esprit des religieux ignorants; quant aux religieux érudits, et il n'en manquait pas, ils se souvenaient du *tamen movet* de Galilée; aussi redoutaient-ils de nouvelles révélations astronomiques.

Mais Louis XIV savait dire : *nous voulons!* Et bientôt Claude Perrault fut chargé par Colbert de fournir les dessins de cet édifice.

Commencé en 1667, il fut entièrement achevé en 1672. Le plan est un rectangle de trente mètres dans sa plus grande dimension de l'est à l'ouest, et d'environ vingt-huit mètres dans sa dimension du sud au nord. Aux angles de la face méridionale primitive sont deux tours ou pavillons octogones, qui donnent plus de développement à cette face. Du côté du nord, est un avant-corps de huit mètres de saillie, où se trouve encore la porte d'entrée.

Un astronome italien, Cassini, fut appelé à Paris pour donner ses idées à Claude Perrault; mais, quand il arriva, le bâtiment était déjà élevé jusqu'au premier étage. Tout en approuvant la solidité de l'édifice, l'astronome étranger ne put donner son assentiment à une disposition de salles qui ne répondait en aucune façon aux nécessités de la science. L'artiste et le savant ne purent pas s'entendre : l'un plaidait astronomie, l'autre répliquait architecture. De sa royale autorité, Louis XIV se nomma tiers-arbitre, et il fit pencher la balance en faveur de Perrault. L'équerre l'emporta sur la lunette, dans une question d'astronomie ; aussi, les lunettes ne purent-elles jamais s'acclimater convenablement dans cette construction architectonique.

Les quatre faces de l'Observatoire sont exactement placées aux quatre points cardinaux du monde. La face du côté de Paris est couronnée d'un fronton ; celle du sud, plus élégante, est ornée de deux trophées en pendantifs, représentant des instruments et des symboles astronomiques.

Félibien, Dulaure et beaucoup d'autres écrivains parlent d'un *cabinet des secrets* dont la voûte porte la voix aux angles opposés, sans que les personnes placées au milieu de la pièce puissent rien entendre. Nous avons tenté l'expérience ; et la voix d'un ami placé à l'un des angles du cabinet est arrivé jusqu'à nous, sans qu'une troisième personne ait saisi une syllabe des paroles prononcées. Malheureusement, c'est nous qui étions placé au milieu de la salle, et celui qui n'entendait rien tenait l'oreille collée à l'angle correspondant : les voûtes dégénèrent peut-être !

Les caves de l'Observatoire sont à une profondeur égale à l'élévation extérieure de l'édifice, et l'on croit généralement que les astres sont observés du fond de ces trois cent trente marches ténébreuses. Un concierge, quelque peu retors, servit à propager cette erreur. Moyennant salaire, il faisait descendre les visiteurs dans les souterrains ; et grâce à une fissure pratiquée par hasard entre deux dalles de la terrasse, un point lumineux se montrait au-dessus de la tête des curieux, qui étaient dans l'admiration en voyant une étoile en plein midi. Un peu de plâtre coupa court à ces mystifications. Toutes les erreurs populaires ne se détruisent pas avec cette facilité.

Les historiens de Paris vantent aussi la rampe de l'escalier ; elle n'a cependant rien de curieux, soit par le volume, soit par le travail. L'édifice, ajoutent-ils encore, est si bien voûté, qu'on n'a employé ni bois ni fer dans sa construction. Le fer et le bois cependant ont été trouvés à plusieurs reprises dans l'épaisseur des murailles... On écrit l'histoire des monuments comme celles des hommes ; le merveilleux s'y glisse à côté de la vérité ; si grands que soient les uns et les autres, la flatterie cherche à les hausser encore.

Les deux Cassini, Picard, Pingré, Lahire, Lalande, Méchin, Delambre, Laplace, Arago, Mathieu, voilà la véritable, la glorieuse chronique de l'Observatoire de Paris. Il est dans la tour de l'est un escalier de vingt-sept mètres de hauteur, conduisant au petit pavillon flanqué de deux tourelles qui couronne le monument d'une façon plus utile que pittoresque, et l'on peut dire que les marches en pierre de cette longue spirale ont été usées par les comètes. C'est là que l'on observe ces astres chevelus, c'est là que la science décrit leur course dans l'espace.

Pour remédier aux vices primitifs de construction de cet observatoire-citadelle, un vaste amphithéâtre, consacré aux leçons d'astronomie, et de magnifiques cabinets d'observations sont sortis de terre aux flancs de l'édifice. Puis, sur des bases immuables, on a scellé les instruments de précision de Lenoir et de Gambey; les télescopes de Lerebours et de Cauchois y sont braqués aux croisées comme des fusils de rempart, ou montés sur leurs ingénieux mécanismes comme des canons sur leurs affûts. Là brille le plus riche outillage de la science pratique; là aussi, les innombrables observations barométriques et thermométriques sont consignées à chaque instant du jour et de la nuit par de laborieux élèves astronomes.

On devinera, précisément parce que nous ne le dirons pas, à qui sont dus tous ces perfectionnements dont les observatoires de l'Italie, de l'Allemagne et de l'Angleterre peuvent se montrer jaloux.

Louis XIV n'était rien moins que savant; mais il s'entendait à honorer, à protéger la science. Il alla voir la construction de Perrault à peine achevée; et un tableau de son royal peintre, actuellement au Musée du Louvre, transmit à la postérité le souvenir de cette visite.

Napoléon, peut-être à cause de son titre de membre de l'Institut, n'y mit pas tant de façon. Par une belle journée, et se rendant à Fontainebleau avec Marie-Louise, il s'arrêta à l'Observatoire pour y attendre et y signer un sénatus-consulte qui se votait au Luxembourg.

M. F. Arago, bien jeune, et déjà astronome, venait de faire une leçon à l'École Polytechnique.—On lui annonça l'arrivée inattendue de l'empereur, et, sans lui donner le temps de changer d'habit, on le conduisit auprès de sa majesté. Comme il voulut s'excuser :

— C'est bien, c'est bien, lui dit Napoléon.

Puis, jetant un coup d'œil au-dessus de sa tête, il ajouta :

— Voilà un bel escalier! — Pas trop beau, sire, répondit M. Arago, qui ne partageait pas tout-à-fait cette admiration. — Qu'en savez-vous?....
— Je suis ancien élève de l'École Polytechnique, j'y professe maintenant, et je crois pouvoir dire que, si l'escalier est jeté avec hardiesse, l'architecte a eu le tort de multiplier à plaisir toutes les difficultés de coupes de pierres. — C'est possible, dit Napoléon, en regardant le jeune astronome avec plus d'attention.

On était arrivé aux cabinets; l'empereur ayant demandé à voir quelque chose dans le ciel, M. Arago lui répondit qu'il n'avait rien à lui montrer.

— Il serait singulier que je fusse venu à l'Observatoire sans rien voir du tout.

— Cependant, reprit M. Arago, en observant le soleil ce matin, j'ai vu des taches, et je puis les montrer à votre majesté.

— Eh bien, voyons les taches du soleil.

Napoléon les regarda, puis conduisit l'impératrice auprès de la lunette. Comme le chapeau de Marie-Louise, fort prolongé, selon la mode du jour, l'empêchait de mettre son œil contre l'oculaire, elle se plaignit de ne rien voir. L'empereur prit alors de ses deux mains le riche chapeau de paille d'Italie, et le brisa, en le retournant sur lui-même.

Après des observations deux fois répétées, l'empereur dit au jeune savant : — Je vous embarrasserais bien si je soutenais que ces taches sont dans la lunette. — Vous ne m'embarrasseriez pas du tout, sire. — Voyons, répliqua Napoléon. — Si les taches sont dans la lunette, elles ne changeront pas de place; si elles appartiennent au soleil, votre majesté les verra entrer d'un côté de la lunette, traverser le champ et sortir par l'autre bord. Mais il faut que votre majesté ne touche pas à l'instrument.

L'empereur, les mains derrière le dos, remit l'œil à l'oculaire : il fit l'observation, et se retourna en disant : *Démontré!*

Leurs majestés montèrent alors sur la plate-forme ; Paris tout entier se développait sous leurs yeux. Devant cet imposant et splendide panorama, la vaste poitrine de Napoléon sembla se soulever. Il resta quelque temps sans parler.

— Voilà, dit-il enfin, en désignant la magnifique allée, dégagée de ses vieilles masures et déjà plantée dans toute sa longueur, voilà un des plus beaux travaux exécutés depuis Louis XIV. Puis, ramenant la vue sur la cour de l'Observatoire :

— Quel est l'*imbécille* qui a tracé autour de ce monument une cour aussi étroite, aussi mesquine ?

— Votre majesté vient de caractériser notre architecte d'une telle façon que je ne dois pas.....

— Fontaine me dira son nom, reprit Napoléon en souriant.

— Au reste, sa justification est facile, ajouta M. Arago. L'architecte n'était pas libre, il ne pouvait empiéter sur le *château-d'eau* qui est là sur notre gauche, appuyé contre la grille, et qui contient le bassin pour la distribution des eaux d'Arcueil.

— Ce n'est pas une excuse en fait d'art ; on aurait transporté le château-d'eau plus loin. On n'étouffe pas pour si peu un beau monument.

Puis, jetant un coup d'œil autour de lui, il ajouta :

— Il faut que l'allée de marronniers se prolonge et se dessine autour de l'Observatoire pour rejoindre ensuite le boulevard extérieur. Ce sera une magnifique entrée de Paris du côté du sud.

Ce point convenu, ses yeux se portèrent vers le Val-de-Grâce :

— Ce dôme a-t-il été doré ?

— Je ne crois pas, sire. J'ai souvent, dans mes observations, dirigé la lunette sur ce point de mire, et je n'y ai jamais reconnu la moindre trace d'antique dorure.

— C'est une faute. Les points élevés doivent être éclatants. Vous ne sauriez vous figurer l'effet produit sur l'armée par les dômes de Moscou. Ils étaient tous dorés.

C'est ainsi que se trahissait à chaque parole la prodigieuse activité d'esprit de Napoléon ; mais elle devait éclater encore avec plus de puissance. Désigné le lendemain par l'Académie des Sciences pour aller aux Tuileries, M. Arago fut reconnu par l'empereur, qui s'approcha vivement de lui.

— Eh bien ! lui dit-il, travaille-t-on au nouveau boulevard ?

— Mais, sire, répondit M. Arago abasourdi de la question, je n'ai pas d'ordre à donner pour cela.

— Oh ! je vois que vous *ne vous souciez pas* de mon projet.

— Pardonnez-moi, sire ; mais il ne dépend pas de moi de faire commencer les travaux.

— Sans doute, sans doute... Je ferai prévenir M. Vaudoyer.

Le nom de l'architecte de l'Observatoire n'était déjà plus un mystère pour l'empereur.

Quelques jours après, l'empereur fit une nouvelle visite à l'Observatoire.

Qu'eût-il dit, hélas! si, sur la plate-forme, une voix prophétique eût fait retentir ces mots à son oreille :

« Le 7 décembre 1815 n'est pas loin. Or, ce jour là, quand l'horloge du
» Luxembourg marquera neuf heures vingt minutes, un soldat de la ré-
» publique paraîtra au fond de cette allée. Frappé d'un arrêt infamant,
» dépouillé du signe de l'honneur qu'il avait teint de son sang dans vingt
» batailles homériques, il traversera le Luxembourg. Arrivé à cette grille
» qui se développe à tes yeux, le soldat sera dirigé silencieusement
» vers l'un des côtés de l'esplanade. Là, il mettra un genou en terre, et
» le plomb des soldats français abattra, par arrêt de la chambre des
» Pairs, le maréchal de France, duc d'Elchingen, prince de la Moscowa.
» Michel Ney, enfin, que tu as surnommé le brave des braves ! »

Étienne Arago.

RUE DE LA HARPE.

I.

L'ENSEIGNE.

La rue de la Harpe ressemble à un long serpent; elle descend de la place Saint-Michel au pont de ce nom, enlaçant de ses replis une foule de rues. Ces rues sont presque toutes dépendantes du quartier des colléges; elles ont une odeur d'école qui n'a point encore vieilli. Traversez la rue de la Harpe dans toute sa longueur, et vous arrivez à l'arche jadis couverte de maisons nommée le pont Saint-Michel, en raison de la chapelle de Saint-Michel, qui était située près du Palais, à une petite distance. Aussi, dans cette partie de la ville, tout est doctoral, depuis la ligne de la Sorbonne jusqu'à celle de la Sainte-Chapelle.

Le pays latin, ce boulevard de la Bazoche, cette clé de la science, comme l'appelle Hensius, reconnaît la rue de la Harpe pour sa reine. Les soutanes des étudiants couvraient autrefois les rues Saint-Jacques et de la Montagne-Sainte-Geneviève; la rue de la Parcheminerie et celle des Maçons-Sorbonne donnaient chaque matin la volée à ces disputeurs en rabat, coiffés de la toque ou du bonnet rabelaisien : mais la rue de la Harpe avait le privilége de les voir bourdonner comme autant de guêpes aux vitres de ses nombreuses boutiques : la rue de la Harpe était leur promenade favorite.

Dès 1247, une enseigne qui pendait à la deuxième maison, à droite, au-dessus de la rue Mâcon, donnait le nom de la Harpe à cette rue ; l'écriteau représentait : *le roi David jouant de la harpe*. C'était un honnête luthier qui demeurait là ; il avait une charmante fille du nom d'Agnès, et voilà qu'un beau soir elle disparut, après avoir monté en croupe, rue Saint-Hyacinthe, sur le cheval d'un gentilhomme. Le hasard voulut que le soir même il fît un vent du diable ; le pauvre luthier attendait encore Agnès, et cependant il y avait de longues heures que le couvre-feu avait sonné.

Tout d'un coup, il y eut dans la rue Mâcon, qui commence la rue de la Harpe ainsi que la rue Saint-Severin, un tapage abominable sur le pavé. Cela pouvait ressembler au bruit d'une armure qui tombe. C'était le roi David et sa harpe, qui, à force de danser tous deux sur leur tringle de fer, venaient de choir dans le ruisseau.

Le luthier comprit l'avertissement tardif du ciel, mais ce fut inutilement qu'il sortit, car on prétend qu'un page noir, de mauvaise mine, l'attendait alors à la porte. Ce page était bossu, sa cape avait une odeur

de soufre pareille à celle d'une allumette chimique, il avait un pied plus haut que l'autre, et tout faisait raisonnablement penser qu'il était de la livrée de Satan.

Quand le luthier le vit, il eut si peur qu'il referma l'huis de sa boutique sur sa poitrine; mais le page lui glissa sous la porte une lettre d'Agnès elle-même... La jeune fille, fascinée sans doute comme la Marguerite de Goëthe par les manches de satin, les beaux airs et la barbe fine d'un cavalier de la rue du Palais-des-Thermes, et trouvant le roi David aussi ennuyeux avec sa harpe que son père avec ses discours, avait quitté sa rue pour courir les aventures. Le lendemain son père mit en vain sur pied tous les archers de M. le grand-prévôt, elle ne fut point ramenée.

De dépit, le luthier ramassa son enseigne qui était de bois, la brûla, et s'en fut demander asile à un tonnelier de ses amis, rue Saint-Jacques. Mais l'histoire ramassa l'enseigne tombée; elle laissa à la rue le nom de rue de la Harpe.

II.

LA PERRUQUE DU DOCTEUR.

C'était une vraie province, comme vous allez en juger.

Sa partie septentrionale se nommait la Juiverie, ou *rue aux Juifs*, parce que les Juifs y avaient leurs écoles. De la rue de l'Ecole-de-Médecine à la place Saint-Michel, elle a porté successivement aussi les noms de *Saint-Côme*, à cause de l'église de ce nom, et aux *Hoirs d'Harcourt*, parce que le collége d'Harcourt y est situé. Ce ne fut qu'au milieu du dix-huitième siècle qu'elle prit dans toute sa longueur le nom de la rue de la *Harpe*.

On voyait jadis tourbillonner sur son pavé gras et sale une foule de costumes. C'était d'abord la robe noire du *mire*, ce premier médecin des temps primitifs qui débitait ses drogues et son onguent par les rues, escorté d'un enfant portant un singe que l'opérateur saignait *à la demande des personnes*; puis, les manches pendantes et les fourrures d'un professeur aussi grave qu'Erasme ; les manteaux des sorbonistes, mêlés à la jaquette des hommes d'armes, le bonnet pointu du juif, et plus tard la perruque du médecin Diafoirus. Que de prosélytes de Cujas et d'Hypocrate ces maisons noires, crasseuses, n'ont-elles pas abrités, que de grisettes aimées de l'étudiant, et chantant pour lui comme un serin dans sa cage, cette cage affreuse du sixième étage de la rue de la Harpe! Toute la fourmilière des écoles, usant le pied de l'arbre de science, autrement nommé la *Sorbonne*, commence chaque matin à mouvoir ses mille pattes du bas de la rue de la Harpe; le carabin qui s'en va le nez au vent, la main dans le gousset, et qui regarde les planches d'anatomie coloriées, le lycéen qui achète de la galette, l'élève en droit qui lorgne une modiste, le répétiteur qui conduit un fils de famille à son examen de bachelier. Aussi, rassurez-vous, les loyers sont-ils abordables ; mais n'ayez pas peur qu'un Chinois, un Turc, un Arabe, ou même un Anglais se logent là, c'est un peuple spécial qui habite ce quartier, un peuple qui a de l'encre aux doigts et aux lèvres, un peuple indiscipliné, hautain, tapageur, le peuple des écoles, des estaminets, des chambres garnies ; la rue de la Harpe avec ses mille artères circonvoisines, c'est le cœur de l'étudiant.

La rue est laide, malpropre, ayant çà et là quelque velléités de gaz, quelques hôtels et cafés passés timidement au badigeon ; mais il est facile de voir que la boue et les embarras, les estaminets borgnes et les gargotes scolastiques n'en seront pas facilement expulsés. Le progrès, qui pénètre difficilement aussi loin, a bien fondé, rue Saint-Jacques, un théâtre dans une église (le théâtre du Panthéon), mais il n'a point encore reculé la rue de la Harpe. C'est une vraie sentine, une rue de *chien de cour*, pour nous reporter à la langue peu mellifique du collége ; le reflux éternel des élèves et des pédants a l'air d'y avoir consacré l'odeur des ruisseaux, le suif des portes, les taches des nappes, et les doigts des garçons de restaurant marqués sur les verres. Les figures des hôtesses et loueuses de ce quartier ont un air de *thèse* et de *censure* qui épouvante ; la grisette n'y pose le pied que pour en arracher l'étudiant et se faire mener par lui à la Chaumière. Et dites-nous, de quel droit la rue de la Harpe s'aviserait-elle d'être propre ? Tout ne l'entretient-il pas dans l'oubli de la propreté ? La rue Saint-Severin, la rue Pierre-Sarrazin, la rue Mâcon, la rue du Foin, *etc.*, *etc.*, sont-elles des rues dont la robe vous plaise ? Et pour ne parler que de la rue Pierre-Sarrazin, l'une des ramifications de cette longue rue de la Harpe, savez-vous ce qui arriva sous Louis XVI au célèbre Andry, médecin ? C'est de sa propre bouche que nous tenons le fait suivant :

Le docteur Andry habitait la rue Pierre-Sarrazin depuis vingt ans, sans que sa renommée eût atteint, dans le quartier même, l'éclat qu'elle obtint si justement plus tard ; il est vrai qu'il manquait une chose au docteur : il ne portait point perruque.

Il le confessait même souvent devant nous, le spirituel vieillard ; il avait même alors de charmants cheveux auxquels il tenait singulièrement.

Sa voisine de fenêtre (elle habitait la maison située en face de celle du docteur) n'y tenait pas moins ; aussi quand elle apprit de lui qu'il s'était déterminé un beau jour à porter perruque, ce fut un déluge d'imprécations et de supplications tout ensemble.

— De si beaux cheveux ! — Mes confrères les coupent. — Une perruque ! à vous ! — C'est la livrée de la science. Sans cela serais-je médecin ?

La voisine du docteur lui choisit tout exprès une perruque colossale, une perruque à trois marteaux; il pouvait à grand'peine passer avec cette perruque dans la rue Pierre-Sarrazin, dès qu'il y avait le moindre embarras. Cependant, grâce à ses livres et peut-être à sa perruque, le docteur était à la mode. On le croyait plus vieux, ce qui était alors d'un grand poids pour la science; puis on l'invitait chez les demoiselles à une foule de petits jeux innocents; lorsqu'il lui advint tout d'un coup une de ces aventures capables d'ébranler une réputation mieux établie. Il fut appelé un soir par lord A..., un riche Anglais qui demeurait dans la rue de Tournon. Or, il fallait passer sous la fenêtre de sa voisine. Celle-ci se voyant négligée par lui depuis quelque temps résolut de lui jouer un tour; elle profita du temps de sa sortie pour tendre ses lacs : c'était une jolie fille de vingt-trois ans environ; son père l'aimait presque autant que la pêche à la ligne, ce qui est beaucoup pour un pêcheur. Elle prit si bien son moment, que lorsque le docteur passa sous ses fenêtres, elle enleva sa perruque à l'aide de l'hameçon paternel qu'elle lui jeta. Le malheureux doc-

teur l'implorait en vain; l'heure était pressante, et il n'avait pas même le temps de monter.

Quand il fut arrivé chez lord A..., l'Anglais s'écria :

— Un jeune homme! un blanc-bec, au lieu du célèbre docteur Andry! Tenez, ajouta-t-il, vous devez être son neveu ; j'ai mon garçon d'écurie qui a juste le même rhumatisme que moi ; visitez-le!

Et il le laissa après cet affront, éperdu, anéanti. Le docteur sans perruque courut furieux chez mademoiselle de..., qui lui dit en souriant : Mon cher docteur, vous arrivez à propos, mon père était en train de vous assurer mieux qu'une perruque... — Eh! quoi donc? — Une fortune... Vous m'aimez, au fond, quoiqu'un peu léger, et vous savez que Saint-Severin est notre paroisse... — Saint-Severin... je ne comprends pas... — Allez y voir jeudi prochain nos bans affichés... Seulement, docteur, ce jour-là plus de perruque! Vous la reprendrez après la lune de miel!

Observons en passant qu'autrefois les médecins se faisaient vieux ; à cette heure, ils useraient plutôt dix cravates et deux chevaux pour paraître jeunes.

III.
LE PALAIS DES THERMES.

Lorsque Julien, proconsul des Gaules, habitait ce palais, en 357, avant d'être nommé empereur, il ne se doutait guère qu'il deviendrait le théâtre de la plus sanglante tuerie à l'occasion des princesses Gisla et Rotrude, filles de Charlemagne qui se virent reléguées, après sa mort, dans ce palais, séjour ordinaire des premiers rois de France. Un manuscrit italien qui nous a été prêté, en 1832, par le père Pasquale, au couvent des Arméniens de Venise, relate ce fait plus clairement et plus longuement que l'histoire de France du père Daniel. Nous croyons que nos lecteurs nous sauront gré d'exhumer ce drame, étouffé entre les murailles de ciment romain de l'ancien palais des Thermes.

Un soir du mois de février 814, deux cavaliers, arrivés d'Aix-la-Chapelle, descendirent en hâte dans cette même rue de la Harpe dont nous parlons, vis-à-vis le porche du Palais. Tous deux se tenaient si merveilleusement à cheval, qu'un grand nombre de bourgeois se crurent obligés de les escorter, les uns avec des piques, les autres avec des lanternes. A peine venaient-ils de mettre pied à terre dans la grande cour, que le sénéchal du Vieux-Palais (c'était ainsi qu'on nommait le palais des Thermes) donna l'ordre de fermer les grilles ; en même temps, l'un de ses officiers vint prier ces deux seigneurs de lui remettre leurs épées...

Cependant les deux gentilshommes avaient remis au sénéchal un parchemin, scellé aux armes royales, dont ils se trouvaient porteurs, de la part du roi qu'ils précédaient eux-mêmes en courrier. Leur surprise fut grande en se voyant arrêtés par ordre de leur souverain. Ce roi était alors Louis *le Débonnaire,* assez mal nommé, d'après le début de cette histoire, Louis, le fils de Charlemagne, qui faisait tondre et resserrer dans de bons couvents ses frères bâtards, et qui, rompant les traités ou les partages de la couronne à tout propos, apprenait à ses sujets et à ses enfants à être parjures.

Ce jour-là était le trente-sixième jour après le décès de Charlemagne ; Louis revenait d'Aix où il s'était rendu pour continuer les obsèques de son père, qui duraient en ce temps-là quarante jours, et s'entendre déclarer, pour la seconde fois, successeur au royaume et à l'empire. Le sénéchal du palais fit conduire les deux gentilshommes dans une salle basse.

Cette salle fort élevée, et dont la voûte soutenait récemment encore un jardin, peut donner une idée de la grandeur passée de cet édifice, précieux vestige de l'ancienne façon de bâtir du temps des Romains. Elle servait alors de corps-de-garde, pour ainsi dire, ou plutôt de galerie d'armes, mais alors elle était vide...

Le sénéchal se fit apporter un flambeau, regarda encore une fois le parchemin scellé du sceau royal de Louis, et s'adressant au plus jeune des cavaliers : C'est bien vous, messire, qui vous nommez Raoul de Lys ? — Moi-même, messire sénéchal. — Et votre compagnon ? — Robert de Guercy, tous deux mourant de faim et précédant le roi de France qui arrive d'Aix. Vous avez là la missive qu'il nous a chargés de vous remettre. — Oui, elle m'enjoint, messires, un bien triste office. Vous êtes mes prisonniers, et je dois vous laisser en cette salle jusqu'à demain ! — Pour quel motif ? — La lettre du roi n'en dit rien. Seulement vous devez être séparés. — Séparés ! jamais ! s'écria Robert de Quercy, Raoul est mon ami, mon frère ! De quel crime ose-t-on nous accuser ? — Je l'ignore, messires ; interrogez votre conscience ; moi, je me retire après avoir accompli l'ordre de mon maître. Et le sénéchal donna ordre que l'on séparât les deux amis. Raoul de Lys fut laissé dans cette salle basse ornée de panoplies et de drapeaux (1) ; un vent d'hiver gémissait à travers les boiseries de chêne, et quand Robert de Quercy et Raoul du Lys s'embrassèrent, le beffroi de Saint-Jacques sonnait minuit.

— A demain, frère ! à demain, murmura Robert à l'oreille de son ami : ne te décourage pas ; j'ai peut-être les moyens de sortir de cette prison !

Tous deux se serrèrent la main et parurent s'être compris ; depuis longtemps la même amitié, la même vie, et les mêmes périls les unissaient. Mais un lien plus sombre, plus mystérieux rivait aussi leurs chaînes à l'insu de tous : ils aimaient chacun une fille de Charlemagne, une sœur de Louis le Débonnaire, Raoul de Lys rêva bientôt de Rotrude et Robert de Gisla, toutes deux filles d'Hildegarde, la seconde femme de l'empereur qui

(1) Toutes ces diverses enseignes étaient rangées en tête de l'armée : les enseignes des *martyrs* étaient rouges, celles des *saints pontifes et des confesseurs* de la foi étaient bleues et violettes, les enseignes *séculières* étaient chamarrées de mille couleurs. (*De Jure insignium tractatus.*)

venait de s'éteindre après avoir gouverné la France quarante-quatre ans.

Que faisaient ces deux princesses, alors qu'unique héritier de toutes les terres de Charlemagne et reconnu par Bernard d'Italie lui-même, Louis se préparait à entrer dans le palais impérial? De quel œil devaient-elles voir le retour de ce frère qui annonçait hautement devoir bannir de sa cour tous les plaisirs, et la discipliner comme un cloître? Quatre messagers venaient d'être envoyés à la cour avant l'arrivée de Louis : c'étaient Galon, Garnier, Lambert et Ingobert. Raoul de Lys savait toutes ces choses, mais il ignorait le sens de la missive dont le prince l'avait chargé ; ce n'était pas moins qu'un arrêt de perpétuelle détention.

L'amant de la belle Rotrude et celui de Gisla étaient loin de s'attendre à pareil sort, et, en se rendant au palais des Thermes, tous deux voulaient s'acquitter seulement de l'ordre du roi.

Un morceau de sanglier assez mal apprêté, un hanap rempli d'un hydromel fort douteux, tel fut le souper qu'ils obtinrent tous deux séparément ; ce maigre repas fini, Raoul de Lys tira de sa poche un médaillon et se mit à le considérer... Il représentait la belle Rotrude, celle qui avait dû se voir unie à Constantin, mais dont Charlemagne n'avait jamais voulu contraindre le cœur, croyant sans doute qu'un nouveau diadème était trop peu pour un roi à qui la victoire prodiguait les couronnes.

—Rotrude! s'écria l'infortuné jeune homme, belle Rotrude! tu m'as cependant préféré à une foule de guerriers placés près de Charlemagne! Henri, duc de Frioul, le connétable Geilon, Volrade, comte du palais, Montmore, Amaury et vingt autres t'ont fait la cour! Hélas! que ne suis-je mort hier de la mort de Roland le fier paladin, plutôt que de me voir renfermé dans ces murs horribles! Si j'avais au moins là... sur cette table, un roman de chevalerie!

Raoul de Lys venait à peine d'achever ce monologue et de souffler sa lampe afin de dormir de son mieux, qu'une lueur mystérieuse éclaira les murs de la salle où il se trouvait : un panneau glissa sur ses gonds, et Robert de Quercy parut tenant par la main une femme voilée.

—Que veut dire ceci? demanda Raoul en soulevant le voile de cette femme... Et il reconnut Gisla dont la figure était si pâle qu'elle ressemblait à une statue...

—Et Rotrude, s'écria le jeune homme, Rotrude, où est-elle?

Robert de Quercy, avec l'aide de Raoul, s'en fut lever péniblement une large dalle qui touchait à la première marche d'un escalier secret.

—La princesse ne peut tarder, dit Gisla d'une voix émue, nous savions le péril qui vous menaçait et nous venons vous sauver!..

—Quel péril? répondit Raoul en prenant dans ses mains les mains de Gisla, froides comme le marbre qu'il venait de lever avec Robert.

—Louis notre frère arrive demain, dit-elle, et je sais de Volrade, comte du palais, qu'il n'arrive que pour punir. Avant d'entrer dans le palais impérial, il désire, dit-il, le purger; mais il sait, aussi bien que vous, les liens qui nous unissent, et de peur, dit-il, de faire éclater la honte de sa maison, il veut d'abord vous faire égorger tous deux en secret… il verra ensuite ce qu'il a à faire de nous!

— Maudit soit le prince qui ne se souvient que des fautes, reprit Robert, et qui oublie les services! Il devrait avoir devant les yeux le spectacle de son père nous pressant tous deux, Raoul et moi, contre son cœur, comme si nous eussions été ses fils! Souvent, la nuit, et quand le vieil empereur se relevait pour contempler le mouvement des astres; il nous réveillait tous deux et montait avec ceux qu'il nommait ses pages nocturnes jusque sur une des tours les plus élevées du palais… C'est lui qui, ne pouvant se résoudre à se séparer de vous, Gisla, non plus que de votre sœur Rotrude, ne voulut pas vous donner en dot à quelque prince; il ne vous maria pas de peur de vous perdre, et maintenant son fils jurerait votre perte et la nôtre! oh! cela n'est pas! le corps de Charlemagne est à peine refroidi, Gisla, et Louis ne tient le sceptre que d'hier!

— Il le tient haut et ferme pour te punir! dit Louis, qui venait de se frayer un passage par le souterrain dont Raoul avait soulevé la pierre.

Louis entraînait avec lui sa sœur Rotrude et était suivi de quatre hommes dont le capuce était rabattu sur le visage.

— Une colombe échappée met l'oiseleur sur sa trace, dit-il en faisant asseoir Rotrude sur un banc; moi aussi, je connais les souterrains du palais des Thermes, et c'est ici que je viens tenir mon premier lit de justice!

— Voyons, ajouta-t-il, commençons par vous, belle Rotrude que j'ai rencontrée fuyant devant moi, comme si mon arrivée vous eût fait peur! Je suis un bon frère, et je n'en veux pour preuve que les quatre gentilshommes que j'amène avec moi! Ils vont vous servir de témoins, cette nuit même!

— De témoins! s'écrièrent Rotrude et Gisla, d'une voix tremblante.

— Oui, votre mariage sera célébré cette nuit même… au Vieux-Palais… Vous, Gisla, vous épouserez Robert, comte de Quercy; vous, Rotrude, Raoul baron de Lys… deux des meilleurs gentilshommes de feu mon père…

— C'est notre vœu le plus cher, répondirent les deux seigneurs. Le père craignait de se séparer de ses filles, mais le frère a le droit de réclamer, pour ses sœurs, la foi loyale des chevaliers. Noble empereur, nous sommes à tes ordres!

— Revêtez auparavant ces armures, reprit Louis, en lançant un regard d'intelligence aux séides qui l'escortaient. — Ces hommes étaient Galon, Garnier, Lambert et Ingobert.

— Les princesses, continua le roi, ne doivent pas assister à la toilette d'hommes d'armes et chevaliers!

Rotrude et Gisla se retirèrent, non sans jeter sur les deux seigneurs un regard où se peignait toute leur âme. L'empereur avait donné lui-même à ses filles l'exemple du désordre; Charlemagne avait un sérail dans son palais, et il s'attachait avec tant de passion aux objets de son amour, qu'on le vit un jour pleurer et se désoler devant le corps d'une de ses houris moissonnée à l'âge de seize ans. Mais ce prince s'exerçait parfois aux œuvres pieuses, épurant, dit Mezeray, par la méditation et la pénitence, ce que son âme pouvait avoir de fragile et de sensuel.

La mort de ce grand roi, de ce père bien-aimé, privait Rotrude et Gisla de leur appui le plus sûr; elles éprouvèrent donc une joie bien vive en voyant la décision de leur frère.

Cependant l'appareil mystérieux de cette toilette, et surtout la figure des quatre seigneurs qui escortaient Louis, avaient causé quelque frayeur à Robert et à Raoul; ils jetèrent bas cependant leur surcot de fer et leur chemisette de maille, pour revêtir les brassards que venaient de détacher Galon, Garnier, Lambert et Ingobert.

Deux heures sonnaient à la tour Saint-Jacques. Quand Gisla et Rotrude rentrèrent, introduites par Galon qui marchait devant le roi, elles trouvèrent leurs deux fiancés assis sur de larges chaises à dossiers de chêne, la tête penchée sur leur poitrine comme s'ils adressaient encore une prière mentale à Dieu.

L'empereur et ses quatre hommes une fois sortis, elles coururent aux deux chevaliers; il fut impossible de tirer d'eux la moindre parole..... Ils avaient été étouffés dans les armures envoyées du palais impérial de Ravenne à Charlemagne, en échange d'un vase de pierreries offert par l'empereur à cette ville....

« En 1560, plusieurs fouilles opérées dans cette partie du palais des Thermes, dit le manuscrit que nous avons sous les yeux, amenèrent la découverte d'un *casque à soufflet*, dont une pression secrète fermait tous les trous, en même temps que la partie basse du *colletin* serrait la poitrine du patient. Dans ce casque, il y avait une tête d'homme, conservée grâce à l'absence de tout air extérieur, et dont les dents et la barbe étaient admirables de beauté. »

Quant à la vengeance de Louis le Débonnaire, contre deux jeunes seigneurs *qui passaient pour être les amants de ses sœurs Gisla et Rotrude*, le père Daniel en parle; seulement il ne dit pas, non plus que Saint-Foix, à qui est due l'altération positive produite sur le testament de l'empereur Charlemagne; ce fut à un moine d'Italie du nom de Pagnola à qui Raoul avait donné un soufflet parce qu'il parlait mal de son empereur et maître.

Louis *le Débonnaire* n'en garda pas moins ce titre et mourut avec la réputation d'un très-vertueux, mais très-médiocre empereur.

IV.

L'HÔTEL DE CLUNY. — LE COLLÉGE D'HARCOURT ET LE COLLÉGE DE NARBONNE.

La rue des Mathurins-Saint-Jacques, l'un des coudes de la rue de la Harpe, conduit à l'hôtel de Cluny où vient de s'éteindre, il n'y a pas encore un an, un vénérable patriarche de la science, l'excellent M. Dussomerard. M. Dussomerard avait mérité de prendre les armes, la mitre et la crosse de l'ancien abbé de ce domaine universitaire ; c'était le *flos et decus* du style gothique, au quartier latin. Sa collection d'antiquités déposée dans la chapelle même de Cluny, cette charmante chapelle ne sera pas vendue, assure-t-on ; on parle d'en faire un muséum national. Nous avons déjà beaucoup de musées, et peut-être celui de M. Dussomerard n'aurait-il pas cette correction irréprochable qu'exige la formation d'une telle galerie ; mais l'avenir de l'hôtel de Cluny soumis à d'autres destinées nous fait frémir ; qui sait où peuvent aller l'amour du plâtre et la guerre faite au gothique par les architectes ? Le collége de Cluny fut fondé en 1269 par un abbé de Cluny ; aussi Guillot nomme-t-il la rue de Cluny, rue *à l'abbé de Clugny*. De l'autre côté de la rue de la Harpe, vous avez la rue de l'Ecole-de-Médecine, dont notre cadre nous défend de nous occuper ; continuons à gravir le docte sommet affecté à deux colléges sans compter la Sorbonne, monument sans destinée à cette heure.

A droite, vous avez le *collége d'Harcourt,* au n° 94 ; il fut fondé, en 1280, par Raoul d'Harcourt, chanoine de Paris ; la chapelle et le portail furent reconstruits en 1675. Ce collége se nomme maintenant le collége Saint-Louis. C'était en face du collége qu'était autrefois le pâtissier Lesage, si célèbre par ses pâtés de jambon ; après avoir vendu son fonds, il est allé s'établir rue Montorgueil.

Maintenant, examinez un peu cette inscription qui fait face plus bas au collége d'Harcourt ; c'est une bande en festons sur laquelle on lit : COLLEGIUM NARBONNÆ. Cependant ce collége n'est plus un collége, c'est une maison, et une maison appartenant à qui... je vous le demande? A l'auteur de *Valentine* et d'*André,* à madame Sand. Oui, cette maison, qui était jadis un collége, un collége fondé en 1317 par Bernard de Farges, archevêque de Narbonne, cette maison, devenue depuis un affreux hôtel garni où les étudiants se pressaient comme à l'hôtel du *Hasard de la Fourchette,* rapporte aujourd'hui 10,000 livres de rente à madame Sand !

Sachons gré d'abord au prosateur le plus net et le plus hardi de notre époque, de n'avoir point changé l'inscription latine de cette maison ; observons seulement que cette habitation semble braver la Sorbonne qui est tout proche, et où, d'après les antécédents de *Bélisaire,* on eût été sévère envers *Lélia*.

104 RUE DE LA HARPE.

Le voile jeté sur les premières années de La Harpe, et que nul de ses biographes n'a pris à tâche de percer, a donné naissance à une foule de versions, entre lesquelles vient se placer naturellement le conte d'un enfant au maillot trouvé devant le collége d'Harcourt. On veut qu'on ait appelé La Harpe du nom même de la rue. Cependant La Harpe, dans un numéro du *Mercure* de 1790, donne lui-même des détails sur sa famille, en repoussant les attaques de l'abbé Royon. Il assure descendre d'une noble famille du pays de Vaud, et affirme que son père était capitaine d'artillerie au service de France. Orphelin avant l'âge de neuf ans, il aurait été « nourri six mois par les sœurs de charité de la paroisse Saint-André-des-Arcs, » et, de son propre aveu, présenté ensuite à M. Asselin, proviseur du collége d'Harcourt qui lui fit avoir une bourse.

Voilà, ce nous semble, de quoi désarmer la calomnie, d'autant que l'article du *Mercure* est écrit à la fois d'un style ferme et modeste; mais beaucoup de gens étaient ravis de reprocher en son temps à M. de La Harpe d'être un bâtard : Bâtard de Voltaire, comme tous les autres philosophes, je ne dis pas !

Roger de Beauvoir.

RUE LAFFITTE

Comme beaucoup de choses et comme beaucoup d'hommes de notre époque, la rue Laffitte a changé de nom à chacune des révolutions qui ont passé sur Paris et sur la France depuis soixante ans. Elle naquit avec la Chaussée-d'Antin; la première pierre de sa première maison fut posée en 1770, et avant la fin de cette même année, la rue était presque entièrement bâtie. On lui donna, par flatterie, le nom d'un des jeunes princes de la famille royale, le comte d'Artois, qui n'avait alors que treize ans. Les deux frères aînés du prince avaient chacun leur rue, la rue Dauphine et la rue de Provence; le petit comte d'Artois eût été jaloux si on ne lui avait pas donné la sienne. Voilà donc la nouvelle rue placée par son baptême sous un noble patronage, et se rattachant par son nom au monde aristocratique.

Mais bientôt l'aristocratie passa de mode; les titres nobiliaires perdirent faveur; le blason de France fut brisé à coup de hache; l'orage gronda chaque jour un peu plus fort, et le parrain de la rue d'Artois

14

donna le signal de l'émigration. Il n'y avait plus moyen de garder un nom aristocratique ; il fallait le cacher comme un crime, le porter à l'étranger, ou le sacrifier publiquement sur l'autel de la patrie, et le changer contre un nom républicain.

C'est ce que fit la rue d'Artois. La municipalité de Paris lui ôta son nom de prince et de province, par la raison que les princes et les provinces étaient supprimés, et la rue, qui était encore dans tout l'éclat de sa jeunesse, dans toute la blancheur de ses façades, prit le nom du citoyen Cérutti.

Qu'était-ce que ce Cérutti ?

Plus d'un contemporain serait fort embarrassé de répondre à cette question.

Était-ce un banquier ? un danseur ? un compositeur ? — Non : c'était un jésuite.

— Eh quoi ! direz-vous, la révolution rendait hommage à un homme de cette robe ? C'est impossible !

Impossible, peut-être, et pourtant rien n'est plus réel : Cérutti fut un des plus fougueux apôtres du jésuitisme ; il le défendit, il le célébra dans un livre qui fit grand bruit et que le parlement comdamna au feu ; le même arrêt, émané d'une jurisprudence qui ne ménageait pas plus les consciences que les in-12, exigea de l'auteur une abjuration complète et officielle de ses principes jésuitiques. Cérutti obéit, puis il alla à la cour, où les jésuites étaient toujours très bien venus ; le Dauphin l'honora de sa protection spéciale, et il entra fort avant dans les bonnes grâces du comte d'Artois, qu'il devait un jour remplacer sur le frontispice d'une rue. — Tout est fragilité, vanité et mobilité dans les choses révolutionnaires !

D'un caractère inconstant et frivole, Cérutti oublia bientôt les jésuites pour lesquels il avait écrit, plaidé, et subi les foudres parlementaires. Doué d'une pénétration vive et subtile, il vit de loin arriver la révolution, et il n'était pas homme à se laisser écraser par l'avalanche. Avec toute la souplesse de sa nature italienne, il plia devant l'orage, il suspendit son froc dans le coin le plus obscur de sa garderobe, il serra soigneusement sa haire avec sa discipline, quitta la cour d'un pied léger, sans dire adieu, et il vint se loger dans un petit entresol de la rue d'Artois.

Le déménagement fut complet. Cérutti changeait à la fois de logement, d'habit, de caractère et de mœurs ; ou plutôt, sur ce dernier article, il afficha gaiement ce qu'il cachait autrefois. Cérutti avait toujours eu beaucoup de penchant pour les femmes, la bonne chère et tous les plaisirs mondains ; dès ce moment il eut toute licence de se livrer ouvertement à ses goûts, et il ne s'en fit pas faute. Ses amis les plus intimes furent Talleyrand et Mirabeau, — rien que cela ! Certes, il était difficile de choisir de meilleurs compagnons. Combien de fois le joyeux trio se réunit dans le petit entresol de la rue d'Artois, et là, quelle superbe mise en œuvre des sept péchés capitaux ! Mais aussi, que de bons mots ! que de mordantes saillies, que de vastes projets conçus dans l'ivresse et poursuivis plus tard avec la verve d'un esprit inépuisable et l'autorité d'une éloquence entraînante !

C'est dans cet appartement de la rue d'Artois que Cérutti établit le bureau d'un journal qu'il fonda et qui eut un prodigieux succès, comme on peut aisément le croire, puisque l'ex-jésuite, rédacteur en chef, avait ses deux amis pour collaborateurs. Ce journal, d'une opinion avancée, d'une vive allure et d'un style incisif, portait un titre tout pastoral et s'appelait *la Feuille villageoise*. Voyez-vous d'ici Talleyrand déguisé en berger Tircis, Mirabeau maniant la houlette, et Cérutti gardant des moutons ? Ces trois

esprits si fins, si ardents, si corrompus, s'étaient mis au vert pour propager les principes révolutionnaires dans les campagnes. Ils quittaient le ton railleur, le propos leste et fringant, l'anecdote scandaleuse, pour adopter le régime de l'églogue et se mettre à la portée des intelligences agrestes. Il faisait beau voir ces gentilshommes travestis, ces démissionnaires de l'aristocratie, ces beaux parleurs du grand monde, présenter leur logique sous une forme simple et naïve, et dans un rustique langage, pour se faire comprendre par les habitants des fermes et des chaumières. Grâce à eux, le journal pénétra dans les champs et dans les bois, se fit lire par les bûcherons et par les moissonneurs. C'était là une chose toute nouvelle dans les mœurs du temps : la presse, qui avait vieilli dans une longue enfance, s'émancipait tout d'un coup, et faisait un pas de géant. Le journal de Cérutti n'avait pas moins de succès dans les villes que dans les campagnes ; à Paris, surtout, on le lisait avec avidité, et le bureau de la rue d'Artois fut souvent assiégé par la foule qui venait enlever l'édition d'un piquant numéro.

L'ancien jésuite s'était donc fait un nom dans la révolution naissante, lorsqu'un soir, après un joyeux dîner chez un restaurateur du Palais-Royal, Mirabeau, sortant de table, chancela et tomba évanoui dans les bras de Cérutti.— Ce ne sera rien, dirent les convives. C'était la mort !

Quelques jours après, par une belle matinée du mois d'avril 1791, la population parisienne se pressait tout entière à la suite d'un char funèbre qui se rendait au Panthéon. Mirabeau avait succombé aux excès de l'éloquence et des plaisirs ; il était mort dans la force de l'âge et dans toute la majesté de sa gloire, tué par le génie et par les passions. Ne plaignez pas ceux qui meurent frappés par de tels meurtriers !

Cérutti prononça l'oraison funèbre du grand orateur qui le précédait seulement de quelques mois dans la tombe. Moins d'une année après cet évènement, au mois de février 1792, des échelles furent plantées au coin du boulevard et de la rue de Provence ; des ouvriers, envoyés par la municipalité, effacèrent le nom princier de la rue d'Artois, et y substituèrent le nom de Cérutti. C'était une récompense nationale décernée à la mémoire de l'homme qui avait servi la cause populaire, un peu tard peut-être ; mais, à l'exemple de la Providence, une révolution accueille toujours mieux le pécheur repentant que le juste qui n'a jamais failli.

L'empire vint, et le nom de la rue Cérutti fut une des institutions révolutionnaires que Napoléon respecta. Dès l'époque du directoire, le beau monde avait pris cette rue sous sa protection ; les incroyables et les merveilleuses y avaient élu domicile. Les conteurs d'anecdotes plaçaient dans la rue Cérutti le siège des plus piquantes nouvelles du jour. Au bal de l'Opéra, si quelque élégant cavalier était intrigué par un aimable domino, la conversation se terminait par un souper chez Hardy ou chez Riche ; et après le repas, lorsque la carte était payée et le traité conclu, le domino qui n'avait plus rien à refuser, conduisait l'amphitrion vainqueur dans un galant boudoir de la rue Cérutti.

La rue Cérutti ne s'étendait pas au-delà de la rue de Provence. Elle était terminée par une magnifique décoration faisant face au boulevard : l'hôtel Thélusson.

M. Thélusson était un riche banquier genévois qui avait eu l'honneur d'avoir pour commis et pour caissier M. Necker, qui fut depuis ministre et père de madame de Staël. La veuve du financier fit construire l'hôtel dont nous parlons. Cet hôtel, ouvrage du célèbre architecte Nicolas Ledoux, s'ouvrait sur la rue de Provence par une immense arcade hémisphérique, à travers laquelle on apercevait un charmant jardin, et au fond une espèce de temple en forme de rotonde, orné d'une élégante colonnade, et élevé sur une base de rochers groupés avec art, entremêlés d'arbrisseaux, de fleurs rares et de fontaines jaillissantes. Rien de plus pittoresque et de plus original que cette habitation. C'était un palais de fée. Les promeneurs du boulevard et les passants se détournaient de leur chemin pour venir l'admirer. Il y avait toujours une douzaine de curieux, arrêtés au bout de la rue Cérutti devant l'arcade gigantesque, et jamais décoration à l'Opéra ne produisit un plus bel effet.

En tout temps, ce magnifique hôtel fut cité dans le grand monde parisien pour l'éclat de ses fêtes. Madame Thélusson y réunissait une brillante société, composée de tout ce que Paris comptait de personnages remarquables, en exceptant toutefois M. et Madame Necker et leur fille, qui n'y furent jamais admis. Le contrôleur général s'était montré fort ingrat envers son ancien patron, qui avait été l'auteur de sa fortune ; la veuve du banquier ne voulut point lui pardonner ses mauvais procédés, aggravés par quelques unes de ces mordantes épigrammes que l'auteur de *Corinne* puisait dans son esprit satirique et malveillant.

Plus tard, l'hôtel Thélusson fut habité par une des illustrations de l'empire. La famille impériale avait une prédilection marquée pour le quartier d'Antin. Bonaparte se souvenait d'avoir passé, dans une charmante petite maison de la rue de la Victoire, les plus beaux jours de sa glorieuse jeunesse. C'était là que la fortune l'avait pris par la main, pour l'élever au sommet des grandeurs humaines. Une de ses sœurs habitait la même rue. Son oncle, le cardinal Fesch, avait son hôtel rue du Mont-Blanc. — Murat habita l'hôtel Thélusson.

Puis la restauration arriva. Les fenêtres de la rue Cérutti regardèrent passer, sur le boulevard, l'immense et bizarre cortège qui ramenait de l'exil les Bourbons et leurs serviteurs. — Quelques jours après, des ouvriers plantèrent encore l'échelle à ses quatre coins, et grattèrent son nom révolutionnaire pour lui rendre celui qu'elle avait reçu, à sa naissance, et qu'elle tenait de la royauté légitime.

C'est ainsi que l'ancien régime renaissait, sous toutes les formes, et dans les petites choses comme dans les grandes. Les aigles disparaissaient pour faire place aux fleurs de lys; la paix succédait à le guerre ; l'empire français reprenait les proportions d'un royaume ; la vieille aristocratie ressuscitait, avec ses titres, ses blasons et sa coiffure de 1788 ; le retour au passé était complet: la rue Cérutti devait suivre la pente de l'époque, et reprendre son nom de rue d'Artois.

Que signifiait d'ailleurs ce nom de Cérutti ? Quel était l'homme qui l'avait fourni? Nul ne s'en souvenait; nul ne s'en souciait! Il est des noms qui ont le droit d'être respectés dans les défaites politiques; ce sont ceux qu'environne une auréole de gloire. Mais Cérutti n'avait été qu'un obscur soldat, tombé sur le champ de bataille au commencement de l'action; l'esprit qu'il avait jeté dans la lutte avait été effacé par de bien plus vives saillies; bien d'autres noms célèbres, fameux, retentissants, avaient étouffé le sien. Un seul homme aurait pu plaider sa cause; cet homme avait été son ami, son collaborateur, son compagnon; mais cet homme se nommait alors le prince de Talleyrand; il avait passé par toutes les dignités et par toutes les trahisons; il avait mené le convoi funèbre de l'empire; les clés de grand chambellan, que lui avait confiées l'empereur, lui avaient servi à ouvrir aux Bourbons le château des Tuileries; toutes les puissances étrangères attachaient des croix à son habit et versaient des millions dans ses poches; il boitait sous le fardeau des honneurs, et il en demandait encore!..... Cet homme était trop adroit, trop avide pour se souvenir d'un ami mort en état de péché républicain.

Aucune sympathie ne s'élevait donc en faveur de Cérutti; rien ne protégeait son nom. Le comte d'Artois, au contraire, jouissait de la plus grande popularité. Il revenait précédé par une réputation chevaleresque; les meilleurs esprits du temps lui faisaient des bons mots, que ses partisans répétaient avec enthousiasme. N'avait-il pas dit en parlant de son retour : — Rien n'est changé en France : il n'y a qu'un Français de plus!

Et une autre fois, en écartant les gardes qui empêchaient la foule d'arriver jusqu'à lui, ne s'était-il pas écrié : — Plus de hallebardes!

La rue Cérutti reprit donc le nom de rue d'Artois, le jour même où la rue de la Victoire sa voisine reprenait le nom de Chantereine.

Rien de bien remarquable ne se passa dans les premiers temps qui suivirent ce troisième baptême ou plutôt cette reprise d'un ancien nom; la rue d'Artois continua son train de vie élégante et somptueuse. De riches comptoirs s'étaient ouverts dans son sein; quelques uns de ses hôtels furent convertis en fortes maisons de banque; l'aristocratie financière venait lui prêter un nouveau relief.

Dans les dernières années de la restauration, la fièvre des constructions s'empara de tous les capitaux. La bande noire, qui jadis avait fait la guerre aux châteaux, leva le marteau de la spéculation sur les hôtels qui occupaient une trop grande étendue de terrain. Sur l'emplacement de ces somptueuses habitations, situées entre cour et jardin, on pouvait bâtir trente maisons productives. L'industrie dressa ses plans, dans lesquels la Chaussée-d'Antin ne fut pas oubliée.

Il y avait à cette époque, au Palais-Royal, en face des galeries de bois qui déshonoraient ce vaste et monumental édifice, un tailleur nommé Berchut, renommé surtout pour les habits d'uniforme. Les passants éblouis s'arrêtaient devant l'étalage de son magasin, pour admirer les habits des généraux couverts de broderies d'or et les dolmans de hussards élégamment galonnés. Pendant les guerres de l'empire, alors qu'on usait beaucoup d'uniformes, ce tailleur avait fait une belle fortune qu'il eut l'idée d'augmenter par des opérations industrielles. Le démon de la construction s'empara de lui; après avoir taillé le drap, il voulait tailler la pierre.

Berchut acheta l'hôtel Thélusson, et il le démolit.

Ce fut une véritable douleur et une indignation générale dans le quartier qui voyait détruire son plus bel ornement. On cria au vandalisme et au meurtre! Mais les maçons n'en poursuivirent pas moins l'œuvre de destruction. L'arcade immense, le délicieux jardin, le palais de fée, les rochers, la colonnade, les arbustes, les fleurs, les statues, tout disparut, tout tomba, et bientôt il n'y eut plus qu'un amas de décombres à cette place où naguère s'élevait la plus charmante habitation de Paris.

Mais rassurez-vous : l'industrie et la spéculation ont horreur du vide. Sur ce monceau de ruines, un nouveau quartier va s'élever, et pendant qu'un accroissement se prépare pour la rue d'Artois, voici qu'elle va devenir le théâtre de grands événements politiques.

Le 27 juillet 1830, l'insurrection éclata dans Paris.—De cette histoire, nous raconterons seulement ce qui touche à la rue d'Artois. Après avoir pris les armes et s'être disposés au combat, les insurgés songèrent à se donner des chefs. Parmi les noms qui se recommandaient le mieux aux amis de la liberté, on proclamait M. Laffitte, dont l'hôtel était situé rue d'Artois. Le soir du 27 juillet, l'école Polytechnique se révolta ; quatre élèves de cette école se rendirent chez le banquier député, pour lui annoncer que tous leurs camarades étaient prêts à combattre pour la cause populaire, et se mettaient à la disposition des chefs du parti.

Il était onze heures lorsqu'ils frappèrent à la porte de l'hôtel Laffitte. Le concierge leur répondit que le maître était couché, et ils se retirèrent. — Tel fut le résultat de la première démarche faite ouvertement dans la rue d'Artois, en faveur de la révolution qui commençait.

Mais, le surlendemain, après une journée de bataille, la question était déjà fort avancée ; il était aisé de voir de quel côté penchait la fortune, et les nouvelles arrivant de tous les points de la ville annonçaient qu'il ne restait qu'à organiser la révolution. Les hommes que leur âge, leurs fonctions et leur caractère éloignaient du champ de bataille, prirent le chemin de la rue d'Artois, en évitant les barricades. Il s'agissait de savoir ce qu'on allait faire de la victoire. La foule se pressait aux abords de l'hôtel Laffitte, où les députés de la gauche se rendaient pour tenir conseil. Aucun d'eux n'avait reçu d'avis, et chacun avait jugé que c'était là le centre de réunion le plus convenable. Il n'y avait pas à hésiter. Le troisième acte du grand drame allait finir; l'hôtel Laffitte se chargea de composer le dénouement.

L'assemblée était à l'œuvre, et déjà d'importantes mesures avaient été prises, lorsque tout à coup un bruit de mousqueterie retentit dans la rue d'Artois, devant la porte de l'hôtel. « Qu'est-ce que cela? un revirement de fortune ! La garde royale a repris l'avantage et vient attaquer la pensée révolutionnaire!... » Non... un régiment de ligne qui occupait le boulevard des Italiens s'était rallié au peuple et venait de faire acte de soumission en déchargeant ses armes en l'air.

La rue d'Artois, qui, dans la première révolution, n'avait produit qu'un journal champêtre, et n'avait servi d'asile qu'à de frivoles conférences entre Mirabeau, Talleyrand et Cérutti, était appelée, cette fois, à un plus grand honneur. La Providence en avait fait un vaste théâtre où devaient se régler les destinées du pays. Le peuple, l'armée, la magistrature, le parlement, passèrent par là, et M. de Talleyrand se rendit

avec les autres au quartier-général. Dès qu'on vit paraître Talleyrand à l'hôtel Laffitte, on put dire avec certitude que la cause de la légitimité était perdue sans retour. Le rusé diplomate ne risqua jamais de son pied boiteux une fausse démarche ; sa montre ne retarda et n'avança jamais dans ces occasions solennelles ; c'était un excellent régulateur qui lui indiquait la minute précise où il pouvait virer de bord sans se compromettre.

Le démon familier de toutes les révolutions était à peine entré dans le salon de M. Laffitte, qu'un parlementaire de Charles X, M. d'Argout, s'y présenta. Il avait traversé la rue d'Artois avec un sauf-conduit, signé par Casimir Périer. Il voulut entamer une négociation en faveur du roi vaincu; l'assemblée lui répondit : — « Il n'est plus temps! »

M. d'Argout n'avait pas une aussi bonne montre que M. de Talleyrand. Son régulateur retardait de vingt-quatre heures.

Le lendemain, la bataille étant finie, M. Thiers revint de Montmorency. Il n'eut pas de peine à trouver le chemin de l'hôtel Laffitte qui avait été son bureau politique. M. Thiers, qui n'était encore qu'historien et journaliste, prit la plume pour écrire sous la dictée des assistants une proclamation orléaniste. — La couronne tombée à Saint-Cloud était ramassée dans la rue d'Artois pour être portée au Palais-Royal.

Après ces évènements et pour consacrer le souvenir de la part qu'elle y avait prise, la rue d'Artois abdiqua son titre aristocratique et se donna le nom de rue Laffitte, qu'elle a conservé jusqu'à nos jours.

Satisfaite de ce résultat, elle a renoncé aux affaires publiques, pour se livrer sans trouble au commerce, aux arts, aux plaisirs. Le marteau du tailleur Berchut lui a ouvert une nouvelle carrière et l'a prolongée jusqu'au pied de la colonne et de la rue des Martyrs. Elle ne regrette plus l'hôtel Thelusson; à ses limites, s'élève aujourd'hui une autre charmante décoration : L'église Notre-Dame-de-Lorette.

C'est l'église la plus coquette de Paris; une paroisse qui a mis la dévotion à la portée de la Chaussée-d'Antin, et qui a très ingénieusement allié la religion à tous les caprices de l'art, du goût et de la mode; église élégante, fleurie, parfumée, drapée comme un boudoir, décorée comme un musée, harmonieuse comme le théâtre Italien. Dans les tableaux qui ornent ses autels de palissandre, dans les fresques qui couvrent ses murailles, les saints ressemblent à des dandys, et les saintes lancent sur les assistants des regards provocateurs. Elle chante ses pieux cantiques sur les plus jolis airs d'opéra, des airs de valse et de boléro. Le bruit des castagnettes semble se mêler aux graves soupirs de ses orgues. Les dilettants vont là comme aux concerts du Conservatoire. Son suisse et ses bedeaux ont quitté l'habit rouge et le large baudrier pour revêtir l'uniforme de colonel de la garde nationale. Parmi les dévotes les plus assidues à ses offices, on remarque presque tous les premiers sujets de l'Académie royale de musique. A Notre-Dame-de-Lorette, *la Favorite* a son Prie-Dieu dans le chœur, et la *Cachucha* rend le pain bénit. — Quelle charmante histoire à faire, que celle de la rue Notre-Dame-de-Lorette!

A l'autre extrémité de la rue Laffitte, c'est-à-dire à son entrée sur le boulevart des Italiens, s'ouvrent à droite une librairie et à gauche un restaurant ; la nourriture du corps et de l'esprit. Le libraire habite une élégante petite maison qui date de la création du boulevart, et qui a dû être construite pour abriter quelques galants mystères du siècle dernier. Le restaurateur est logé dans une vaste maison toute moderne, toute ciselée et dorée du haut en bas. Longtemps cette demeure si reluisante a fait l'admiration des Parisiens ; les badauds s'attroupaient pour la contempler. On l'a surnommée la Maison d'Or. Aujourd'hui on n'y fait plus attention, et c'est justice.

Une maison d'or est une digne introduction à cette rue qui renferme la plus grosse fortune de France. — Car, M. de Rotschild demeure toujours dans la rue Laffitte. Il y a fait construire trois hôtels pour lui et pour sa famille. Celui qu'il habite est le plus beau, le plus resplendissant. C'est un palais où l'on trouve d'éblouissantes dorures, de magnifiques étoffes, de superbes meubles, des tapis royaux. En fait de luxe, le palais des Tuileries ne saurait être comparé à l'hôtel Rotschild.

L'hôtel Laffitte est beaucoup plus modeste. Cette demeure qui a donné son nom à la rue, cette maison où la révolution de juillet s'est accomplie, allait être vendue par suite de cette même révolution, le propriétaire n'étant plus assez riche pour la garder. Mais le pays, voulant offrir à M. Laffitte un témoignage d'estime, a racheté cet hôtel et le lui a rendu. Pendant plusieurs années, on a vu sur la façade de l'hôtel une inscription portant ces mots en lettres d'or :

A JACQUES LAFFITTE
SOUSCRIPTION NATIONALE
29 JUILLET 1830.

Aujourd'hui, le marbre qui portait cette inscription est placé dans la cour de l'hôtel, de manière à ne pouvoir être vu de ceux qui passent dans la rue.

L'hôtel dont nous parlons est devenu un des monuments de Paris. Si vous courez dans la grande ville, pour la première fois, et qu'il vous plaise de visiter cette noble et populaire demeure, interrogez un pauvre de la rue, et il vous indiquera aussitôt la maison de l'illustre et charitable banquier : l'histoire la rendra immortelle, et la poésie n'oubliera pas que Béranger a composé quelques-unes de ses admirables chansons dans l'hôtel de M. Laffitte.

Eugène Guinot.

RUE ET FAUBOURG SAINT-ANTOINE.

Si, voyageur rétrospectif dans la nuit historique du Paris originaire, du Paris gallo-romain, vous laissez tomber sur cette période lointaine les reflets d'une vive imagination de poëte ou d'artiste, l'espace qu'occupent aujourd'hui la rue et le faubourg Saint-Antoine vous apparaîtra couvert de marécages ou de sombres forêts, dont les cimes se découpent dans les eaux encore pures et transparentes de la Seine. Peut-être apercevrez-vous la jeune druidesse, proscrite par le paganisme des dominateurs de la Gaule, traversant d'un pied furtif ce bois, naguère sacré, où la faucille d'or ne peut plus qu'à la dérobée moissonner le guy, ce présent si cher aux dieux des Celtes. Voyez-vous là-bas briller, à travers la feuillée, des casques romains? Ce sont les légionnaires d'un César qui poursuivent, qui traquent comme des bêtes fauves les derniers sectateurs du druidisme.

Mais déjà la corruption, cet auxiliaire puissant des peuples civilisés qui subjuguent les nations primitives, la corruption a conquis les Parisiens, en dorant leur tunique, en les enivrant à la coupe des voluptés romaines, en faisant asseoir leurs princes dans ce sénat où tout patriotisme vient se cacher et mourir sous la pourpre patricienne. Ces délicieuses *villas*; ces palais bâtis en marbres de Paros, et qui blanchissent çà et là les côteaux qu'on nommera Ménilmontant, Charonne, Montreuil, appartiennent en grande partie à d'opulents Gaulois, fiers de n'être pas moins corrompus que les proconsuls romains dont ils se sont faits les serviles courtisans.

Ces splendeurs de la décadence d'un empire ne seront pas de longue durée : nous voici au cinquième siècle ; cette voie romaine qui suit la direction dans laquelle on bâtira un jour la rue Saint-Antoine, va favoriser l'invasion des barbares du nord ; en ce moment, les chrétiens surgissent en foule du midi, plus puissants par la croix du Rédempteur, que les Sicambres par leur terrible francisque !

A la fin Rome est tombée ; mais la Gaule n'a fait que changer de domination : Clovis lui a donné de nouveaux maîtres ; la féodalité a grandi vite. Ce ne sont plus d'élégantes villas qui couronnent un hémicycle de collines sur les bords du fleuve : des nids crénelés, à l'usage de ces oiseaux de proie que l'on appelle des seigneurs, ont remplacé les palais en marbre. Au fond des coteaux, on s'agenouille devant une croix taillée dans le vieux manoir gaulois ; l'oratoire invite à la prière, dans un temple payen, et la flèche du monastère rallie les populations ; là-haut, on règne par la violence ; ici-bas, on gouverne par la persuasion.

A la fin du douzième siècle, l'espace que nous parcourons était bien changé : les chênes sept à huit fois séculaires étaient tombés ; le marais avait pris l'aspect d'un champ cultivé, au milieu duquel s'élevait une sainte retraite dont voici l'origine. Foulques de Neuilly professait une foi vive ; il avait visité le tombeau du Christ, tantôt comme guerrier, tantôt comme pèlerin, et la grâce l'avait éclairé. Ses prédications le faisaient renommer à la cour de Philippe-Auguste ; il guérissait toutes les maladies par la seule imposition des mains, il donnait la lumière aux aveugles, l'ouïe aux sourds, la parole aux muets, et, chaque jour, il opérait des miracles. Malgré tous ces dons surnaturels, Foulques de Neuilly, sans doute pour agir plus efficacement sur l'esprit des Parisiens, s'associa Pierre de Roussy, autre prédicateur dont l'éloquence n'était pas moins persuasive, puisqu'il avait converti des usuriers. Cet orateur sacré s'appliquait surtout à tirer des voies de perdition « les folles femmes qui » s'abandonnaient, pour petits prix, à tous, sans honte ni vergogne. » Ceci est plus croyable : on doit convertir aisément ce vice qui n'est que la grimace de l'amour ; mais le chroniqueur du douzième siècle ne nous a pas dit si Pierre de Roussy convertissait les femmes vraiment amoureuses.

Quoi qu'il en soit, les prostituées, après avoir entendu nos deux prédicateurs, se coupèrent les cheveux, abjurèrent leur infâme métier, et devinrent sages jusqu'au plus fervent repentir. On les vit faire des pèlerinages pieds nus et en chemise; ce qui dut paraître plus humble qu'édifiant. Enfin, un grand nombre d'entre elles s'étant jetées dans le sein immaculé de Foulques de Neuilly, furent réunies par lui dans une maison qu'il fonda sous le nom de *Saint-Antoine-des-Champs,* et qui, ayant pris un accroissement considérable, devint ensuite une abbaye royale. De riches donations ayant été faites à ce couvent, il y eut à défendre, contre les incursions des pillards, deux espèces de trésors : les richesses proprement dites, et l'innocence des nonnes. Ce fut apparemment pour assurer cette double conservation, que, vers la fin du quatorzième siècle, l'abbaye de Saint-Antoine fut environnée de fortes murailles, dans lesquelles vinrent se resserrer, sous la forme d'une espèce de bourg, les habitations précédemment éparpillées aux environs du monastère..... Du haut de ces murailles, les manants qui faisaient *le guet* virent un matin, au jour naissant, s'élever et se rapprocher dans la plaine deux tourbillons de poussière. Bientôt on vit étinceler des armures, et les premiers rayons du soleil se brisèrent sur des casques aux cimiers dorés et aux panaches flottants. Puis on distingua une double *chevauchée* venant de deux points opposés; elle se joignit sous les murs mêmes de l'abbaye. On était en l'an de grâce 1465; la guerre dite du *bien public* avait éclaté; les grands vassaux de la couronne, las de subir la foi punique du cauteleux Louis XI, s'étaient ligués contre lui : Charles de Bourgogne, dit *le Téméraire,* était l'âme de la coalition; mais chacun des deux partis redoutait les chances de la guerre; on venait traiter, en se promettant de violer des conventions qui n'étaient pas encore signées..... Pénétrez avec nous dans ces groupes de guerriers : voici le roi; vous l'avez reconnu à son pourpoint rapiécé, à son chapeau de feutre décoré pour lui seul d'une petite madone en plomb, qu'il rend complice de ses attentats. Vous l'avez surtout reconnu à son regard fauve, au sourire toujours équivoque qui crispe ses lèvres minces et flétries. Près de Louis se tiennent le maréchal de Gamache, le comte de Vendôme, et le terrible Tristan, qui, de son regard de vautour, semble convoiter les princes coalisés, pour garnir, de leurs cadavres sérénissimes, le gibet de Montfaucon, qu'on aperçoit là-bas sur le coteau. Dans l'autre groupe, voilà Charles le Téméraire : il s'est fait violence pour venir à ce rendez-vous; ce prince connaît trop bien son adversaire pour croire à ses intentions pacifiques. Il a plus de confiance, le chevalereux Bourguignon, dans le cri de ses hérauts d'armes : *franchise, bien public, décharge du peuple!* Autour du vaillant guerrier se pressent ses alliés : Jean le Bon, duc de Bourbon, le duc d'Alençon, Jean d'Anjou, duc de Calabre, Jacques d'Armagnac, duc de Nemours, le sire d'Albret,

et les comtes d'Armagnac, du Maine et de Dunois.....

Une trêve fut signée dans les murs du couvent : la nécessité l'avait dictée ; la mauvaise foi la viola ; et, selon l'usage, on cria des deux côtés à la trahison.

Les religieuses, presque toutes nobles, enfermées dans l'abbaye de Saint-Antoine, devinrent quelque peu pécheresses ; au seizième siècle, elles joûtaient, dit-on, de galanterie avec les nonnes de Montmartre et de Lonchamp; c'est beaucoup ! A la fin du dix-huitième siècle, et lorsque le couvent, reconstruit splendidement, fut un véritable palais, l'abbesse de Saint-Antoine, dame éminemment titrée, voulut y mener la vie d'une princesse du monde de cette galante époque. L'archevêque de Paris, la cour même intervinrent pour arrêter ces pieux déportements de toutes les passions mondaines ; mais ce *désir de nonne,* qui, selon Gresset, *est un feu qui dévore,* ne fut pas facile à comprimer. On raconte que madame l'abbesse, trop surveillée pour recevoir certaines visites dans l'abbaye, se faisait ingénieusement porter hors de l'enceinte sacrée, dans une grande hotte, que les tourières se gardaient bien de visiter... Ces excursions amoureuses sont encore citées parmi les traditions de l'ancien monastère, devenu un hôpital depuis la suppression des ordres monastiques.

Dès le milieu du quatorzième siècle, on avait bâti quelques maisons, quelques hôtels flanqués de tours aux machicoulis meurtriers, le long de la voie romaine que nous avons signalée, et qui, dans le siècle précédent, conservait encore le nom de *voie royale*. Charles V, n'étant que dauphin, donna à des religieux de l'ordre de Saint-Antoine *le manoir de la Saussaye*, situé sur l'emplacement où l'on voit aujourd'hui le passage du Petit Saint-Antoine, afin que ces moines pussent y recevoir et traiter les infortunés atteints du *mal des ardents,* appelé aussi *le feu sacré, le feu Saint-Antoine, le feu d'enfer :* maladie dévorante née de la misère du peuple. Mais, selon Guiot de Provins, les frères Antonins, comme on les appelait alors, s'étaient déjà montrés peu dignes de cette philanthropique mission ; le Juvénal du treizième siècle peint ces hospitaliers comme des fourbes, des gloutons, des débauchés, dans des vers d'une candeur assez abrupte : « Tout le pays, ajoute Guiot, est peuplé de leurs enfants... Leur cochon » de Saint-Antoine leur vaudra cette année 5,000 marcs d'argent. » A propos de cette pauvre bête tant calomniée, les religieux dont nous parlons avaient acquis, par une charte royale, le droit de laisser courir un nombreux troupeau de porcs dans toutes les directions de la ville. Voyez-vous les seigneurs et les dames du temps, avec leurs splendides habits, leur chaussure brodée d'or, marcher le soir sur la voie publique, couverte des

immondices qu'y laissaient les favoris de Saint-Antoine ? Dès son origine, la maison des Antonins avait été érigée en commanderie; celle-ci fut supprimée en 1624, mais vers 1689, ils firent reconstruire les bâtiments de leur communauté. Ces religieux d'une piété douteuse portaient, sur leur robe blanche, le *Tau* ou figure du T, en étoffe bleue. Plus tard, réunis à l'ordre de Saint-Jean de Jérusalem, ils quittèrent le costume monacal, et portèrent la croix de Malte à la boutonnière d'un habit séculier. A la révolution, les Antonins n'étaient plus, depuis long-temps, que des hommes inutiles, à moins qu'on ne leur tînt compte de la cour assidue qu'ils faisaient aux dames chanoinesses.

Qui n'a pas entendu raconter, dans sa jeunesse, les énormités commises par la tyrannie derrière les sombres murailles de la Bastille, cette citadelle formidable qui se dressait, toujours menaçante, entre la rue et le faubourg Saint-Antoine? Elle fut construite en 1369 par l'ordre de Charles V, sur l'emplacement d'une porte qu'avait fait élever le prévôt des marchands, Etienne Marcel, sous le règne précédent. La Bastille présentait, en regard du boulevart, quatre grosses tours réunies par d'épaisses courtines : entre les deux tours placées au milieu de cette façade, s'ouvrait une porte armée de herses, d'assommoirs, de machicoulis, de meurtrières, et devant laquelle s'abaissait un pont-levis, sur un fossé large et profond. La façade opposée, située vers l'est, offrait également quatre tours; les deux façades se liaient par les courtines du nord et du sud, qui n'étaient flanquées d'aucune tour. Au milieu de la forteresse, régnait une vaste cour que remplissaient en partie les bâtiments de service.... c'était là que l'on dressait un échafaud pour les exécutions secrètes : là fut décapité le maréchal de Biron, le 31 juillet 1602.... Cent quatre-vingt-sept ans plus tard, le peuple devait avoir aussi son juillet à la Bastille, en attendant qu'un second juillet populaire vînt marquer la place d'une colonne triomphale, sur le sol où pesa, durant près de cinq siècles, ce monument redoutable.

Que vous raconterai-je de la Bastille, qui n'ait pas retenti cent fois à vos oreilles? Vous dirai-je que la faction des Bourguignons l'assiégea, la prit sous Charles VI, et en tira vingt prisonniers, qui furent ensuite massacrés sur la place du Châtelet? Consignerai-je sur cette page que le conseiller Brousset, cet instigateur quasi-innocent de la fronde, devenu tout-à-coup guerrier, de robin qu'il était, se vit un moment gouverneur de la Bastille, dans cette guerre où le burlesque domina le tragique? Enfin, faut-il vous redire, après tant d'historiens, qu'au pied de cette prison d'état, deux grandes fortunes militaires se prirent corps à corps en 1650 : Turenne et Condé s'y mesurèrent, et l'armée du dernier ne dut son salut qu'au canon de la Bastille, tiré, par ordre de Mademoiselle de Montpensier, sur les troupes du roi.... Aussi ce canon-là, vous le savez, tua, dans la pensée vengeresse de Mazarin, le dernier des maris à la main desquels l'imprudente princesse pouvait prétendre. Ne vous êtes-vous pas égayés quelquefois de ces singulières hostilités où l'on guerroyait alternativement avec des mousquets et des chansons; où mesdames de Longueville et de Montbazon, mademoiselle de Chevreuse et Marion Delorme nourrissaient les guerriers frondeurs, de confitures et de soupirs, tandis que madame Martineau descendait du faubourg Saint-Antoine, l'épée à la main, à la tête de ces faubouriens, dont les arrière-

petits-fils devaient être un jour des *sans-culottes*?

Les annales de la Bastille pourraient nous offrir quelques joyeux épisodes; assez d'autres, dans leurs sombres narrations, ont parlé des cages de La Balue, pleines d'évêques ou de cardinaux, emprisonnés par le terrible Louis XI; assez d'écrivains ont essayé de vous attendrir sur le sort des prisonniers plongés dans les cachots de la Bastille, chargés de chaînes, et barbottant dans une fange immonde, avec des reptiles singulièrement vénéneux. Tout récemment encore on a reproduit les niaises aventures, niaisement racontées, du sieur de Latude, expiant par trente années d'une *affreuse captivité*, certaine boutade rimée (très-mal sans doute, à en juger par la prose de l'auteur) qui avait blessé au vif madame de Pompadour. Que de naturels impressionnables se sont épanouis, au récit des intelligentes consolations qu'une araignée sensible prodiguait à ce captif! que de collerettes soulevées par de sentimentales palpitations, à la lecture des malheurs, des souffrances intimes du sieur de Latude, et des essais dangereux qu'il fit pour en abréger la durée!

Voilons, croyez-moi, ces tableaux lugubres; laissons aux moralistes le soin de livrer à l'indignation de la postérité la scandaleuse émission des lettres-de-cachet; nous voulons vous montrer la Bastille sous un plus riant aspect. Peut-être Voltaire et Richelieu n'ont-ils habité ensemble cette prison d'État que dans un joli vaudeville, joué il y a quelque trente ans au théâtre de la rue de Chartres; mais il est certain qu'ils y ont séjourné l'un et l'autre : le premier, pour avoir trop écouté sa verve satirique à l'endroit du jeune Louis XV; le second, pour s'être montré trop peu galant envers sa propre femme... Où en serions-nous, bon Dieu! si l'on emprisonnait encore pour une satire ou pour une femme? Tandis qu'Arouet charbonnait, dit-on, sur la muraille de sa prison, le récit épique de la Saint-Barthélemy, le brillant Fronsac parcourait la plateforme du fort : il agitait son mouchoir blanc, pour saluer toutes les belles dames qui venaient, par centaines, admirer, de loin, ce joujou de leurs passagères tendresses... Vous savez qu'à cette époque l'amour se donnait d'assez franches coudées : c'était la contre-partie des vices hypocrites du règne précédent. Ce fut à la Bastille que la très spirituelle et très laide mademoiselle Delaunay expia le tort honorable d'avoir été fidèle à son ambitieuse maîtresse, madame la duchesse du Maine, avant, pendant et après la ridicule conspiration de Cellamare; le séjour de mademoiselle Delaunay dans cette prison d'État, nous a valu un des épisodes les plus charmants du livre qu'elle nous a légué, sous le titre de *Mémoires de Madame de Staël*.

Quelques années avant la révolution, le spirituel mais trop acerbe Linguet fut mis à la Bastille : d'ordinaire, un emprisonnement calme peu la bile du prisonnier; le célèbre avocat écrivait *ab irato* un factum contre ses incarcérateurs, lorsqu'un homme grand, pâle, maigre, fluet, entra dans sa chambre. La présence de ce singulier visiteur lui déplut assurément :

— Que me voulez-vous? lui dit-il, avec l'accent d'une mauvaise humeur très-expressive.

— Monsieur, je viens...

— Eh! parbleu, je vois bien que vous venez; mais c'est fort mal à propos.

— Je ne dis pas, Monsieur; c'est que je suis le barbier de la Bastille, et je venais...

Ici le Figaro des prisonniers d'État termina sa phrase, en imprimant à ses doigts, sur son menton, un mouvement de rotation très significatif.

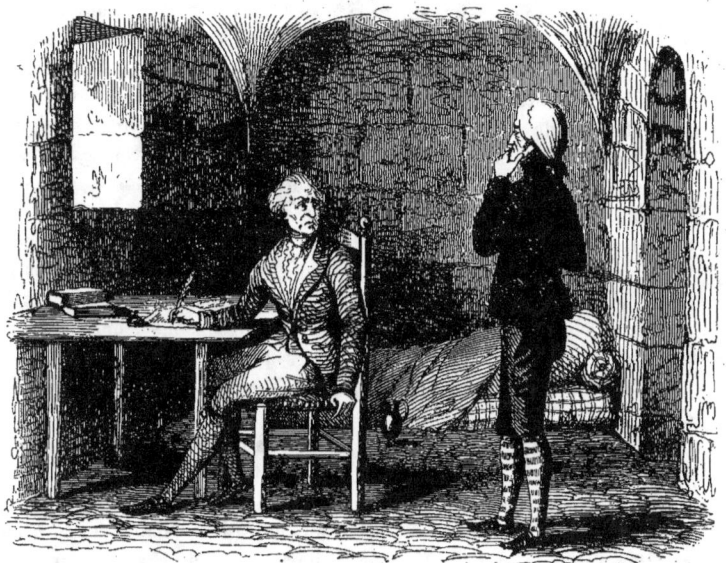

— Ceci est différent, mon cher; eh bien! *puisque vous êtes le barbier de la Bastille, rasez-la*... Et Linguet se remit à écrire.

Quelques années plus tard, ce fut le peuple qui se chargea de cette opération ; et le *rasoir* dont il se servit le 14 juillet 1789, *rasa* tant de vieilles institutions dans les cinq années suivantes, qu'il n'en resta pas une debout. En 1790, on ne voyait plus que des ruines sur l'emplacement de la Bastille ; sous la domination des législatures révolutionnaires, on y célébra souvent des fêtes civiques : les Parisiens septuagénaires se souviennent d'une statue de la *Régénération*, grosse figure aux formes athlétiques, au visage joufflu, robuste, en un mot, comme une liberté des poésies de Barbier ; l'eau claire, qui coulait des énormes mamelles de cette immense déesse, était pour les mauvais plaisants du faubourg le symbole de presque tous les travaux de l'Assemblée Constituante. Vous parlerai-je des monuments dont l'élévation sur la place de la Bastille fut successivement décrétée? On bâtirait un nouveau fort avec les *premières pierres* qui, dans les plus variables intentions commémoratives, furent posées en ce lieu par les diverses puissances conventionnelles, directoriales, consulaires et impériales. Enfin, le peuple, de la pointe du glaive qu'il saisit quelquefois dans l'intérêt de ses droits imprescriptibles, marqua la place où devaient reposer les victimes de sa conquête; et la colonne napoléonienne de la place Vendôme eut une sœur populaire au faubourg Saint-Antoine.

Les siècles révèlent leur esprit à la postérité par le caractère de leurs monuments : le quatorzième se distingua par l'imposante ordonnance de ses constructions militaires; le quinzième et le seizième firent admirer la splendeur, la hardiesse et l'élégance de leurs édifices civils et religieux. Alors brilla, de son plus vif éclat, cette architecture dite gothique, si ingénieuse dans ses conceptions, si minutieusement exquise dans ses détails. Tel fut l'*hôtel des Tournelles,* situé rue Saint-Antoine, vis-à-vis le palais Saint-Paul : que de galantes indignités, que de saturnales durent s'accomplir dans ce palais des Tournelles ! Ce fut là peut-être que l'infidèle époux de l'angélique Valentine de Milan montra au duc de Bourgogne le portrait de sa femme, parmi ceux de ses maitresses, et aiguisa ainsi, lui-même, le poignard sous lequel il devait tomber en 1407. Après la mort de Louis d'Orléans, l'hôtel des Tournelles devint une propriété royale; Charles VI y passa plusieurs années de sa déplorable existence, quelquefois enseveli dans les tourbillons d'une vie insensée, quelquefois rappelé à de suaves émotions par Odette de Champdivers, quelquefois sortant de sa léthargie mentale, furieux de son déshonneur conjugal et de l'asservissement du beau royaume qu'il voyait livré en proie au léopard... Quand cet horrible sacrifice fut consommé, le duc de Bedfort, régent de France pour le roi d'Angleterre (ne frémissez pas, quinze millions de bras nous garantissent contre le retour d'un tel avilissement); le régent, disons-nous, habita l'hôtel des Tournelles, le fit reconstruire et augmenta son étendue. Ce fut alors que ce palais offrit ces nombreuses tourelles (ou tournelles), qui lui donnèrent son nom, et les innombrables et sveltes aiguilles qui le hérissaient de toutes parts, comme vous l'a dit Victor Hugo. Lorsqu'à partir de 1436, Charles VII fit son séjour le plus ordinaire aux Tournelles, les beaux-arts, appelés par ce galant souverain, accoururent dans cette maison royale pour y orner des cabinets mystérieux, couvrir de sculptures ou de peintures voluptueuses les lambris et les plafonds, et semer d'amoureuses devises les galeries conduisant aux appartements retirés où le roi recevait Agnès Sorel, cette *dame de beauté* qui, dit-on, lui fit reconquérir sa gloire, après la lui avoir fait oublier.

Une partie du palais des Tournelles s'appelait *hôtel du roi;* Louis XI l'habitait lorsqu'il était à Paris; Louis XII y mourut, pour avoir voulu prouver à la jeune Marie d'Angleterre, sa troisième femme, qu'on est jeune encore après cinquante ans.

Mais jamais l'hôtel des Tournelles ne fut plus richement décoré, plus galamment habité, plus lumineux, plus retentissant d'harmonie, que sous le règne de François Ier, ce monarque dont la vie fut tour à tour si chevaleresque, si fastueuse, si agitée de passions, si désabusée enfin sur la constance de ce sexe qu'on ne fixe guère là où vient d'expirer le plaisir. Entrons dans la *salle des Écossais* : voilà ces gardes étrangers, revêtus de leurs *hoquetons d'orfèverie*, c'est-à-dire couverts d'or et d'argent ; ils se promènent en devisant de guerre, de chasse et d'amour ; ils égratignent quelque réputation de femme... ils se querellent au jeu de dés, et trouvent l'occasion d'une rencontre qui aura lieu dans le Pré-aux-Clercs ou derrière la Bastille Saint-Antoine. Suivons la foule des courtisans et des dames dans les appartements du roi, pendant qu'on s'y livre à de grands et joyeux *ébastements*. Admirez d'abord ces tapisseries de haute-lice, tissues d'or et de soie, représentant les héros d'Homère ou des sujets mythologiques, avec la plus excentrique expression. Voyez ces fauteuils de *cardouan vermeil* au dossier finement sculpté et armorié ; approchez-vous de ce buffet sur lequel, pour servir la venaison, le poisson monstre, les conserves et les confitures sèches, cinquante marcs d'or massif sont façonnés en vaisselle ciselée par Cellini, ou contournés en flacons pour contenir l'hypocras et le vin épicé.

Voici les violons et les basses de viole du roi qui annoncent une sarabande. Suivons le mouvement rapide de ces nobles danseurs, en chausses étroites de soie blanche, en bouffantes et en pourpoints de satin rose ou bleu, avec crevés de couleurs différentes. Voyez comme en dansant ils font valoir ce manteau de velours orné d'un triple passement d'or, et que l'étiquette leur défend de quitter. Mais votre attention séduite s'attache de préférence à ces belles dames, dont le regard, brillant de plaisir et de gaieté, se montre beaucoup moins modeste que provocateur. Que voulez-vous, ce sont les dames de la cour de François Ier. Il a dit qu'une *cour sans femmes est un printemps sans roses* ; le galant monarque a fleuri la sienne des roses les plus brillantes, le plus délicieusement parfumées... sans trop s'inquiéter du reste. Vous trouvez peut-être ces amples robes d'étoffes d'or ou d'argent d'une forme peu élégante, et plus remarquables par le luxe que par la grâce ; on voudrait, en effet, que l'œil pût caresser, à travers un tissu moins lourd et moins épais, cette belle et puissante nature féminine du seizième siècle.

Les jardins de l'hôtel des Tournelles, qui s'étendaient sur l'emplacement où fut construite depuis la place Royale, étaient coupés, selon la coutume du moyen-âge, de vergers, de parterres, de viviers et de touffes de buis ; en 1565, Catherine de Médicis condamna le séjour où Henri II avait péri si malheureusement, sous la main maladroite de Montgommery : la démolition de l'hôtel des Tournelles fut ordonnée par cette princesse ; et sur une partie de son emplacement on établit le marché aux chevaux. C'est dans cet espace que se livra, en 1578, un

combat acharné entre les mignons de Henri III et les favoris du duc de
Guise : trois des premiers, Quélus, Maugiron et Livarot, périrent. Le roi
les fit inhumer dans l'église Saint-Paul : on y vit longtemps leurs tombeaux, couverts d'inscriptions louangeuses, dans lesquelles, malgré la
sainteté du lieu, figuraient les Parques, Vénus et l'Amour.

L'hôtel de Sully, seul édifice vraiment monumental qu'offre la rue Saint-Antoine, est bâti sur la partie la plus méridionale du terrain qu'occupait
le palais des Tournelles. Cet hôtel, élevé aux frais du vertueux ministre
de Henri IV, fut habité par ce modèle peu imité des hommes d'État. Il
est construit dans le style imposant qui succéda à l'architecture de la
renaissance, et quoique dénaturé sur plusieurs points, il ne manque pas de
majesté : c'est le plus bel ornement de la rue. Cette maison a été divisée
en une multitude de locations semi-bourgeoises.

Non loin de l'hôtel Sully, mais de l'autre côté de la rue, s'élève l'ancienne *église des Jésuites*, aujourd'hui l'église Saint-Paul, édifice qui
touchait à la *maison professe* de l'ordre, dans laquelle est établi maintenant le collége Charlemagne. Chacun sait que la Compagnie de Jésus,
approuvée par bulles du pape, fut introduite en France par Guillaume
Duprat, évêque de Clermont. Le cardinal de Lorraine appela ces pères
à Paris en 1551 ; mais l'évêque et le parlement s'opposèrent alors à leur
établissement dans cette ville. Ce ne fut qu'en 1561 que, par la protection des Guises, ils s'y installèrent, après une haute lutte de dix années,
qui put donner une idée de leur ténacité. Pour ne parler que de la maison
professe, nous dirons que le cardinal de Bourbon céda aux jésuites, en
1580, l'hôtel d'Anville, communiquant de la rue Saint-Antoine à la rue
Saint-Paul ; le même prélat leur fit construire une chapelle sous le vocable de Saint-Louis, ce qui autorisa ces pères à prendre le nom de
Prêtres de la mission de Saint-Louis. Mais bientôt leur ambition se trouva
trop à l'étroit dans cette église : ils sollicitèrent, comme ils savaient
solliciter, la construction d'un nouveau temple ; et Louis XIII leur
accorda l'emplacement qu'occupe l'église actuelle. Elle fut commencée en
1627, sur les dessins d'un jésuite nommé Marcel Ange, et terminée en
1641. Ce jésuite était mauvais architecte, a dit Dulaure, qui souvent ne
voyait que des lignes là où l'on doit s'attacher à reconnaître un caractère
monumental. Or, il est évident pour nous que les disciples de saint Ignace
voulurent imprimer aux églises qu'ils firent bâtir une physionomie-type ;
voyez partout ces édifices, c'est le même plan, le même système de construction, ce sont les mêmes détails dans les ornements : toujours une façade
pyramidale formée de trois ordres superposés. Il y a là certainement un
symbole mystérieux, une allégorie cachée, un langage de pierre connu des
seuls adeptes. Du reste, la disposition architectonique du monument, tant
à l'extérieur qu'à l'intérieur, n'offre rien de remarquable ; mais la nef et le

chœur étaient richement décorés avant que la révolution eût imposé la maison de Dieu pour assurer la défense du pays. On voyait, par exemple, dans deux chapelles, deux anges en argent de grandeur naturelle, portant, l'un, le cœur de Louis XIII, l'autre, celui de Louis XIV. Les jésuites, durant la vie de ces monarques, avaient conquis leur cœur; ils en firent parade après leur mort. Là se trouvait, sans doute aussi à titre de conquête, le tombeau de Henri de Condé, père du vainqueur de Rocroi, de Fribourg, de Nordelingen et de Senef. Ce tombeau, l'un des chefs-d'œuvre de Sarrasin, avait été transféré au Musée des monuments français; il en fut tiré en 1815, et déposé longtemps dans les remises du palais de Bourbon. La restauration trouvait impie la belle et ingénieuse collection de la rue des Petits-Augustins; peut-être jugea-t-elle plus orthodoxe le séjour des restes d'un prince du sang à la porte d'une écurie.

Les jésuites avaient établi dans leur maison de la rue Saint-Antoine une école dont l'historien de Thou a dit : « Par une méthode toute nou-
» velle que ces pères avaient imaginée, méthode jusqu'alors inconnue à
» l'Eglise de France, ils étaient venus à bout, en interrogeant leurs pé-
» nitents, de les éloigner de leurs paroisses, d'attirer à eux tout le peuple
» et de fouiller dans les secrets des familles. » On sait comment, en 1762, les jésuites furent expulsés de France, et par quelles douleurs d'entrailles le pape Clément XIV expia la suppression de leur ordre. La maison qu'ils avaient occupée rue Saint-Antoine fut donnée, en 1767, à des chanoines réguliers, et plus tard l'église devint paroissiale sous l'invocation de saint Paul.

Vers l'extrémité de la rue Saint-Antoine la plus rapprochée du faubourg, l'on voit une église de forme circulaire, d'une construction trop vantée par Dulaure, quoiqu'elle soit due au célèbre Mansard. Elle appartenait au couvent de *la Visitation de Sainte-Marie*, fondé en 1621, dans l'ancien hôtel de Cossé, pour des religieuses de l'ordre de Saint-François de Sales. Cette église, achevée en 1682, fut nommée *Notre-Dame-des-Anges*. Après la révolution, les bâtiments d'habitation furent vendus à divers particuliers; en 1802, on céda l'église aux calvinistes de la confession de Genève; vingt-huit ou vingt-neuf ans plus tard, des honneurs funèbres, auxquels tout le Paris populaire assista, y furent rendus à Benjamin Constant.

Pour parcourir dans toute sa longueur, et les annales modernes à la main, la longue rue dont nous vous avons redit l'histoire ancienne, nous allons la redescendre jusqu'à sa naissance..... Nous voici à la rue du Monceau-Saint-Gervais : l'on y a retrouvé les traces d'un cimetière romain, dernier rendez-vous de ces dominateurs qui vinrent dans les Gaules conquérir, briller, corrompre et mourir. Ces débris de la vie antique étaient des tombes en pierre, découvertes à douze pieds de profondeur, et contenant des os pulvérisés : débris poudreux qui avaient été des généraux, des consuls, des empereurs, peut-être, et qu'une tabatière pouvait contenir. Une médaille d'argent, recueillie parmi ces vestiges humains, portait ces mots : *Antoninus Pius. Aug.* Au treizième siècle, cet emplacement était encore appelé place du Vieux-Cimetière : *Platea Veteris Cimeterii.*

Cette rue Saint-Antoine, maintenant si animée, si étincelante par la grâce de Dieu et du gaz, par l'étalage de ses magasins, où l'art de Raphaël est prodigué jusqu'aux lambris de l'arrière-boutique, a eu depuis un demi-siècle, comme le faubourg qui porte son nom, une grande et terrible histoire ; remontons cette période jusqu'à son origine. — L'ancien régime n'a rien perdu encore de sa puissance ; que peut vouloir oser cette foule tumultueuse, bigarrée, menaçante, qui remonte la rue Saint-Antoine, observée, mais de loin, par les suppôts du sieur Dubois, dernier chevalier du guet? Quelques excès que cette bande mutinée va commettre impunément, dans la maison du fabricant de papiers Réveillon, lui révèleront le secret de sa force.... Le lion longtemps captif, n'a pas senti, en s'éveillant, ses membres garrottés ; bientôt il se précipitera sur ses maîtres et leur fera subir le redoutable début de sa liberté..... Entendez-vous ces détonations qui font vibrer les vitres de la grande ville?..... Ce n'est plus l'anniversaire d'un roi qu'on célèbre, ce n'est plus la naissance d'un prince qu'un page vient annoncer au corps municipal ; c'est le canon de la Bastille que le peuple attaque... la Bastille est prise !... Voilà les vainqueurs qui redescendent la rue Saint-Antoine. Ils n'avaient pas de drapeau pour marcher à cette conquête ; mais tout-à-l'heure ils auront une enseigne... La tête du marquis de Launay tombe, elle est placée à la pointe d'une pique, on la promène au-dessus de la foule, et le sang du gentilhomme sert au baptême de la liberté populaire.

En tournant le feuillet de cette histoire, nous trouvons une page plus terrible encore. Nous n'avons point parlé de l'hôtel de la Force : comme maison d'un grand seigneur, il n'offrit aucun évènement digne de mémoire ; mais on le convertit un jour en prison, et là s'accomplit un affreux épisode des journées de septembre 1792. Arrêtons-nous à l'entrée de la rue de Ballets ; voilà le guichet de la Petite Force ; dans la première pièce que l'on rencontre, après avoir passé cette porte surbaissée, siégeait, les 2 et 3 septembre, un tribunal, institué par lui-même, ou peut-être par cet homme que le canon du 10 août avait porté au ministère, et qui s'était dit dans sa politique radicale : « Pour terrifier les ennemis du dehors, il faut frapper sur les ennemis du dedans. » Le tribunal démagogique était donc constitué à la Force : accoudés sur une table couverte de bouteilles et de verres, les juges prononçaient ou la mort ou la vie de leurs prisonniers, sur des témoi-

Rue Saint-Antoine.

gnages ordinairement hasardés, sur des renseignements qu'ils empruntaient à des listes souillées de boue et de vin..... Hélas ! ils absolvaient rarement ; et lorsqu'ils avaient articulé, dans un langage d'une perfide ambiguïté, *élargissez le détenu*, on ouvrait la porte à un infortuné, qui se croyait libre, et que les *massacreurs* attendaient sur le seuil de la prison!... Le 3 au matin, une femme comparut devant ces juges, chancelants déjà sur leurs siéges, par suite des libations multipliées qu'il avaient faites... Cette femme, quoique parvenue à sa quarante-troisième année, était encore belle, mais flétrie par la souffrance et par les larmes ; elle était vêtue d'une robe de soie noire ; elle portait un fichu de linon ; et ses longs cheveux, auxquels se mêlait encore un reste de poudre, tombaient en désordre sur ses épaules... Cette femme, c'était Marie-Thérèse-Louise de Savoie Carignan, princesse de Lamballe !

— Vous étiez, lui dit un des juges, de la conspiration du 10 août contre le peuple.

— J'ai ignoré cette conspiration.

— Jurez, avec nous, haine au roi, à la reine et à la royauté.

— Ce serment n'est pas dans mon cœur, et je ne puis le faire.

— A *l'Abbaye!* s'écrie alors le juge.

A ces mots, la porte s'ouvre, la princesse a revu le ciel ; elle a fait quelques pas dans la rue des Ballets ; elle se croit sauvée!..... Marie-Thérèse de Savoie allait entrer dans la rue Saint-Antoine, lorsque soudain un assassin lui porte un coup de sabre derrière la tête ; un autre l'étend à ses pieds d'un coup de bâton... Les égorgeurs lui coupent la tête, ils portent ce sanglant trophée au bout d'une pique, ils courent sous les fenêtres du Temple, afin d'épouvanter la famille royale au spectacle de ce dénoûment horrible !...

Durant la terreur, la rue et surtout le faubourg Saint-Antoine furent le cratère d'où s'échappa le plus souvent la lave révolutionnaire. Santerre s'élança d'une brasserie du faubourg pour diriger les masses, commander les armées, et mériter, avant le jour de l'oubli venu pour lui, cette grotesque épitaphe :

> Ci gît le général Santerre,
> Qui n'avait de Mars que la bierre.

Le faubourg Saint-Antoine était le forum où grondait la colère du peuple avant d'éclater sur le palais des Tuileries ou sur la Convention nationale. Longtemps le faubourg Saint-Antoine fut un empire de fait, que Napoléon lui-même observait quelquefois avec inquiétude ; il savait qu'un 13 vendémiaire eût été difficile ou dangereux dans ce foyer de l'émeute. Aujourd'hui, le luxe parisien a passé le canal : l'ouvrier ébéniste travaille, avec le *tibi* d'or à la chemise, et le soir il endosse le paletot orné de velours. La faubourienne n'est plus coiffée d'un faux madras; elle a pour jamais abjuré le *casaquin*; chaque dimanche, l'élégante ouvrière en meubles du quartier se permet le double falbala, l'écharpe, la première galerie au théâtre Beaumarchais; elle figure avec distinction au bal du Prado, et se hasarde parfois jusqu'au pays latin, pour y former, sur la foi d'un contrat verbal passé à la Chaumière, un ménage éphémère d'étudiant.

Ne croyez pas que le peuple du faubourg Saint-Antoine ait perdu le sentiment de sa force et de sa dignité..... de sa dignité, car là plus qu'ailleurs, peut-être, il y a du patriotisme et de la grandeur! C'était surtout de l'Arsenal à la barrière du Trône que l'on demandait à grands cris, en 1814, des armes qu'on n'obtenait pas; c'étaient les habitants du faubourg Saint-Antoine, vétérans de Marengo, d'Austerlitz et de Wagram, qui tombaient frappés des balles russes, à Charonne et à Romainville. Lisez les noms inscrits sur la colonne de Juillet: vous y reconnaîtrez bon nombre de prolétaires du populeux faubourg; et ce boulet logé dans la façade d'une maison vis-à-vis la rue des Nonaindières, est là pour attester qu'en 1830 les Antonins avaient répondu à l'appel de leurs frères d'armes improvisés.

Nous aurions beaucoup à vous dire encore sur la rue et le faubourg Saint-Antoine, si, le mètre à la main, nous voulions décrire les édifices qui, dans cette partie de la capitale, ne sont pas des monuments. Sous ce rapport, il y a de quoi désespérer l'archéologue et le poète moyen-agiste. Rien de plus prosaïque que la rue dont nous venons de résumer l'histoire: tout ce qu'elle offrit jadis de beautés architecturales du style roman, de l'ère ogivale ou de la brillante renaissance, n'existe plus que dans les descriptions que nous ont laissées Sauval, Felibien et Dulaure. Il faut se rapprocher de la Seine pour retrouver l'intérêt du vieux Paris de pierre... l'église Saint-Gervais, les restes de l'hôtel Saint-Paul, l'église des Célestins, etc., etc. Dans la rue Saint-Antoine, l'artiste ferme son album, l'antiquaire ses tablettes, en voyant ressortir sur le badigeon blafard des façades, ici d'énormes gants rouges, là des bottes d'or, ailleurs des guirlandes de cervelas, le tout badigeonné peut-être par le pinceau besogneux d'un ex-premier prix de Rome. De loin en loin, l'élégance des magasins s'associe à ce pêle-mêle, entretenu par le mauvais goût, l'esprit mercantile et les concessions de la police. Nous avons besoin d'aller encore étudier à Londres l'ordre de la voie publique, la parure des établissements de commerce, ce que l'on pourrait appeler l'harmonie des rues.

G. Touchard-Lafosse.

Rue Notre-Dame-de-Lorette.

RUE NOTRE-DAME-DE-LORETTE.

Ue toute nouvelle, sans origine connue, sans antécédents historiques, sans parchemins, et qui, à force de grâce, d'esprit, d'intrigue et de charmante coquetterie, n'a pas tardé à se faire une place, et des plus belles, parmi les innombrables rues de Paris, j'entends les plus vieilles, les plus nobles et les mieux famées.

Ce n'est point là, d'ailleurs, la seule raison qui nous ait fait lui ouvrir, toutes grandes, les portes de ce monument littéraire. Si nous faisons à la rue de Notre-Dame-de-Lorette l'honneur de lui consacrer ici quelques pages disputées, c'est que véritablement cette rue, née d'hier, a su se créer une physionomie à elle, des allures à elle, et enfin une individualité à elle, pour nous servir d'un grand mot dont on abuse fort aujourd'hui.

Pour moi, je ne traverse jamais la rue Notre-Dame-de-Lorette sans songer à ces belles fleurs écloses sous les chauds baisers du soleil des tropiques, et qu'un horticulteur jaloux a transplantées brutalement sous notre ciel gris, au risque de les faire mourir de froid et de tristesse. — Et en effet, sentez plutôt si cette rue n'exhale pas comme un parfum exotique; traversez-la par une de ces belles journées de juin ou de juillet, durant lesquelles l'asphalte des trottoirs se liquéfie et bouillonne, une de ces journées que M. Arago distribue d'une main si avare au pauvre et grelottant peuple de Paris. Voyez comme la brise se joue follement dans les grands peupliers de la place Saint-Georges; chaque fenêtre, chaque balcon, s'abritent coquettement derrière des stores de coutil aux éclatantes couleurs. Les pavés secs et luisants ne sont guère effleurés que par de séduisantes bottines de satin qui courent, légères comme la Camille de Virgile, au rendez-vous où les attendent, d'une semelle impatiente, quelques triomphantes bottes vernies du voisinage. Les petits oiseaux se baignent amoureusement dans les ondes limpides de cette fontaine qui cascade doucement devant la porte de M. Tiers. Un silence voluptueux plane sur toute la rue, silence que troublent à peine les échos affaiblis des gammes et des roulades perlées de mademoiselle Nau, ce gosier mélodieux de l'Académie royale de Musique. — Or, dites-moi, vous croiriez-vous à deux minutes des boulevarts et à trois pas de cet horrible faubourg Montmartre, bruyant et encombré comme une grande route de l'enfer? Et n'est-ce pas là, bien plutôt, le signalement d'une rue italienne ?

La rue Notre-Dame-de-Lorette est habitée surtout par des artistes et par de jolies femmes; et ce sont, il faut le dire, les seuls locataires qui lui conviennent tout-à-fait.

Buffon prétend quelque part, dans un de ses admirables livres, qu'on reconnaît sans peine les goûts, les instincts et le caractère d'un oiseau, à la façon dont son nid est arrangé, et aussi lorsqu'on examine le lieu où il a été construit. Cette observation peut également bien s'appliquer à l'homme, cet autre oiseau, à deux pattes et sans plumes, selon la ridicule définition du divin Platon. C'est ainsi que, de temps immémorial, un confiseur fait son nid dans la rue des Lombards, cette rue parée de sucre candi, où les ruisseaux roulent incessamment des sirops hors de service, et où l'atmosphère est toute chargée de miasmes à la fleur d'oranger! Suivez cet agent de change sorti sain et sauf, ce qui est rare, des charybdes du report et des scyllas du fin courant, où se loge-t-il, sinon dans la rue de la Victoire et dans la rue de la Chaussée-d'Antin, l'endroit de Paris où florissent, en plus grande quantité, ces petits hôtels à deux étages, situés entre une ombre de cour et une apparence de jardin, et qui sont, sans contredit, la dernière expression du luxe boursicotier ?

Et pour peu que vous passiez en revue, et l'une après l'autre, chaque partie de la ville, vous vous convaincrez, qu'à fort peu d'exceptions près, Paris est, à cette heure, ce qu'il était il y a des siècles, divisé en quartiers où les corporations restent parquées, pour ainsi dire : les quincailliers, sur le quai de la Ferraille ; les opticiens, sur le quai des Lunettes ; les libraires, dans le faubourg Saint-Germain ; les fripiers, au Temple ; et les ébénistes, dans la rue de Cléry. A ces causes, la rue Notre-Dame-de-Lorette, la seule rue poétique de Paris et l'une de celles dont les allures sont le plus aristocratiques, la rue Notre-Dame-de-Lorette, disons-nous, appartient, de toute justice, aux artistes et aux jolies femmes, les deux seules aristocraties réelles de ce bas-monde, l'aristocratie de l'intelligence et de la beauté.

Nous avons dit précédemment, en parlant de la rue dont on nous a constitué l'historiographe, qu'on ne lui connaissait ni antécédents, ni origine ; c'est une faute. Qu'elle ne possède pas le plus petit bout de parchemin, soit ; tout le monde ne peut pas posséder des parchemins : sans cela, il n'y aurait plus de nobles possibles : car, la noblesse ne consistant, après tout, que dans le seul droit de ne pas ressembler à tout le monde, s'il arrivait qu'un jour tout le monde pût se dire noble impunément, les véritables nobles seraient alors ceux qui auraient eu le bon esprit de rester roturiers.

Donc la rue Notre-Dame-de-Lorette ne possède point de parchemins ;

en revanche elle a une origine, car, selon la remarque judicieuse du seigneur Bridoison, on est toujours le fils de quelqu'un.

La rue Notre-Dame-de-Lorette a vu le jour sur des plages arides et sur des landes incultes dont le général Bugeaud, lui-même, ce Christophe Colomb agricole, n'avait certes pas entrepris le défrichement. Qui de vous ne se rappelle encore ces terrains crayeux qu'on voyait se dérouler du côté de Montmartre, en manière de steppes inféconds, terrains sans valeur appréciable, et que leurs propriétaires désespérés eussent échangés volontiers en retour d'un plat de lentilles ? Mais un jour Paris, qui se trouvait à l'étroit dans ses vieilles limites, Paris se prit à sauter par-dessus et à les enjamber, comme fait une troupe d'écoliers qui veut jouer et courir en toute liberté. Les maisons allèrent d'abord en s'éparpillant, de çà et de là, comme des folles ; puis elles se rangèrent peu à peu et s'alignèrent avec la régularité géométrique d'un bataillon de la vieille garde. Du soir au lendemain, les terrains acquirent des valeurs fantastiques. Tel qui s'était endormi humble propriétaire de quelques mètres d'argile sans conséquence, se réveilla possesseur d'une fortune de Nabab ; un bras du Pactole et un lac de bitume n'auraient pas été desséchés avec plus d'activité qu'on n'en mit à exploiter ces champs stériles où, maintes fois, on avait semé des pommes de terre et où l'on n'avait jamais récolté que des animaux immondes ; si bien qu'en moins de temps qu'il n'en faut à une commission scientifique pour rédiger un rapport de vingt pages, le Parisien ébahi vit croître une ville nouvelle. Ainsi naissent, à l'improviste, au milieu de l'Océan, ces îles dont, la veille encore, nul marin ne soupçonnait l'existence.

Voici donc notre rue créée et mise au monde. Mais à qui appartiendra l'honneur de la tenir sur les fonts de baptême ? et quel nom lui donner ? Un nom propre, ou un nom de fantaisie ? *That is the question*. Paris est divisé en un si formidable nombre de rues, que tous les mots et tous les noms de la langue française ont déjà, pour la plupart, été mis à contribution. Le problème était difficile à résoudre. Le préfet de la Seine s'en montra vivement préoccupé, et le conseil municipal consacra plusieurs séances à une discussion lumineuse, quoique sans résultats, comme c'est l'usage immémorial dans toutes les assemblées parlementaires.

En ce temps-là il y avait, dans le faubourg Montmartre, une pauvre église, simple et nue comme une chapelle de village. Elle était placée sous l'invocation de Notre-Dame-de-Lorette, et remontait au règne de Louis XV, qui en posa la première pierre, peu de jours après l'établissement du Parc-aux-Cerfs. L'amant de la Dubarry était, on le voit, un esprit sagement calculateur, et prévoyait les choses de loin ; il voulait bien vivre un peu à la diable, mais à la condition pourtant de ne point se damner tout-à-fait. C'était aussi la règle de conduite d'un autre Louis, onzième du nom, lequel ne manquait jamais, sitôt qu'il venait de commettre une peccadille politique, de recommander son âme à sa chère et bonne petite dame d'Embrun, l'une des bienheureuses privilégiées auxquelles il avait fait les honneurs de sa casquette, ce martyrologe portatif.

Un jour les fidèles du deuxième arrondissement reconnurent avec effroi que l'église Notre-Dame-de-Lorette menaçait ruines de tous les côtés. La façade était sillonnée d'autant de rides profondes qu'on peut en voir sur le visage d'une vieille comédienne de province ; les murailles s'affaissaient avec toutes sortes de craquements sinistres, et l'azur du ciel filtrait en losanges bleus à travers les voûtes du chœur. Plus d'une fois, pendant les offices divins, les assistants durent ouvrir, en même temps, leurs missels et leurs parapluies. Les choses en étaient là lorsque l'administration fit fermer l'église ; et l'on décida qu'un temple serait construit, quelques pas plus loin, au bout de la rue Laffitte, à l'endroit même où commence le quartier neuf dont je viens de vous raconter la naissance. Peu d'années suffirent à ce travail. La résurrection de Notre-Dame-de-Lorette fut poussée avec une activité merveilleuse ; et, à partir de ce moment, la rue sans nom en eut un tout trouvé. La nouvelle église remplit le rôle du parrain dans ce baptême.

Au point de vue monumental, l'église Notre-Dame-de-Lorette est une œuvre insignifiante, pour ne rien dire de plus ; et je ne serais aucunement surpris d'apprendre que l'architecte qui l'a édifiée se soit inspiré de la vue d'un pâté de Lesage. C'est un carré long, d'une lourdeur désagréable, et massif au-delà de toute expression. On y dira la messe jusqu'au jour du jugement dernier, et il ne faudrait rien moins qu'un tremblement de terre pour en altérer l'épaisse solidité. Ajoutez encore que l'église est surplombée d'une sorte de clocheton qui produit à peu près l'effet gracieux d'un éteignoir sur une bougie. Quant à la partie intérieure, ce ne sont que festons, ce ne sont qu'astragales ; c'est un luxe de dorures, une abondance de soieries, de marbres et de velours dont le calife Haroun-al-Raschid serait jaloux. Je sais qu'on a souvent reproché à cette église les exagérations de sa coquetterie ; je sais aussi qu'elle a été accusée de ressembler beaucoup plus à un boudoir qu'à un temple chrétien. Pour moi, j'avoue que je ne me sens pas le courage d'en vouloir aux artistes qui l'ont ainsi parée. Ils se seront rappelé sans doute que Notre-Dame-de-Lorette n'est, après tout, que la petite-fille du roi Louis XV, et ils ont fait pour elle ce que l'aïeul, distrait par d'autres soins, n'avait pas fait pour la mère.

Disons, pour être juste, que l'oubli a été noblement et royalement réparé. A cette heure, l'église, dorée sur tranches et brodée sur toutes les coutures, reluit de mille feux, ainsi qu'une escarboucle au soleil. Des tapis soyeux absorbent le bruit des pas ; les parfums les plus suaves y brûlent, jour et nuit, dans des cassolettes d'or, et, trois fois par semaine, on y exécute des concerts où certes les anges qui remplissent les fonctions de maîtres de chapelle dans le paradis doivent puiser d'excellentes leçons. Les tableaux eux-mêmes ont tous un certain air qui repose l'œil et le réjouit agréablement. La sombre école des Vélasquez et des Murillo, avec ses instruments de tortures, ses bourreaux demi-nus et ses victimes pantelantes, est sévèrement bannie de ce paisible lieu, où l'on ne rencontre que de jeunes vierges calmes et souriantes, aux blanches épaules, et aux regards doucement voilés.

Après tout, et pour parler sérieusement, cette église tant blâmée est fort bien comme elle est, et c'est ici le cas de dire que tout est pour le mieux dans la plus charmante des églises possibles. Transportez Notre-Dame à l'extrémité de la rue Laffitte, et voyez un peu quel énorme contre-sens de pierre ce serait-là! il y a dévotion et dévotion, comme il y a fagots et fagots: il est évident que la dévotion de la Chaussée-d'Antin ne ressemble pas du tout à celle du faubourg Saint-Germain. Celle-ci veut un lieu grave et sombre, plein de silence et de recueillement, où l'âme puisse s'élever à son aise et voler en paix vers le Seigneur. Celle-là, au contraire, la dévotion rive droite, réclame impérieusement une mise en scène pompeuse: il lui faut de l'or, des parfums et des fleurs; l'une prie avec sa tête et l'autre avec son cœur. — Une grande partie de la clientelle la plus assidue de Notre-Dame-de-Lorette se recrute d'ailleurs dans le théâtre royal de la rue Lepelletier. On y remarque encore les prie-Dieu, garnis de velours, de Thérèse et de Fanny Elssler; les deux sœurs Dumilâtre, ces deux jeunes *ballons* de tant d'avenir, assistent régulièrement, chaque dimanche, à la grand'messe de midi; mademoiselle Forster y montre deux fois par semaine son adorable profil de vignette anglaise, et madame Stoltz ne crée jamais un rôle sans faire dire auparavant cinq ou six messes pour le repos de son succès — Comme on le voit, l'église Notre-Dame-de-Lorette pourrait, au besoin, troquer son nom contre celui de Notre-Dame-de-l'Opéra.

La rue Notre-Dame-de-Lorette se pare avec orgueil du square Saint-Georges; c'est son éden, son oasis, le plus riche joyau de sa couronne. Cette petite place, qui n'a pas sa pareille dans tout Paris, se compose d'une fontaine dont la naïade est un factionnaire, de quelques hôtels élégants et d'une maison qui semble, je ne dirai pas construite, mais brodée par la main des fées. C'est de la pierre de taille passée à l'état de guipure, et j'ignore si le ciseau divin des grands artistes de la renaissance a taillé quelque part un diamant dont les formes soient plus sveltes, plus gracieuses et aussi pures. — Un des hôtels du square Saint-Georges est habité par M. Thiers. C'est là qu'il vient passer ses vacances ministérielles; c'est là que les caprices de la Couronne, pour nous servir d'une métaphore parlementaire à l'usage des grands journaux, l'exilent chaque année, et d'où ces mêmes caprices le rappellent tous les dix-huit mois. Les habitants du quartier qui, pour la plupart, ne s'occupent guère de politique, sortent quelquefois de leur apathie, mais seulement pour ce qui concerne M. Thiers. On se doit bien cela entre voisins. Voulez-vous savoir au juste si l'ex-président du 12 mars doit, ou non, faire partie du prochain remaniement ministériel? demandez aux voisins combien de voitures stationnent à sa porte le soir. Si une longue file d'équipages armoriés serpente au loin dans la rue, pariez hardiment pour M. Thiers ; mais si, au lieu d'équipages, les voisins constatent la présence de quelques misérables chars numérotés, traînés par de maigres haridelles, soyez sûr que l'auteur de l'*Histoire de la Révolution Française* n'a point fait sa paix avec la Couronne. En attendant que M. Thiers quitte une cinquième fois sa palazzina de la place Saint-Georges pour l'hôtel de la rue des Capucines, il charme ses courts loisirs en composant une *Histoire de l'Empire*, achetée cinq cent mille francs d'avance. — Cinq cent mille francs! qu'on vienne encore nous chanter les louanges de l'ère d'Auguste et du siècle des Médicis.

Tout en face de M. Thiers, un spéculateur spirituel, et qui comprend les nécessités de son époque, a fondé un établissement de bains dont le besoin se faisait vivement sentir. Cet établissement est à deux fins. — Le nombre des femmes qui s'y baignent est considérable ; mais le nombre de celles qui sont censées s'y baigner l'est cent fois plus. Règle générale et inflexible : il n'y aura de sécurité conjugale que du jour où tous les établissements de bains seront fermés par ordre et remplacés par un système de baignoires à domicile. Une femme qui sort le matin, en disant qu'elle va au bain est ou une femme perdue, ou une femme qui se perd, ou une femme qui veut se perdre. Ceci me rappelle un mot de la marquise de L., une des plus spirituelles et des plus jolies marquises de ce temps-ci. Elle avait paru désirer une salle de bain dans son appartement. M. de L. s'empressa de réaliser ce caprice qu'il goûtait pour mille raisons : la marquise fut ravie. Les choses allèrent ainsi durant quelques mois, après quoi la marquise reprit son train de vie ordinaire, préférant à sa coquille de marbre blanc ciselé, l'ignoble baignoire en zinc des bains à vingt sous. Un matin, le marquis se présente chez sa femme et ne la trouve pas; où est-elle? — Madame est au bain, dit la Marinette de l'endroit.

— Au bain! répète le mari... Au bain! c'est singulier!

Sur ces entrefaites rentre la marquise de L.

— Vous arrivez du bain? demande le mari, moitié figue, moitié raisin.

— J'en arrive.

— Est-ce que votre salle de bain vous déplairait, par hasard?

— Allons donc! elle est d'un goût charmant. Et d'ailleurs, n'est-ce pas vous qui en avez surveillé l'arrangement?

— Alors m'expliquerez-vous?...

La marquise de L. se posa en face de son mari, croisa les bras, cligna de l'œil et lui jeta ces trois mots foudroyants :

— Et mon prétexte ?..

Voilà comment et pourquoi il se fait qu'on sentit si vivement le besoin d'un établissement de bains sur la place Saint-Georges.

La rue Notre-Dame-de-Lorette, qui aboutit directement au cimetière Montmartre, par la rue Fontaine-Saint-Georges, doit à ce triste voisinage d'être sillonnée chaque jour, jusqu'à midi, par une succession non interrompue de voitures noires, de chevaux noirs et d'habits noirs à vous donner le cauchemar. Mais ce n'est là qu'une physionomie passagère, car il est à observer qu'à Paris, on enterre rarement après midi, et, comme, d'après les règlements de police, tout enterrement doit avoir lieu vingt-quatre heures après le décès, on est en droit de conclure que tous les moribonds de la ville se donnent le mot pour ne trépasser que dans la matinée. — Quant à la rue Fontaine-Saint-Georges dont je viens de prononcer le nom, c'est une rue de fraîche date, toute pleine de petites maisons bien régulières et bâties en jolies pierres blanches, ce qui la fait ressembler à une allée du Père Lachaise. Or, cette apparence est, à tout prendre, la seule qui lui convienne, car c'est là bien moins une rue comme les autres qu'un trait d'union jeté entre l'église et le cimetière.

Croiriez-vous qu'à Paris, dans la capitale du monde civilisé, en plein dix-neuvième siècle, il se trouve des propriétaires barbares qui refusent l'hospitalité, moyennant six cents francs par an, à des hommes, leurs frères devant Dieu, sous le vain prétexte qu'ils sont peintres. Voilà pourtant ce qu'ont produit les vaudevilles contemporains, où il est d'usage immémorial de représenter les artistes sous les couleurs les plus extravagantes et les plus fausses. — Et c'est là ce qu'on appelle sans rougir corriger les mœurs en riant ! — Grâce au ciel, les propriétaires de la rue Notre-Dame-de-Lorette ne partagent aucunement ces travers ridicules.

Au prochain créancier que vous aurez le plaisir d'accompagner à sa dernière demeure, pourvu toutefois qu'il soit enterré à Montmartre, levez la tête en traversant la rue Notre-Dame-de-Lorette et pointez votre regard sur quelqu'une des plate-formes qui couronnent les maisons, à la mode italienne. Alors il est impossible que vous n'aperceviez pas se dessiner à sept étages au-dessus du niveau des trottoirs, quelque chose de semblable à ces mannequins placés dans les champs pour servir d'épouvantail à la voracité des bandits emplumés. — C'est d'abord une robe de chambre où se fondent, sans harmonie, toutes les couleurs de l'arc-en-ciel, un pantalon à pieds d'une forme inconnue et des pantoufles impossibles à décrire. Sous cet attirail burlesque se cache un jeune peintre de la plus haute espérance : les jeunes peintres donnent tous les plus hautes espérances, y compris ceux qui finissent par enluminer les enseignes.

Cet héritier présomptif et présomptueux de Léopold Robert fume dans une pipe turque fabriquée à Paris un tabac qui n'est guère parfumé, et se

repose à l'avance des grands travaux qu'il compte exécuter dans sa journée. En attendant qu'il s'arme résolument de la palette et de l'appuie-main, il étudie la nature sur toutes les formes qu'il lui plaît de revêtir : chien qui aboie, grisette qui passe, oiseau qui vole, et le reste. Mais c'est dans la personne de ses voisines que le peintre se complaît à observer la nature. Son regard transperce les vitres et leur légère cuirasse de mousseline ; le divan et la causeuse n'ont pas de secrets possibles pour lui ; il déchiffre, à la première vue, tous les hiéroglyphes du boudoir, et Dieu sait si les boudoirs de la rue Notre-Dame-de-Lorette sont tapissés d'hiéroglyphes ! disons pourtant à sa louange que ses voisines ne l'absorbent pas tellement qu'il ne songe aussi à ses voisins. Or, le voisin est un confrère dont on est séparé par quelques cheminées, mais duquel, en revanche, on est rapproché par une communauté d'étages, d'opinion, de poésie et de gouttières. Et dès lors, ce sont des causeries sans fin sur l'art, la grandeur de l'art et la sainteté de l'art ; on cause du Giotto, de Cimabuë, de l'Espagnolet dont on n'a jamais vu une seule toile ; on cause de la Fornarina et de son divin amant qu'on a soin d'appeler *le Sanzio,* son nom de Raphaël étant spécialement abandonné au langage prosaïque du *bourgeois.*

La rue Notre-Dame-de-Lorette fait une incroyable consommation de citadines, à ce point que l'administration vient de créer une place spéciale de petites voitures à l'angle de la rue Bréda et de la rue Neuve-Bréda. Ce sont des allées et des venues perpétuelles qui commencent dans l'après-midi et se continuent jusqu'au beau milieu de la nuit; car c'est un des souverains plaisirs des jolies habitantes de ce quartier. On se demande même comment, ayant si peu de rentes inscrites sur le grand-livre, elles peuvent suffire à cette dépense? — C'est que, probablement, leurs rentes sont inscrites sur un autre livre; peut-être les trouverait-on dans ce livre charmant qui a pour titre : *les Contes des Mille et une Nuits.*

Demandez à M. Conte combien ce quartier absorbe à lui tout seul d'employés de la poste, depuis les commis qui classent et qui timbrent les lettres, jusqu'aux facteurs qui les distribuent. C'est à n'y pas croire, et cependant on n'a pas de peine à se l'expliquer lorsqu'on songe que chaque Lorette écrit ou fait écrire par ses amies, et même par ses amants, une moyenne de dix lettres par jour. Ces pauvres facteurs n'y tiendraient pas s'ils n'étaient suppléés et doublés par tous les commissionnaires du quartier. Quels hommes que ces commissionnaires! quelles ruses, quelle habileté, quelle diplomatie et quelle connaissance du cœur humain il leur faut déployer dans l'exercice délicat de leurs périlleuses fonctions! On a calculé qu'après trois ans d'un pareil métier, un commissionnaire de la rue Notre-Dame-de-Lorette ferait un très-excellent premier attaché d'ambassade.

Une observation singulière, c'est que dans ce quartier qui vit de plaisir et pour le plaisir, il n'y a ni théâtres, ni salles de concert; il n'y a absolument que l'église. Je n'ignore pas qu'on a inauguré l'hiver dernier une salle de danse dans la rue Neuve-Bréda. Mais une Lorette un peu bien située rougirait de s'y laisser apercevoir; de temps à autre, elle permet à sa femme de chambre d'y paraître. Et puis, au demeurant, qu'a-t-elle besoin de cette salle équivoque? ne règne-t-elle pas l'hiver à l'Opéra et l'été sous les verts ombrages du Ranelagh!

Un mot encore : la rue Notre-Dame-de-Lorette qui compte les cabinets de lecture par douzaine, ne possède pas un seul restaurateur. En revanche, les rôtisseurs y abondent. Ce détail statistique résume la physionomie tout entière de ce quartier de Bohêmes : on y mange comme on y vit, sur le pouce!

Albéric Second.

LA CITÉ.
Cloître Notre-Dame. Rue des Marmouzets. Rue de la Barillerie.

La Cité, qui fut longtemps tout Paris, bien avant que la réunion de deux îlots à sa pointe occidentale eût augmenté son étendue primitive, forma, en 1703, un quartier comprenant aussi les îles Notre-Dame et Louviers. A l'époque de la Révolution, ce quartier renfermait douze paroisses et vingt-une églises ou chapelles, cinquante-deux rues, onze ponts, le Palais, l'Hôtel-Dieu et la cathédrale. Depuis un demi-siècle, la plupart de ces églises ont été abattues ou supprimées, et le marteau municipal a fait pénétrer un peu d'air, un peu de jour, dans ces ruelles semblables à des caves, qui ont perdu jusqu'à leur nom en devenant des rues. Le commerce, qui florissait sur ce sol héréditaire, s'est acclimaté ailleurs, et presque toutes les maisons, hautes et rapprochées, ont caché leurs charpentes noires et vermoulues sous un enduit de plâtre, comme pour justifier l'étymologie grecque de *Lutèce* ou *Leucotetia*, ville blanche.

On trouve à peine maintenant, dans la Cité, quelques-uns de ces pignons sur rue dont les bourgeois étaient si fiers, et qui leur tenaient lieu de parchemins ; on y cherche en vain les *encoignures* ou poutres sculptées qui supportaient l'édifice et servaient à son ornement extérieur. Çà et là, un toit en auvent cintré, un étage en saillie, un angle de maison en cul-de-lampe, une porte basse à voûte de pierre, un escalier de bois à rampe massive, une boutique obscure et profonde, rappellent les anciens temps qui remplissent de souvenirs ces rues sombres, boueuses et infectes, qu'on croirait habitées par des crapauds, des hiboux et des chauve-souris.

Il y a pourtant des hommes qui naissent, vivent et meurent sans sortir de cette atmosphère putride, sans chercher d'autre maison que des murs enfumés, et sans connaître même les magnificences architecturales de Notre-Dame où ils vont à la messe le dimanche, où ils ont été baptisés, où ils auront leur messe des morts, s'ils laissent de quoi la payer ! Qui oserait s'aventurer dans la rue des Trois-Canettes ou dans celle des Deux-Hermites ! Qui connaît seulement de nom la rue de la Licorne ou la rue Cocatrix ? Qui voudrait croire, même en le voyant, que Paris cache dans son sein des rues aussi étroites, aussi puantes, aussi affreuses que celles des Cargaisons, de Perpignan et de Glatigny ?

La fondation d'une ville dans la Cité est un de ces faits que l'histoire ne rapportera jamais à une date précise, et le château des Parisiens, *castellum Parisiorum*, lorsque César s'en rendit maître, n'avait pas d'autre importance que sa situation inexpugnable au milieu de la Seine qui l'embrassait plus large et plus rapide qu'elle ne l'est aujourd'hui, car ses bords sont *atterris par gravois, pieux et ordures qu'on y a jetés*, suivant le crédule Raoul de Presles, qui ne lui accorde pas moins de vingt-six siècles d'antiquité. Ce vieil auteur raconte ainsi l'origine de Paris d'après une croyance qui était généralement adoptée au quinzième siècle, et qui n'a plus cours dans le nôtre.

Francon, fils d'Hector, ayant porté les pénates de Troie en Hongrie après le siége et la destruction de la ville de Priam, y fonda Sicambre, *et ce fut au temps de David*. La population de la nouvelle Troie se multiplia tellement dans l'espace de 230 ans, que vingt-deux mille Troyens conduits par un chef nommé Iboz quittèrent leur seconde patrie pour s'établir dans un pays plus fertile. « Ils passèrent Germanie et le Rhin, et vinrent presque sur la rivière de Seine, et avisant le lieu où est à présent Paris, et pource qu'ils le virent beau et délectable, gras et plantureux et bien assis pour y habiter, y firent et fondèrent une cité, laquelle ils appelèrent Lutèce à *Luto*, c'est-à-dire pour la graisse du pays ; et fut édifiée cette cité au temps de Amasie, roi de Juda, et de Jéroboam, roi d'Israël, 830 ans avant l'incarnation de Notre-Seigneur, et s'appelaient *Parisiens*, ou pour Pâris, fils du roi Priam, ou de *Pharisià*, en grec, qui vaut autant comme *hardiesse* en latin. » Une nouvelle colonie de Sicambres arriva et voulut con-

La Cité. — Notre-Dame.

quérir Lutèce ; « Mais quand ils surent que c'était ceux qu'Iboz y avait menés et que c'était tout un peuple, ils s'entrefirent grand' fête et demeurèrent ensemble paisiblement sous un roi et sous une seigneurie, et la ville qui avait nom Lutèce, ils l'appelèrent *Paris,* disant que c'était laid nom et ord que *Lutèce.* » Aussi, lorsque César entreprit la guerre des Gaules, « Paris était habité de gens grands et puissants qui tenaient la Cité seulement, laquelle était si forte pour lors et était tellement fermée d'eau, qu'on n'y pouvait passer. »

Raoul de Presles, qui, en commentant *la Cité de Dieu* de saint Augustin, se garde bien d'oublier la Cité de Paris, ne se permettait pas les licences d'étymologiste que Rabelais a prises dans son audacieux roman de *Gargantua,* en faisant dériver le nom de *Lutèce, des blanches cuisses des dames dudit lieu,* et le nom de *Paris,* de la bienvenue de son héros qui vint s'asseoir sur les tours de Notre-Dame, et qui noya *par ris* les badauds assemblés à ses pieds. Gulliver ne traita pas mieux les Lilliputiens, et ne baptisa pas leur capitale.

Depuis ce mémorable déluge, non moins probable que celui d'Ogigès ou de Deucalion, les rues de la Cité ont vu se succéder un flux de générations que les siècles ont balayées en poussière, et bien des événements, grands et petits, qui n'ont pas laissé de trace dans la mémoire des habitants actuels; ces rues ont subi bien des métamorphoses nominales et matérielles, depuis l'époque où l'*île des Corbeaux* n'offrait çà et là que quelques huttes rondes, sans fenêtre et sans cheminée, construites en bois et couvertes de roseaux, sous lesquelles s'abritaient de pauvres familles de bateliers gaulois. La formation d'une ville est lente et progressive comme celle d'un terrain d'alluvion : il a fallu dix-huit cents ans pour que l'antique Lutèce enfantât le Paris moderne qui est sorti de son berceau en rompant ses langes de fortifications, et qui n'est pas encore parvenu au terme de son accroissement gigantesque.

Jadis ces rues n'étaient pas pavées ; elles ne le furent que sous Philippe-Auguste. Ce grand roi, qui travaillait sans cesse à embellir sa cité de prédilection, était à la fenêtre de son palais, situé à la place même du Palais-de-Justice : un chariot remua en passant la fange de la rue, et répandit une telle infection jusque dans l'appartement royal, que le prince ordonna de paver les rues avec des pierres dures et carrées. L'exhaussement du sol à une toise au-dessus de ce premier pavé témoigne assez que les successeurs de Philippe-Auguste ne veillèrent pas à faire observer l'édit qui prescrivait aux bourgeois d'entretenir à leurs frais le pavé de la voie publique devant leurs logis. Les pourceaux eurent encore longtemps le privilége de barbotter dans les fanges de la bonne ville ; il fallut qu'un d'eux renversât de cheval le fils aîné de Louis-le-Gros, passant près de Saint-Gervais, pour que ce privilége leur fût retiré par ordonnance du roi.

A ces époques-là, la plupart des rues n'avaient pas de dénominations précises. Ainsi, la rue de la Calandre est désignée dans les chartes par cette périphrase : *Rue par laquelle on va du Petit-Pont à la place Saint-Michel*. Ensuite, ces rues furent nommées de tant de façons souvent contradictoires, qu'il est presque impossible de les reconnaître à présent sur leurs anciennes dénominations. Ces noms créés et adoptés par le peuple, étaient obscènes ou ignobles, ridicules ou burlesques, significatifs ou caractéristiques ; on jugeait, au simple énoncé du sobriquet populaire, les rues consacrées à la prostitution, celles où s'était commis un crime célèbre, celles dont les habitants avaient mauvaise renommée, celles qu'il fallait aborder en se bouchant le nez, celles remarquables par un puits, un four ou une notre-dame, par un hôtel ou par un couvent. On n'avait pas alors d'écriteaux indiquant les noms officiels de chacune d'elles. Ce fut Turgot qui inventa, en 1723, ces écriteaux et qui n'osa pas changer un seul des anciens noms.

La Cité, que l'administration de la Voirie semble vouloir rebâtir de fond en comble, n'a conservé qu'un petit nombre de ces rues qui en faisaient un dédale inextricable et insalubre ; mais quelques-unes, par leur nom plutôt que par leur aspect, évoquent encore des souvenirs et des impressions qui s'effacent tous les jours.

CLOÎTRE DE NOTRE-DAME.

Le Cloître de Notre-Dame, qui a gardé son nom en abandonnant ses priviléges et sa destination canonicale, était ceint de vieilles murailles et fermé de portes ; la principale, bâtie avec les débris de Saint-Jean-le-Rond, s'ouvrait sur l'emplacement que cette petite église avait occupé naguère à la droite de la basilique de Maurice de Sully. C'était le domaine du chapitre de Notre-Dame qui existait déjà sous Charlemagne et composait un ordre régulier avec le titre de *Frères de la Vierge Marie*. Six papes, vingt-neuf cardinaux et une multitude d'archevêques et évêques furent donnés à l'Eglise par cet illustre chapitre, dont les chanoines avaient la tonsure en couronne et la barbe rase, sous peine d'être privés de tout bénéfice pendant un mois. Malgré cette rigidité de costume, ces chanoines sybarites expulsèrent de leur Cloître les écoles épiscopales dont la turbulence ne respectait pas plus leur sommeil que le service divin. Aristote et sa docte cabale traversèrent les ponts et se réfugièrent dans la rue du Fouare ; le chantre de Notre-Dame conserva sa juridiction dans ces foyers de disputes scolastiques, et seule, entre les *quatre Facultés*, la théologie eut la prérogative de s'enraciner à l'ombre de l'évêché.

A la fin du onzième siècle, le Cloître était jonché de paille fraîche et foulée, sur laquelle venaient s'étendre, aux heures des leçons, ces écoliers nomades, si nombreux et si passagers, qu'on ne les comptait jamais dans les dénombrements; ils allaient quêter de l'instruction dans les écoles célèbres, et souvent ils vieillissaient en apprenant par cœur quelques pages d'Aristote et de prières qu'ils avaient entendu lire, expliquer et paraphraser; car alors, un pauvre écolier, qui mendiait son pain de porte en porte et qui couchait en plein air dans son manteau, quand il avait un manteau, ne lisait que le Missel public, enchaîné derrière un treillis de fer à l'entrée des églises, et profitait plus ou moins des lectures faites par les professeurs qui s'exerçaient aux frivolités verbeuses de la dialectique. Souvent cet écolier, écorchant du grec et du latin, comme celui de Rabelais, passait le jour au cabaret et la nuit dans les mauvais lieux qui pendaient leurs enseignes obscènes vis-à-vis les images des saints et de la Vierge, impuis-

sants à protéger les mœurs; ici l'écolier se prenait de querelle avec un camarade en buvant et en dissertant : un coup de bâton ferré terminait le colloque et la vie de l'un d'eux; là, l'écolier détroussait les passants, s'affiliait aux confréries de gueux ou de larrons, volait une fille ou un jambon. Mais si le recteur de l'Université convoquait son arrière-ban à une procession solennelle, la tête de la colonne de ses vassaux commençait à déboucher dans la plaine de Saint-Denis, tandis que la queue se déroulait encore dans les ruelles de la Cité.

Les chanoines, qui avaient la permission de loger des femmes à titre

de proches parentes, se trouvèrent mal du voisinage de ces jeunes hommes, hardis et insolents, à qui Pierre Comestor détaillait les plus scabreuses naïvetés de la Bible. Ce Pierre-le-Mangeur *historiait* les Ecritures à sa fantaisie. Il faisait dire à Adam, après la formation de la femme : « Celle
» sera appelée Virago, car elle est prise et faite de l'homme ; pour laquelle
» chose l'homme laissera son père et sa mère, et se prendra à sa femme
» et seront deux en chair. » Il tirait du crime de Loth cette moralité :
« Fut le péché de boire jusques à être ivre, cause de l'autre péché. » Il répétait avec Moïse : « Ce n'est bonne chose à l'homme, qu'il soit seul. » Les chanoines partagèrent peut-être la doctrine de Moïse jusqu'à ce que le chapitre eût statué et ordonné, en 1334, qu'aucune femme, jeune ou vieille, chambrière ou parente, ne demeurât dans le cloître, « parce que,
» dit l'ordonnance, ce lieu est saint, dédié et consacré à Dieu. » Cet acte de rigueur contre les femmes fut bien tardif, s'il eut pour prétexte les amours d'Abélard et d'Héloïse, vers 1110.

On voyait encore naguère les médaillons de ces amants, dans le Cloître, sur la façade de la maison de Fulbert, chanoine de Notre-Dame, cet oncle jaloux d'Héloïse, ce bourreau d'Abélard. On ne regardait pas cette maison, où furent heureux le maître et l'élève, sans éprouver un serrement de cœur et une émotion tendre. Ces médaillons anciens étaient pourtant altérés par de burlesques restaurations : Héloïse avait la fraise haute et le corsage décolleté du temps de Henri IV ; Abélard portait avec la moustache une sorte de toge romaine. Il a fallu, sur leurs têtes de morts, rechercher la ressemblance qu'on voulait donner à leurs statues, couchées côte à côte aujourd'hui dans le champ de repos du Père-Lachaise.

Abélard, qui traînait à sa suite une armée d'écoliers, avec laquelle il vint camper sur le mont Sainte-Geneviève, comme pour combattre son rival en philosophie, Guillaume de Champeaux, dont il fut d'abord le disciple bien-aimé, Abélard n'avait eu de l'amour que pour l'étude et le sophisme ; il était noble et gracieux de corps autant que d'esprit. « Comme
» il lisait en l'évêché, raconte Pâquier, un chanoine nommé Foulbert,
» qui avait chez soi une sienne nièce fort bien nourrie en langue latine,
» le pria de vouloir bien lui donner tous les jours une heure de leçon :
» ce qu'il accepta volontiers. Après avoir quelque temps continué ce
» métier, amour se mit de la partie entre eux. » Le chanoine Fulbert, n'importe qu'il fût l'oncle ou le père d'Héloïse, avait concentré toutes ses affections sur cette fille de dix-huit ans, qui savait le latin, le grec et l'hébreu, mais qui savait encore mieux aimer : « Héloïse, dit Abélard lui-
» même, n'était pas la dernière pour la beauté du visage, mais elle était
» la première pour la connaissance des lettres. » Son maître, jeune et ardent comme elle, avait surtout deux moyens de séduction qui eussent pu lui gagner le cœur de toutes les femmes, comme l'avouait elle-même

Héloïse : son éloquence et sa voix enchanteresse. Le grave philosophe, qui n'avait plus d'autre ambition que de plaire à une femme, composa des vers amoureux, et les mit en musique ; on les chantait alors dans les provinces où la renommée d'Abélard était parvenue, et les écoliers de ce grand homme exaltèrent la maîtresse qu'ils avaient trouvée digne de lui.

La maison du chanoine était le théâtre de ces amours, couverts du prétexte de la science, et la lecture des Pères de l'Église avait rapproché leurs

yeux, leurs têtes et leurs bouches, comme Françoise de Rimini et Paolo s'interrompirent par des baisers en lisant le roman de Lancelot et de la belle Genèvre. Peut-être une correction usitée depuis dans les collèges de jésuites fut-elle cause et complice de la faiblesse du dialecticien : « Sous
» les semblants de l'étude, nous n'étions livrés qu'à l'amour, dit-il ; l'a-
» mour choisissait les réduits mystérieux où s'écoulait l'heure de la leçon ;
» les livres ouverts devant nous, l'amour, plus que la leçon, occupait
» nos entretiens ; nous échangions plus de baisers que de sentences ; les
» mains allaient de l'un à l'autre plus souvent que vers les livres ; l'amour
» confondait les regards que la leçon ne ramenait guère sur le papier ;
» enfin, pour écarter les soupçons du chanoine, l'amour, plutôt que la
» colère, mesurait les coups qui surpassaient la douceur des caresses. »
L'écolière devint éprise avec passion, avec orgueil, du maître célèbre qui lui sacrifiait gloire et richesses, qui préférait un seul mot de ses lèvres

aux applaudissements de l'école. On prétend que *le roman de la Rose* fut l'œuvre des amours d'Abélard, qui peignit son Héloïse sous le nom de *Beauté*. Guillaume de Lorris ne serait donc que traducteur ou plagiaire. « Quelle femme, s'écriait Héloïse transportée d'enthousiasme, quelle » vierge ne rêvait pas de lui en son absence, ne brûlait pas pour lui en sa » présence ? Quelle reine ou quelle dame de haut lieu ne portait pas envie » à mes voluptés, à ma couche d'épouse ? »

Fulbert et les parents d'Héloïse, qui étaient de la maison de Montmorency, apprirent tout, lorsqu'il ne fut plus possible de rien cacher. Héloïse, déguisée en homme, partit pour la Bretagne, où elle mit au monde un fils. Un mariage était une réparation que l'oncle exigeait en dissimulant son ressentiment, et la victime de l'amour, par philosophie sans doute, s'opposait de tous ses efforts à une alliance légitime, contre laquelle ses arguments subtils citaient saint Paul, Théophraste et Cicéron. « Quelle » convenance y a-t-il entre des servantes et des écoliers, disait-elle, entre » des écritoires et des berceaux, entre des livres et des quenouilles, entre » des plumes et des fuseaux ? Comment, au lieu des méditations théolo- » giques et philantropiques, supporter les cris des enfants, les chansons » des nourrices et les tracas du ménage ? » Elle consentit cependant à épouser en secret son amant, et celui-ci, trahi par son valet, fut mutilé, une nuit qu'il dormait seul dans son lit. Malheureux Abélard, te voilà moine !

Son amour survécut à ses plaisirs, et quelquefois, dans des lettres que Pope et Colardeau ont osé imiter, ces amants, séparés par une atroce violence, se ranimaient au feu de leur imagination. Héloïse, qui trouvait plus noble et plus précieux le titre de sa *concubine*, que celui d'impératrice de toute la terre, redit pendant quarante ans : « Vœux, monastère, » je n'ai point perdu l'humanité sous vos impitoyables règles : vous ne » m'avez point faite marbre en changeant mon habit ! » Elle mourut *mère et première abbesse du Paraclet, de doctrine et religion très-resplendissante*, et quand on la déposa dans le tombeau où son ami l'attendait depuis vingt années, ils ressuscitèrent un moment pour remourir ensemble dans un baiser.

Une statue de la Vierge, voisine de la maison qu'habitait Héloïse, ne fut pas exempte des faiblesses de son sexe, si l'on en croit la chronique rimée par Gauthier de Coinsi, qui recueillit les *Miracles de la Vierge* dans son prieuré de Saint-Médard, au commencement du treizième siècle. C'est l'époque où la cathédrale, fondée par l'évêque Maurice de Sully, s'élevait sur les ruines de la primitive église de Notre-Dame ; et la statue héroïne du conte doit être celle que l'on remarque encore toute noircie et debout sur un pilier au portail septentrional. Quelque incrédule aura rompu la main droite, qu'elle tenait levée pour rappeler le miracle qui est consigné dans un manuscrit des fonds de l'église de Paris.

Pendant la reconstruction de cette basilique, vers 1170, une image de Notre-Dame avait été inaugurée devant les *portaux* de l'église qu'on lui bâtissait, et les passants déposaient leur offrande à ses pieds. Les jeunes gens venaient jouer à la *pelote* sur cette petite place, toute retentissante alors des jeux de l'école épiscopale. Un jour, un beau *garçonnet*, qui avait au doigt un anneau donné par son amie, craignant de le perdre en jouant, alla vers l'église, *pour l'anel mettre en aucun lieu;* il vit l'image peinte de couleurs éclatantes et si belles, qu'il s'agenouilla et s'inclina dévotement, les yeux mouillés de larmes. « Dame, dit-il, dorénavant je vous servirai, car jamais je ne *remirai* femme ni pucelle *qui tant me fut plaisant ni belle*. Je veux vous donner cet anneau pour gage d'amour, et je jura que je n'aurai *amie ni femme, si non vous, belle douce dame.* » A peine eut-il offert son anneau à l'image, celle-ci plia le doigt de manière qu'on n'aurait pu arracher l'anneau sans le briser. L'enfant, effrayé de ce prodige, pousse des cris, et raconte aux assistants ce qui est arrivé; chacun lui conseille *de laisser le siècle* et de servir *madame sainte Marie,* qui doit être désormais son unique amie. Il oublia bientôt son serment et la mère de Dieu, en prenant *à femme* celle qui lui avait donné l'anneau. Ses noces furent riches et triomphantes : l'époux sentait un vif désir de posséder la *mignote* épousée; mais dès qu'il entra dans le lit nuptial, il s'endormit, *sans plus faire.*

Notre-Dame lui apparut couchée *entre lui et sa femme* : elle lui montra l'anneau et lui reprocha doucement de quitter la rose pour l'ortie, le fruit pour la feuille, le miel pour le venin. Il s'éveilla en sursaut, émerveillé de la vision, chercha dans le lit pour y trouver l'image, et ne rencontra que son épousée : aussitôt il s'endormit derechef. Notre-Dame lui réapparaît, *fière et dédaigneuse,* en l'appelant faux, parjure et foi-mentie. Le clerc s'élance hors du lit, sachant bien qu'il est mort *s'il touche à sa femme,* et, inspiré par ce songe, il s'enfuit dans un désert, où *il prit habit de moinage : à Marie se maria.*

Cette légende, confite en amour mystique, procura certainement beaucoup d'adorateurs à *la Vierge à l'anel.*

RUE DES MARMOUZETS.

La rue des Marmouzets a dû certainement son nom à un hôtel, *domus Marmosetorum,* qui était orné de ces petites statues peintes et dorées que fabriquaient les *tailleurs d'images,* dans la simplicité de leur art, et qu'on prodiguait alors pour la décoration intérieure ou extérieure des édifices. Pâquier cite des « marmouzets qui sont encore au commencement » de la chambre dorée du parlement de Paris. » Que le mot marmouzet soit dérivé de *marmor,* marbre, ou de *marmous,* singe, ou de *marmot,* il variait peu de significations, en s'appliquant à des têtes fantastiques qui jettent de l'eau en fontaine, à des figures de ronde-bosse en pierre, en métal ou en bois, à des peintures, à des poupées, à des images de saints et à des girouettes. L'histoire décrit les réjouissances publiques aux sacres, aux entrées, aux mariages de rois et de reines; le plus beau rôle appartient partout aux marmouzets qui, à chaque carrefour, représentaient une scène allégorique de circonstance. Ces automates avaient souvent à la bouche un rouleau, portant une devise gravée, en latin ou en rimes françaises. Nicolas Flamel, qui faisait servir ses immenses richesses à l'émulation des arts, nicha des marmouzets coloriés dans tous les monuments qu'il fonda ou répara, aux églises des Saints-Innocents, de Saint-Jacques-la-Boucherie, et surtout aux Charniers où sa femme Pernelle fut enterrée. Au nombre de ces marmouzets, son portrait tenait toujours le premier rang, à genoux, en costume de pèlerin et l'écritoire à la ceinture, comme ses armes parlantes. Les rois ne dédaignaient pas de figurer en marmouzets sur le frontispice de leurs palais, et de réduire ainsi la royauté aux proportions d'un magot de la Chine.

Le pape Grégoire XI, qui avait été chanoine de Notre-Dame, légua par testament, au Chapitre, une maison qu'il avait entre la rue de la Colombe et celle du Chevet-Saint-Landry. La place de cette maison semble au moins indiquée par une enseigne de la Vierge dont le nom reste à sa niche vide. Si un pape ne s'est pas trop compromis en logeant dans la rue des Marmouzets, où il devait entendre les glapissantes orgies du *Val d'Amour* de la rue Glatigny, Gérard de Montaigu, évêque de Paris, mort en 1420, pouvait s'autoriser de l'exemple apostolique pour habiter son hôtel, situé dans la même rue, au coin de celle de la Licorne: il voyait de là mener aux carrefours les vendeuses de prostitution, que l'on marquait d'un fer chaud, et à qui on coupait les oreilles au pilori. Le roi était propriétaire d'une plâtrière dans cette rue, qu'une lettre de François 1er qualifie *l'une des principales et plus anciennes de notre ville*, et cette plâtrière rapportait quelques sous de loyer à la couronne de France.

Vers la fin du quatorzième siècle, la maison des Marmouzets était en bonne renommée dans la vicomté et prévôté de Paris. Un barbier et un pâtissier y tenaient boutique: le pâtissier, qui augmentait chaque jour sa clientelle et sa fortune, se gardait de toute contravention aux ordonnances de la police du Châtelet, tandis que son métier commettait « fautes, mespren- » tures et déceptions au préjudice du peuple et de la chose publique, au » moyen desquelles fautes se peuvent encourir plusieurs inconvénients ès » corps humains. » On ne lui reprochait pas d'avoir fait un seul pâté *de cairs sursemées et puantes, ni de poisson corrompu,* un seul flanc de lait *tourné et écrémé,* une seule *rinsole* de porc ladre, une seule tartelette de fromage moisi. Il n'exposait jamais de pâtisserie rance ou réchauffée; il ne confiait pas sa marchandise à des gens de métiers *honteux et déshonnêtes.* Aussi estimait-on singulièrement les pâtés qu'il préparait lui-même; car, malgré la vogue de son commerce, il n'avait qu'un apprenti pour manipuler la pâte, sous prétexte de cacher le secret de l'assaisonnement des viandes.

Son voisin le barbier, baigneur étuviste, avait mérité la faveur du public qui ne tarissait pas en éloges sur son adresse et sa probité; personne mieux que lui ne *testonnait*, ne rasait, ne saignait, n'étuvait. A peine ses garçons allaient-ils crier par les rues : *les bains sont chauds!* la foule s'y portait, et l'étuve était pleine en un instant; il connaissait la pratique des drogues autant qu'un *physicien*, et exerçait la chirurgie de même qu'une *mire*. On saluait ses trois bassins de fer-blanc à l'instar d'une madone, et on accourait de toutes parts grossir l'affluence des clients qui faisaient cortége à sa réputation.

Cependant des bruits sinistres avaient plus d'une fois circulé dans la rue des Marmouzets. On parlait d'étrangers massacrés la nuit, et on montrait du doigt le ruisseau teint de sang, qui ne provenait pas de saignées faites par le barbier, car on l'eût mis en prison et à l'amende pour n'avoir pas jeté ce sang dans la rivière.

Un soir, des cris perçants sortirent du laboratoire du barbier, chez le-

quel on avait vu entrer un écolier qui arrivait de l'Allemagne. Cet écolier se traîna sur le seuil, tout sanglant, le cou mutilé de larges blessures; on l'entoura, on l'interrogea avec horreur : il raconta comment le barbier l'avait attiré dans son *ouvroir*, en promettant de le raser gratis. En effet, il n'eut pas plutôt livré son menton à l'opérateur, qu'il sentit le rasoir entamer sa peau ; il cria, il se débattit, il détourna les coups de la lame tranchante, et parvint à saisir son ennemi à la gorge, à prendre l'offensive à son tour et à le précipiter dans une trappe ouverte qui attendait une autre victime. En achevant ce récit d'une voix étouffée, il tomba d'épuisement et s'évanouit dans son sang.

Les assistants éclatèrent en malédictions et se signèrent, avant de pénétrer dans ce repaire d'assassinats. On ne trouva plus le barbier, la trappe était refermée ; mais quand on descendit dans une cave commune aux deux boutiques, on surprit le pâtissier occupé à dépecer le corps de son complice qu'il n'avait pas reconnu en l'égorgeant : c'est ainsi qu'il composait ses pâtés, *meilleurs que les autres*, dit le père Dubreul, *d'autant plus que la chair de l'homme est plus délicate, à cause de la nourriture*. En mémoire de ce crime incroyable, la maison fut démolie, et une pyramide expiatoire élevée à l'endroit où ce boucher de chair humaine, qui fut brûlé avec ses pâtés, apprêtait sa délicieuse et atroce pâtisserie. L'arrêt exécuté, la procédure anéantie, le temps n'effaça pas le souvenir du pâtissier homicide qui sert encore d'épouvantail aux petits enfants de la rue des Marmouzets.

Plus de cent ans après l'évènement, la place vide, *appelée anciennement le lieu des Marmouzets, et qui devait à toujours être inhabitée*, appartenait à Pierre Bélut, conseiller au parlement, qui *n'osait entreprendre* d'y faire bâtir ; il requit une permission du roi qui, par lettres-patentes du mois de janvier 1536, dérogea à *l'arrêt, sentence et condamnation qui sur ce pouvaient être intervenues, donna congé de réédifier cette place et lieu vide, pour être habitée*, et, *sur ce*, imposa *silence perpétuel* au procureur présent et à venir. Il ne fallut pas moins de la formule royale : *car tel est notre bon plaisir*, pour que les murmures du peuple ne se changeassent pas en voies de fait contre l'œuvre des maçons, quoique la rue des Marmouzets fût *grandement difformée* par cette place vide et cette pyramide en ruine.

Les rois au douzième siècle n'étaient pas aussi absolus qu'au seizième ; et si François Ier fit rebâtir impunément une maison, Louis-le-Gros n'en fit pas abattre une, *de pleine puissance et autorité*, sans outre-passer ses droits. Le chanoine Durancy avait dans cette rue des Marmouzets un logis qui empiétait sur le chemin public, et fermait presque le passage. Le fils de Philippe Ier ordonna de renverser la partie avancée de cette propriété particulière. Le Chapitre se plaignit de cet attentat à ses immunités, et lorsque Louis fut monté sur le trône, il consentit à céder au pouvoir ecclésiastique et à payer un denier d'or d'amende, le jour même de son mariage avec Adélaïde de Savoie. Louis-le-Gros, qui menaçait le roi d'Angleterre d'aller faire ses relevailles à Londres, en compagnie de vingt mille lances, s'avoua vaincu par le chanoine Durancy.

La rue des Marmouzets, qui n'a conservé de sa vieille physionomie que des piliers ronds incorporés dans une maison moderne, des angles de mur en saillie, des portes basses surmontées de soupiraux grillés, et une enseigne en relief, *au Palmier,* était, s'il se peut, encore plus noire et plus sale, avant l'année 1663, que commença le nettoiement des rues, lorsque le médecin Courtois, qui y demeurait, avait dans sa salle de gros chenets à pommes de cuivre, qui étaient chaque jour encroûtés de vert-de-gris, produit par l'infection de l'air. « Jugez, disait-il, en narrant son ex-
» périence journalière, à quelle action corrosive sont soumis les poumons
» et les autres viscères plus susceptibles que le cuivre! »

Néanmoins, le médecin Courtois ne délogeait pas, malgré les intérêts de ses poumons, contraires à ceux de sa bourse.

RUE DE LA BARILLERIE.

La rue de la Barillerie, qui joint le pont Saint-Michel au Pont-au-Change, formait jadis trois rues sous trois noms différents : *rue du pont Saint-Michel, rue de la Barillerie,* et *rue Saint-Barthélemi.* Il est à croire que cette rue exista du moment où le Grand et le Petit-Pont furent construits, où fut élevé un palais pour le gouvernement de Lutèce, où le commerce exigea plus de relations entre les deux rives de la Seine : cette rue était une voie romaine, quoique son élargissement n'ait eu lieu qu'en 1703, et César y passa avec son armée, tandis que, sur la montagne de Mars, les Gaulois appelaient la bataille en choquant leurs boucliers. Quant au nom de la Barillerie (*Barilleria*), que Guillot, dans son *Dict des rues,* change en *Grand' Bariszerie,* pour la distinguer d'une autre ruelle de la Barillerie qui lui était parallèle, et qui est aujourd'hui couverte de maisons : ce nom témoigne assez qu'elle était habitée par des tonneliers qui suffisaient à peine pour l'immense quantité de vin que produisait le Parisis, depuis que Brennus y avait apporté d'Italie la vigne en trophée. Lutèce, du temps de Julien, qu'elle devrait placer à la tête de ses rois bien-aimés, s'environnait de fertiles vignobles, dont la récolte faisait sa richesse et sa gloire ; le Palais, les Thermes, le Temple et les monastères eurent longtemps une ceinture de ceps chargés de raisins délicieux, et l'on vendangeait à l'endroit même où la rue de la Harpe grimpe moisie et fangeuse entre ses deux quais de maisons pendantes ; enfin, le *nectar* de la Ville-l'Évêque, de Surène, de Vanvres et de Sainte-Geneviève était réservé à la table royale, et passait pour exquis, même sans l'être. Il faut que le vin ou le goût ait eu ses révolutions ainsi que le royaume.

Saint-Louis avait autant de soins de sa barillerie que de sa chapelle, et trois *barilliers* qui mangeaient *à la cour* étaient préposés à la garde des tonneaux, muids, *bottes* et barils. Le roi Jean se contentait de deux barilliers d'échansonnerie. Peut-être le voisinage des caves du palais où Charlemagne entassait ses bons barils cerclés de fer, (*bonos baridos ferro ligatos,*) a-t-il donné à la rue le nom de la Barillerie, qu'elle portait avant 1280.

Ce nom, suivant Robert Cenal, fut modifié en celui de la *Babillerie,* (*via loqutelia,* ou *locutia*) soit à cause du parlement où se dépensait tant de paroles, soit à cause des badauds qui se rassemblaient là pour s'entretenir des nouvelles; soit à cause de la confusion de cris de toute espèce que jetaient les marchands ambulants, dont le nombre était si effrayant, que Guillaume de la Villeneuve, après en avoir cité une partie, finit par s'écrier : *que si j'avais grand avoir, et de chacun voulsisse avoir de son métier une denrée, il aurait moult courte durée.*

En effet, la plupart de ces *crieries* singulières sont perdues pour nous avec l'objet qui les avait fait inventer, et beaucoup d'états se sont agglomérés en un seul, qui à présent attend l'acheteur en silence et en boutique. On ne crie plus : Des aiguilles pour du vieux fer! de l'eau pour du pain! des oiselets pour du pain! On ne connaît plus les marchands de lie de vin, de *bûche à deux oboles,* de sauce à l'ail et au miel, de *poivre pour un denier,* de jonchées d'herbes fraîches. Enfin, pour comprendre la *babillerie* que c'était dans les rues, il faut lire le *Dict du mercier,* qui avait la constance d'énumérer sa marchandise en plus de deux cents rimes, depuis le *queton* (coton), avec lequel les dames *se rougissent,* jusqu'au *bon coffre à garir la teigne:* on verra que notre mercerie est moins riche en assortiment que celle de nos *naïfs* aïeux.

A une époque où de hideuses maisons entassées l'une sur l'autre, chacune se haussant à l'envi au-dessus du toit voisin, formait la cour du Palais, et prolongeaient l'étroite rue de la Barillerie à l'endroit même où s'ouvre aujourd'hui une place assez vaste pour y dresser l'échafaud du pilori moderne, on établit dans une de ces maisons bourgeoises un *hôpital pour les pauvres enfants* : la charité chrétienne osa se montrer en public, pendant que la justice se cachait au fond de son sanctuaire.

En 1420, l'hiver fut bien rude et la misère bien affreuse; les fléaux célestes semblaient d'accord avec les fléaux terrestres : la mauvaise saison avait gâté les récoltes, et la guerre civile, qui mettait la France en feu, arrêtait toutes les ressources du commerce. Paris, dépourvu de gloire et d'approvisionnements, sous la domination anglaise, ne se souvenait plus de ses sanglants désordres, au milieu de la famine qui déchirait ses entrailles.

Le prix des denrées de première nécessité augmentait tous les jours, et bientôt l'argent ne suffit plus pour avoir du pain. Dans les rues, *à l'huis des boulangers,* « ouissiez par tout Paris piteux plaids, piteux cris,

» piteuses lamentations, et petits enfants crier : *je meurs de faim !* et sur
» les fumiers, parmi Paris, puissiez trouver, ci dix, ci vingt ou trente en-
» fants, fils et filles qui là mouraient de faim et de froid, et n'était si dur

» cœur qui par nuit les eût ouï crier : *hélas ! je meurs de faim !* qui grand
» pitié n'en eût ; mais les pauvres ménages ne les pouvaient aider. »

L'Église ne vint pas au secours de ces malheureuses créatures ; l'Église avait sa part des calamités publiques, et saint Vincent-de-Paule n'était pas né. Cependant, l'Église avait toujours ouvert ses bras aux enfants abandonnés qu'elle adoptait comme une brave mère, qu'elle nourrissait et qu'elle élevait dans son sein. Mais la *crèche*, placée dans la cathédrale, et destinée à recevoir les *pauvres enfants-trouvés de Notre-Dame*, semblait changée en cercueil, et restait vide comme pour insulter à tant d'êtres souffrants : Isabeau de Bavière ne leur avait pas encore légué huit francs dans son testament ; Isabeau qui causa tous les malheurs de ce temps-là, Isabeau qui ne donna pas à manger au peuple mourant de faim aux portes de l'hôtel Saint-Paul !

Enfin, *aucuns des bons habitants de la bonne ville de Paris*, émus de tout ce qu'on souffrait autour d'eux, car la cherté des vivres devint excessive, et *il faisait toute la douleur de froid qu'on pouvait penser*, achetèrent trois ou quatre maisons dans la rue de la Barillerie, où *les pauvres enfants avaient potage et bon feu et bien couchés* ; chaque hôpital ayant qua-

rante lits ou plus, bien fournis, que les bonnes gens de Paris y avaient donnés. Mais ces soulagements ne favorisaient qu'un petit nombre d'infortunés : au mois d'avril, lorsqu'on vidait *emmi la rue* les pommes et prunelles qui en hiver avaient fait les *buvages* (cidres), femmes et enfants *mangeaient par grand saveur les fruits pourris qu'ils disputaient aux porcs de saint Antoine.*

Cette famine n'est pas le seul événement funeste dont la rue de la Barillerie fut le principal théâtre. En 1618, le feu consuma la grand' salle du Palais, et faillit détruire toutes les maisons et les églises de la Cité. Cet incendie frappa les Parisiens, comme une grande calamité publique : car le Palais de Saint-Louis, plein de souvenirs royaux amassés pendant quatre siècles, semblait devoir vivre autant que la monarchie, et Paris s'intéressait à la conservation de ce vénérable monument, ainsi que Rome attachait sa destinée au Capitole.

Ce Palais, dont le peuple savait tous les chemins, et qu'il avait rendu complice de toutes ses révoltes, du temps des Maillotins, des Bourguignons et des Ligueurs ; ce vieux et solennel Palais s'énorgueillissait alors de sa grand' salle, *qui passait pour l'une des plus grandes et des plus superbes du monde ;* il n'était pas moins fier de sa Table de Marbre, *qui portait tant de longueur, de largeur et d'épaisseur, qu'on tient que jamais il n'y a eu de tranches de marbre plus épaisses, plus larges ni plus longues.*

Cette Table de Marbre servait de tribunal, quand les maréchaux y rendaient leurs arrêts ; de théâtre, quand les clercs de la bazoche y représentaient leurs farces et moralités ; de réfectoire, quand les empereurs, rois, reines et princes du sang y siégeaient dans les festins publics ; de pilori, quand on y exposait quelque illustre coupable aux yeux de la foule circulant et *bayant* à l'entour.

Cette grand' salle, bâtie par Saint-Louis, sur fondations plus anciennes que la royauté, avait été achevée et décorée par ce malheureux Enguerrand de Marigny, jugé à mort dans ce Palais, qu'il fit réédifier avec tant de splendeur ; pendu au gibet de Montfaucon, qu'il fit reconstruire avec tant de prévoyance !

Un pavé de marbre blanc et noir, une magnifique voûte en charpente toute peinte en or et argent, des lambris de bois de chêne sculpté et rehaussé d'or et d'azur, de même que les piliers massifs qui soutenaient les arceaux du plafond, tels étaient les ornements de cette salle que la poussière de trois cents années avait noircie, mais que les pas et les cris de tant de générations n'avaient pas ébranlée. Les statues des rois de France, rangées comme dans l'histoire, ne régnaient plus que sur des bancs et des sacs d'avocats, des boutiques de mercerie et de libraires ; car le Palais n'était plus le séjour royal par excellence, et le jeune Louis XIII eût dédaigné d'y venir coucher, quoique le bon roi Louis XII y eût dormi fort paisiblement la nuit de ses noces avec la belle Marie d'Angleterre.

Le crime de Ravaillac, en 1610, eut un contre-coup en 1618; l'incendiaire se chargea de parfaire la besogne du régicide. On soupçonnait, on accusait même de grands personnages d'avoir trempé dans la mort de Henri IV; les pièces du procès déposées au greffe pouvaient d'un jour à l'autre enfanter des échafauds pour de nobles maisons; il était donc urgent d'anéantir ces pièces : on mit le feu au Palais, au risque de brûler la Cité entière.

On ignora toujours les auteurs ou les causes de ce mystérieux incendie. « Le feu est descendu du ciel en façon d'une grosse étoile flamboyante, » d'une coudée de longueur et d'un pied de large, sur la minuit, » dit une relation imprimée peu de jours après.

Le feu ne se déclara que vers trois heures du matin, et un soldat qui était en sentinelle donna l'alarme le premier. Mais déjà la flamme, ali-

mentée par les bancs, les *ais* et les boutiques, s'élançait de toutes parts et jusqu'au faîte de la tour du tocsin, qu'on ne put sonner pour appeler du secours. Cependant, Defunctis, prévôt de la cour et de l'île, accourt avec ses archers; les voisins se réveillent au bruit et apportent de l'eau qu'on tire de la rivière et des puits de la rue de la Vieille-Draperie.

Déjà la grand' salle, *admirable, certes, en sa structure de si grande masse de pierre et en ses hauts et plantureux lambris*, était toute embrâsée avec la chambre du trésor, et la première chambre des enquêtes et requêtes de l'hôtel; déjà l'embrâsement gagnait la chambre dorée; *les seaux, cruches et chaudrons, employés par deux mille travailleurs,* semblaient impuissants pour arrêter les progrès du terrible fléau, lorsqu'on imagina de faire au milieu de la rue de la Barillerie, vis-à-vis de l'église Saint-Barthélemy, un *canal bordé des deux côtés de fiens bien épais, qui conduisait l'eau jusqu'en la basse-cour du Palais qui, tout aussitôt, fut presque un lac d'eau.*

Les flammèches pleuvaient *à toute outrance* dans la Conciergerie, et les prisonniers, *alléguant que la prison était destinée pour les garder, et non pour les brûler,* arrachèrent les clefs des guichetiers, et tentèrent de s'évader; mais Defunctis et ses gens les repoussèrent de vive force; et plusieurs de ces misérables périrent par le fer en cherchant à fuir le feu.

Cette fournaise jetait une telle clarté dans les ténèbres, que les villageois qui venaient des environs apporter des provisions au marché, pensèrent que *le soleil s'était levé deux heures plus tôt que de coutume.*

A huit heures du matin tout était consumé. « Les grands piliers bâtis
» de pierre dure demeurèrent brisés en menus morceaux en façon d'é-
» cailles, ni plus ni moins que chaux mouillée; cette longue et épaisse
» tranche de marbre noir fort luisant, avec les pieds de même, fut pres-
» que réduite en cendres; ces belles et hautes statues des rois affichées
» aux parois, selon l'ordre qu'ils avaient régné, toutes mutilées et tron-
» quées. Il ne restait que le pavé marqueté, encore bouillant, qu'on n'o-
» sait toucher, ni marcher dessus à pied, qu'il ne brûlât pendant qu'on
» portait dehors les immondices du feu. »

Le lendemain, Messieurs de la Cour eurent beau rendre un arrêt pour les sacs, procès, pièces et registres dérobés pendant l'incendie : marchands, apothicaires, papetiers, cartiers, merciers, épiciers et autres, sommés de n'acheter aucun parchemin, papiers, écrits ou minutes ou grosses, ne rapportèrent rien au greffe civil et criminel. Il est donc prouvé maintenant que Ravaillac n'avait pas de complices.

L'arrêt du parlement, publié à son de trompe par la ville et lu aux prônes des paroisses, n'intimida pas la verve satirique du poète Théophile, qui osa rire de ce désastre :

> Certes, ce fut un triste jeu
> Quand, à Paris, dame justice
> Pour avoir mangé trop d'épice,
> Se mit le Palais tout en feu.

Ce froid quolibet faillit coûter cher au poète athée qui, sept ans plus tard, lors de la publication de ses vers libertins, fut enfermé à la Conciergerie et brûlé en effigie sur la place de Grève.

Paul L. Jacob Bibliophile.

RUE DE LA PAIX

Conquérant comme Alexandre, législateur comme Justinien, grand capitaine et organisateur comme César et Frédéric II, Napoléon voulut être splendide et créateur comme Louis XIV. Il ne se contenta pas, comme Annibal, de niveler les Alpes; comme Xerxès, de donner des limites à la mer; comme Philippe-Auguste, de dresser des remparts protecteurs; il prétendit, sur tous les points de son vaste empire, fonder des villes, creuser des canaux, élargir des fleuves, tracer des routes et couronner les travaux de soixante-huit rois par les gigantesques combinaisons de son génie.

Les merveilles du règne de Napoléon ne consistent pas seulement dans ses grandes batailles; elles ne s'arrêtent pas aux lumineuses discussions de son Code immortel, à la marche imposante et fière de sa politique toute hérissée de baïonnettes et chargée de couronnes; ces merveilles se révèlent dans toutes les parties de la France, dans toutes les contrées, de l'Europe ou du monde, où il a posé le pied.

Paris, la ville aimée de Julien,

la ville ornée par Charlemagne et policée par Saint-Louis ; la ville héritière de la politesse d'Athènes, de la bravoure de Sparte et de la grandeur de Rome ; Paris, cette capitale de deux mille ans, qui a vu passer, dans ses murailles, trois races de rois et une révolution inouïe dans les fastes de l'univers ; Paris, dis-je, reçut du héros qu'elle vit couronner sous les arceaux de son antique basilique, les premières et sublimes étreintes de l'amour d'un grand homme pour les sciences, pour les lettres et pour les arts.

A la voix de Napoléon devenu empereur, le Louvre inachevé voit un peuple d'ouvriers déblayer son enceinte, continuer ses portiques, allonger ses galeries. Des ponts, des quais qui, tous, enregistrent une victoire ; des boulevarts baptisés du nom des généraux morts au champ-d'honneur. Des places, des rues dont l'architecture élégante rappelle les quartiers de Périclès à Athènes, d'Adrien à Rome, de Pharaon en Égypte, s'élèvent comme par enchantement autour des Tuileries, de ce vieux palais bâti par Catherine de Médicis, et donnent à cette partie de la capitale une physionomie toute nouvelle. Là où des mâsures accroupies près de l'habitation des rois, projetaient leur ombre funèbre, on lit, sur de coquettes tablettes de marbre, les noms de Rivoli, de Castiglione et de Mont-Thabor. Chaque angle de ce quartier nouveau est incrusté d'une victoire, chaque place d'un trophée, chaque pierre d'un souvenir !

Tandis qu'à l'extrémité orientale de Paris, le Panthéon, destiné à recevoir les cendres des grands hommes, s'achève ; le Temple de la Gloire s'élance du sol avec ses trépieds d'airain et ses cryptes de granit. Le dôme des Invalides étincelle d'or, comme au jour où Louis XVI alla saluer, sans gardes, les vieux débris des phalanges de Fribourg, de Rocroy, de Senef et de Nerwinde. L'abbaye de Saint-Denis, restaurée, réintègre dans ses caveaux purifiés par les bénédictions d'un pontife centenaire (le cardinal de Belloy), les ossements des rois disséminés par la tempête révolutionnaire, tandis que les pieuses mains du chef de la quatrième race, de la race Napoléonienne, dépose dans des chapelles expiatoires, au milieu de lampes ardentes, les poussières augustes qui étaient autrefois Louis XII, Henri IV, Louis XIV et l'infortuné Louis XVI. Puis l'arche des victoires de l'empire va poindre à l'occident de Paris, à cette barrière de l'Etoile, qui devrait s'appeler la barrière des batailles ; enfin, il jette les fondements de la colonne de la grande armée sur la place Vendôme, et aligne les édifices de la rue Napoléon que l'abaissement de la France devait faire nommer, huit ans plus tard, *rue de la Paix*.

Cette rue, la plus belle de la capitale, fut projetée sous Louis XVI. Il appartenait à Napoléon de réaliser tout ce que les rois ses prédécesseurs avaient rêvé pour l'illustration de *la bonne ville* ; mais avant d'entrer en matière sur les embellissements successifs effectués, sous l'empire, dans ce

Rue de la Paix.

quartier de Paris, il me faut jeter un regard rétrospectif sur ces emplacements qui, jadis consacrés à la méditation, au silence, à la prière, sont devenus, grâce à la métamorphose opérée par le génie du grand homme, le centre des plaisirs et des richesses de la première cité du monde.

En 1589, Louise de Lorraine, veuve de Henri III, roi de France, légua, par son testament, à mademoiselle de Mercœur, sa nièce, la terre et la seigneurie de Beaussart, avec mille écus d'or de rentes, (environ 216,000 francs de notre monnaie,) à la condition que le duc et la duchesse de Mercœur, ses père et mère, en jouiraient leur vie durant, et qu'ils emploieraient la somme de vingt mille écus d'argent parisis, (la valeur de 150,000 francs d'aujourd'hui,) à fonder un couvent de Capucines. La duchesse de Mercœur étant devenue veuve, présenta requête à Henri IV, et obtint de lui, en 1602, la permission de bâtir dans l'intérieur de la ville, et où elle le jugerait convenable, un monastère de Capucines. La duchesse choisit la rue Saint-Honoré ; et, l'an 1604, le 29e jour de juin, elle posa la première pierre de cet établissement. Le 18e jour de l'année 1606, l'église fut dédiée et consacrée, par Claude Coquelet, évêque de Digne, en l'honneur de Jésus-Christ, de la Vierge et de sainte Claire : le couvent fut élevé l'année suivante, à la place de l'ancien hôtel du chancelier Duperron.

L'historien Létoile, en parlant de cet établissement religieux, assure que les Capucines prirent d'abord le titre de *Filles de la Passion*, et qu'elles se montrèrent, aux processions publiques, avec une couronne d'épines sur la tête. Il dit aussi que leur discipline était très-austère, et qu'elle surpassait celle des autres communautés de filles. Le couvent des Capucines était situé rue Saint-Honoré, presque en face de celui des Capucins, institué longtemps auparavant; mais en 1688, Louis XIV, déjà sur ses vieux jours, voulant faire construire la place Vendôme, ordonna la démolition du couvent des Capucines tel que la duchesse de Mercœur l'avait édifié, et fit élever à sa place de nouveaux bâtiments, plus vastes et plus commodes, à l'endroit même où commence aujourd'hui la rue Neuve-des-Capucines. La façade de l'église correspondait à l'axe de la place Vendôme, et servait de perspective à ce magnifique emplacement. L'église fut construite sur les dessins de l'architecte Ochay. L'intérieur était décoré de quelques tableaux de Restout et d'Antoine Coypel. Plusieurs monuments funéraires donnaient à ses chapelles et à sa nef un caractère tout particulier. Les tombeaux de la famille de Créquy se trouvaient dans la chapelle Saint-Ovide; le mausolée du marquis de Louvois, ouvrage de Girardon, et enfin celui de la marquise de Pompadour, maîtresse de Louis XV, et d'Alexandrine Lenormand d'Etioles, sa fille, attiraient surtout l'attention des artistes.

Alexandre VII donna au duc de Créquy, lorsqu'il était ambassadeur à Rome, les ossements d'un saint de peu de réputation, nommé Ovide. Le duc accepta le don, et fit déposer les reliques dans la nouvelle église des Capucines, où il s'était réservé, pour lui et les siens, une chapelle sépulcrale. Les Parisiens coururent aux nouvelles reliques, et l'affluence des dévots fut si grande que l'esprit mercantile prit l'éveil. Des marchands de toutes sortes d'objets vinrent s'établir sur la place Vendôme; il y arriva même des limonadiers et des saltimbanques. Cet assemblage devint bientôt

une foire qui s'appela *foire Saint-Ovide*, et qui, en 1771, fut réunie à la foire Saint-Laurent installée dans le faubourg Saint-Denis. Après une existence de plus de cent années (de 1688 à 1790), ce couvent fut supprimé comme tous les autres, et les bâtiments, ainsi que les jardins et dépendances, déclarés, par la Convention, *biens nationaux*.

En 1792, ces mêmes bâtiments furent destinés à la fabrication des assignats; il est certain qu'une valeur de 25 milliards, chiffre qui paraîtra fabuleux, mais qui est exact, sortit des ateliers du couvent des Capucines, et alimenta, pour quelque temps du moins, les coffre-forts de la république; de sorte qu'on peut dire avec raison que l'emplacement de la rue de la Paix a fourni à la France les moyens de soutenir une guerre terrible et acharnée contre les rois de l'Europe, ligués entre eux, pour lui ravir la conquête de sa liberté.

Le jardin des Capucines devint, de 1797 à 1804, une espèce de promenade publique où quelques arbres, échappés à la voracité des édiles révolutionnaires, se montraient, çà et là, au milieu d'un terrain inégal, sablonneux et parsemé des débris du cloître, des ruines de l'église et des divers bâtiments qui se rattachaient au couvent. De nombreuses maisonnettes, des échoppes de marchands de gâteaux, de jouets d'enfants et d'orviétan ; des physiciens ambulants, des danseurs de corde, des lanternes-magiques et des baraques où l'on montrait des phénomènes et des animaux vivants, un grand théâtre même, se groupèrent dans ce jardin désolé, et remplacèrent les beaux arbres, les allées solitaires, les chastes réduits où de pieuses filles étaient venues, pendant un siècle, espérer en Dieu et peut-être se souvenir du monde.

Il n'est pas hors de propos de faire remarquer ici que le premier panorama, cette précieuse et savante conquête de la lumière appliquée à la peinture, a été bâti sur le terrain des Capucines.

Une autre foire de Saint-Ovide était donc venue s'installer d'elle-même dans ce lieu ; ou plutôt la Liberté, cette nouvelle et puissante sainte du calendrier républicain, avait daigné passer par là pour transformer en cirque populaire l'asile sacré des filles du Seigneur.

A propos de *cirque populaire*, il est bon aussi de rappeler que Franconi, le célèbre écuyer, grand-père de ceux qui existent aujourd'hui, vint, pour la première fois en France, donner ses exercices d'équitation au cirque du jardin des Capucines.

Tel était l'état des choses lorsque Napoléon crut devoir mettre un terme à tant de dégradations et de sacriléges. Il voulut effacer jusqu'aux traces matérielles des fureurs révolutionnaires, et l'abjection de l'ancien couvent des Capucines dut cesser. A sa voix, le démon des ruines fit place au génie des arts, et la *rue Napoléon* sortit des décombres amoncelées du couvent des Capucines.

La place Vendôme est véritablement la tête de la rue de la Paix : arrêtons-nous un instant au pied de la Colonne, pour apprendre, en quelques mots, l'origine et l'histoire de cette place.

Nous le savons déjà : Louis XIV avait déplacé les Capucines pour les établir dans le monastère qu'il leur fit bâtir un peu plus loin. Sur l'emplacement du premier couvent et sur une partie des terrains dépendants de l'hôtel du maréchal de Vendôme, qu'il avait acheté à cet effet, le grand roi fit élever la magnifique place qui n'a pas sa pareille en Europe.

La place Vendôme devait s'appeler *place Louis-le-Grand* ; mais l'habitude l'emporta sur les ordonnances, et les Parisiens s'obstinèrent à appeler *Vendôme* la place construite sur l'héritage du duc de ce nom. Les bâtiments qui l'entourent furent élevés sur les dessins de J.-H. Mansard, l'artiste admirable qui a doté également la ville de Paris du dôme des Invalides et de la place des Victoires. Rien de plus élégant, de plus majestueux, de plus noble que ces divers pavillons qui, liés ensemble par de riches cannelures, forment un double hémicycle aussi agréable à l'œil, qu'imposant pour l'imagination. Au milieu de cette place, la statue équestre de Louis XIV, coulée en bronze par les frères Keller, sur le modèle de Girardon, s'éleva entourée de bornes de granit unies par des chaînes de fer.

En 1792, la statue du grand roi subit le sort de la statue de Henri IV sur le Pont-Neuf, et de Louis XIII à la place Royale. Elle fut abattue dans la soirée du 10 août. Les rois et les empereurs ont le même sort, aux jours des tempêtes populaires; la clémence et la grandeur des héros ne défendent pas mieux leur effigie que l'éclat de leurs victoires. Sur cette place où le bronze qui représentait Louis XIV fut réduit en poussière, la statue de Napoléon, vingt-deux années après, était brisée et meurtrie par la main des mêmes hommes qui avaient applaudi à ses triomphes et qui s'étaient enorgueillis de son ambition.

La place Vendôme fut, à diverses époques, le théâtre de scènes plus

ou moins tragiques. Le 18 août 1696, un duel eut lieu entre le chevalier de Grisolles et le vicomte de Bergerac. Le sujet de la querelle était une belle parfumeuse de la foire Saint-Ovide, dont ces deux jeunes seigneurs étaient également amoureux. Ils se battirent, à la clarté d'une lanterne, dans la rue Saint-Honoré. Ce combat eut des suites funestes : le chevalier de Grisolles reçut une grave blessure, et le vicomte de Bergerac fut tué. Comme la coquetterie de cette parfumeuse avait déjà causé plusieurs malheurs de ce genre, le lieutenant de police la fit expulser de la foire par ses sergents, et enferma son mari au Fort-l'Évêque comme complice des déportements de sa femme.

Quand Louis XIV, abandonné par la fortune, vit l'Europe liguée contre lui, et ceux-là même qu'il avait protégés de sa puissance se tourner contre le lion devenu vieux, de misérables stipendiés eurent l'impudence d'affubler sa statue d'une besace, voulant indiquer par là que le monarque et son peuple étaient réduits à la condition de mendiants. Cette grossière injure, dont on ne connut jamais bien les auteurs, souleva l'indignation du peuple de Paris. Le lieutenant de police fit arrêter les individus soupçonnés d'avoir opéré cet ignoble travestissement; déjà même on avait recueilli de positives indications sur les gens qui les avaient mis en œuvre, lorsque le roi, toujours généreux, fit défendre de passer outre aux informations juridiques, et abandonna au seul mépris public une action que les lois de l'époque eussent punie avec la dernière sévérité.

Sous la minorité de Louis XV, la place Vendôme devint une arène d'agiotage et de spéculations frénétiques. L'Écossais Law, obligé de quitter la rue Quincampoix pour établir sa caisse des actions du Mississipi sur une plus grande échelle, vint installer ses bureaux dans un des hôtels de la place Vendôme. La foule des spéculateurs suivit l'émigration de la célèbre compagnie, et cette place fut transformée en marché, en bourse, en bazar où des centaines de millions de papier-monnaie étaient échangés chaque jour contre des lingots d'or et d'argent, et même contre des objets mobiliers, mille fois préférables à ces billets d'une banque fantastique.

La révolution baptisa du nom de *place des Piques* la place Vendôme : Ce nom lui fut donné à cause de la fabrique de piques qu'on établit dans plusieurs hôtels de cette place qui était alors presque déserte et d'un aspect lugubre. Les débris du piédestal de la statue de Louis-le-Grand étaient épars çà et là dans l'enceinte des bornes restées debout, parce qu'elles avaient pu résister à la fureur populaire; l'herbe croissait entre les pavés, et des oiseaux de nuit étaient venus asseoir leurs nids dans les combles de ses palais. Je me rappelle avoir vu, au milieu de cette place, triste, silencieuse à cette époque, un amas de plâtre et de métal qui avait représenté jadis le roi le plus puissant de l'Europe. Je n'étais encore qu'un enfant, lorsque pour la première fois je traversai la place

Vendôme pour aller chez le général d'Augeranville, beau-frère d'Alexandre Berthier (depuis maréchal de l'empire, prince de Neufchâtel, etc.) et ami de mon père; mais les ravages de la révolution empreints sur les monuments, sur les statues et jusque sur les dalles de cette place, firent sur moi une impression si profonde, que je crois les voir encore, bien que plus de quarante-six années se soient écoulées depuis.

Napoléon, alors qu'il était chef de bataillon d'artillerie, allait souvent chez M. d'Augeranville. Un jour, que mon père y avait dîné avec Berthier et plusieurs officiers supérieurs, un convive fit la motion d'aller prendre des glaces à Frascati. Cette proposition ayant été immédiatement appuyée, toute la compagnie se leva. Ce soir là, Napoléon donnait le bras à madame Tallien. En débouchant sur la place Vendôme qui était sombre et sur laquelle on ne voyait passer, de temps en temps, que quelques promeneurs solitaires, Napoléon s'arrêta, et se retournant pour adresser la parole à M. d'Augeranville qui marchait en ce moment à côté de mon père :

— Mon général, lui dit-il, votre place est superbe; mais il lui faudrait un centre et un peuple. Telle qu'elle est à présent, ce n'est qu'une belle femme sans âme.

— Le règne des statues est passé, repartit M. d'Augeranville, et je ne vois pas trop, mon cher commandant, ce qu'on pourrait mettre là.

— Une colonne comme celle de Trajan, à Rome, reprit Napoléon; ou bien un sarcophage immense, destiné à contenir les cendres des grands capitaines de la république.

— Votre idée est bonne, commandant, dit à son tour madame d'Augeranville; moi, je pencherais pour une colonne.

— Et vous l'aurez un jour, madame, répondit en souriant Napoléon que le voisinage de la belle madame Tallien rendait plus expansif que d'habitude; vous l'aurez : seulement, laissez-nous, Berthier et moi, devenir généraux en chef!...

— Ma foi! ce sera un beau rêve pour moi, fit Berthier d'un ton d'incrédulité.

Moins de douze ans après, le chef de bataillon d'artillerie, devenu empereur, posait sur cette même place la première pierre de la Colonne dédiée à la Grande Armée, et fondait, à quelques centaines de pas plus loin, le Temple de la Gloire.

Le songe du futur prince de Wagram était réalisé.

Avec ce coup d'œil d'aigle qui le caractérisait, Napoléon, dès qu'il fut empereur, vit tout d'un coup le parti qu'il pouvait tirer, pour l'embellissement de sa grande ville, des terrains et des ruines que la révolution lui avait légués. Il médita la résurrection de la place Vendôme avec ses trophées, sa majestueuse et royale splendeur; il jeta, par la pensée, sur les landes d'un jardin sans arbres et sans verdure, une rue comparable aux plus belles voies publiques des plus belles capitales modernes.

En 1806 les ingénieurs nivellent le sol des Capucines, tandis que Lepère et Gondouin, architectes, posent les fondations de la Colonne de la Grande Armée, sur le pilotis établi jadis pour la statue équestre de Louis XIV.

La mémorable campagne de 1805, couronnée si dignement par la victoire d'Austerlitz, suggéra à Napoléon l'idée de voter, à l'exemple d'Antonin et de Trajan, une colonne monumentale à son armée; et cette vaillante armée et cette admirable campagne méritaient bien un tel honneur; jugez : en 1805, l'Autriche, la Russie et l'Angleterre forment une troisième coalition contre la France. Le 30 septembre, Napoléon passe le Rhin, et harangue l'armée de cette héroïque façon que vous savez, et qui enfante des héros et des prodiges; le 15 octobre, il attaque la ville d'Ulm, et la capitulation de Mack, duc aux savantes combinaisons de l'Empereur, porte l'épouvante dans toute l'Europe monarchique; Nuremberg, Lowers, Amstettem, Marienzeh, Prassling et Inspruck servent à baptiser de nouvelles victoires; le 14 novembre, Napoléon fait son entrée à Vienne; le 19, il chasse les Russes de Brum; enfin, le 2 décembre, il livre la fameuse bataille d'Austerlitz.

Ce jour-là, deux grands souverains se mettent à la discrétion du vainqueur, après avoir perdu douze généraux, quarante-cinq drapeaux, et cent cinquante pièces de canon.

Grâce à la bataille d'Austerlitz, Napoléon est reconnu roi d'Italie ; la Toscane, Parme et Plaisance sont réunies à l'Empire ; le grand-duché de Berg devient une province française, et *l'empereur d'Allemagne* est forcé d'oublier le titre que portait Charles-Quint, pour ne plus être qu'un *empereur d'Autriche*.

Voilà ce que l'on appelait une campagne, en 1805.

Le destin semble se manifester encore dans la nouvelle création du génie de Napoléon. En creusant les terres, en jetant çà et là les fondements des riches édifices et des élégantes maisons qui doivent border la rue de la Paix, on rencontre les vestiges d'une voie romaine, on découvre le sarcophage d'un centurion romain (Ceïus Agomarus); et, dans des vases d'airain, enfouis sans doute depuis l'expulsion des Romains de la Gaule, on retrouve un grand nombre de pièces d'or et d'argent du temps de Jules César, d'Antonin-le-Pieux, de Marc-Aurèle, de Trajan et de Titus. L'effigie des héros de la Rome impériale semble surgir de terre pour saluer l'avènement au trône de France d'un guerrier magnanime, qui réunit dans sa personne le génie militaire de César, la sagesse d'Antonin, la justice de Marc-Aurèle, la grandeur de Trajan et la justice de Titus. Napoléon veut encourager la construction des édifices dans le nouveau quartier qu'il a créé. Il affranchit d'impôts, pendant quinze ans, toutes les maisons qui s'élèveront dans cette nouvelle voie parisienne ; il accorde de grandes facilités pour le paiement de ces terrains qui appartiennent au domaine. Cette double faveur produisit les plus heureux résultats ; ce fut à qui concourrait, parmi les riches citoyens de Paris, à orner de splendides demeures la rue que la reconnaissance de la ville de Paris baptisa du nom de *rue Napoléon*.

Les vastes et massives constructions du couvent des Capucines avaient échappé, en partie, au marteau révolutionnaire, et la rue Napoléon, en perçant le cloître par le milieu, avait laissé, à droite et à gauche, de nombreux bâtiments marqués au coin de la grandeur de Louis XIV. Les deux ailes de ce cloître, séparées de leur giron commun, ne seront pas perdues pour l'utilité publique, et les deux tronçons de ce serpent de pierre auront bientôt une destination utile. Dans celui de droite, dans le local même où sous la Convention on improvisait les trésors de la France, en éditant des assignats, on installera l'administration du timbre impérial ; dans celui de gauche, on logera une compagnie entière de pompiers. C'est ainsi que l'asile des saintes filles consacrées à Dieu, sera désormais l'apanage de la sûreté publique ; le bruit du timbre d'airain qui s'appesantit cent fois par minute sur des montagnes de papier remplacera les chants séraphiques des nonnes ; et le tambour des pompiers résonnera sous les arceaux d'un cloître où l'on n'entendait jadis que les soupirs des novices promises aux chastes solennités du sanctuaire.

Une compagnie de sapeurs-pompiers de la ville de Paris, au nombre de cent hommes, a été casernée dans cette partie du cloître depuis la fondation de la rue (1806). On y a fait aussi une façade qui harmonise le bâtiment avec l'architecture générale de la rue. Il n'est point hors de propos de relater ici un fait qui honore ce corps d'élite. Toute l'année, à neuf heures du matin, la caserne de la rue de la Paix distribue des

soupes aux pauvres. Toutes les casernes de pompiers se sont empressées de suivre ce noble exemple d'humanité qui date de 1817. C'est ainsi que chez nous les soldats les plus intrépides se montrent aussi les citoyens les plus charitables.

Le 25 août 1806, le ministre de l'intérieur vient, au nom de son maître, déposer sur le ciment de la première pierre du monument de la place Vendôme une boîte de plomb, qui renfermait des médailles commémoratives de ce grand événement. En moins de quatre années la Colonne de la Grande Armée, l'un des plus augustes édifices de la capitale, se trouva érigée et prit sa place entre le Panthéon et le dôme des Invalides. Sa structure colossale, qui ne le cède en rien à la colonne Trajane de Rome, mérite bien que j'entre dans quelques détails.

La hauteur de cette colonne est de 43 mètres, ou 132 pieds, y compris le piédestal. Sa fondation est de 30 pieds de profondeur, et son diamètre de 12 pieds. Le piédestal a 21 pieds et demi d'élévation; il est entouré par une espèce de rempart en granit, dit de Memphis. Le fût de la colonne, le piédestal, le chapiteau et son amortissement, bâtis en pierre de taille, sont extérieurement revêtus de fortes lames de bronze, chargées de bas-reliefs, provenant des 1,200 pièces de canon prises sur les armées russes et autrichiennes, pendant la glorieuse campagne de 1805.

Des ornements guerriers, tels que sabres, lances, timbales, casques et étendards, garnissent les quatre faces du piédestal, sur l'attique duquel se dessinent des guirlandes de chêne soutenues aux quatre coins par des aigles colossales. Les bandes de bronze qui contournent la colonne, depuis la base jusqu'au chapiteau, ont 3 pieds 8 pouces de haut, et sont séparées entr'elles par un cordon sur lequel est inscrite en relief l'action ou la scène guerrière que représente le dessin. Dans l'intérieur de la colonne, on a pratiqué un escalier à vis de 176 marches, qui mène à une galerie sur le chapiteau. Au-dessus de ce chapiteau est une forme circulaire ou calotte sur laquelle ces mots sont écrits : *Monument élevé à la gloire de la Grande Armée; commencé le 25 août 1806, et terminé le 15 août 1810, sous la direction de M. Denon, directeur-général, de M. Lepère et de M. Goudouin, architectes.*

La quantité de métal employée dans le monument complet pèse 1,800,000 livres. J'ai déjà dit que cette colonne était une imitation de celle d'Antonin à Rome; mais la nôtre, de l'avis de tous les gens de l'art, est bien supérieure à son aînée, par la pureté du dessin et la correction des lignes. Et cependant, toute chargée qu'elle est de gloire et de batailles, elle ne compte que pour un trimestre dans l'histoire de France et de Napoléon. Qu'on suive du regard cette spirale d'airain, monument chronologique d'une prise d'armes qui se décide à Boulogne, et qui se repose à Presbourg; chaque régiment de notre armée s'y montre résumé par ses actions mémorables, c'est-à-dire homme par homme, heure par heure; dénombrement à la manière homérique, dicté par Napoléon. Le grand récit de la campagne de trois mois se presse autour de la colonne comme un musée de victoires. Et maintenant, déroulez ce chef-d'œuvre aux regards des vieux soldats; ils y liront le secret de cette pensée réfléchie et rapide qui veillait sur le Rhin, à cent cinquante lieues du Rhin; qui punissait Londres, en brisant les portes de Vienne, qui comptait un triomphe par étape, et qui communiquait enfin à la bravoure nationale, l'impétuosité de l'aigle qui planait avec ses ailes d'or, sur la flamme de nos drapeaux. Dans cette spirale, qui remonte à Napoléon, comme le cri de la grande armée, il y a bien des conseils pour les gouvernements venus à la suite de l'empire: s'ils comprennent honorablement cet héritage, ils pourront apprendre qu'après une chute glorieuse, on reste encore debout dans la mémoire des générations.

Impatient de voir le monument de la place Vendôme entièrement terminé, Napoléon gourmandait chaque jour ses architectes pour la lenteur qu'ils apportaient à leurs travaux, *quoique*, disait-il, *ni l'argent, ni les bras ne leur manquassent*. Il se rendait souvent sur les lieux pour juger de l'effet que produirait l'érection de la colonne dont il venait de doter la capitale ; enfin, lorsque l'immense échafaudage qui devait servir à fixer sur la maçonnerie les plaques de bronze, ces fac-simile de nos victoires, fut presque achevé, il voulut le visiter lui-même ; et dans ce but, un matin à la pointe du jour, il sortit du palais. Suivi seulement de son grand maréchal du palais, Duroc, il traversa le jardin des Tuileries, se fit reconnaître et ouvrir la grille qui fait face à la rue de Castiglione, et arriva sur la place Vendôme.

— Que me disaient donc Fontaine et Perrier, avec leur encombrement? s'écria-t-il ; à les en croire, plusieurs chantiers de bois auraient été transportés ici, et je ne vois rien de tout cela !

— Sire, est-ce que Votre Majesté n'entend pas le bruit que font les scies des charpentiers? répondit le grand maréchal.

— Une, deux, trois, quatre, fit Napoléon en jetant ses regards à droite et à gauche ; il y en a tout au plus une demi-douzaine ! A quoi songent donc MM. les entrepreneurs ?... Ils se font cependant payer assez cher !... Ah! ah! Duroc, venez donc par ici, ajouta-t-il en entraînant le grand maréchal d'une main, tandis que de l'autre il abaissait sur ses yeux son chapeau rond à larges bords.

Il venait d'apercevoir une charpente énorme que des ouvriers essayaient vainement de poser sur des rouleaux, pour la changer de place.

— Ces gens-là ne savent pas s'y prendre, continua-t-il ; je gagerais qu'il ne se trouve pas parmi eux un artilleur... Ah! les maladroits !... Mais c'est absolument comme s'il s'agissait de changer d'encastrement une pièce de gros calibre... Il faut que je leur donne une leçon...

— Y pensez-vous, Sire? Votre Majesté veut donc se compromettre? Non-seulement elle peut se blesser, mais encore elle risque de se faire reconnaître.

— Vous avez toujours peur! interrompit Napoléon. Est-ce que je ne me rappelle pas mon ancien métier? Jugez-en vous-même, Duroc ; ce n'est tout simplement qu'une manœuvre de force : les deux premiers servants de droite en tête, et de l'ensemble !...

— Sire, vous avez raison ; mais Votre Majesté me permettra de lui faire respectueusement observer...

— Au fait, c'est vrai, mais ils n'y entendent rien ; et puisqu'il s'agit d'un monument de gloire à élever en l'honneur de la France, je crois, sans me flatter, y avoir suffisamment mis la main. Passons.

Après avoir examiné la gigantesque charpente de la colonne, dans tous ses détails, l'empereur continua son chemin en suivant la rue Napoléon, dont les nouveaux bâtiments commençaient à s'élever, çà et là, comme par enchantement. Il remarqua telle ou telle maison dont la saillie masquait le point de vue qui s'étend depuis la grille des Tuileries jusqu'au boulevart des Capucines, ou qui obstruait la voie publique : il en prit note sur son calepin pour en parler à ses architectes ; puis revenant sur ses pas, dans la direction du palais, il dit gaîment à Duroc :

— Il faut que les Parisiens soient bien paresseux dans ce quartier ; les boutiques sont encore fermées, et depuis longtemps il fait grand jour.

Au milieu des soins donnés aux travaux de l'ordre le plus élevé, aux ouvrages propres à éblouir les yeux de la France et des étrangers, Napoléon accordait un intérêt non moins vif à des objets de détail, d'une obscure utilité, et dont assurément il ne pensait pas qu'on dût jamais lui faire un mérite. Les bornes établies dans les rues de Paris pour protéger les piétons contre les voitures avaient, par l'extension abusive des devantures de boutiques, cessé de remplir leur destination. Napoléon en fit la remarque, et écrivit le jour même au préfet de la Seine, le comte Frochot, pour qu'il veillât à ce que ces bornes fussent remplacées le plus tôt possible, et à cette occasion il imagina, le premier, d'assujettir les propriétaires à poser des trottoirs devant leurs maisons.

— Il faut, disait-il, que l'ouvrier puisse se promener, le dimanche, dans les rues de Paris sans craindre, à tout moment, d'être écrasé par le cabriolet d'un banquier.

Ce fut à la suite de cette promenade qu'il dit encore en parlant des nombreux établissements projetés dans sa bonne ville :

— Paris manque d'édifices ; il faut lui en donner. C'est à tort que l'on a cherché à borner cette grande cité ; sa population peut, sans inconvénient, être doublée, et elle le sera un jour. Il peut se présenter telle ou telle circonstance où tous les rois de l'Europe s'y trouveront rassemblés ; il leur faut donc un palais et tout ce qui en dépend : il me serait impossible de les loger en hôtel garni !

Le dernier ordre que Napoléon donna le 14 janvier 1814, quelques heures avant son départ pour commencer cette admirable campagne de France, fut d'assigner de nombreux travaux à la classe indigente ; il sentait plus que jamais le besoin de se populariser, et il craignait toujours qu'en son absence les ouvriers de la capitale, qu'il aimait tant, ne vinssent à manquer de moyens d'existence.

— Surtout, dit-il à M. Fontaine, je vous recommande les maçons ; employez les maçons ; pour vivre, il faut que ces gens-là travaillent.

Trois mois plus tard, dans une de ces journées de réaction populaire si communes dans la vie des peuples, la statue de Napoléon était renversée comme l'avait été, vingt-deux ans auparavant, celle de Louis XIV. D'ardents royalistes, à la tête desquels se montraient plusieurs personnages appartenant à des familles patriciennes, attachèrent un câble au colosse de bronze, et tentèrent de le faire tomber de son piédestal. Efforts inutiles ! Il fallut, à l'aide de scies, la détacher du socle glorieux sur lequel elle semblait être rivée pour l'éternité. Cette statue fut reléguée dans les magasins de l'Etat, et contribua à la fonte de la statue équestre de Henri IV restaurée sur le Pont-Neuf. Le destin des statues ressemble à celui des rois dont elles retracent les traits ; le pouvoir monarchique ne s'annihile pas, il se transforme comme le bronze, et va, de race en race, de dynastie en dynastie, faire éclore des législateurs, des conquérants, des héros et des révolutions.

Le gouvernement de Louis XVIII remplaça la statue de l'empereur par une énorme fleur de lys à quatre faces, haute de six pieds et supportée par une flèche à laquelle était adapté un immense drapeau blanc.

La statue de bronze de Napoléon, qui s'élevait majestueusement sur la Colonne de la Grande Armée, était d'un style sévère. La pose du héros, ses vêtements impériaux qui rappelaient, par la forme, ceux de Justinien et de Charlemagne, contribuaient à donner au monument un haut caractère de splendeur. Cette image d'un guerrier, d'un grand capitaine, d'un soldat couronné à force de victoires, terminait dignement une série de prouesses où les acteurs étaient eux-mêmes, par le geste et par le costume, remarquables de sentiment héroïque et de patriotisme.

Un poëte de nos jours, Victor Hugo, dans une ode immortelle, a célébré la Colonne triomphale de la Grande Armée. Désormais ce monument glorieux peut défier les invasions des nations étrangères et les insultes plus terribles encore de la guerre civile : il vivra par les vers du poëte ; les ailes d'or du génie ne se fondent pas au brasier des révolutions sociales, comme l'airain des colonnes et comme le bronze des statues.

La révolution de 1830 rendit à la Colonne de la Grande Armée non pas sa popularité, elle ne l'avait jamais perdue, mais sa valeur gouvernementale. Sous le ministère de M. Thiers, en 1832, les Chambres décidèrent que la statue de Napoléon serait replacée au faîte de la colonne de la place Vendôme où elle était remontée d'elle-même, dans l'imagination du peuple ; un concours fut ouvert à cet effet, et M. Seurre (jeune) eut le mérite et l'honneur de l'emporter sur ses nombreux rivaux. M. Thiers entoura la résurrection de la statue de Napoléon de pompes militaires, et Louis-Philippe, au bruit du canon, enleva de ses royales mains le voile qui dérobait encore l'image du grand homme aux regards attentifs de la foule impatiente.

Depuis ce temps, à certaines époques de l'année, les grilles qui entourent le piédestal de la colonne, son parvis et ses marches de marbre sont jonchés de couronnes de lauriers, de cyprès et de guirlandes. Le vieux soldat qui veille sur le monument rassemble et range symétriquement tous ces *ex-voto*, qui pleuvent au pied de la Colonne trois fois par an : le 15 août, jour de la naissance et de la fête de l'empereur; le 20 mars, jour de son retour à Paris; le 25 mai, jour de sa mort. Je suis loin de blâmer ce culte aux mânes d'un grand homme, et de porter atteinte à l'explosion honorable d'une douleur profonde; mais je dois l'avouer : cette idolâtrie pour le grand capitaine, cette exclusive commémoration annuelle me semble injuste et anti-nationale. La Colonne de la Grande Armée n'est point la colonne de Napoléon; elle n'est point son tombeau, elle n'est point son apothéose de bronze et de pierre; c'est la colonne, c'est le tombeau, c'est l'apothéose de la grande armée elle-même. Quelque grand qu'il soit, un homme ne vaut pas une nation.

Si la rue de la Paix rappelle à l'imagination tout ce que les arts, les richesses, le luxe et l'élégance peuvent avoir de plus splendide et de plus éblouissant, la place Vendôme retrace à l'esprit les conquêtes d'un grand roi, la splendeur d'un règne glorieux, la magnificence d'une cour qui a été la plus belle, la plus spirituelle et la plus aimable du monde.

Au milieu de tous ces souvenirs se dresse la Colonne de la Grande Armée comme un spectre de bronze qui crie aux Français : *Souviens-toi d'Austerlitz!* Ainsi, autrefois, l'Apollon Pythien disait aux Grecs : *Souviens-toi de Marathon!*

La colonne Vendôme est la couronne de fer de la ville de Paris. — Malheur à qui la touche !

ÉMILE MARCO DE SAINT-HILAIRE.

RUE DES BLANCS-MANTEAUX

Dans le nom d'une rue que vous lisez ou que vous entendez prononcer, ne vous est-il pas arrivé souvent d'y chercher une image, d'y rattacher involontairement un souvenir, d'évoquer, au bruit mélodieux ou discordant des syllabes qui le composent et que vous épelez mentalement, toute une histoire terrible ou touchante, dramatique ou burlesque; tout un tableau fantastique et que votre imagination colore à son gré de nuances sombres ou lumineuses, ternes ou brillantes : — mirages trompeurs enfantés par la puissance imaginative, et que la réalité d'une investigation historique vient souvent détruire?

Qui de vous, en épelant ce nom : LES BLANCS-MANTEAUX, n'a senti germer dans sa pensée comme un souvenir monastique de ce merveilleux Moyen-Age? et voici, qu'aussitôt, la prestigieuse optique de l'imagination vous montre, comme dans les tableaux de Zurbaran, des moines aux longues draperies blanches passant lentement et silencieusement sous les sombres arceaux de quelque mystérieux monastère.....

Mais la vérité historique vient vite souffler sur toutes ces poétiques et capricieuses rêveries. Un malheureux hasard vous fait ouvrir le bouquin poudreux d'un chroniqueur, et alors se montre à vous, roide, sec et froid, le squelette de la réalité. Vous cherchiez une histoire, là où vous ne trouvez qu'une date ; vous pensiez rencontrer un épisode, et vous ne lisez plus qu'un simple fait : — Un ordre religieux, l'ordre des Blancs-Manteaux, a baptisé cette rue. — Et voilà tout. Mais, si cependant nous cherchons bien dans les chroniques, dans la poussière des vieux livres écrits sur Paris, si nous interrogeons les historiens des époques antérieures, nous apprendrons qu'aux premiers jours de sa création, cette rue portait le nom de *Parcheminerie*. Ici, une réflexion ou plutôt un sentiment de curieuse investigation nous arrête : — Pourquoi ce nom de Parcheminerie ? Ne rappellerait-il pas, peut-être, à cette époque où le papier n'était pas encore inventé, une fabrication de parchemins, et partant des abattoirs d'animaux, des établissements de tanneurs et de pelletiers ? — Cela est vraisemblable.

Quoi qu'il en soit, et bien avant Philippe-Auguste et la fameuse ceinture de murailles dont il enveloppa Paris, cet emplacement, uniquement composé de terrains vagues, devait nécessairement être occupé par des artisans auxquels l'intérieur de la ville était défendu pour les mauvaises odeurs que leurs établissements répandaient : c'était là les restes encore en vigueur d'une ancienne loi romaine qui excluait des villes les industriels dont la profession était infecte et sale.

Puisque nous sommes dans le vaste champ des suppositions, rien ne nous empêche de conjecturer ensemble sur les noms de *Vieille* et *Petite Parcheminerie* que porta successivement la rue. Les Sauval, les Lebeuf, les Jaillot, ces historiens du vieux Paris, se sont obstinément refusés à nous donner là-dessus, bien ou mal, une origine. Pour nous, et en notre qualité d'historiographe, nous y mettrons un peu plus de conscience.

Personne n'ignore, que dans la Cité, la rue de *la Parcheminerie* renfermait autrefois des corroyeurs, des pelletiers et des fabricants de parchemins. La rue, comme vous le voyez, fut donc dûment baptisée d'un nom qui s'explique et qui a son origine naturelle. — Pourquoi ne supposerions-nous pas alors que la rue *des Blancs-Manteaux* dût porter antérieurement le nom de *Parcheminerie* pour des causes et des motifs analogues ? Il est à présumer que sur ces terrains devaient exister des établissements d'équarrisseurs, repoussés de l'intérieur de la ville pour cause de puanteur et d'insalubrité, qui, un beau matin et sur un royal caprice de Philippe-Auguste, se réveillèrent faisant partie intégrante de Paris. Ne vous semble-t-il pas voir d'ici, par les yeux de la pensée et de l'imagination, ces hideux hangars où séchaient les peaux puantes des parchemins, ces huttes couvertes de chaume où grouillait pêle-mêle tout ce peuple d'écorcheurs? Les yeux et l'odorat sont cruellement affectés: on veut marcher, et, au milieu de cette rue qui n'en est pas une, on

enfonce jusqu'aux oreilles dans une boue noire et infecte.—Allons, ne vous bouchez pas le nez, c'est l'industrie qui travaille, l'industrie forte et courageuse, aux bras nus, et qui trouve que l'argent n'a pas d'odeur!

A cette ville, qui, tous les jours, allait en s'agrandissant, il fallait à toute force céder le terrain, abandonner la place et se retirer plus loin. Mais des établissements industriels, comme vous devez le croire, ne disparaissent pas d'un seul coup et comme par enchantement. Ce n'est que lentement, insensiblement, que l'industrie cède le pas à qui vient la chasser. Les principaux établissements, ceux que l'on redoutait le plus comme insalubrité, durent, les premiers, se retirer : de là, le nom de *Petite Parcheminerie*. La fabrication alors était moins active, les fabricants moins nombreux, et le commerce moins lucratif. Puis en suivant toujours cette période de décadence industrielle, et qui s'accomplissait fatalement dans un laps de quatre-vingts années, nous voyons la rue prendre le nom de *Vieille-Parcheminerie*. L'industrie alors n'y existait plus qu'en souvenir, toute fabrication avait disparu. La première époque de la rue, l'époque industrielle et commerçante allait faire place à l'époque religieuse et monastique. Des moines (serfs de Sainte-Marie) viennent s'y installer, et le manteau blanc de leur ordre va servir de suaire pour ensevelir à tout jamais le nom et l'industrie première de la rue. C'est alors seulement, en 1258, que commence son époque religieuse. Ici, cesse toute incertitude; des rayons de lumière viennent luire dans cette nuit des temps. Philippe-Auguste a implanté ses premiers pavés, et désormais tout est dit. Sur ce terrain, maintenant solide, s'élèveront bientôt des monuments, ces signes matériels et palpables de l'histoire; et en fouillant dans ces archives de pierre, nous allons pouvoir y lire les faits et la pensée de chacune des époques qu'a traversées cette rue.

Quand tout fut balayé, et qu'il ne resta plus traces et vestiges de cette sale et puante parcheminerie, un architecte, un inconnu, un moine peut-être, et dont le nom n'est jamais arrivé jusqu'à nous, traça le plan d'un couvent pour y loger les Blancs-Manteaux. Au couvent fut jointe une église, et le tout porta le nom d'*église et de couvent des Blancs-Manteaux*. A ce peuple de moines il fallut des cabarets pour y boire après vêpres. C'était là de l'hygiène monastique bien entendue, et surtout scrupuleusement observée à cette époque d'intempérance et de barbarie.

Dans ces cabarets ouverts nuit et jour, les moines ne furent pas les seuls à venir s'enivrer d'hypocras et de cervoise. Des clercs, des basochiens, des écoliers, des ribauds et des truands, tous, comparses obligés de ces sortes de lieux, y accoururent en foule. Pour quiconque aime à étudier le moyen-âge, il y avait dans ces étranges saturnales, où la robe du moine touchait à la robe de la truande, où la cagoule du truand fraternisait avec la barette de l'écolier, il y avait vraiment tout un drame profond, toute une mystérieuse épopée. C'était l'époque où chaque fête du calendrier était chômée par des *mystères* et des *sotties*, où les bourgeois du quartier représentaient sans façon Jésus-Christ et les apôtres, Adam et Eve, Abraham, Isaac, Moïse, etc., en un mot, l'Ancien et le Nouveau-Testament. Convié naturellement à ces fêtes assez peu orthodoxes, le peuple de ces temps, misérable, ignorant et opprimé, s'y ruait avec toute la frénésie, avec toute la rage de ses grossiers appétits. Gare! laissez passer le flot populaire, le voici qui débouche dans la rue *des Blancs-Manteaux*; il s'arrête maintenant au détour de la rue *du Chaume*. C'est là qu'il va dresser son théâtre d'un jour; le plus fou et le plus laid sera couronné roi de sa fête... *de la fête des fous!* Prenez garde, ne vous arrêtez pas à regarder cet étrange spectacle; la joie du peuple ressemble terriblement à la colère: serf la veille, roi pour un jour, voué à la glèbe le lendemain, mêlant pour aujourd'hui les pleurs de sa rage aux larmes du fou-rire, au milieu de l'intermède fugitif qu'il improvise, il pourrait bien vous broyer!

Dans chacune de ces incroyables parodies, l'intrigue se compliquait toujours et d'une façon merveilleuse par l'intervention des arbalètes et des hallebardes de la maréchaussée : — c'était le *Deus machinâ* de cette terrible *commedia* populaire.

Pendant longtemps, la rue des *Blancs-Manteaux* fut regardée, et à juste titre, comme fort dangereuse. Tout à côté, la sombre et humide ruelle de l'*Homme-Armé* nous a légué son nom comme un souvenir terrifiant des précautions qu'était obligé de prendre le bourgeois ou le voyageur quand, par hasard, il avait le courage ou la hardiesse de s'aventurer dans ces parages passé l'heure du couvre-feu.

Des écoliers, des clercs de basoche associés à des malfaiteurs de toutes conditions, et retirés dans quelques-uns des coupe-gorges de cet horrible quartier, se livraient à certains déportements que les gens du prévôt ne savaient comment réprimer. L'un de ces écoliers, nous disent les chroniqueurs du temps, assassina une nuit, par jalousie, un moine, un blanc-manteau. — L'instruction de l'affaire eût fait connaître probablement des détails peu édifiants pour la communauté religieuse; aussi ne poursuivit-on pas; mais l'ordre des Blancs-Manteaux fut aboli, et en 1274 les Guillemites (ermites de saint Guillaume) vinrent prendre leur place. — Etranges vicissitudes, trois ans plus tard, les Guillemites étaient à leur tour renvoyés et les Bénédictins de Saint-Maur les remplaçaient.

Deux cents ans se sont à peine écoulés et la rue des *Blancs-Manteaux* semble toujours vouée au crime et à l'exécration.

Nous sommes au 20 novembre de l'an 1407. Le ciel est noir ; la pluie tombe à torrents ; pas une lumière ne brille dans l'horrible obscurité de la rue, l'on dirait une nuit de l'enfer..... Silence ! entendez-vous là-bas, du côté de la *Vieille-Rue-du-Temple*, ces cris déchirants : *Au meurtre, au meurtre !*... Place, place ! Garez-vous, si vous ne voulez être écrasé sous les pieds des chevaux ou blessé par les coups de flèches..... Ce sont les assassins du duc d'Orléans, qui s'échappent au galop de leurs montures en criant : *Au feu, au feu !*...

Le lendemain au matin, au milieu de la sombre nef des Blancs-Manteaux, se trouvait étendu, enveloppé d'un drap de velours noir, le corps mutilé du prince. Autour de ce cadavre priait et pleurait la famille royale. Des torches de cire écussonnées aux armes d'Orléans secouent leurs clartés rougeâtres et sinistres sur cette scène de deuil. Des moines agenouillés récitent tout bas les vigiles des morts.

Regardez cet homme qui s'avance et qui d'une main tremblante secoue le rameau béni sur le corps de la royale victime : — Voyez ces larmes, écoutez ces paroles entrecoupées par des sanglots : « Jamais plus » méchant et plus traître meurtre ne fut commis et exécuté dans ce » royaume. » — Quels regrets, quelle douleur ! n'est-ce pas ? Voulez-vous connaître, maintenant, le nom de ce parent désolé ? — C'est le duc de

Bourgogne, l'assassin qui le premier asséna le coup de massue sur la tête de son malheureux cousin.

Les taches de sang qui souillent les pavés de cette rue sont à peine effacées, qu'un nouveau meurtre vient prendre place dans les fastes de ce quartier. Voyez-vous d'ici, presqu'en face la fontaine des Audriettes, cette fenêtre de l'hôtel de Soubise (aujourd'hui les Archives du Royaume) et qui s'appelait alors l'hôtel de Guise? — Distinguez-vous dans l'ombre ces poignards qui reluisent? entendez-vous ces voix qui s'appellent et se répondent sourdement? prenez garde, ce sont des guisards, c'est Saint-Paul, c'est Mayenne, des assassins apostés par le terrible Balafré, Henri de Lorraine, leur maître.

Minuit vient de sonner à l'église des Blancs-Manteaux; par cette fenêtre éclairée que je vous montrais tout-à-l'heure, et qui donne dans la chambre à coucher de la belle duchesse Catherine de Clèves, un homme,

un amant, cherchera furtivement à s'échapper; mais, hélas! la nuit et le talisman que lui a donné son maître, ne le protègeront pas; le beau mignon de Henri III, Saint-Mégrin, trouvera la mort. — Laissez faire, le farouche mari a tout prévu, ce sera le mouchoir brodé de la maîtresse qui servira à étrangler l'amant!

La rue, maintenant, a assez bu de sang; elle est pour quelques

siècles rassasiée. De 1578, époque de ce dernier meurtre, jusqu'à cette vaste et profonde secousse, qui a nom 89, la rue des *Blancs-Manteaux* vit se succéder, sans trop changer d'aspect et de caractère, bien des règnes et bien des époques diverses. Toutefois, n'allons pas trop vite, car, au mépris de nos devoirs d'historiographe, nous allions oublier de vous dire qu'en 1685, et je ne sais trop pourquoi, on jeta bas ce couvent et cette église des Blancs-Manteaux qui avaient duré presque cinq siècles : puis, sur de nouveaux plans, on éleva de nouveaux édifices, toujours sous le même nom et toujours voués à la même destination. Qu'importe, après tout ? les destinées du monument ne tarderont pas à s'accomplir ; la religion et les moines n'auront bientôt plus rien à y voir.
— L'heure révolutionnaire vient de sonner et les couvents sont supprimés !

A cette époque, un misérable, un lâche, du nom de Turcatti, et qui habitait alors le numéro 27 de la rue, provoqua, par une dénonciation anonyme, l'arrestation et l'emprisonnement de l'infortuné Thomas Mahi, marquis de Favras. Accusé d'avoir voulu enlever Louis XVI pour le conduire à Péronne, il fut condamné à être pendu en place de Grève. Justement ou injustement condamné, ce que l'on ne sait pas encore, le marquis de Favras mourut comme savent mourir les hommes de cœur et d'énergie, en emportant avec lui un secret qui eût pu compromettre alors bien des têtes.

La honte et l'infamie toute entière furent pour le dénonciateur qui, lui-même, périt crapuleusement quelques années après. Des notes communiquées par la police nous apprennent que ce Turcatti, après une nuit passée en orgie avec des filles, fut trouvé, le lendemain au matin, chez lui, pendu par les rideaux de son lit. — Quel suicide bien trouvé ! La justice divine aurait-elle voulu par hasard lui infliger la peine du talion ? Qui peut dire non ?

Comme vous le savez peut-être, Louis XVI, par lettres-patentes du 9 décembre 1777, avait doté sa bonne ville de Paris d'une philanthropique institution dont nous vous parlerons tout-à-l'heure. Bien que d'importation italienne, cette gracieuseté en valait bien une autre. Avant lui, Louis XIII et même Louis XIV y avaient bien un peu pensé, mais sans avoir pu malheureusement donner la moindre suite à cette charmante idée. Les préventions populaires s'y opposaient ; — c'est toujours comme cela, le peuple, voyez-vous, n'entend rien à ses intérêts. Louis XVI fut donc plus adroit ou plus heureux ; et, à son tour, la Convention, elle qui avait abattu tant de choses, respecta celle-là comme digne assurément d'être conservée : et savez-vous bien ce que c'était que *cette chose* qui méritait si bien tous ses égards, tous ses respects ? — Le Mont-de-Piété ! La Convention fit mieux, elle octroya à ce Mont-de-Piété.

pour anéantir toute concurrence, une autorisation spéciale, et, pour le mettre plus à son aise, un local particulier. Quels procédés, quelles délicates attentions! Cet emplacement si généreusement octroyé, ce fut le couvent des Blancs-Manteaux, la maison de ces pauvres Bénédictins inhumainement renvoyés.

Du couvent et de l'église, il n'est resté aujourd'hui que les murs, et au premier coup-d'œil vous prendriez l'édifice pour un hospice ou une prison. D'étroites et hautes fenêtres dépouillées de toute espèce d'ornements, mais en revanche solidement bardées de fer; au-dessus d'une grande porte, un drapeau tricolore tout fané, tout déteint; une guérite et un soldat en faction : voilà, vu du dehors, le Mont-de-Piété : — *Le Grand Mont-de-Piété*.

Mais qu'est-ce que le Mont-de-Piété? — Belle question, ma foi ! Qu'il me soit permis de croire, pour l'esprit de mes lecteurs, que bien peu d'entre eux sont à cet égard dans une complète ignorance. Eh! mon Dieu, qui de nous, tous tant que nous sommes, jeunes ou vieux, riches ou pauvres, qui de nous, dites-le-moi, dans le cours de sa vie parisienne, n'a pas eu pour un jour, pour une heure peut-être, besoin *de ma tante*. Pardon du mot, mais, si je l'emploie ici, c'est que, dans son expressive trivialité, j'y trouve je ne sais quoi d'incisif et de spirituellement railleur qui représente à mes yeux et dans son acception la plus vraie le peuple de Paris. Eh bien! alors, vous souvient-il dans ce jour de détresse, d'avoir avec anxiété attendu la nuit pour passer, furtivement et le cœur tout ému, le seuil redoutable de cette porte où brille une lanterne avec ces mots en transparent : *Commissionnaire au Mont-de-Piété*. Une fois dans le sanctuaire et après quelques légères formalités remplies, vous avez pu lire ce petit carré de papier où se trouvent expliqués d'une admirable façon les comptes du taux de l'intérêt, des droits supplémentaires, etc., etc. Vous en reparler ici, serait chose inutile; en faire la critique, — à quoi bon? Philosophes, humanitaires, écrivains de toute espèce, ont assez écrit pour ou contre cette institution que quelques buveurs d'encre, en accès de mauvaise humeur ou de misanthropie, ont appelée usure légale et privilégiée, pour qu'il me soit permis de m'abstenir. Après tout, il en est de cette plaie du pauvre peuple (si toutefois c'est une plaie) comme de tant d'autres, on en parle beaucoup, mais on ne la connaît pas. Bien peu ont étudié dans tous ses rouages et dans tous ses résultats cette immense machine du Mont-de-Piété. Ceux qui l'ont calomniée sont des ingrats... Ils n'ont pas voulu se souvenir : — voilà tout. Du reste, si quelque amateur de chiffres ou de statistique financière désirait savoir, à quelques mille francs près, le *petit* revenu de cette *philanthropique* administration, nous lui apprendrions, pour lui faciliter son calcul, qu'il se fait par an dans ses caisses un mouvement de fonds de....

soixante et dix millions ! Nous allions oublier de vous dire qu'en 1832 il y eut pour 500,000 francs de couvertures de laine d'engagées !

Quel beau document pour celui qui voudrait écrire *une histoire des classes malheureuses dans Paris!*

Si, passant un jour devant cette porte toute grande ouverte de l'ancien couvent des Blancs-Manteaux, il vous prenait fantaisie d'y entrer, vous apercevriez alors, et se déroulant devant vous, une enfilade de cours encaissées de bâtiments sombres, élevés, et percés comme un crible de nombreuses fenêtres à petits carreaux sales et ternes. Il y a là-dedans, je ne sais quel silence qui effraie : — On croirait tous ces bâtiments inhabités. Partout, autour de vous, des entrées obscures, des escaliers tortueux ; sur tous les murs, de longues colonnes d'affiches placardées les unes sur les autres, mais qui toutes laissent voir par le haut ce mot impitoyable : VENTE. Et puis dans ces cours, sur tous les pavés, sous tous les vestibules, ce sont des paquets, des couvertures, des ballots, des commissionnaires qui passent silencieux comme des ombres. Là, tout homme qui entre paraît chétif et faible, le besoin, la misère ou la honte le défigurent et l'amaigrissent. Du reste, pour l'observateur, il y a harmonie complète dans l'ensemble. — Passants, habitants, édifice, tout est triste, sale et sombre. Ce tableau ne vous engage sans doute pas à pénétrer plus avant ; sortons donc au plus vite. Nous voici dans la rue ; aussi bien le spectacle change, l'observation a son côté plaisant et pittoresque. A certains jours du mois ou de la semaine, toute une population de fripiers sortie du Temple et des Piliers des Halles envahit la rue *des Blancs-Manteaux* : — Ce sont les jours de vente. Ces jours-là, le Mont-de-Piété devient une véritable succursale de l'hôtel Bullion ; on y vend de tout : bijouterie ou friperie, marchandises neuves ou d'occasion, depuis l'habit brodé et l'épaulette à graines d'épinards jusqu'à la veste de droguet de l'ouvrier et la robe de velours de la femme entretenue ; depuis le tableau, chef-d'œuvre de l'artiste, jusqu'à la médaille d'or récompense du pauvre savant. Des juifs, des brocanteurs de toutes les nations vont et viennent sans cesse dans toute la longueur de la rue, s'interpellant, s'accostant, se faisant part des épaves qui leur sont survenues, se montrant les diamants, les montres et les bijoux qu'ils viennent d'acheter. Des marchands d'habits défilent par escouades avec des montagnes de pantalons et d'habits sur leurs épaules. — La rue est devenue un passage forain, le vestibule en plein vent d'un immense et intarissable bazar.

Indépendamment de cette physionomie périodique, la rue *des Blancs-Manteaux* a son cachet, son caractère à elle. Sombre, étroite et tortueuse, elle s'étend comme un serpent dont la tête reposerait rue *Sainte-Avoye* et la queue rue *Vieille-du-Temple.* Pour faire un peu de couleur locale, nous pourrions dire que presque toutes ses maisons existent encore telles qu'elles devaient être il y a deux ou trois cents ans, mais avec un aspect de *mercantilisme*, aujourd'hui, qui attriste et dégoûte. — Le Mont-de-Piété a passé par là. Regardez un peu : — Ce ne sont qu'écriteaux et enseignes avec ces mots moulés de toutes les façons : *ici on achète les Reconnaissances du Mont-de-Piété*. Des habits râpés, passés de mode, des friperies, des oripeaux de mille espèces étalent leurs misères aux portes de ces brocanteurs. Des bijoutiers de hasard exposent aux yeux du passant, de l'argenterie et des bijoux d'occasion. Le besoin, la détresse ont écrit leurs souffrances sur toutes ces hideuses archives. Le cœur se soulève, on est mal à son aise, l'on a froid. — Passons vite. Du soleil, n'en demandez pas ; lorsqu'il paraît, c'est à peine s'il effleure de sa poussière d'or les pointes aiguës des toits et des cheminées. L'air est humide et malsain ; une boue noire, visqueuse, infecte, couvre continuellement les pavés. De temps à autre, des haquets chargés de tonneaux et de ballots traversent ou longent la rue : c'est de la droguerie qui s'éloigne ou qui retourne à son foyer central, le quartier des *Lombards*. Faut-il vous dire que cette rue qui compte quarante-six numéros commence par un épicier et finit par un marchand de vins. Presque toutes les rues commencent et finissent ainsi ; ce qui pourrait vous faire penser un instant que Paris se résume par des marchands de vins et des épiciers. — N'en croyez rien. Maintenant, regardez là-bas, de l'autre côté de la *Vieille-Rue-du-Temple* : voilà le marché des Blancs-Manteaux, vaste et solide bâtiment construit en fer et en pierres de taille, et bien capable de pourvoir à l'approvisionnement substantiel de ce quartier populeux.

 Un marché et un mont-de-piété. A l'un des bouts de cette rue, tout ce qu'il faut pour vivre en mangeant ; à l'autre bout, plus qu'il ne faut pour mourir de faim.

 Une dernière réflexion :

 A mon avis, il a manqué deux choses à l'histoire glorieuse de ce grand roi que l'on appelle François Ier. Certainement, c'était déjà quelque chose pour un héros de cette taille que d'avoir trouvé le *billet* de loterie.

 Rival de Charles-Quint, émule de Léon X et de Bayard, il lui manque et il lui manquera toujours : — La *reconnaissance* du Mont-de-Piété et le *rouge et noir* de la Roulette !

 Vous le voyez bien.... Les rois eux-mêmes ne s'avisent jamais de tout.

Carle Henriès.

LE PALAIS-ROYAL.

L'histoire du Palais-Royal, c'est le roman de Paris, il n'est pas d'annales plus fécondes et plus variées que celles de cet édifice, aux fastes duquel rien ne peut être comparé. Tout y est représenté avec une physionomie vive, ardente, animée. L'histoire a accompli, dans cette enceinte, des faits importants et nombreux ; elle y a vu se placer sur les marches du trône des pouvoirs rivaux de la puissance royale; elle y a vu commencer des révolutions ; les arts, les plaisirs, le vice, la dissolution, le travail et l'industrie, la mollesse et le désordre, y ont tenu leurs grandes assises. Là, se sont heurtées toutes les prodigalités et toutes les misères; nulle part on ne rencontre des contrastes plus variés, plus piquants et plus bizarres que ceux que cet endroit offre à chaque pas : le Palais-Royal fut, à la fois, le paradis et l'enfer du monde parisien.

Lorsque la mémoire veut évoquer les souvenirs qui se rattachent au Palais-Royal, elle voit bondir devant la pensée les images les plus capricieuses et les figures les plus fantastiques; le chaos des faits est éclairé par des lueurs étranges, tantôt brillantes et tantôt sinistres; il faut alors que l'esprit se livre et s'abandonne à ces clartés qui vacillent sous le regard; l'ordre chronologique est à peine un flambeau et un guide certain; c'est avec l'imagination qui remue le passé et qui demande le récit du présent à ses propres impressions, que doit être écrite l'histoire du Palais-Royal; c'est le conte des fées des enfants de Paris.

Il y a deux écueils à éviter : les uns, depuis quelque temps seulement, ont essayé de faire de l'histoire du Palais-Royal un chapitre des chroniques d'une seule famille; d'autres ont essayé de lui donner l'esprit et le caractère d'un chapitre de l'histoire nationale. Nous le dirons avec franchise, ces deux idées sont également fausses; l'une flattait un roi, l'autre flattait un peuple. L'histoire du Palais-Royal appartient exclusivement à l'histoire de Paris : des événements graves ont pu naître dans ce lieu, mais c'est toujours ailleurs qu'ils se sont terminés par la victoire ou par la défaite.

L'origine du Palais-Royal n'a rien de merveilleux. Richelieu, qui avait une cour et des sujets, voulut avoir un palais; n'osant pas régner en public, il aimait à trôner chez lui : il chargea donc son architecte Jacques

Lemercier, de lui construire un logis royal; pour l'élever, on choisit un

emplacement près du mur d'enceinte de Paris, vers la rue Saint-Honoré. Commencées en 1629, ces constructions ne furent achevées qu'en 1636. Ce fut à cette époque seulement qu'on leur donna le nom de *Palais-Cardinal*. On n'évalue pas à moins de 666,618 livres les frais occasionés pour édifier ces bâtiments : l'hôtel de Sillery, acquis pour la somme de 150,000 livres, permit de faire devant le palais une place que Richelieu ne vit pas, et qui ne fut achevée qu'après sa mort; de là, il fit percer la rue à laquelle il donna son nom, et qui, de la fastueuse demeure qu'il venait de terminer, le conduisait en droite ligne à sa ferme de la Grange-Batelière. Nous ne ferons pas d'autres emprunts à l'érudition archéologique de nos devanciers.

Les grands événements du Palais-Royal furent, en ce temps-là, la représentation de *Mirame*, cette tragédie bien-aimée, que Richelieu mettait sous la protection de son pouvoir de ministre et de son amour pour une reine, tandis que Corneille confiait le sort du *Cid* à l'admiration publique; puis, la fête donnée par le Cardinal, pour célébrer les fiançailles de sa nièce, Claire-Clémence de Maillé, avec le duc d'Enghien, qui fut depuis le grand Condé. Les historiens du temps s'épuisent en pompeuses descriptions sur la première soirée de *Mirame*. La salle de spectacle qui servait aux divertissements ordinaires, celle dont Molière prit possession plus tard, ne parut point suffisante; on en construisit une autre radieuse de magnificence et qui témoignait sinon du génie poétique, du moins de l'opulence de l'auteur; on estime que les soins paternels qu'il donna à cette tragédie lui coûtèrent environ trois cent mille écus. Quant à la fête nuptiale, la description tient du prodige. On joua une pièce de Desmarets, dans une salle sur le théâtre de laquelle on voyait « de fort délicieux jardins ornez de grottes, de statues, de fontaines et de grands parterres en terraces sur la mer avec des agitations qui semblaient naturelles aux vagues de ce vaste élément, et deux grandes flottes, dont l'une paraissait éloignée de deux lieues, qui passèrent toutes deux à la vue des spectateurs; la nuit sembla arriver ensuite par l'obscurcissement imperceptible tant du jardin que de la mer et du ciel qui se trouva éclairé par la lune. A cette nuit succéda le jour qui vint aussi insensiblement, avec l'aurore et le soleil qui fit son tour d'une si agréable tromperie, qu'elle durait trop aux yeux et au jugement d'un chacun. Après la comédie circonscrite par la voix de la poésie dans les bornes de ce jour naturel, les nuages d'une toile abaissée cachèrent entièrement le théâtre. Alors trente-deux pages vinrent apporter une collation magnifique à la reine et à toutes les dames, et peu après sortit de dessous cette toile un pont doré conduit par deux grands paons qui fut roulé depuis le théâtre jusque sur le bord de l'eschaffaut de la reine, et aussitôt la toile se leva, et au lieu de tout ce qui avait été vu sur le théâtre y parut une grande salle en perspective, dorée et enrichie des plus magnifiques ornements, éclairée de seize *chandeliers de cristal*, au fond de laquelle était un throsne pour la reine, des siéges pour les princesses, et aux deux côtés de la salle des formes pour les dames; tout ce meuble de gris de lin et argent. La reine passa sur ce pont, pour s'aller asseoir sur son throsne, conduite par Monsieur; comme les princesses, les dames et les demoiselles de la cour, par les princes et seigneurs, lesquelles ne furent pas plutôt placées, que la reine dansa dans cette belle salle un grand branle avec les princes, les princesses, les seigneurs et les dames. Tout le reste de l'assemblée regardait à son aise ce bal si bien ordonné, où toutes les beautés de la cour ne brillaient pas moins de leur propre éclat que de celui des riches pierreries dont elles étaient ornées et faisaient admirer leur adresse et leur grâce. Après le grand branle, la reine se mit en son throsne et vit danser longtemps grand nombre d'autres dames des plus belles et des plus adroites de la cour. Enfin, si j'ai de la peine à me retirer de cette narration, dit l'auteur contemporain, jugez combien il fut difficile aux spectateurs d'une si belle action, de sortir d'un lieu où ils se croyaient avoir été enchantez par les yeux et par les oreilles; lequel ravissement ne fut pas pour les seuls Français; les généraux Jean-de-Vert, Enkenfort et Don Pedro de Léon, prisonniers de guerre, en eurent leur part, ayant été conduits du bois de Vincennes. »

Que cette fastueuse citation suffise à la mémoire du cardinal, et à l'orgueil du palais sur la porte duquel il avait inscrit son titre en lettres d'or.

En 1643, le 7 octobre, Anne d'Autriche, régente du royaume, veuve du roi Louis XIII, quitta le Louvre avec ses deux fils pour venir habiter le Palais-Royal. De toute cette vanité de Richelieu, pour ce monument dont il avait voulu que le pinceau de Philippe de Champagne fît un temple à sa gloire, il ne resta pas même le nom; les héritiers du cardinal obtinrent en vain le rétablissement de la première inscription, le nom de *Palais-Royal* prévalut et fut conservé. Aux fêtes de la Régence, qui ne furent pas sans quelque splendeur, succédèrent bientôt les troubles de la Fronde. Le Palais-Royal était nécessairement le quartier-général de la Cour, pendant son séjour à Paris; il fut aussi le centre des manifestations par lesquelles le peuple cherchait à effrayer la reine et le ministre contre lequel se soulevait l'indignation publique.

Le Palais-Royal prend soin lui-même de ses titres historiques; les pages qu'il conserve dans ses galeries de tableaux, forment le sommaire des différents chapitres de son existence. Ainsi, la Messe du cardinal de Richelieu, la Fondation de l'Académie Française et la réception des premiers académiciens, en février 1635; la Mort, le testament de Richelieu et le legs de son palais au roi Louis XIII; l'Arrivée du cardinal de Retz, suivi d'une foule immense qui réclame à grands cris la liberté de Brousset, en 1640 ; deux épisodes à cette réclamation qui est le pire des évènements de la Fronde ; l'Arrestation des Princes, et enfin Anne d'Autriche montrant au peuple son fils endormi, disent les évènements dont le Palais-Royal fut le théâtre. On raconte sur ce dernier tableau une anecdote récente. Le duc d'Orléans, actuellement Louis-Philippe, le montrait à ses familiers ; quelqu'un s'étonnait que la reine pressée par cette multitude, et qui doute de ses intentions, fût sans gardes. « Il y en a, reprit le duc d'Orléans, mais on ne les voit pas. »

Anne d'Autriche fit beaucoup pour les embellissements du Palais-Royal, qui, malgré les éloges que l'on prodiguait à sa magnificence, était loin d'égaler les descriptions qu'on faisait si magnifiques pour plaire au cardinal.

Le 21 octobre, le roi Louis XIV, cédant aux vœux du peuple de Paris, revint dans sa capitale, et le même jour il quitta le Palais-Royal, pour aller habiter le Louvre.

On assigna cette résidence à Henriette-Marie, reine d'Angleterre, qui l'occupa jusqu'en 1661.

Par lettres-patentes du mois de février 1692, Monsieur, frère du roi Louis XIV, reçut le Palais-Royal à titre d'apanage; il l'habitait depuis l'année 1661.

Le 9 juin 1701, M. le duc de Chartres, qui depuis fut régent de France, posséda le Palais-Royal avec l'héritage de son père qui venait de mourir.

Au mois de septembre 1715, la Régence de Philippe d'Orléans s'installa au Palais-Royal, et commença pour lui une ère nouvelle de luxe, de splendeur et de tumulte.

Après avoir triomphé des premiers obstacles qui s'opposaient à l'établissement de sa Régence, Philippe, duc d'Orléans, s'arrangea pour donner à son Palais un aspect presque royal ; il embellit l'édifice et le dota d'une galerie de tableaux, dont il reste à peine aujourd'hui le catalogue, et quelques petites anecdotes qui ont longtemps charmé les loisirs des brocanteurs. La Cour, qui se pressait autour du Régent, n'avait rien des allures de celle qui avait entouré Anne d'Autriche et les deux cardinaux; le règne de Louis XIV et de madame de Maintenon venait de finir, et ce qu'on redoutait le plus, c'était l'austérité et la dévotion dont on avait secoué le joug; Philippe fit de sa demeure un lieu de plaisirs et de délices; il voulut que tout y respirât le luxe et la volupté; ses intentions ne furent que trop bien secondées.

Le Palais-Royal affecta dès ce moment une liberté de mœurs, dont il a longtemps conservé le souvenir et les traces. La famille du Régent, elle-même, se prêtait merveilleusement à l'élégance et à l'éclat de ce désordre. Tout ce que la mémoire des courtisans et du peuple avait conservé des galantes souvenances des autres règnes était dépassé; Charles VII et Agnès, François I*er*, Henri II, Henri III et leurs amoureuses prodigalités, Henri IV et ses maîtresses, Louis XIV et sa superbe tendresse, pâlissaient dans les appartements du Palais-Royal. Les *roués* qui étaient les *mignons* du Régent, Dubois, son ministre, et des femmes auxquelles il était difficile de donner un nom, avaient porté au-delà de toute imagination le faste et l'impudence du plaisir.

Le Palais-Royal fut profondément empreint des marques de cette époque; il n'a jamais pu secouer entièrement le caractère de mollesse, dont il avait reçu les stigmates, et que le langage récent a caractérisé par le mot *Régence*, devenu le nom d'un style particulier aux mœurs, à l'art, à l'architecture et aux manières de ce temps.

Devant le bruit dont le vice de cette cour remplissait alors le Palais-Royal, les solennités augustes passaient silencieuses et obtenaient à peine un regard; la royauté n'était là qu'un hôte importun, dont on bouleversait le logis, sans daigner faire attention à lui. Les fêtes les plus pompeuses s'effaçaient devant la démence des mystérieuses bacchanales; les banquets étaient vaincus par les soupers; le cérémonial des grands appartements était désert pour les huis-clos des cabinets et du boudoir.

A ces dissipations, il fallait un Pactole : un étranger, l'Écossais Law, trouva dans le Mississipi le fleuve d'or qui devait alimenter des largesses qui ne connaissaient plus de bornes. On sait les déplorables folies du système; Law semblait avoir pris possession du Palais-Royal; ce fut donc autour de cet édifice que retentirent avec le plus de violence, tantôt les clameurs insensées qui demandaient à grands cris qu'on voulût bien hâter leurs ruines, tantôt les voix furieuses qui accusaient ceux qui avaient si indignement dépouillé le peuple; ce fut dans un tumulte de ce genre que des cadavres furent laissés sur les dalles de la première cour du Palais-Royal, spectacle sanglant dont le régent détourna les regards.

C'est le plus frappant des souvenirs que la Régence ait légués au Palais-Royal.

En 1723, le 2 décembre, Philippe, régent de France, mourut subitement entre les bras de sa maîtresse la duchesse de Phalaris.

Louis, son fils, fut ébloui par les richesses de l'habitation qui lui était léguée; il en respecta la splendeur et n'opéra aucun changement.

Fatigué sans doute par ces magnificences, et comme si, sous les lambris dorés, il entendait résonner les honteuses rumeurs de la Régence, ce prince se retira dans l'abbaye de Sainte-Geneviève. Il laissa pourtant une trace de son passage au Palais-Royal : il fit replanter le jardin sur un dessin nouveau. Deux belles pelouses bordées d'ormes en boules, accompagnaient, de chaque côté, un grand bassin placé dans une demi-lune, ornée de treillages et de statues en stuc, la plupart de la main de Lusemberg. Au-dessus de cette demi-lune régnait un quinconce de tilleuls, dont l'ombrage était charmant. La grande allée surtout formait un berceau délicieux et impénétrable au soleil : toutes les charmilles étaient taillées en portiques.

Le 6 avril 1763, onze ans après la mort du fils du régent, et sous son petit-fils Louis-Philippe, un incendie dévora la salle de l'Opéra, celle que Richelieu avait fait bâtir. Ce fut pour le Palais-Royal l'occasion d'une restauration complète, dont la ville de Paris fit les frais. Le conflit de deux architectes, celui de l'Hôtel-de-Ville et celui du Palais, gâta le monument. On retrouva, dans quelques arrangements intérieurs, un pâle reflet des étincelantes soirées de la Régence ; on fit construire une salle de spectacle sur laquelle le prince et sa famille jouèrent de petites pièces ; elle était, s'il faut en croire les témoignages contemporains, fort simple, fort agréable, et de forme ovale. Ces plaisirs, auxquels se livrait avec ardeur le duc de Chartres, déplurent à son père qui les avait d'abord encouragés, et en 1780, par les insinuations de madame de Montesson qu'il avait épousée secrètement, le duc d'Orléans céda le Palais-Royal à son fils Louis-Philippe-Joseph.

La prodigalité du régent eut dans son arrière-petit-fils un digne successeur ; les fêtes reparurent au Palais-Royal, et le plus éclatant de ces souvenirs est celui de la réception faite au roi de Danemarck ; rien ne fut négligé pour parer cette solennité : on fit dorer les grilles de l'escalier d'honneur; cette nouveauté fit longtemps l'admiration des Parisiens.

Le Palais-Royal subit, sous ce maître nouveau, une des modifications les plus importantes de son existence, et sur laquelle il est utile d'appeler l'attention.

Quels que soient les motifs que l'on s'efforce de donner aux résolutions prises et exécutées par le propriétaire du Palais-Royal, il y a un fait qui est demeuré incontestable, le but qu'il se proposa fut d'augmenter ses revenus devenus insuffisants pour ses dépenses. Il conçut le projet d'isoler le jardin, en l'entourant des édifices qui forment aujourd'hui les trois côtés de son enceinte; à ce sujet il y eut de la part des propriétaires voisins des réclamations très-vives, sur lesquelles le Parlement fut appelé à prononcer. L'opinion publique témoignait sa colère par des sarcasmes; à la cour on persiflait sans pitié sur les boutiques que le premier prince du sang faisait construire pour les louer aux marchands. Ce qui causa le plus de regrets, ce fut la destruction de la grande allée du jardin; elle était chère à l'oisiveté des promeneurs; elle était le rendez-vous des nouvellistes. Il fallut abattre les maronniers plantés par le cardinal de Richelieu, et qui étaient d'une grosseur remarquable; on vit tomber le fameux *arbre de Cracovie*, celui au pied duquel avaient été réglés, en dépit des rois, des armées, des législations et des évènements, les destinées du nord de l'Europe.

Le 8 juin 1781, pendant qu'on exécutait ces travaux, l'Opéra brûla une seconde fois; cet incendie enleva l'Opéra au Palais-Royal; ce spectacle fut provisoirement transporté dans une salle construite à la hâte près de la Porte-St.-Martin, celle qui existe encore aujourd'hui.

Ces dispositions contrarièrent tous les plans. On voulait d'abord conserver la façade principale du côté de la place, et séparer en deux parties, par des colonnades, l'espace qui s'étend du palais au jardin, avec des constructions posées sur les galeries. Le prince ne renonçait pas à l'espoir de ressaisir l'Opéra dont il regrettait l'absence; il ordonna donc d'interrompre les travaux des colonnades, et fit construire la salle de spectacle qu'occupe maintenant le Théâtre-Français. Dans l'intérieur du palais, les besoins successifs de la famille avaient exigé beaucoup de modifications: presqu'au même temps s'éleva, à l'extrémité d'une des galeries du jardin, une autre salle de spectacle, celle des *petits comédiens du comte de Beaujolais*, devenue depuis, mais avec des changements notables, la salle du théâtre du Palais-Royal.

Dès ce moment toute grandeur disparut; la spéculation exploita la triple galerie; le jardin vit revenir les promeneurs, le public s'empara de cette promenade, ouverte à ses distractions, et oublia bientôt les premières doléances, et la foule adopta cet endroit, dont le prince et ses familiers ne jouissaient qu'après la fermeture des grilles.

En 1786, le jardin du Palais-Royal avait conquis la plus grande vogue; c'était le lieu où les merveilleux de la ville et de la cour venaient le plus volontiers; les étrangers y accouraient de toutes parts; il y avait certaines franchises indigènes qui étaient comme les priviléges de ce territoire; la galanterie facile s'y était naturalisée. On avait construit un cirque au milieu du jardin; il était décoré d'une manière originale par des compartiments en treillage; il avait toutes les apparences d'un bosquet paré de fleurs et d'arbustes et rafraîchi par des jets d'eau qui s'élançaient et retombaient de la terrasse placée au sommet de cette construction. Pour que l'élévation du cirque n'enlevât rien à la vue, on avait enfoui dans le sol la moitié de sa hauteur, et on y arrivait par les parties basses et par des galeries souterraines. Nous insistons sur cet établissement auquel le Palais-Royal doit peut-être les grandes destinées auxquelles touche déjà notre récit. Destiné d'abord à des exercices d'équitation, le cirque, dans lequel ne parut jamais un cheval, fut occupé par des fêtes, par des bals, des spectacles forains, des jeux, des repas et d'autres divertissements qui attirèrent la foule. Il occupait l'emplacement où se trouve le bassin, et il s'avançait sur l'une et l'autre pelouse. Rose le restaurateur l'exploita d'abord ; ce fut là que se réunit le *club de la bouche de fer ;* en 1799, il fut dévoré par les flammes.

On était en 1789, la politique agitait tous les esprits; mais rien ne pouvait satisfaire la curiosité du public : les journaux manquaient à son impatience, et ce n'était que par les conversations et dans des entretiens mutuels qu'on pouvait s'instruire de ce qu'il importait tant de savoir. Le Palais-Royal était le point central auquel venaient aboutir tous ceux qui recherchaient avec avidité le moindre bruit. Ces réunions s'augmentaient chaque jour, la foule y accourait de tous les points de Paris, pour y chercher des nouvelles et s'instruire de la situation de l'État. Ne semble-t-il pas que dans ces habitudes athéniennes on voie poindre l'origine de nos journaux? La parole faisait alors ce que fait aujourd'hui la publicité imprimée. S'il arrivait une personne de Versailles, elle était aussitôt entourée par la multitude et pressée de questions sur la cour, sur le ministère et sur les États-généraux ; les commentaires s'exerçaient ensuite sur ce que l'on venait d'apprendre.

Cette situation avait quelque chose d'alarmant; elle était plus dangereuse que la presse jugée si redoutable. D'abord, elle ouvrait la route à tous les mensonges, à toutes les erreurs et à toutes les exagérations. On dirait que c'est pour ces sortes de réunions que Beaumarchais a écrit cette pensée qu'il n'est de bruit absurde qu'on ne puisse faire croire aux oisifs d'une grande ville, en s'y prenant avec habileté. On comprend, tout de suite, quelle influence ce qu'on est convenu d'appeler un beau parleur, pouvait exercer sur ces masses mobiles, dociles et impressionnables; rien ne pouvait conjurer l'orage excité par quelques paroles sonores ou par quelque brillante explosion de sentiments; la raison n'aurait pu se faire entendre, elle eût été infailliblement étouffée par les transports du premier tumulte, et bientôt réduite au silence.

La force populaire ainsi groupée comptait promptement ses forces, les passions s'enflammaient par le contact; de l'idée à l'action, de la pensée au mouvement la transition était prompte et facile; c'était un amas de matières combustibles qu'une étincelle pouvait enflammer.

L'événement devait réaliser ces prévisions.

Necker venait de céder la direction des affaires publiques à un nouveau cabinet. Paris avait reçu cette nouvelle avec irritation; les groupes se formaient dans tous les lieux publics: au Palais-Royal, dans le jardin, la foule était immense. C'était le 12 juillet 1789.

D'une des masses qui marquait le plus d'irritation, une voix, dont il était aisé de reconnaître la jeunesse à son émotion et à sa fraîcheur, s'éleva au-dessus de tous les autres entretiens, proposa de prendre les armes et d'adopter une cocarde nouvelle pour signe de ralliement. Voici comment il raconte lui-même ce qui se passa:

« Il était deux heures et demie; je venais sonder le peuple, ma colère était tournée en désespoir. Je ne voyais pas les groupes, quoique vivement émus et consternés, assez disposés au soulèvement. Trois jeunes gens me parurent agités d'un véhément courage; ils se tenaient par la main: je vis qu'ils étaient venus au Palais-Royal, dans le même dessein que moi. Quelques citoyens passifs les suivaient. « Messieurs, leur dis-je, voici un commencement d'attroupement civique; il faut qu'un de vous se dévoue et monte sur une chaise, pour haranguer le peuple. — Montez-y. — J'y consens. » Aussitôt je fus plutôt porté sur la table que je n'y montai. A peine y étais-je, que je me vis entouré d'une foule immense. Voici ma courte harangue que je n'oublierai jamais.

» Citoyens, il n'y a pas un moment à perdre. J'arrive de Versailles, M. Necker est renvoyé; ce renvoi est le tocsin d'une Saint-Barthélemy de patriotes. Ce soir tous les bataillons suisses et allemands sortiront du Champ-de-Mars pour nous égorger; il ne nous reste qu'une ressource, c'est de courir aux armes et de prendre des cocardes pour nous reconnaître. » J'avais les larmes aux yeux, et je parlais avec une action que je ne pourrais ni retrouver, ni peindre. Ma motion fut reçue avec des applaudissements infinis. Je continuai: « Quelle couleur voulez-vous? » Quelqu'un s'écria: « Choisissez! — Voulez-vous le vert? couleur de l'espérance, ou le bleu cincinnatus, couleur de la liberté d'Amérique et de la démocratie? » Des voix s'élevèrent: « Le vert, couleur de l'espérance! » Alors je m'écriai: « Amis, le signal est donné; voici les espions et les satellites de la police qui me regardent en face. Je ne tomberai pas du moins vivant entre leurs mains. » Puis tirant deux pistolets de ma poche, je dis : « Que tous les citoyens m'imitent ! » Je descendis étouffé d'em-

brassements ; les uns me serraient contre leur cœur, d'autres me baignaient de leurs larmes ; un citoyen de Toulouse, craignant pour mes jours, ne voulut jamais m'abandonner. Cependant on m'avait apporté un ruban vert ; j'en mis le premier à mon chapeau, et j'en distribuai à ceux qui m'environnaient. Mais un préjugé populaire s'étant élevé contre la couleur verte, on lui substitua les trois couleurs, qui furent alors proclamées, comme les couleurs nationales. »

Cet homme, c'était Camille-Desmoulins. Le jour, c'était la première journée de la révolution.

Le lendemain de cette scène, la Bastille s'écroulait sous les coups du peuple. Quatre ans plus tard, une charrette s'arrêtait devant la façade du Palais-Royal ; elle conduisait au supplice le duc d'Orléans, qui avait renoncé à son titre pour prendre le nom d'*Égalité !*

Cependant la salle du Théâtre-Français avait été entièrement achevée ; mais les autres constructions n'avaient pu être terminées. A la place des colonnades projetées, on avait permis d'élever des hangars de planches qui formaient trois rangées de boutiques et deux galeries couvertes.

On appela ces baraques *le camp des Tartares*, et ensuite *les galeries de Bois*. Ces constructions improvisées ont duré quarante-trois ans. Nous aurons occasion d'en parler avec plus d'étendue.

Le 11 juillet 1790, l'Assemblée Nationale législative déclara que la patrie était en danger. Cette déclaration proclamée sur toutes les places publiques de Paris, le fut sur celle du Palais-Royal avec un appareil et une solennité extraordinaires. Elle fut, dès le matin, annoncée et précédée par le bruit du canon, le 12 juillet; les officiers municipaux à cheval, et divisés en deux corps, sortirent, à dix heures, de l'Hôtel-de-Ville, faisant porter au milieu d'eux, par un garde national, une bannière tricolore sur laquelle était écrit : *Citoyens! la patrie est en danger!* Devant et derrière eux marchaient plusieurs conscrits, accompagnés de nombreux détachements de gardes nationaux. La bannière, signal du danger de la patrie, était ornée de quatre guidons, sur chacun desquels on lisait un de ces mots : « *Liberté, égalité, publicité, responsabilité.* » Une musique convenable à la circonstance se faisait entendre devant le corps municipal.

Voici la formule que le président avait prononcée au nom du Corps législatif :

« Des troupes nombreuses s'avancent sur nos frontières : tous ceux qui ont en horreur la liberté s'arment contre notre constitution.

» Citoyens! la patrie est en danger!

» Que tous ceux qui ont déjà eu le bonheur de prendre les armes pour la liberté se souviennent qu'ils sont Français et libres : que leurs concitoyens maintiennent dans leurs foyers la sûreté des personnes et des propriétés; que les magistrats du peuple veillent, que tout reste dans le calme de la force, qu'ils attendent pour agir le signal de la loi, et la patrie est sauvée. »

Le Palais-Royal, déjà diminué par les ventes nationales, fut réuni au domaine de l'État. Il expia fatalement le scandale de sa splendeur passée; envahi par les races de Bohémiens qui exploitaient les vices et les désordres d'une population en délire, il fut livré à toutes les exploitations. On y installa une maison de jeu; des fourneaux et des salles de restaurateur occupèrent les appartements; les deux théâtres subirent, l'un, celui *de la République*, une ruine totale, l'autre les plus affligeantes dégradations.

Sous le consulat, le Tribunat chassa les vendeurs; cette assemblée tenait ses séances dans une salle dont le plan fut conçu par M. Bléro, et qui fut terminée par M. de Beaumont; elle fut construite avec beaucoup d'habileté; on accorde des éloges à son ordonnance et à l'harmonie de toutes ses parties. Bâtie en 1801, la salle du Tribunat a été démolie en 1827, pour la continuation des grands appartements, après avoir servi pendant treize ans de chapelle au palais. En 1807, le sénatus-consulte du 19 août et le décret impérial du 29 du même mois transférèrent au Corps législatif les attributions constitutionnelles du Tribunat. Le Palais-Royal fut réuni au domaine ordinaire et extraordinaire de la couronne dont il fit partie jusqu'en 1814. Napoléon ne le visita qu'une seule fois, et n'alla pas au-delà du second salon ; rien n'a pu détruire les préventions défavorables qu'il avait contre cette résidence.

La Bourse et le Tribunal de commerce y furent abrités comme dans un asile provisoire.

M. Vatout, qui a écrit sur les résidences royales un ouvrage auquel nous avons souvent emprunté des documents recueillis et ordonnés avec une intelligence parfaite, peint ainsi le retour du duc d'Orléans, actuellement le roi Louis-Philippe, au Palais-Royal :

« En 1814, un auguste exilé revient dans sa patrie ; il se présente seul et sans se faire connaître au Palais-Royal. Le suisse, qui portait encore la livrée impériale, ne voulut pas le laisser entrer ; il insiste, il passe, il s'incline, il baise avec respect les marches du grand escalier. . . . . . C'était l'héritier des ducs d'Orléans qui rentrait dans le palais de ses pères.

Pendant les *Cent-Jours* le Palais-Royal fut habité par le frère aîné de Napoléon, Lucien, prince de Canino.

Après cette époque, le duc d'Orléans, rentré dans la possession des biens non vendus que le prince son père avait possédés à quelque titre que ce fût, s'occupa sans relâche de restaurer le Palais-Royal.

Depuis l'anéantissement du Tribunat jusqu'en 1814, le Palais-Royal, comme demeure, resta désert ; au rez-de-chaussée et dans la cour, étaient, ainsi que nous l'avons dit, la Bourse et le Tribunal de commerce.

Quelle vie et quel mouvement animaient alors les galeries ! Le Palais-Royal était comme une capitale au milieu d'une capitale ; la magnificence de ses boutiques avait une renommée universelle ; les deux-mondes en parlaient comme d'une pierre d'Orient. Les étrangers, les Français des départements, tous ceux qui affluaient à Paris, accouraient d'abord au Palais-Royal ; merveille du monde, il était regardé comme le temple du goût et de la mode ; pour lui tout était oublié et dédaigné ; toute emplette faite ailleurs qu'au Palais-Royal, *dans les rues,* comme on disait ordinairement, n'avait aucun prix ; l'Opéra-Comique l'avait ainsi voulu. Il est vrai que rien alors n'égalait les splendeurs de ce lieu ; mais il avait d'autres attraits ; c'était le centre des plaisirs, dont il avait le monopole exclusif, tant il les avait entourés d'irrésistibles séductions.

Les restaurateurs du Palais-Royal passaient, non sans raison, pour les premiers cuisiniers de l'Europe ; leurs caves avaient les prémices de tous les vins fameux ; le goût, l'élégance et la promptitude du service, ajoutaient encore à ces qualités précieuses. Les cafés déployaient un luxe inconnu partout ailleurs; des maisons de jeux présentaient à chaque pas les plus séduisantes promesses; des femmes radieuses de jeunesse et de beauté, brillantes de parure, comme les fées que l'on voit dans les songes, parcouraient les galeries; d'autres se glissaient dans l'ombre du jardin, partout on rencontrait des sourires, de doux appels, des regards prévoyants, et tout le manége d'une volupté qui verra ruiner ceux qu'elle attaque. C'était à se croire sous les portiques du harem ou dans les jardins du calife, au milieu des odalisques libres d'aimer et de choisir. Au premier étage le punch illuminait les croisées et ses lueurs redoublaient l'ivresse des sens; toutes les vitres étaient flamboyantes, et partout éclataient en mille transports divers et sous mille formes, les jouissances, les provocations, le rire, les plaisirs, l'oubli des maux et les plus vives sensations. L'esprit s'égarait et le regard se troublait à suivre ces délices. Au-dessous, dans les caveaux, retentissaient des bruits de fête; là s'accomplissaient des prodiges d'adresse, ici le concert était exécuté par des musiciens vêtus en sauvages avec de merveilleux roulements de tambour; plus loin des ventriloques mettaient au service du persifflage et de la mystification leur art de déplacer la voix; ailleurs des parades les plus amusantes et partout ces œillades enchanteresses, partout ces almées et ces bayadères dont la dégradation se cachait sous tant de grâces.

Les galeries de bois, bordées d'une double haie de boutiques de marchandes de modes, dans lesquelles on apercevait des figures jeunes et jolies, à l'éternel sourire, étaient le lieu de prédilection des promeneurs du soir. La foule s'y entassait, sans songer à l'aspect maussade, aux ruines humides, au sol fangeux, aux émanations infectes qu'augmentait encore cette multitude d'hommes réunis sur le même point; c'est que, là, les séductions se mêlaient plus intimement à la foule. On a maintenant peine à concevoir la liberté du propos de cette époque et l'inconcevable audace du geste et du maintien; il y avait une espèce de convention lassive dont personne n'était choqué. Là, aussi, dans les boutiques des libraires, s'établissait l'entretien des lettrés, pendant que de pauvres hères feuilletaient les livres de l'étalage, et happaient sans payer quelques bribes de science. Nous ne savons comment notre pensée, en se reportant sur ce tableau, éprouve des regrets à faire rougir notre mémoire. Ce sentiment, nous l'avons retrouvé chez tous ceux qui se rappellent les galeries de bois, hideux et honteux endroit, remplacé par cette galerie d'Orléans, monument de marbre et de cristal, lumineuse et transparente, comme ces palais diaphanes construits par l'imagination.

De ce côté, les abords du Palais-Royal étaient formés par d'abominables et étroites galeries aux portes peintes et vitrées; on s'y précipitait avec délices; Chevet les embaumait des fumées de ses provisions.

La promenade du Palais-Royal était, pour toutes les classes, un besoin impérieux : le Prince archi-chancelier de l'Empire et ses deux acolytes, s'y montraient tous les soirs, coudoyés, par des gens de la campagne ébahis devant ces miracles.

Le Palais-Royal était alors le centre de l'Europe civilisée; cet immense et opulent bazar, ce harem toujours ouvert, toujours peuplé, et ce capharnaüm de toutes les dissolutions, tout attirait, charmait et retenait la multitude. C'était là que nos soldats revenaient dépenser l'or qu'ils allaient chercher dans toutes les capitales; leur insouciante prodigalité dissipait ces trésors en quelques jours, et leurs retentissantes largesses résonnaient en échos tentateurs.

Ce fut ainsi que l'invasion de 1814 trouva le Palais-Royal, pour la conquête duquel toute l'Europe s'était coalisée.

Un jeune colonel, en arrivant à la barrière de Clichy, le 31 mars 1814, demanda où était le Palais-Royal? Tout est compris dans cette question. Il y eut des officiers prussiens si pressés d'arriver au Palais-Royal, qu'ils entrèrent à cheval dans les galeries. Le commerce ne se pique pas de patriotisme; en un moment et comme par enchantement, le Palais-Royal de Paris offrait, sur toutes les devantures de ses boutiques, les uni-

formes, les coiffures, la passementerie, les armes et tout l'équipement militaire des nouveaux venus, qui pouvaient se croire à Vienne, à Berlin et à Saint-Pétersbourg : on redoubla d'agaceries pour capter les étrangers; ils furent ravis et ne songèrent pas à résister à ces prévenances; ils enrichirent le Palais-Royal, qui était alors à l'apogée de sa grandeur. Les naturels de l'endroit racontent des histoires prodigieuses sur les dépenses que firent les étrangers dans ce paradis terrestre.

Les *Cent-Jours* donnèrent au Palais-Royal une physionomie turbulente; après le retour des Bourbons, il y eut de cruelles représailles. Le café de la Paix vit toutes ses glaces brisées à grands coups de sabres qui n'étaient sortis du fourreau que pour ce bel exploit; il y eut des duels éclatants et des provocations qui firent quelque bruit. Le café de la Paix, salle de spectacle dans laquelle les représentations paraissaient et disparaissaient, était livré aux filles publiques, qui s'y abandonnaient à de dégoûtants excès; c'était un horrible spectacle. D'autres cafés cherchèrent à attirer le public en employant de jeunes femmes pour le service des tables; il y eut tout-à-coup, entre ces établissements, une émulation de luxe et d'opulence qui pour plusieurs fut une cause de ruine : au café des *Mille Colonnes,* une des *belles limonadières* était assise au comptoir dans un fauteuil qui avait servi de trône à Jérôme, roi de Westphalie.

Le café Lemblin fut pendant quinze ans un foyer d'opposition.

La paix et la tranquillité de l'Europe amenèrent au Palais-Royal des flots d'étrangers qui tous y laissaient des dépouilles opimes; ces passages produisirent plusieurs années d'une étonnante prospérité.

Le duc d'Orléans, qui habitait le Palais-Royal, s'occupait activement de rentrer dans les domaines de sa famille.

Un bail qui durait jusqu'en 1804, avait sauvé de la vente nationale la galerie vitrée; le Prince la reprit; il revendiqua aussi judicieusement la propriété du Théâtre Français; on disait alors *qu'il échangeait la couronne de France contre un tas de pierres;* il a eu l'une et l'autre.

Les travaux de réparation étaient poussés sur tous les points avec beaucoup de zèle; les dépendances du Palais s'élevaient dans le plus bel ordre, et remplaçaient partout d'ignobles et immondes constructions. Dans les galeries, les marchands se disputaient la vogue et les chalands en s'avançant à qui mieux mieux vers les passants; ils écrivaient leurs noms sur les poutres transversales, au plafond, afin de le faire voir de plus loin. Les architectes du Prince ramenèrent partout la régularité, et il fallut descendre les hautes inscriptions, abattre les ambitieuses devantures, et faire rentrer les boutiques et les étalages dans les limites de l'alignement commun. C'est dans ces travaux que, sous le Palais-Royal que l'on démolissait, on vit apparaître le vieux Palais-Royal, celui de nos aïeux, avec les noms et les enseignes des vieilles hôtelleries autrefois fameuses; en même temps, les filles publiques étaient chassées des galeries et du jardin.

En 1829, l'achèvement des péristyles et de la grande galerie d'Orléans mit la dernière main aux constructions récentes; il était impossible de ne pas louer l'ordre de cette riche et correcte architecture.

En 1830, au mois de juin, le duc d'Orléans donna au roi de Naples, son beau-frère, une fête à laquelle le roi Charles X daigna se rendre ; le Palais-Royal, fier de cet honneur insigne, fit des frais considérables pour se montrer reconnaissant de cette auguste faveur. Le peuple était dans le jardin illuminé; il contemplait la fête qui se répandait dans les allées suspendues au-dessus de la galerie... Tout-à-coup une de ces émotions sans cause et sans but si familières à la multitude se répand dans la foule; on franchit les barrières des parterres, on entasse des chaises au pied de la statue de l'Apollon du Belvédère, et l'on allume un bûcher dont le piédestal porte encore les traces. La garde arrive : obéissant aux commandements des officiers, les soldats refoulent et *rabattent*, comme ils avaient coutume de le dire alors sous un roi chasseur, les citoyens ; l'indignation et la colère résistent; les flammes et les cris s'élèvent à la fois, on fait plusieurs arrestations. Dans cette échauffourée qui se termina par un procès en police correctionnelle, et que nous avons de bonnes raisons pour juger sainement, on a vu la préface de la révolution de 1830. Ce n'était pourtant qu'une convulsion passagère, mais qui témoignait du malaise général.

Cela se passait au moment où le roi Charles X s'écriait : « *Voilà, un bon temps pour ma flotte d'Alger !* » M. de Salvandy s'était écrié, le même soir : « *Nous dansons sur un volcan!* »

En 1830, le 28 juillet, ce fut dans le jardin du Palais-Royal que furent lus, à haute voix, par des jeunes gens montés sur des chaises, les journaux qui parurent malgré les ordonnances. C'est de là qu'on partit pour se rendre auprès des presses qui résistaient aux violences de la saisie.

Pendant les journées de juillet, le Palais-Royal resta muet et désert; les balles suisses sillonnaient de temps en temps les galeries pour les tenir libres; le troisième jour, de la colonnade et du balcon du Théâtre-Français, et sur la place du Palais-Royal, le combat fut des plus acharnés.

Chodruc-Duclos seul se promenait sous les péristyles, il était là comme Marius sur les ruines de Carthage; si quelqu'imprudent se hasardait dans ce lieu périlleux, il l'avertissait charitablement de se retirer.

Lorsque la royauté populaire s'établit au Palais-Royal, ce fut un temps de liesse et de tumulte; la cour et toutes les avenues du Palais, sans cesse assiégées par la foule qui appelait le roi et par les députations, étaient trop à l'étroit dans cette enceinte, la royauté étouffait dans cette habitation ducale; elle alla aux Tuileries.

D'ailleurs, il n'est peut-être pas bon que les grands de la terre soient vus de si près; la Régence loin des regards du peuple eût été moins odieuse.

Ainsi, Richelieu qui bâtit le Palais-Royal convoita le trône de Louis XIII et usurpa sa puissance, le Régent fut presque roi, et le duc d'Orléans Louis-Philippe monta sur le trône !

Les jeux furent abolis; ce coup fut mortel à la fortune du Palais-Royal. Ce *square*, le plus beau qu'on puisse imaginer, a des caractères distincts qui sont autant de traits de la physionomie parisienne.

L'espace qui s'étend devant la Rotonde, à l'extrémité nord du jardin, est invariablement consacré aux rendez-vous; pendant les vacances, tous les départements y affluent, en habit noir et en cravate blanche. A Friedland, on sonnait la charge : deux jeunes officiers marchaient à l'ennemi dans des directions différentes.—Adieu, cria l'un. —Au revoir, répondit l'autre.—Où ça ?—Au Palais-Royal, dans quinze jours, à cinq heures !... —Devant la Rotonde?—Oui !—En avant !

Ils furent exacts au rendez-vous.

Lorsqu'avril a fermé les théâtres, c'est au Palais-Royal que les comédiens de toute la France viennent *faire grève*, c'est-à-dire chauffer leur oisiveté au soleil et chercher de l'emploi; c'est un chapitre du *Roman comique;* il se passe sur des chaises que ces messieurs ne payent jamais.

La coalition des garçons tailleurs se tient debout dans les allées et parle allemand.

La politique n'a point abandonné le Palais-Royal; approchez-vous de ce groupe de gens qui se sont cotisés pour lire le journal, vous retrouverez dans leurs observations les plaisantes traditions de l'abbé *trente mille hommes*; pour leur stratégie, ils impriment sur le sable des fleuves, des montagnes et des routes. Dans ces pavillons qui ont remplacé les parapluies d'autrefois, les femmes qui louent les journaux vous donneront la mesure exacte du degré d'estime que chaque feuille inspire au public.

Le Palais-Royal n'est pas seulement la terre chérie de l'opulence, c'est l'asile de la misère; elle s'y promène en haillons qui révèlent presque toujours le souvenir d'un sort meilleur; elle y est affamée et transie; c'est là que se tient la petite bourse des signatures à un franc le mille.

Chodruc-Duclos, le Diogène des galeries, régnait sur ces tribus indigentes sans se confondre avec elles; le Palais-Royal a perdu en lui une de ses plus regrettables illustrations.

Le jardin du Palais-Royal voit en été se réunir autour des tables du café Foy toute la gent lettrée et la petite fashion du dehors; sa promenade est fréquentée; on forme cercle autour de son bassin pour humer la fraîcheur que lance le jet d'eau; mais le Palais-Royal est triste et languit.

Il s'en va comme tant d'autres puissances se sont en allées!

Voyez le nombre des boutiques à louer, comptez les magasins de tailleurs nomades, qui donnent à ses arcades un faux air du Temple. Il a perdu ses vieux cafés; le café Valois est fermé, de nouveaux établissements ont succombé sous l'extravagance de leur luxe, et malgré quelques beaux magasins, on se demande avec effroi, si la splendeur du Palais-Royal n'a pas émigré au loin, vers les régions fortunées des nouveaux quartiers.

Le soir, l'obscurité laisse dans les ténèbres ces fenêtres autrefois si radieuses. Pendant le jour, le jardin est infesté par des clans de sales nourrices, par des gamins plus incommodes que les animaux voraces, et par des tas d'enfants laids et déplaisants; c'est comme un avant-goût des destins de la place Royale, cet autre séjour de l'amour, de l'opulence, maintenant délaissé.

Il est vrai qu'on a fait le Palais-Royal beau et élégant: il a un palais riche de merveilles; son jardin a des phénomènes d'horticulture; il peut montrer avec fierté son air monumental et ses vastes galeries, mais à quoi lui sert cette vaine magnificence qui lui a enlevé tout contentement? Ne voyez-vous pas qu'il succombe sous ce faste qui l'écrase?

Rendez-lui, oh! rendez-lui ses anciennes joies, ses vices, s'il le faut;

ils l'ont fait si heureux! C'était un libertin qui menait vie joyeuse, vous l'avez converti, il fait son salut, mais il meurt d'ennui.

La vie n'est plus là!

EUGÈNE BRIFFAUT.

RUE SAINT-FLORENTIN.

A rue Saint-Florentin commence dans la rue de Rivoli et finit dans la rue Saint-Honoré ; elle a trente-trois maisons, ni plus, ni moins ; elle fait partie du premier arrondissement. S'il était possible que l'histoire d'une rue de Paris fût racontée par les hommes d'élite qui l'ont habitée, à des époques bien différentes l'une de l'autre, nous pourrions entendre de singulières et terribles confidences, de la bouche de quelques hôtes illustres de la rue Saint-Florentin.

L'histoire publique de cette voie parisienne se trouve tout entière dans les noms de certains personnages qui ont représenté : La finance sous le règne de Louis XIV, le gouvernement et l'arbitraire sous le règne de Louis XV, la noblesse étrangère sous le règne de la Convention nationale, la diplomatie française sous l'empire et pendant la restauration, l'aristocratie de l'argent sous le règne de l'égalité constitutionnelle de 1830.

De ces grands noms dont je parle, quatre appartiennent déjà à l'histoire, qui les a jugés sévèrement ;

le cinquième appartient à la puissance, à la richesse, aux plaisirs, aux vanités et aux intrigues de ce monde. Soyez tranquilles : les historiens des *rues de Paris* ménageront les passants qui vivent encore.

Je ne sais guère qu'un seul moyen de rendre la parole à la bouche des morts, que je voudrais entendre comme par enchantement, sans pouvoir les ressusciter par un miracle. Ce moyen, très-simple, très-facile, très-ingénieux, fut exploité autrefois par un homme de beaucoup d'esprit, de malice et d'audace, par un écrivain railleur, par un très-amusant philosophe qui se nommait Lucien, et que l'on pourrait surnommer, ce me semble, le Voltaire du paganisme.

C'est donc Lucien, ce véritable Aristophane de la tombe, qui me prêtera, si vous daignez me le permettre, le cadre fabuleux de ses *dialogues*, pour mieux étaler à vos regards le tableau d'une réalité historique. Aussi bien, ne s'agit-il pas, dans ce livre qui embrasse tous les âges de la ville de Paris, de la résurrection des sociétés parisiennes?

Puisqu'il nous est impossible d'obliger les morts à comparaître devant nous, prenons à deux mains notre curiosité, notre imagination, notre courage, afin d'arriver secrètement jusqu'à eux, afin de les visiter dans l'autre monde, en nous promettant de les interroger et de les entendre.

Certes! nous n'irons pas dans le ciel, dans le royaume des bienheureux : pour trouver les héros que je cherche, nous n'aurons besoin que de pénétrer dans cette immense prison pénitentiaire qui touche à la vallée de Josaphat, et où souffrent, en essayant de se repentir, les grands comédiens du théâtre de l'humanité.

Adieu donc, terre!... et vive l'enfer où nous allons! La pensée voyage vite : nous voici déjà dans le purgatoire, au milieu de quasi-damnés qui furent autrefois des hommes coupables... avec des circonstances atténuantes.

Que le diable soit loué! je viens de reconnaître, à la première vue, les personnages célèbres que nous avons besoin de voir et de juger; regardons-les passer ensemble, s'il vous plaît.

Le premier est grand, maigre, sec, et tout à fait ridicule; il porte un accoutrement splendide : un pourpoint de velours noir, couvert de broderies et doublé de satin rose; une veste écarlate, brodée en large point d'Espagne et garnie d'une frange à crépines d'or; des bas de soie d'un blanc d'azur, roulés sur les genoux, et retenus par des jarretières ornées de brillants; il traîne, en guise d'épée, une canne qui ressemble à celle de M. Turcaret; et puis, des manchettes de dentelle, des bagues à tous ses doigts, et des boucles de souliers étincelantes; il se promène en calculant ce qu'il gagnait, ce qu'il possédait autrefois, et il soupire en regrettant encore d'avoir prêté quelques poignées d'argent à l'insolvable vieillesse de Louis XIV. Vous voyez, dans ce bon homme, le financier Samuel Bernard.

Le second est un grand seigneur pailleté du dix-huitième siècle; il a cessé d'être un comédien redoutable dans le monde, et je le trouve presque charmant dans le purgatoire. Il se sourit à lui-même, il étale ses riches broderies, il tire ses deux montres à la fois, il prise une pincée de tabac d'Espagne, il joue avec le nœud de son épée, et il sautille à ravir, tout aussi bien que la plus habile marionnette de l'Œil-de-Bœuf. Il ne se souvient plus que des frivolités de l'ancien régime : il parle à ses compagnons d'infortune de sa majesté Louis XV et du petit lever de Versailles ; il se glorifie d'avoir eu l'honneur de présenter la chemise au roi ; il se prend à médire de la favorite, madame Dubarry ; il vante ses boîtes en émail qui sortent de chez le bon faiseur Ravechel, les damas éclatants, les tentures veloutées, les boiseries peintes, le style chicorée, les trumeaux, les houlettes, les magots, les singes, les négrillons, les sophas indiscrets, les éventails de Vanloo, les pendules érotiques, la poudre, les mouches et le rouge, toutes les petites merveilles, toutes les magnificences mignardes du XVIIIe siècle. C'est singulier ! sur son habit splendide, parsemé de pierres précieuses, de fleurs d'or et d'argent, notre magnifique damné porte, en guise de croix de Saint-Louis, une clé de fer qui ouvrait, sans doute, quelque porte bien mystérieuse ; est-ce la clé d'un Barbe-Bleu ? la clé d'un avare ? la clé d'un chambellan ? Non ; c'est la clé de la Bastille ; et vous voyez, dans ce brillant gentilhomme, le fameux distributeur des lettres-de-cachet, le duc de Lavrillière, ou le comte de Saint-Florentin, comme il vous plaira.

Ce pauvre vieillard, qui marche avec une lenteur solennelle, avec une noblesse indolente, et qui montre encore sur son front la trace de toutes les douleurs humaines, c'est un grand d'Espagne de première classe, c'est l'ancien ami et l'ancien complice de Ferdinand VII, c'est un faible et honnête Castillan que l'on appelait autrefois le duc de l'Infantado.

Le dernier et le plus grand des personnages qui doivent nous intéresser, dans notre promenade au purgatoire, a conservé les simples apparences de la société parisienne de notre temps ; il a su donner à toute sa personne la gravité d'un profond politique et l'élégance d'un homme du monde. Quand il vivait encore, je me laissai dire qu'il était infirme : je m'aperçois, en effet, qu'il boite comme le spirituel démon du roman de Lesage, et qu'il porte une béquille comme le Diable-Boiteux ; sans doute, il a boité bien souvent, sur la terre, afin de ne jamais arriver trop tôt, et souvent aussi, afin d'arriver trop tard. Quel nom que celui de cet homme ! nom terrible, qui cache le personnage le plus habile, le plus souple, le plus spirituel de la France d'autrefois et de la France d'aujourd'hui : évêque-législateur, royaliste révolutionnaire, républicain émigré, ministre impérial, ambassadeur constitutionnel, qui avait emprunté, dès sa jeunesse, aux traditions ingénieuses du paganisme, les deux faces symboliques de Janus : l'une, pour regarder le passé ; l'autre, pour considérer l'avenir !

Etrange ambitieux, que l'on admire sans pouvoir l'aimer, que l'on redoute sans l'estimer peut-être, que l'on recherche sans le désirer toujours! Lorsque je songe à ce mystérieux octogénaire qui sait encore trouver de la grâce, de l'habileté, de l'esprit, pour se draper dans son linceul et pour mourir, je m'en inquiète et je m'en effraie, parce qu'il m'est impossible de le comprendre ou de le deviner. Cette nature si calme et si pétulante à la fois; cette intelligence qui s'élève, au besoin, jusqu'au génie; cette audace qui prend tous les détours de la réserve; cette force qui devient, en un clin-d'œil, de la témérité et de l'adresse; cette ardeur qui se contient; cette patience fougueuse qui peut, en même temps, attendre et se presser; cette ambition calculée qui ne s'agite pas, qui ne marche pas, et qui arrive; cette admirable pénétration des hommes, quand il s'agit de les subjuguer ou de les conduire; ce jugement profond des circonstances, quand il s'agit de les exploiter ou de les vaincre; cette faculté insigne de se dépouiller, à son gré, des affections et des sentiments, à la manière du reptile qui fait peau neuve; ce dévouement actif et sincère pour toutes les grandeurs qui montent; cette ingratitude froide et délibérée pour toutes les grandeurs qui descendent; enfin, cette cruauté apparente dans les principes, mêlée à je ne sais quelle douceur réelle dans le langage, dans les façons, dans les goûts, dans les habitudes : n'est-ce point là un mélange incompréhensible de toutes les idées contraires, quelque chose d'inconnu, d'impénétrable et de ténébreux comme le gouffre imaginaire qui s'entrouvrait sous les pieds chancelants de Pascal?

Je n'ai point l'orgueil de vouloir prononcer l'éloge ou la critique de ce prêtre, de ce gentilhomme, de ce diplomate qui vécut tant de siècles en quelques années; qui commença à être spirituel en devisant avec Voltaire; qui se promena, bras dessus, bras dessous, avec Sieyès et le tiers-état; qui consola Mirabeau mourant, en lui parlant de la patrie et de la liberté; qui arma des navires de guerre, pour secourir l'Amérique émancipée, avec l'argent du clergé de France; qui salua Bonaparte, à l'avènement de sa gloire, et qui le renia si vite, à la déchéance de son règne, de son pouvoir et de son nom; qui inventa, en 1814, une royauté nouvelle pour l'abandonner ensuite et pour la condamner, pour lui dire adieu comme il lui avait dit bonjour, en souriant, en faisant de l'esprit, en se moquant de la restauration qui était son propre ouvrage! — Vous avez là, devant vous, tout près de Samuel Bernard, du duc de l'Infantado et de M. de Saint-Florentin, le prince de Périgord-Talleyrand!

Les illustres pécheurs dont je parle se promènent toujours ensemble, durant les heures de répit que leur laisse la bonté divine: ils aiment à se réunir, pour se consoler entre eux, comme il sied à de grands débris; ils essayent de se rappeler, dans leur intimité d'outre-tombe, ce qu'ils ont dit et ce qu'ils ont fait sur la terre; ils ne se sentent pas de

Rue Saint-Florentin.

joie, en apprenant qu'ils ont tous habité la même rue, peut-être la même maison, dans un misérable coin de boue que l'on appelle Paris, et c'est là ce qui provoque sans cesse leurs souvenirs, leurs regrets, toutes leurs confidences mondaines. Asseyons-nous silencieusement, pour écouter ce nouveau dialogue des morts; et que Lucien, qui savait si bien écouter aux portes des enfers, nous pardonne et nous protége!

Samuel Bernard. — Savez-vous bien, mon cher duc de La Vrillière, que sans ma fantaisie vaniteuse, et surtout sans la stupide faiblesse de M. Chamillart pour ma petite personne de financier, vous n'auriez jamais eu l'honneur de donner à une rue de Paris votre nom de Saint-Florentin? Rien n'est plus simple : le contrôleur des finances dont je parle avait fait sa fortune politique en jouant au billard avec le grand roi; ce fut aussi en jouant au billard avec ce pauvre ministre des finances, que je bloquai dans la blouse de mon coffre-fort la première bille, c'est-à-dire le premier million de mon opulente richesse. Dans la vie ministérielle de

Chamillart, le carambolage avait beaucoup aidé le génie de l'homme

d'état; dans mon existence financière, le carambolage vint en aide à l'ambition et à l'esprit avisé de l'homme d'argent. M. Chamillart sut conquérir l'estime précieuse du prince; moi, j'obtins, par ricochet, les bonnes grâces de la Fortune, qui daigna m'épouser... de la main gauche, et je trouvai, dans cette jolie main de ma déesse, une dot de trente-trois millions de livres !...

Une fois riche, opulent, millionnaire, je m'avisai de faire bâtir un hôtel splendide, un véritable hôtel royal, au plus bel endroit de la *place des Victoires*. Ma résidence était sans pareille, et tout-à-fait digne des plus magnifiques seigneurs de Paris et de Versailles; il ne manquait à ma splendeur et à mon orgueil qu'un peu de noblesse, un zeste de noblesse, une arme parlante, un méchant petit blason, une misérable branche de quelque arbre généalogique... Par malheur, mon ami M. d'Hozier fut inflexible : il ne daigna trouver, dans l'illustration équivoque de ma famille, qu'un pauvre marguillier de la paroisse de Saint-Sauveur.

Noble ou vilain, Samuel Bernard traita de puissance à puissance avec les grandeurs de la France aristocratique : toute la cour de Louis XIV défila dans mes antichambres, pour rendre hommage à mon mérite, et pour ramasser les pièces d'or et d'argent qui tombaient de ma corne d'abondance. Permettez-moi de m'en souvenir, mon cher duc : une fois, afin de mieux déshonorer, à ma façon, tous ces parasites qui venaient s'asseoir à ma table, j'offris un petit souper réjouissant à trois courtisanes de Paris, qui étaient charmantes, et à trois courtisans de Versailles qui étaient, par Dieu! de célèbres gentilshommes; le *repas fut fort honnête*, et pour que rien ne manquât au festin, je fis servir, au dessert, deux bassins énormes, tout remplis de ces jolies friandises que l'on appelle des louis d'or. Grâce à l'appétit insatiable de mes nobles convives, le dernier plat de mon petit souper fut dévoré en un clin-d'œil, et mes louis d'or disparurent, comme par enchantement, dans la poche des trois gentilshommes. Qui le croirait? mes belles courtisanes de Paris s'avisèrent de faire fi de mon extravagante prodigalité, en dédaignant de toucher au magnifique *dessert* de Samuel Bernard : sans doute, elles avaient plus d'argent, plus de cœur, ou moins de gourmandise que les courtisans de Versailles.

Vous riez, monsieur le duc! vous riez peut-être de ma faiblesse et de ma vanité?.... C'est vrai, je l'avoue à ma honte...., les gens de cour prélevaient un impôt extraordinaire sur mon orgueil et sur ma sottise. Dans une seule année...., je ne sais plus laquelle...., qu'importe...! la noblesse daigna user de ma niaiserie, avec une indiscrétion qui convenait à merveille à des emprunteurs insolvables; j'ai eu l'honneur de prêter mon malheureux argent à des gueux de la plus haute distinction, à des mendiants qui portaient une robe, une épée, un rochet et souvent même une couronne ; j'ai délié les cordons de ma bourse pour de besogneux personnages que l'on appelait des plus beaux noms de la cour, de l'église et de la ville.

Enfin, mon cher duc, j'ai obligé de mes deniers, le plus gratuitement du monde, de très-hauts, très-puissants et très-excellents princes qui ont gouverné des peuples : Stanislas Ier, roi de Pologne, grand-duc de Lithuanie ; Louis XIV ; Louis XV. — Rien que cela !

Que l'enfer se charge du châtiment éternel de ce coquin de Desmarest, le maudit contrôleur des finances du vieux roi ! Je m'en souviens encore : bonté du ciel, quelle comédie pour un peu d'argent ! quelle royale comédie, et comme c'était bien joué, monsieur le duc !

En 1709, l'océan du trésor de l'État était épuisé ; les petits ruisseaux de la richesse publique étaient à sec ; on imaginait toutes sortes de moyens pour battre monnaie sur le dos du peuple : on se prit à établir des impôts sur les baptêmes et sur les mariages ; il fallut payer pour devenir chrétien, et pour se marier saintement devant Dieu et devant les hommes ! Les petites gens s'ingénièrent, à leur tour, pour se moquer du roi et de M. le contrôleur Desmarets : ils baptisèrent eux-mêmes des enfants, avec de l'eau sanctifiée par la prière, et qui valait bien celle de l'Église ; ils se marièrent en secret, avec l'assistance de deux témoins qui valaient, entre nous, autant que deux prêtres. Le contrôleur avait semé l'impôt ridicule des baptêmes et des mariages : le monarque recueillit, par toute la France, les murmures, les plaintes, la haine et la colère des pauvres gens ; M. Desmarets essaya de monnayer la flèche d'un autre bois.

Il se mit en marche pour aller frapper à toutes les portes ; mais, les portes des banquiers, des traitants, des fermiers-généraux, se fermaient à son approche, pour ne jamais plus s'ouvrir à sa voix ; et moi-même, moi, Samuel Bernard, je refusai d'avancer une seule pistole, en dépit des gains considérables que j'avais réalisés dans les finances de l'État.

Mais, hélas ! sous le règne de Louis XIV, le sujet propose et le roi dispose ! Un matin, à mon réveil, je reçus une invitation pour Marly... Oui, pour Marly !... Une invitation signée, non pas de la main de sa majesté, mais tout simplement de la main de monsieur le contrôleur général, et, en pareil cas, cela signifiait, à mes yeux, à peu près la même chose. D'ordinaire, on n'invitait pas un simple banquier aux fêtes vraiment royales de la cour de Marly ; mais, il est parfois, dans le monde où nous avons vécu, de misérables traitants qui méritent une faveur spéciale, une grâce exceptionnelle, une quasi-justice extraordinaire : je remerciai Dieu et le roi de l'honneur qu'ils avaient la bonté de me faire.

Je me disais, en m'affublant de mon superbe costume de cour : Ma soudaine présence à Marly produira quelque sensation, je m'en flatte ; mes confrères crèveront de dépit et de jalousie, j'en suis sûr ; Louis XIV daignera me parler, je l'espère; peut-être daignera-t-il m'obliger à m'asseoir à sa table... je le souhaite; quand on a eu l'honneur de dîner avec le roi, on devient gentilhomme par la grâce de la fourchette royale! Et puis, un titre de chevalier, de comte ou de marquis irait si bien à l'éclat de ma jeune noblesse! Oh! que le cordon de Saint-Michel jouerait à merveille sur la veste dorée du financier Samuel Bernard!... Allons, ambitieux, viens à Marly!

Le même jour, à deux ou trois heures environ, je fus présenté à toute la cour de Louis XIV, par M. le contrôleur général des finances, qui spéculait, en ce moment, sur la sottise d'un petit et sur la sottise d'un grand. Je m'aventurai dans les jardins de Marly, au milieu d'un cortége de beaux seigneurs et de belles dames; tout à coup, un homme, ou plutôt un demi-dieu, s'avança vers moi, et il me semble que le génie de la royauté prit la peine de me saluer, le premier! Il daigna me dire, d'une voix qui avait quelque chose de divin : « Monsieur Bernard »... Je faillis en perdre la tête... J'aurais payé un tel bonheur, un tel honneur, au prix de vingt millions, et j'aurais cru, parlasembleu! ne pas l'avoir payé trop cher. « Monsieur Bernard, me dit le roi, vous êtes bien homme à n'avoir jamais vu Marly?... » Je crus sérieusement que j'allais mourir, à force de

joie, à force d'orgueil, et je me courbai jusqu'à terre, pour me rouler aux pieds du glorieux monarque!.. Louis XIV me releva, du bout de sa main souveraine, et là-dessus il daigna me faire les honneurs de sa résidence royale : il me montra lui-même, en personne, les jardins, les bosquets, les pièces d'eau, les statues, toutes les magnificences de Marly; mais, au milieu de ces splendides merveilles, je ne voulus voir et je n'admirai que mon hôte, mon guide, mon protecteur, mon demi-dieu... le roi de France! Dès ce moment, j'étais mieux que quelqu'un : j'étais quelque chose.

Desmarest demanda, pour moi, une audience particulière à madame la marquise de Maintenon; mais, sa SOLIDITÉ refusa de me recevoir. Je pardonnai, sans peine, un pareil accès de fierté à la veuve du cul-de-jatte Scarron : elle avait besoin de beaucoup d'orgueil pour vernir son ancienne bassesse.

Ma visite à la cour de Marly ne me coûta guère que la bagatelle de quatorze millions.

J'étais né pour devenir la providence, je n'ose pas dire la vache à lait des gentilshommes, des courtisanes et des rois. Quelques années plus tard, je pris en pitié la royauté minable du jeune Louis XV, comme je m'étais apitoyé sur la vieillesse malheureuse de Louis XIV. Dieu merci! mes nouveaux placements, à fonds perdus, me valurent du moins des faveurs insignes, des grâces inimaginables, des alliances illustres, et une renommée sans pareille. Louis-le-Bien-Aimé me surnomma le sauveur de l'État, et je me réveillai, un beau matin, chevalier de l'ordre de Saint-Michel, comte de Coubert, seigneur de Vitry, Guignes et autres lieux, conseiller secrétaire du roi et de ses finances. Ce n'est pas tout : j'obtins le droit précieux d'aller dîner, quand bon me semblait, chez le maréchal de Noailles; je soupai, chaque soir, chez la duchesse de Tallard, et je perdis au jeu des sommes considérables, au profit de quelques nobles vauriens qui me riaient au nez, en récitant les scènes les plus ridicules du *Bourgeois gentilhomme*.

Pour comble de bonheur et de gloire, j'épousai, à l'âge de soixante et dix-neuf ans, une jeune et jolie personne, mademoiselle Pauline-Félicité de Saint-Chamans; je mariai ma fille avec François-Mathieu Molé, seigneur de Champlâtreux, Luzarche et autres lieux, conseiller du Roi en tous ses conseils, grand président du parlement; je devins ainsi le grand-père de la duchesse de Cossé-Brissac, je m'alliai aux Biron, aux Duroure, aux Boulainvilliers, et je consentis à être l'ami intime du garde-des-sceaux Chauvelin. O puissance infaillible de l'argent!

Vous le voyez : mes alliances, mes amitiés et ma fortune m'avaient rapproché de la personne du roi; je voulus aussi rapprocher ma demeure du palais de la Royauté. J'achetai donc, pour y élever à grands frais une résidence princière, le petit *cul-de-sac de l'Orangerie*, qui avait emprunté son nom du voisinage des orangers des Tuileries; un jeune architecte, nommé Gabriel, se chargea de dessiner et de construire ce temple magnifique, dédié au hasard et à la fortune; j'approuvai tous les plans merveilleux de mon artiste; le cul-de-sac de l'orangerie disparut à ma voix, pour céder la place à la *petite rue des Tuileries;* on jeta, du soir au lendemain, les fondements du palais de Samuel Bernard.... Mais, ô regret! ô douleur! l'orgueil du financier ne put s'élever qu'à fleur de terre... Un jour, un triste jour, je vis chanceler et mourir, entre mes mains, ma poule noire, ma poule aux œufs d'or, une poule à laquelle je croyais attachées ma fortune, ma gloire, ma vie, ma destinée toute entière; j'avais raison : une heure après la mort de *Cocotte,* de ma meilleure amie, je fermai doucement les yeux, et j'expirai en recommandant à mes héritiers de continuer à bâtir, dans la petite rue des Tuileries, un palais qui devait être mon dernier château en Espagne!

Encore un coup, remerciez-moi, monsieur le duc : je déblayai la place où devait briller, un jour, votre hôtel que l'on dit raisonnablement magnifique, et je pris la peine d'aligner une nouvelle rue, que vous avez baptisée de votre nom de Saint-Florentin; *sic vos, non vobis!*

Le duc de la Vrillière. — Remerciez-moi plutôt, mon cher Samuel, d'avoir anobli, par la grâce d'un nouveau baptême, votre horrible *cul-de-sac de l'Orangerie;* tout cela sentait le parvenu, le traitant, le financier, le maltôtier... fi donc! songez un peu, mon cher, à l'honneur que je voulus bien faire à vos premiers travaux, à vos projets et à votre mémoire équivoque : en 1767, le nouvel acquéreur des terrains de votre petite *rue des Tuileries* n'était rien moins que Louis Phélypeaux, comte de Saint-Florentin, ministre de la maison du roi; à cette époque, il s'agissait déjà de le créer duc de la Vrillière. Jugez de mon crédit, de mon influence, de ma grandeur : en 1765, je perdis une main à la chasse, et mon royal maître eut la bonté de m'écrire : « Vous n'avez perdu qu'une main, et vous en trouverez toujours deux, chez moi, à votre service. »

L'absence d'une main ne m'empêcha pas de puiser dans la cassette de Louis XV, et je crus faire ma cour au monarque, en usant de ses libéralités gracieuses pour contribuer, dans les proportions de mon état, aux embellissements du quartier des Tuileries : les constructions de la *place Louis XV,* les édifices de la *rue Royale,* les arcades du *Garde-Meuble des bijoux de la couronne,* commencèrent à s'élever, avec le premier étage de mon hôtel Saint-Florentin; le roi consentit à baptiser une place, et je consentis à baptiser une rue.

La place Louis XV fut décorée d'une statue équestre, exécutée par Edme Bouchardon, et qui représentait le roi de France revêtu du *Paludamentum* antique; les angles du piédestal, en marbre blanc, étaient flanqués de quatre figures symboliques, indignes du ciseau de Pigalle :

la *Force*, la *Paix*, la *Prudence*, et la *Justice;* les mauvais plaisants de la ville s'empressèrent de crier, en se moquant de l'artiste... ou du souverain :

> O la belle statue ! ô le beau piédestal !...
> Les vertus sont à pied, le vice est à cheval.

Vous le dirai-je ! un peu plus tard, je ne sais quel misérable, quel impie, quel athée, quel philosophe, quel homme du peuple, osa monter, pendant la nuit, sur le cheval de Bouchardon : il banda les yeux de Louis XV; il imagina d'attacher à son cou une méchante tire-lire, et, le lendemain, les passants lisaient cette inscription sur la poitrine du monarque : *N'oubliez pas le pauvre aveugle.* Il y avait pourtant une Bastille, et je n'étais pas bien loin de la place Louis XV !

Ce qui se passa, durant ma vie, dans le mystérieux hôtel de la rue Saint-Florentin, Dieu seul le sait ! cette habitation splendide tenait presque, par la lettre-de-cachet, à la fameuse prison d'état du faubourg Saint-Antoine : l'hôtel Saint-Florentin servait d'antichambre à la Bastille ; les faiseurs de mots disaient, en parlant de ma maison : Voilà le bureau de la traite des innocents !

Vrai Dieu ! c'était le beau temps de la monarchie française ! à cette charmante époque, je l'avoue, le peuple se plaisait à reprocher au roi et à ses ministres bien des fautes, bien des vices et bien des folies ; on médisait, à la ville, des courtisans corrompus de Marly, de Choisy, de Bellevue et de Versailles ; on nous faisait un crime de la vénalité des titres, des décorations, des dignités, des gouvernements et des charges ; on flétrissait le pouvoir des gentilshommes faciles et des maîtresses qui leur ressemblaient ; on parlait de l'anéantissement de notre marine ; on criait partout à la trahison, à propos du *traité* de *Paris* qui venait d'arracher à la France le Canada et la Louisiane ; bagatelles que tout cela !.. tarte à la crème ! il nous restait encore la Bastille.

Dans ce temps là, rien n'était plus simple que de gouverner ; on chansonnait la favorite : à la Bastille ; on essayait de faire l'esprit-fort : à la Bastille ; on chantait la liberté en vers ou en prose : à la Bastille ; on frondait les juges et les prêtres : à la Bastille ; on osait écrire ce que l'on avait pensé : à la Bastille ; un père défendait l'honneur de son enfant : à la Bastille ; un mari voulait garder la beauté de sa femme pour son usage particulier : à la Bastille. La Bastille jouait un grand rôle dans les amours du règne de Louis XV : la lettre de cachet était un véritable permis-de-chasse pour le chasseur couronné, pour le chasseur amoureux de Versailles, qui s'en allait faire la guerre au galant gibier du Parc-aux-Cerfs.

Samuel Bernard.—Et vous appelez cela, monsieur le duc, le beau temps de la monarchie française?.. Qu'est-ce que c'est que votre petit roi Louis XV, à côté de mon grand roi qui se nommait Louis XIV ? que signifie ce misérable Parc-aux-Cerfs, à côté des poétiques jardins de Versailles?... Sous le règne du souverain de mon siècle, la noblesse, l'esprit, l'amour élégant, l'art et la poésie, toutes les royautés de la France monarchique, se pressaient en foule chaque soir dans les jardins de Versailles, pour se disperser ensuite, aux derniers rayons du soleil, dans les grottes, dans les bosquets, derrière les charmilles, à travers tous les détours mystérieux de cet admirable labyrinthe: Louis XIV s'en allait çà et là, dans tout l'appareil de sa majesté bienheureuse, à la recherche des inspirations, des fantaisies et des idées, côte à côte avec Mansard qui avait édifié les voûtes solennelles du palais; avec Lebrun qui les avait inondées de l'éblouissante lumière de ses chefs-d'œuvre; avec Girardon et Le Puget qui avaient ranimé, du bout de leur ciseau magique, tous les dieux, toutes les nymphes, toutes les grâces, toutes les chimères, tous les caprices de l'imagination païenne; avec Colbert, le noble exécuteur des entreprises royales, toujours prêt à recevoir ou à faire la confidence de quelque sublime pensée!.. Les promeneurs amoureux se glissaient au fond des massifs, dans l'obscurité silencieuse du parc; les hommes d'État et les hommes de guerre se groupaient sur l'escalier des *cent marches*, que leur présence habituelle, sans doute, fit appeler un jour l'escalier des géants; les beaux-esprits, les poètes, les artistes, les penseurs profanes se réfugiaient à plaisir, au milieu des fleurs et des parfums, dans la petite provence de l'orangerie; les princes de l'Église, les prédicateurs éloquents, les hôtes sévères et religieux du maître de Versailles, se prélassaient dans la fameuse *allée des philosophes*, où Bossuet et ses amis devisaient tour-à-tour des grandes choses du ciel et des grandes choses de la terre. — Voilà, monsieur le duc, une cour charmante, un règne brillant, une magnifique page de l'histoire de la monarchie française !

LE DUC DE LA VRILLIÈRE. — Le diable m'emporte... ou plutôt, le diable me garde!.. L'indignation vous a presque donné de l'esprit et de l'éloquence; mon cher Bernard, où donc avez-vous pris toutes les belles choses que vous venez de nous dire?.. Je suis content de vous, Samuel, et je continue.

La respectueuse terreur, inspirée par le ministre de la maison du roi, ne gâta jamais ni les joies bruyantes, ni les prodigalités aimables, ni les ébats mystérieux de l'hôtel Saint-Florentin; le duc de la Vrillière trouva le moyen de faire honneur à son galant souverain : le luxe coulait à pleins bords autour de moi; le plaisir avait toute la vivacité du scandale; la folie obligeait la raison à l'embrasser en la tutoyant; mon herbier d'amour était digne de notre maître à tous, dans l'art d'aimer et de séduire, digne de M. le duc de Richelieu qui savait si bien herboriser dans les plus beaux jardins de la France amoureuse; que voulez-vous?... sur le vaisseau de l'État, j'avais la douce faiblesse de préférer le rôle d'un joyeux passager aux fonctions difficiles d'un bon pilote! O le beau temps! ô le beau règne que celui de Louis XV le bien-aimé!.. Je me souviens d'avoir lu, dans un livre érotique de l'autre monde, que les anges avaient inscrit ces mots, en lettres d'or, sur le fronton du paradis: A ceux qui ont beaucoup aimé, le bon Dieu reconnaissant! — S'il en est ainsi, ô mon divin juge! pourquoi me trouvé-je dans le purgatoire?...

Une fois, pourtant, les plaintes et les cris du peuple vinrent chasser les songes heureux de tous les rêveurs éveillés de l'hôtel Saint-Florentin. C'était dans la nuit du 30 au 31 mai 1770; on avait tiré, ce soir là, un superbe feu d'artifice, sur la place Louis XV, en l'honneur du mariage du dauphin avec Marie-Antoinette d'Autriche. A l'issue de cette fête publique, où la royauté venait de jeter de la poudre à tous les yeux, la foule se précipita dans la rue Royale, au risque de s'y heurter contre une autre multitude qui descendait du boulevart. Le choc fut terrible : les malheureux convives de cette fête en plein vent furent culbutés dans les fossés de la rue, abîmés sur les matériaux de pierre qui servaient aux nouvelles constructions, et foulés sous les pieds des chevaux; quelques piétons mirent l'épée à la main, pour essayer de traverser la foule, en blessant, en tuant, en égorgeant les bêtes et les hommes qui s'opposaient à leur passage; quelle soirée affreuse!.. Le mariage de l'héritier présomptif de la couronne de France coûta la vie à trois cents personnes : ce fut là le présent de noces du peuple! La nuit, en sortant de table, chancelant, énivré de vin et de plaisir, j'ouvris une des fenêtres de l'hôtel Saint-Florentin : je jetai les yeux sur le rond-point de la place Louis XV, et les appareils qui avaient servi au feu d'artifice prirent tout-à-coup, dans le chaos de ma pensée, une apparence d'échafauds, de potences, de fourches patibulaires; affreuse illusion! Était-ce là un avertissement du ciel? était-ce là un présage?.. Passons.

L'hôtel Saint-Florentin eut l'honneur de servir de temple ou de théâtre, aux représentations féeriques, aux extravagantes fantaisies d'un singulier personnage que l'on nommait le comte de Saint-Germain. Les badauds de la cour et de la ville se demandaient bien bas à l'oreille, à propos du nouveau sorcier dont je parle: Est-il grand? est-il petit? est-il beau? est-il horrible? a-t-il des flammes dans les yeux, des pieds crochus, des griffes aux mains et des cornes sur la tête? Ses crédules adorateurs répondaient, sans hésiter et sans rire : C'est un démon qui est né dans les ruines de Memphis, et qui a grandi dans le sein des Pyramides; il opère des prodiges, il guérit les mourants et il ressuscite les morts; il compose des philtres souverains, il bat monnaie avec le bout de son index, et il a le don des enchantements; il prodigue l'or, les diamants et les bienfaits, sans que l'on sache d'où lui viennent la richesse et la puissance; il possède le grand'œuvre, et, comme Diogène, il cherche un homme... qui lui semble digne de participer au bénéfice de la pierre philosophale.

Grâce à mon bienveillant patronage, notre héros fut honoré des invitations, des politesses et des visites de tout le monde qui était quelque chose; les femmes, qui avaient une peur affreuse de ce diable fait homme, se décidèrent à lui sourire, et les esprits-forts qui ne croyaient plus à Dieu, se prirent à croire au comte de Saint-Germain.

Le nouveau comédien se mit à jouer une comédie mêlée d'impertinences, de sornettes, de perles fines et de brillants; l'ouvrage ressemblait à une légende ou à un conte des *Mille et une Nuits* : il obtint un succès de vogue; l'acteur avait en conscience tout ce qu'il lui fallait, pour briller dans un rôle merveilleux : de l'audace, un costume superbe, des mots charmants, des regards dédaigneux, des réparties insolentes, de belles manières, un luxe effréné, de l'or dans toutes ses poches, des bijoux à pleines mains, des mensonges à pleine bouche, et beaucoup de mépris pour son naïf auditoire; l'apothéose ne se fit pas attendre: le comte de Saint-Germain se laissa pousser tout doucement dans les nuages, et les dévots de l'enthousiasme adorèrent un demi-dieu.

Le comte de Saint-Germain faisait les honneurs des réunions quotidiennes de l'hôtel Saint-Florentin, à force de gaîté, d'esprit, de sang-froid et de hardiesse; mes nobles amis lui demandaient sérieusement :

« Monsieur le comte, vous souvient-il d'avoir rencontré, dans vos voyages notre seigneur Jésus-Christ?— Oui, répondait-il en tournant les yeux vers le ciel, je l'ai vu et je lui ai parlé bien des fois; j'ai eu l'occasion d'admirer sa douceur, son génie et sa charité : c'était une créature céleste! je lui avais souvent prédit qu'il lui arriverait malheur.— A propos de Jésus-Christ, monsieur le comte, avez-vous connu le juif-errant? — Beaucoup! le blasphémateur osa me saluer sur la grande route, au moment de se mettre en marche pour faire le tour du monde; il compta devant moi ses premiers cinq sous. — Monsieur le comte, quel est l'auteur de cette brillante sonate que vous avez jouée sur le clavecin? — Je l'ignore; c'est un chant de victoire que j'ai entendu exécuter, à Rome, le jour du triomphe de l'empereur Trajan. — Soyez indiscret, monsieur le comte : quelles sont les charmantes païennes que vous avez le plus aimées?— Lucrèce, Aspasie et Cléopâtre. »

Un beau jour, le comte de Saint-Germain disparut à jamais de la société parisienne, après avoir brillé parmi les hommes d'élite et au milieu des jolies femmes du xviiie siècle; sa naissance était un secret : sa vie et sa mort furent un mystère; le peuple de Paris n'oublia pas de dire son petit mot sur ce personnage extraordinaire, qui tenait à la fois de l'aventurier, du sorcier et du charlatan : Le comte de Saint-Germain, disait le peuple, est un *conte pour rire*.

Je le confesse en rougissant : l'hôtel Saint-Florentin eut l'innocente sottise de prendre, sous sa protection, ces petites figurines coloriées que l'on appelait des *pantins*; on ne tarda pas à voir, à la cour et à la ville, dans les salons et dans les rues, des gentilshommes, des magistrats, des vieillards très-respectables, des douairières, des colonels et des abbés, qui jouaient au pantin, le plus gravement et de la meilleure grâce du monde; les chansons et les traits satiriques tombèrent comme la grêle sur ce nouveau caprice parisien; voici une épigramme qui parut, je le crois, dans le *Mercure de France:*

> D'un peuple frivole et volage
> Pantin fut la divinité;
> Faut-il être surpris s'il adorait l'image
> Dont il est la réalité ?

Après avoir égratigné les pantins, en général, l'épigramme osa s'at-

taquer à un pantin, en particulier; elle disait d'un grand seigneur......
de ma connaissance :

> Le théâtre du Roi.....
> Prononcez : La maison du Roi.
> Le théâtre du Roi répète
> Le grand écart de Florentin ;
> Dans l'intérêt de sa recette,
> Il nous fera voir, c'est certain.
> Un ministre-marionnette
> Qui gambade avec un pantin.

Le règne des pantins finit avec le règne de Louis XV ; ils furent remplacés par les économistes de la cour de Louis XVI, qui devinrent les comédiens ordinaires du roi.

L'avénement du dauphin et de Marie-Antoinette fut pour moi le signal d'une retraite prudente... je n'ose pas dire d'une chute honteuse. Le nouveau souverain, qui se piquait d'être un sage, se montra sans pitié pour mes bons et loyaux services ; en 1775, je cédai à M. de Malesherbes le ministère de la maison du roi, et mes amis de la veille complimentèrent le nouveau ministre, en lui disant, avec un vilain jeu de mots : Monseigneur, les belles-lettres vont remplacer les lettres-de-cachet !

A compter de ce jour, il n'y eut que du silence et de la tristesse dans l'hôtel Saint-Florentin. Chaque soir, appuyé sur une des fenêtres de mon salon, je pensais à toutes les vicissitudes des ministres, des princes, des rois et des peuples ; je ne sais pourquoi, ni comment, mes yeux se promenaient sans cesse du palais des Tuileries à la place Louis XV, et, en regardant le rond-point de cette place, je croyais toujours voir, dans l'ombre, les échafauds, les potences, les fourches patibulaires dont je vous parlais tout à l'heure !

Mon agonie dura deux ans : je me laissai mourir en 1777. Les poétereaux, qui avaient écrit des épigrammes sur ma vie, en composèrent une sur ma mort, sans attendre le dernier soupir du duc de La Vrillière. Un indiscret, un fâcheux, un ennemi peut-être, vint murmurer, à mon chevet, cette épitaphe que l'on avait composée pour un pauvre défunt qui vivait encore :

> Ci-gît un petit homme, à l'air assez commun,
> Ayant porté trois noms, et n'en laissant aucun.

Le duc de l'Infantado. — Monsieur de La Vrillière, me trouvez-vous assez noble, assez riche, assez illustre, pour avoir mérité l'honneur de baptiser, après vous, l'hôtel Saint-Florentin? Je me crois d'assez bonne maison : je suis le fils d'une princesse de Salm ; je me nommais autrefois duc de l'Infantado ; j'étais grand d'Espagne de première classe et président du conseil de Castille ; je marchais l'égal des ducs de Gor, de Alagon, d'Alba, d'Ossuña et de Médina-Celi; je me souviens aussi d'avoir été, en 1808, colonel des gardes de Joseph Bonaparte : un pareil honneur ne m'empêcha point de faire une rude guerre de partisan au soldat ambitieux qui vainquit l'Espagne, sans pouvoir la conquérir.

Si, au lieu de mourir en 1777, vous aviez eu la douleur de vivre jusqu'en l'année 1793, vous auriez assisté du haut des fenêtres de l'hôtel Saint-Florentin, avec la permission du peuple, bien entendu, à un solennel et terrible spectacle que la révolution française donnait à l'Europe, sur le rond-point de la place Louis XV; oui, votre illusion était un pressentiment, un présage, un avertissement du ciel : l'appareil du feu d'artifice, tiré le 30 mai 1770, en l'honneur du dauphin, se transforma, le 21 janvier 93, en un véritable échafaud destiné au roi de France! Vous n'aviez pas trop mal vu, monsieur de la Vrillière.

Ce jour-là, un homme, un prisonnier d'état sortit de la tour du Temple; il monta dans une charrette; il suivit toute la ligne des boulevarts, jusqu'à la rue Royale, où il se rappela, sans doute, le mariage du Dauphin avec Marie-Antoinette d'Autriche; il arriva sur la place Louis XV... je me trompe... sur la place de la Liberté; il gravit lentement les degrés de l'échafaud, j'allais dire le chemin du Calvaire; on le força de regarder, encore une fois, le château des Tuileries, le palais de l'ancienne royauté; le patient murmura quelques paroles, dont le bruit alla se perdre dans le roulement des tambours de Santerre; il baissa la tête, et un prêtre lui dit, à haute voix : Fils de Saint-Louis, montez au ciel!—Cet homme, ce prisonnier d'état, ce patient, c'était Louis XVI!... Monsieur le duc, vos plaisirs, vos prodigalités, vos scandales, vos lettres-de-cachet, étaient peut-être pour quelque chose dans la mort de ce fils de Saint-Louis, qui s'en allait au ciel par la route de l'échafaud.

La République Française déclara la guerre à l'Espagne, et, bon gré mal gré, il me fallut quitter la France où j'avais été élevé; je n'ai plus rien à vous conter sur l'hôtel de l'Infantado... Mais, voici M. le prince de Talleyrand qui pourra nous en dire de belles, sur l'histoire secrète de l'hôtel Saint-Florentin, en 1814 et en 1815...

Le prince de Talleyrand.—Monsieur le duc, ce qui se passa dans mon hôtel, à cette époque, est bien naturel et bien simple : il s'y passa des mois, des semaines, des jours et des heures.

Le duc de l'Infantado.—Est-ce tout, monseigneur?

Le prince de Talleyrand.—J'ai une mémoire affreuse.

Le duc de l'Infantado.—Vous voulez dire, mon prince, que votre mémoire a des souvenirs affreux?

Le prince de Talleyrand.—Je vois, monsieur le grand d'Espagne, que vous n'entendez rien à la langue française.

Le duc de l'Infantado.—Pardonnez-moi, monseigneur... J'ai été élevé en France! et pour peu qu'il vous plaise de me le permettre, je pourrai vous interroger en un français très intelligible...

Le prince de Talleyrand. — Vous êtes du pays des miracles!... Je vous écoute, et je tâcherai de vous comprendre.

Le duc de l'Infantado. — Monseigneur, n'étiez-vous pas à une des fenêtres de l'hôtel Saint-Florentin, le 31 mars 1814, à midi, au moment où les trompettes des alliés se firent entendre sur le boulevart?

Le prince de Talleyrand. — Oui; je voulais juger de l'influence du climat de Paris sur les Prussiens et les Cosaques...

Le duc de l'Infantado. — En saluant de loin, par la pensée, l'empereur de Russie, le roi de Prusse et le grand-duc Constantin! le même jour, à la même heure, vous agitiez un mouchoir blanc, à votre fenêtre?

Le prince de Talleyrand. — C'est vrai; je voulais savoir d'où soufflait le vent.

Le duc de l'Infantado. — Il soufflait du Nord, n'est-il pas vrai?

Le prince de Talleyrand. — Oui, certes! Je rentrai bien vite dans mes appartements, parce qu'il faisait froid...

Le duc de l'Infantado. — Et parce que l'empereur de Russie venait de descendre de cheval, dans la cour de l'hôtel Saint-Florentin!

Le prince de Talleyrand. — Il s'agissait pour moi d'une question d'hospitalité....

Le duc de l'Infantado. — Et vous aviez hâte de recevoir, d'installer, sous le toit de votre hospitalière maison, le quartier-général de l'invasion étrangère..., n'est-ce pas, mon prince?

Le prince de Talleyrand. — Vous êtes bien curieux!

Le duc de l'Infantado. — Vous êtes bien discret! En parlant de Napoléon, ne disiez-vous pas, en 1814, à un ami qui devait passer par la place Vendôme : Passez vite, il va tomber?

Le prince de Talleyrand. — Oui, et je disais bien : Un peu plus tôt, un peu plus tard, le Napoléon de la colonne tomba sur le pavé de la place.

Le duc de l'Infantado. — On a prétendu que la corde qui avait garrotté l'empereur de bronze, s'étendait jusque dans les appartements de l'hôtel Saint-Florentin?

Le prince de Talleyrand. — Nos contemporains ont été si méchants pour moi!

Le duc de l'Infantado. — Oui, mais comme ils ont été justes! Etait-ce par votre ordre que votre nièce, la belle madame de Périgord, s'amusait à parader sur un cheval de cosaque, au beau milieu des Champs-Elysées, à la première revue des troupes étrangères?

Le prince de Talleyrand. — Je n'ai jamais influé sur les caprices de madame la duchesse de Dino.

Le duc de l'Infantado. — Quelque chose m'étonne encore, monseigneur : Napoléon, qui avait rétabli les cultes en France, fut déposé par trois prêtres.... Le baron Louis, M. de Pradt et vous!

Le prince de Talleyrand. — De grâce, monsieur le duc, ne parlons pas politique.

Le duc de l'Infantado. — Nous faisons de l'histoire, mon prince!

Le prince de Talleyrand. — Je n'estime pas les historiens.

Le duc de l'Infantado. — Ils vous l'ont bien rendu, monseigneur! Enfin, puisqu'il vous déplaît de m'entendre, je vous épargnerai les souvenirs historiques de 1815, quoique la royauté constitutionnelle de Louis XVIII soit, dit-on, sortie de l'hôtel Saint-Florentin.

Le prince de Talleyrand. — Dieu m'est témoin que je désertai la cause des Bourbons, le jour où ils désertèrent eux-mêmes la cause de l'esprit et du sens commun.

Le duc de l'Infantado. — Vous flairiez déjà 1830?...

Le prince de Talleyrand. — Vous êtes sans pitié!

Le duc de l'Infantado. — Vous avez été sans cœur!... les hommes n'ont pas assez flétri, assez sifflé, assez hué votre horrible tragi-comédie de 1814-1815; je hais cet imbroglio politique, monseigneur, et il vous a nui, dans mon estime, dans mon admiration pour votre esprit. Il s'agissait d'un puissant de la terre qui succombe, d'un négociateur habile qui l'abandonne après l'avoir adoré, d'un diplomate qui sacrifie un devoir à un fait, un principe à un événement, l'intérêt d'un pays à l'intérêt d'une personne, une nation toute entière à une poignée d'ingrats ou d'étrangers !

Le théâtre de cette affreuse intrigue représentait les salons et les antichambres de votre hôtel de la rue Saint-Florentin : on voyait parader, sur cette scène de société, des empereurs, des rois, des princes, des espions et des traîtres, tous les délégués de la coalition européenne, qui cherchaient à se tailler de petits habits d'emprunt dans l'immense et magnifique pourpre de l'Empire; l'aigle impérial vivait encore, et chaque personnage de la pièce s'efforçait d'arracher une plume à ce noble oiseau des batailles, pour empanacher une tête de Cosaque, de Prussien, ou d'Anglais ; des étrangers criaient, dans une maison de Paris : Vive l'Allemagne! vive la Russie! vive l'Angleterre!... et pas une voix française ne se fit entendre, pour crier à son tour : Vive la France! Un diplomate célèbre, un profond politique, un ancien serviteur de Napoléon aurait pu défendre l'empereur et l'Empire... mais, il se contenta d'avoir de l'esprit, de sourire au milieu de ce terrible carnaval des barbares, et d'égayer le scénario de la tragédie, en improvisant quelques bons mots, derrière le manteau d'arlequin!... Ah! monseigneur, quelle méchante pièce historique, et quel triste rôle vous aviez là! Il ne faut jamais étaler, aux yeux d'un peuple, sur les planches d'un vaste théâtre, le spectacle d'un homme qui, voyant s'évanouir les espérances de la cause commune, se mêle impunément aux triomphes d'un parti contraire, au lieu de se retirer dans le silence et de s'ensevelir dans son deuil !

Le prince de Talleyrand.— Que voulez-vous, monsieur le duc?... dans la vie du prince de Talleyrand, parfois l'homme propose, et le diable dispose !

Le duc de l'Infantado.— Vous voulez parler du diable boiteux?... c'est juste.

Le prince de Talleyrand.— Comme vous le disiez tout à l'heure, j'avais pressenti l'avènement d'un pouvoir nouveau : la branche cadette remplaça, dans le château des Tuileries, la branche aînée des Bourbons, et j'obtins l'insigne faveur de trôner une dernière fois dans ma petite cour princière de Paris ; en 1830, ma comédie diplomatique recommença de plus belle · la rue et l'hôtel Saint-Florentin jouèrent encore un rôle assez important, dans le drame révolutionnaire de la France, jusqu'au jour où ma singulière destinée me força de devenir ambassadeur des barricades près la cour de Londres.

Je me vante d'avoir réussi dans la mission qui me fut confiée par le gouvernement de juillet; après cela, ma foi ! je n'avais plus rien à faire dans la politique : je quittai l'Angleterre, je rentrai dans Paris, je débitai sans rire, à l'Académie des sciences morales, l'éloge des diplomates vertueux, et je me préparai à rétracter ma vie, et à mourir dans mon hôtel

Saint-Florentin, le plus spirituellement qu'il me serait possible. Certes! l'hôtel Saint-Florentin avait déjà reçu bien des grands seigneurs, bien des beaux-esprits, bien des visiteurs illustres, et des princes, et des rois, et des empereurs; eh bien! il devait recevoir, le 17 mai 1838, une visite dont l'éclat allait effacer toutes les traces de son illustration glorieuse : il s'agissait de la visite de mon dernier maître, Louis-Philippe 1er.

A huit heures du matin, le Roi et madame Adélaïde entrèrent dans ma chambre, et je m'efforçai de me redresser, à leur approche, sur le bord de mon lit.

« Mon prince, restez couché... murmura l'auguste visiteur, en daignant me tendre la main.

—Sire, lui répondis-je, il faudrait que M. de Talleyrand fût mort pour ne point se relever devant vous! »

Et je me relevai aussitôt, en dépit de la Camargue qui voulait me clouer à mon chevet.

La visite du Roi fut courte; comme j'étais un vieux diplomate, mes adieux à Louis-Philippe furent un compliment; je lui dis, avec mon dernier sourire de courtisan émérite :

« Sire, notre maison a reçu aujourd'hui un grand honneur, un honneur digne d'être inscrit dans nos annales, et que ma famille devra se rappeler avec orgueil! »

Peu d'instants après le départ du Roi, je sentis que mon heure suprême allait sonner : c'était le moment d'avoir de l'esprit, une dernière fois! Je composai, de mon mieux, ma figure; je rejetai, de ma main défaillante, mes longues boucles de cheveux; je prêtai à mes lèvres pâles et amaigries un sourire de triomphateur : en ce moment solennel, si au lieu de m'attaquer elle-même, la mort avait traité avec moi par ambassadeur, à coup sûr je l'aurais trompée; ne pouvant pas être immortel par la voie diplomatique, je me contentai de mourir comme un grand homme spirituel : mon âme s'envola, sans faire grimacer mon corps, comme il convenait à une âme de bonne compagnie.

Une heure plus tard, il n'y avait pas une seule de mes créatures, un seul de mes amis, dans ma chambre mortuaire; je me trompe : les gens de ma maison priaient et pleuraient autour de mon lit; mes domestiques sont les seules personnes qui m'aient aimé.

Chose étrange! une nuit, on déposa mes dépouilles mortelles dans une voiture, et l'on se mit en route pour Valençay; tout-à-coup, dans une rue de Paris, bien triste et bien sombre, le postillon arrêta ses chevaux; il demanda à mon gardien : Par quelle barrière ?

Le voyageur, qui veillait sur mon corps, lui répondit :

—Par la barrière d'Enfer!

Le duc de la Vrillière. — Et vous êtes dans le purgatoire, monseigneur : Dieu s'est trompé !

Le prince de Talleyrand. — Non... mais, sans doute, il a trouvé dans mon esprit une circonstance atténuante.

Le duc de l'Infantado. — Mon prince, nous avons oublié de parler, à propos de la rue Saint-Florentin, de M. Soumet, le poète, qui a composé dans cette rue, tout près de votre hôtel, quelques uns de ses vers les plus poétiques...

Le prince de Talleyrand. — C'est vrai ; un jour, je lui rendis une visite de bon voisinage, et il me reçut en déclamant un bel épisode de sa *Divine épopée;* c'était bien de l'honneur qu'il daignait me faire : il recevait ses meilleurs amis, en leur jetant à l'oreille, à bout portant, sans les prévenir, des fragments d'un poëme ou des scènes d'une tragédie ! Puisqu'il s'agit entre nous des misérables choses de la terre, je ne serais pas fâché de savoir ce qu'est devenu mon hôtel de la rue Saint-Florentin...

Le duc de l'Infantado. — Je vais vous le dire, monseigneur... grâce à un journal qui est tombé de la poche d'un journaliste, condamné à relire dans le purgatoire ce qu'il a écrit dans les journaux de Paris : vos héritiers ont vendu l'hôtel Saint-Florentin à M. de Rotschild...

Le prince de Talleyrand. — M. de Rotschild !

Samuel Bernard. — Qu'est-ce que c'est que M. de Rotschild ?

Le prince de Talleyrand. — Rien... ce que vous avez été, Samuel.. un financier.

Le duc de l'Infantado. — Rassurez-vous, monsieur le diplomate : l'hôtel Saint-Florentin, qui se souvient avec orgueil de son rôle politique, n'a pas renoncé à son influence mystérieuse sur la destinée des princes et des peuples. Il appartient à M. de Rotschild, mais il est habité par madame la princesse de Lieven ; il a subi, bon gré mal gré, la flétrissure d'un magasin de modes, mais il a reçu, pour hôtesse, la diplomatie aristocratique ; dans l'hôtel Saint-Florentin, on adore le veau d'or, au rez-de-chaussée, mais on y consulte Egérie, dans les appartements du premier étage, derrière un buisson de velours, de satin et de soie : le Numa de cette nouvelle Egérie se nomme François Guizot.

Le prince de Talleyrand. — M. de Rotschild !... autrefois, en France, tout finissait par des chansons... aujourd'hui tout y finit par de l'argent ; rapprochement incroyable !... Samuel Bernard et M. de Rotschild, aux deux bout de la rue Saint-Florentin : décidément, ce qui vient de la flûte s'en retourne au tambour !

Louis Lurine.

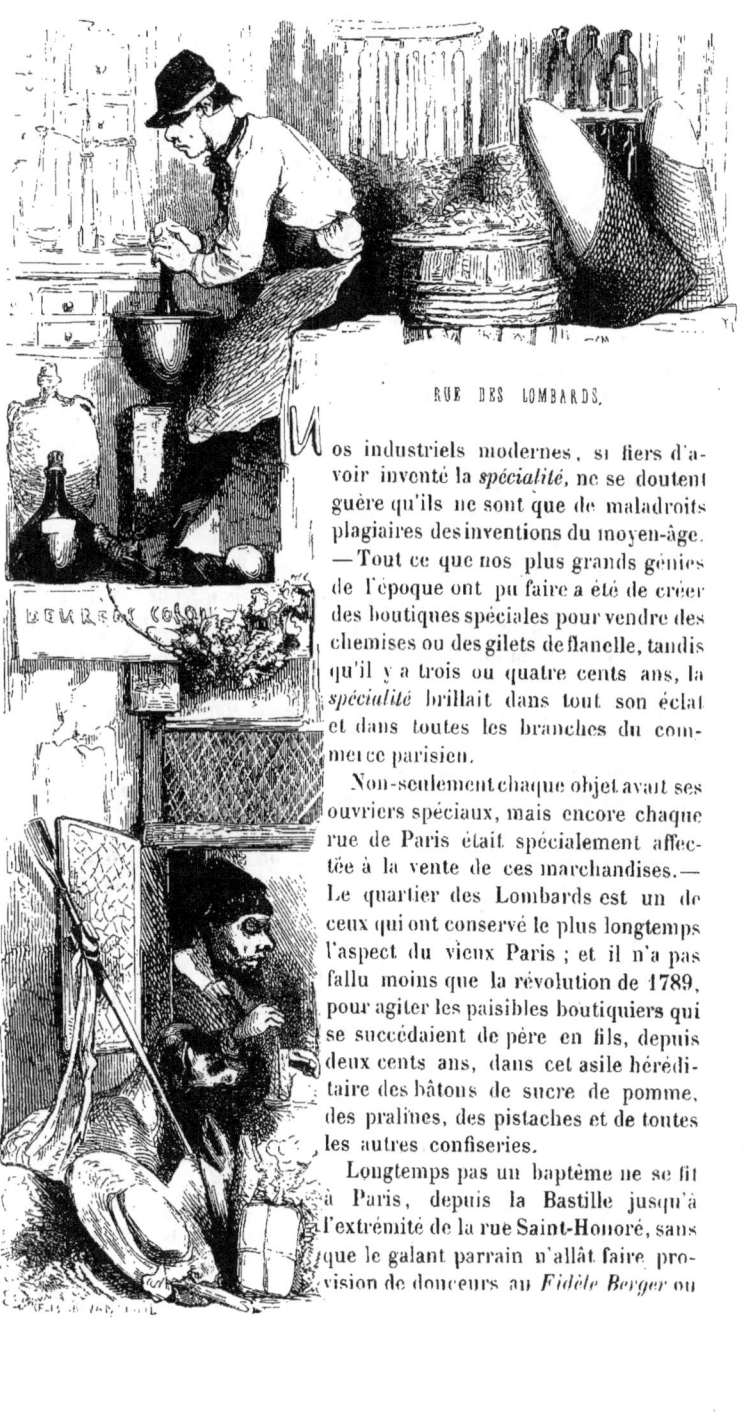

RUE DES LOMBARDS.

Nos industriels modernes, si fiers d'avoir inventé la *spécialité*, ne se doutent guère qu'ils ne sont que de maladroits plagiaires des inventions du moyen-âge. — Tout ce que nos plus grands génies de l'époque ont pu faire a été de créer des boutiques spéciales pour vendre des chemises ou des gilets de flanelle, tandis qu'il y a trois ou quatre cents ans, la *spécialité* brillait dans tout son éclat et dans toutes les branches du commerce parisien.

Non-seulement chaque objet avait ses ouvriers spéciaux, mais encore chaque rue de Paris était spécialement affectée à la vente de ces marchandises. — Le quartier des Lombards est un de ceux qui ont conservé le plus longtemps l'aspect du vieux Paris ; et il n'a pas fallu moins que la révolution de 1789, pour agiter les paisibles boutiquiers qui se succédaient de père en fils, depuis deux cents ans, dans cet asile héréditaire des bâtons de sucre de pomme, des pralines, des pistaches et de toutes les autres confiseries.

Longtemps pas un baptême ne se fit à Paris, depuis la Bastille jusqu'à l'extrémité de la rue Saint-Honoré, sans que le galant parrain n'allât faire provision de douceurs au *Fidèle Berger* ou chez les rivaux de ce célèbre fournisseur, qui était le *Berthellemot* de l'époque; ce *berger* réellement *fidèle* s'est cramponné jusqu'à nos jours à son vieux comptoir de la rue des Lombards, et a protesté le dernier contre l'invasion barbare des épiciers qui sont venus faire retentir le bruit de leurs grossiers pilons dans ces lieux qui n'avaient entendu, pendant des siècles, que le doux bruissement des pralines, qui nuit et jour tombaient comme de la grêle dans d'élégants cornets de papier doré, ou dans de charmants sacs ornés de faveurs roses.

La rue des Lombards a subi trois transformations bien distinctes, depuis son origine. — Cette rue, aujourd'hui perdue dans l'obscur et sale quartier de Saint-Jacques-la-Boucherie, fut, sauf les becs de gaz et les trottoirs en asphalte, la véritable rue Laffitte du moyen-âge. — C'est là que logeaient et ouvraient boutique d'or et d'argent, tous les marchands lombards et lucquois qui venaient exercer à Paris le métier lucratif de banquiers ou plutôt de changeurs, de prêteurs sur gages et d'usuriers.

Ce fut longtemps le centre financier de Paris : les courtisans du Palais-de-Justice, alors que les rois de France l'habitaient, et plus tard tous les seigneurs du Louvre, de l'hôtel Saint-Paul et de la rue des Tournelles, vinrent tour à tour emprunter quelques beaux écus d'or au soleil à ces banquiers du moyen-âge que l'on chassait ensuite à coups de rigoureuses ordonnances, quand on ne pouvait les rembourser.

Le choix qu'avaient fait les Lombards de cette rue, abritée par les hautes tours de Saint-Jacques-la-Boucherie, pour leur séjour habituel, lui fit donner le nom traditionnel de ces prêteurs d'argent, et ce nom de rue des Lombards lui est resté, même après que ses habitants primitifs eurent été expulsés de France à plusieurs reprises. — Avant d'être baptisée ainsi du nom des Lombards, cette rue fut appelée rue de la *Buffeterie*, — *vicus buffeteriæ*, — probablement parce qu'à cette époque on y fabriquait des meubles et des buffets. — C'est sous ce nom qu'elle fut connue au XIIIe siècle, et on le retrouve mentionné en divers titres. — Ainsi dans un arrêt du parlement daté du 23 juillet 1522, on lit : — *Vicus Lombardorum qui vulgariter la* Buffeterie *nuncupatur*..... la rue des Lombards qui vulgairement est appelée la Buffeterie.

Au surplus, cette désignation semblerait prouver que le nom des Lombards, venus en France avant le règne de Saint-Louis, est antérieur à celui de la *Buffeterie*. — En 1384, cette dernière dénomination était encore employée, mais la toute-puissance de l'argent fit prévaloir le nom des Lombards, et dans cette lutte d'inscriptions ce furent les usuriers qui l'emportèrent définitivement. — Mais si le nom des Lombards reste à la rue, ils n'y demeurent pas eux-mêmes éternellement, car au XVIe siècle nous trouvons ce quartier habité par les fripiers et les tailleurs de pourpoints.

Cependant la présence de ces premiers industriels, nous voulons parler des marchands de friperies, ne se prouve aujourd'hui que par un faible indice, par un seul passage du *catholicon*, où on fait dire à M. de *Mayenne* : que la duchesse de Montpensier, sa sœur, est allée chercher des *drapeaux* de la rue des Lombards ; — ce qui a fait dire ingénieusement, de la Ligue, qu'elle avait une politique de chiffonniers.

Si l'on peut douter que les marchands fripiers aient occupé l'ancien séjour des Lombards, du moins c'est un fait authentique et avéré que les tailleurs de pourpoincts y ont ouvert boutique pendant un certain nombre d'années.

Au XVIe siècle, toujours par suite de cette *spécialité* dont nous avons déjà parlé plus haut, on comptait autant d'espèces de tailleurs qu'il y avait de différentes parties dans l'habillement d'un gentilhomme. — L'un ne s'occupait que du pourpoinct, l'autre du manteau, celui-ci des chausses et celui-là d'autres choses encore.

Le pourpoinctier devait avoir une grande importance et tirait sans doute grande vanité de sa profession, à une époque où Bassompierre, pour assister au baptême du fils de Henri IV, se faisait confectionner un pourpoinct du prix de quatorze mille écus. — Plaignez-vous donc aujourd'hui, quand le tailleur le plus à la mode ne vous fait payer un habit que cinquante écus !

Les pourpoinctiers, après avoir dressé à petit bruit leur établi dans la rue des Lombards, entraînés par un légitime orgueil, tentèrent une petite révolution d'étiquette dans le quartier qu'ils avaient adopté ; en conséquence, un certain soir, les habitants de cette rue s'endormirent rue des Lombards et se réveillèrent rue de la *Pourpoincterie*. — Mais les tailleurs n'eurent pas longtemps la satisfaction de voir leur corps de métier parrainer la vieille rue illustrée par les financiers du XIVe siècle. — L'innovation en fait d'écriteau ne dura pas, et en 1636, le nom des Lombards, qui n'avait jamais été complétement oublié dans le souvenir des Parisiens, reprit définitivement sa place, au coin de la rue en question, et désormais il ne fut plus effacé.

A un souvenir de mode, les habitants du quartier avaient préféré un souvenir d'argent, bien que ce nom des Lombards ne leur rappelât que la dure âpreté de l'usure, car si les banquiers italiens furent souvent persécutés, ils le rendaient bien à leurs débiteurs. — *Patience de Lombard*, dit Sauval, était devenu ironiquement proverbial, pour désigner les poursuites les plus actives et les plus impitoyables exercées par les créanciers contre leurs débiteurs.

J'ai lu dans un livre latin, à propos de ces banquiers équivoques, une petite anecdote que je vais tâcher de gazer en français :

Sous le règne des usuriers du moyen-âge, un des Lombards en question avait une fille charmante : je ne sais plus quel gentilhomme emprunta de l'argent au père, et voulut emprunter quelque chose à l'enfant.

Le juif essaya de punir l'amoureux de sa fille, en menaçant, en poursuivant son noble débiteur, un gros dossier à la main, et par toutes les *voies de droit* de ce temps-là ; de son côté, le galant insolvable ne trouva rien de mieux à faire que de mettre le feu au logis de son créancier, pour enlever à la fois un titre de trois mille écus, et une vertu de seize ans.

La maison du vieux coquin fut brûlée; par malheur, si le lombard ne sut point s'opposer à l'enlèvement de sa fille, il s'opposa trop bien à la soustraction de ses titres de créance : le gentilhomme devint, avec l'aide du feu, l'amant d'une vierge ; mais, il resta le débiteur d'un usurier.

La rue des Lombards faillit être incendiée toute entière, ce soir-là; les juifs perdirent, dans l'incendie, beaucoup de valeurs, beaucoup de billets qui ressemblaient, par anticipation, au fameux billet de La Châtre.

Un peu plus tard, notre amoureux consentit à restituer, en échange d'une quittance générale, tout ce qu'il pouvait rendre, avec la meilleure volonté du monde. Il avait pris une fille à son père : il lui rendit la fille, et un petit garçon par dessus le marché.

Il en coûta au pauvre Lombard, une maison et trois mille écus d'or, pour devenir grand-père devant Dieu.

Cette anecdote n'est rien ; mais on en pourrait faire quelque chose avec de l'esprit.

A partir du dix-septième siècle, la rue des Lombards n'a plus subi de changement de nom, mais elle a encore éprouvé bien des révolutions dans le personnel de ses commerçants.

Avant de vous raconter les destinées modernes de ce quartier, il nous reste à vous parler d'un édifice dont la renommée appartient à son histoire d'autrefois.

C'est dans la rue des Lombards que se trouvait anciennement la *Maisons des Poids du Roi*, où venaient se vérifier les poids des marchands et la valeur de certains objets; c'est dans cet établissement qu'étaient déposés les poinçons, matrices, étalons des poids et mesures qui étaient en usage dans la ville de Paris.

La Maison des Poids du Roi se voyait encore en 1772, bien qu'elle n'eût plus son ancienne destination; depuis, on l'a détruite entièrement, et c'est tout à la fois un vieux souvenir historique de moins et un utile établissement de perdu, car c'est surtout dans le commerce d'épicerie que le marchand ne se fait pas faute de faire peser la balance du côté où il place sa denrée plus ou moins coloniale.

Aujourd'hui la Maison des Poids du Roi est un tribunal de police correctionnelle, où l'on condamne à *un franc* d'amende le boulanger qui vole six cent kilogrammes de pain au public, dans le courant d'un trimestre; il est vrai que par compensation, le même tribunal condamne à un an de prison le pauvre diable de Parisien affamé, qui se permet de prendre un pain d'un demi-kilogramme à ce même boulanger-voleur.

Le plus beau temps de la rue des Lombards fut, sans contredit, celui qui s'écoula de l'an 1650 à l'an 1800; tout le monde ne pouvait pas aller emprunter aux anciens usuriers de ce quartier, par la raison excellente qu'on ne prête qu'aux riches, tandis que pas un Parisien ne trouvait, au moins une fois dans sa vie, quelques pièces de trois livres à dépenser pour faire le galant; toutes les femmes idolâtraient les dragées, depuis les dames de la cour jusqu'aux plus simples grisettes.

Je ne parle pas des *parrains*; pour eux la course à la rue des Lombards était la première chose qu'ils inscrivaient sur leurs tablettes, en récapitulant les frais que devait leur procurer l'honneur de tenir un petit Parisien sur les fonts de baptême, en compagnie d'une charmante marraine.

Tous les bonbons les plus délicats et les plus galants ont vu le jour, pour la première fois, rue des Lombards; cinquante confiseurs luttaient continuellement de génie, pour inventer une nouvelle manière de rissoler les pralines et d'accommoder les pistaches; leur esprit était continuellement en ébullition comme leur chaudière, sans compter que deux cents poëtes se creusaient la cervelle, pendant les douze mois de l'année, pour rimer les *devises* qui accompagnaient invariablement chaque bonbon.

A cette heureuse époque, du moins, la poésie avait un débouché certain, et un père de famille pouvait voir, sans trop d'inquiétude, un de ses fils embrasser le *culte d'Apollon*; pour peu que notre poète eût la chance de connaître un confiseur de la rue des Lombards, il était sauvé ou à peu près; on voyait de ces poètes se faire jusqu'à trois livres par jour, en confectionnant des devises, toutes plus amoureuses les unes que les autres. — Par exemple, il ne fallait pas travailler à ses heures, et *Pégase* devait être toujours bridé, chaque *cent* de devises étant payé six livres, prix fixe.

En 1843, bien des poètes regrettent l'année 1750, car les éditeurs sont encore moins généreux que les confiseurs : loin de donner un sou d'un volume de vers, ils commencent par se faire payer pour imprimer des œuvres poétiques; et encore, ces infortunés volumes ne trouvent-ils un jour un peu de débit qu'à l'aide de l'épicerie ; c'est le poivre de Cayenne qui sert de passeport aux élégies les plus douces : mieux valait encore l'alliance de la poésie avec la confiserie ; c'était moins humiliant.

Ce n'étaient pas seulement les poètes du dernier ordre, et auxquels on devrait même à la rigueur refuser cette noble qualification, qui travaillaient pour les confiseurs de la rue des Lombards : *Gilbert*, cet illustre et infortuné satyrique, confectionna lui-même de banales devises, et ce n'était pas pour lui les plus mauvais jours que ceux où il allait toucher quinze ou dix-huit livres, chez le patron de la boutique du *Fidèle Berger*, pour prix de son travail littéraire de la semaine.

C'est fort triste, n'est-ce pas? Eh bien, ce qui est plus triste encore, c'est que Gilbert était plus généreusement payé par le confiseur qu'il ne le fut dans la suite par monseigneur de Beaumont; après toutes ses luttes contre les *encyclopédistes* et les *philosophes*, le seul champion de l'archevêque de Paris alla finir ses jours à la porte de cette église dont il s'était constitué le défenseur : à *l'Hôtel-Dieu!*

Si j'en crois un article de M. Louis Lurine, intitulé *le premier poète de la rue des Lombards*, ce fut le malheureux Gilbert qui inventa les bonbons à la *Dorat*, dont le succès fut immense ; notre confrère nous assure que les bonbons renfermaient l'épigramme suivante, en guise de devise :

> Capricieux et volontaire,
> Son esprit s'égare en tout lieu ;
> Le voilà d'abord terre-à-terre,
> Et puis, il vole jusqu'à Dieu !....
> On l'a dit : Emule fidèle
> De nos papillons voltigeurs,
> Il butine toutes les fleurs...
>   Excepté l'immortelle !

Et quelques jours plus tard, Gilbert s'écriait, dans un hospice :

> Au banquet de la vie, infortuné convive,
> J'apparus un jour, et je meurs;
> Je meurs, et sur la tombe où lentement j'arrive,
> Nul ne viendra verser des pleurs !...

De nos jours, la *devise* a beaucoup perdu de sa vogue primitive; l'école romantique lui a porté un coup terrible, et il n'y a plus que les vieux habitués classiques du théâtre Français, et les jeunes blanchisseuses de fin qui se laissent encore prendre aux charmes d'une poésie qui est pourtant si digne d'être goûtée, quand les pistaches sont bien fraîches.

Aujourd'hui *Pomerel* et *Berthellemot* enveloppent leurs bonbons-nougats dans une *Méditation* de Lamartine, et j'ai lu dernièrement un sonnet de M. Emile Deschamps, en faisant connaissance avec un bonbon au marasquin; comme j'ai le courage de mon opinion, j'avoue franchement que je l'ai trouvé excellent — le bonbon au marasquin!

Les seules pistaches au chocolat sont restées fidèles à leur petit distique :

> « Peut-on ne pas mourir d'amour.
> « Quand on vous aperçut un jour. »

Ou encore :

> « Dès que je vous vis, ô madame.
> « J'ai senti s'allumer ma flamme! »

C'est un peu faible de poésie, si vous voulez, mais le chocolat pur caraque fait passer bien des choses.

De toutes ces fameuses boutiques de confiseurs, qui brillaient naguère dans toute la longueur de la rue des Lombards, le *Fidèle Berger* est resté seul debout, à l'instar du sage d'Horace, sans s'inquiéter de toutes les ruines qui s'écroulent sur sa tête; il est toujours debout, la houlette à la main; fidèle à son vieux quartier et aux vieilles traditions, il n'imite pas tous les *Galants Parrains*, et toutes les *Belles Angéliques*, ses anciens voisins et voisines, qui ont profité de la révolution pour émigrer de la rue des Lombards et aller s'établir dans les quartiers de Paris où la mode a nouvellement établi son empire.—C'est à peine si ce vieux berger a fait une concession aux exigences de son siècle, en adoptant pour éclairer sa boutique le resplendissant bec de gaz. — Il voulait avoir une éternelle fidélité, même à l'égard de son vieux quinquet à l'huile!

Par exemple, il est un antique et agréable usage auquel toute la confiserie française est restée fidèle, et nous l'en félicitons bien vivement pour notre part.—Je veux parler des jeunes et jolies demoiselles de magasin qui sont chargées de servir aux chalands les cornets de dragées et les boîtes de pastilles.—Dans tous les autres magasins, les demoiselles de comptoir ont été remplacées peu à peu par des messieurs de comptoir dont l'aspect est beaucoup moins séduisant : il est affreux.

Entrez dans un magasin de nouveautés : un commis vous déroulera les étoffes moelleuses, qui ne devraient être touchées que par la main d'une femme. — Demandez du coton ou du fil chez un mercier, et vous verrez de gros doigts rouges chercher à démêler les écheveaux. — Entrez dans un magasin de modes, et ce sera très souvent *un modiste* qui vous détaillera toute la grâce d'une capote en satin, ou tout le mérite d'un bonnet en tulle; ce sera un *garçon modiste* qui vous apportera votre emplette, à domicile.

Les confiseurs seuls sont restés galants et n'ont pas dépossédé toutes ces jeunes filles, de leur délicieux emploi ; — ô confiseurs, soyez bénis!

C'est depuis une cinquantaine d'années qu'a commencé la phase actuelle de l'existence de la rue des Lombards : la confiserie a été peu à peu détrônée par l'épicerie, et le sucre de pomme a dû fuir devant le sucre candi !

La rue des Lombards est aujourd'hui le quartier-général de toutes les *denrées coloniales*, puisque l'on est convenu de dénommer ainsi jusqu'aux pruneaux de Tours, et jusqu'aux briquets phosphoriques; — ce qui prouve que nos colonies commencent beaucoup plus près de Paris qu'on ne le croit généralement dans la société. — Mais si la rue des Lombards est livrée aux épiceries, du moins elle est fière de ne renfermer dans son sein que

des *épiciers en gros*, ou en demi-gros; quant au vulgaire *épicier en fin*, il y est complètement inconnu. Essayez de vous faire servir une once de cassonade, ou un petit pot de raisiné, et vous serez bien reçu! — On ne vend, dans ces lieux, du sucre candi qu'au quintal, et du bois de réglisse qu'à la voie!

On ne se doute pas généralement, dans le public, du nombre de transactions différentes auxquelles a donné lieu le débit d'une once de chicorée, vendue le matin par le petit épicier du coin au vieux garçon qui veut se régaler d'une tasse de moka. — Nous avons d'abord le fabricant qui expédie à l'entreposeur, puis celui-ci qui recède sa denrée au marchand en gros, puis celui-ci qui la revend à l'épicier en demi-gros, puis enfin le dernier qui fractionne encore ses paquets pour le petit épicier, lequel enfin vend sa marchandise par petites fractions *homéopathiques*, car il vous sert pour un liard de café si vous le désirez!

L'épicier en fin est plus qu'un marchand, c'est un véritable philanthrope dans l'acception la plus noble et la plus sainte du nom. A n'importe quelle heure du jour et quelquefois même de la nuit, notre personnage se dérangera de son dîner, de son souper ou de son sommeil, pour vous vendre, que dis-je, pour vous donner un briquet phosphorique de deux sous.

Et quand même vous n'auriez rien à demander à un épicier que votre chemin, entrez hardiment dans sa boutique, et il s'empressera de vous satisfaire en vous reconduisant poliment jusqu'au seuil de sa porte, tout comme si vous veniez de dépenser cinquante francs dans son magasin.

Cette philanthropie est admirable, et je ne passe jamais devant la boutique d'un épicier sans être tenté de saluer profondément le patron du logis comme un bienfaiteur de l'humanité. — Mais, jusqu'à ce jour, je n'ai pas encore mis mon envie à exécution. Du reste, si j'en viens là, je me garderai bien alors de passer par la rue des Lombards, car, vu l'immense quantité de magasins d'épicerie qui ornent ce quartier, il me faudrait tenir mon chapeau à la main tout le long du chemin. Il est bon d'être poli, mais il ne faut pas s'enrhumer du cerveau.

Dans les *modernes* magasins de la rue des Lombards, les jolies petites demoiselles de boutique, qui jadis enfonçaient avec tant de grâce leurs doigts blancs et effilés dans les bocaux où elles puisaient les pralines et les pastilles, se trouvent remplacées par de robustes garçons qui enfoncent jusqu'au coude leurs grands bras rouges dans des tonneaux de cassonade ou de raisiné de Bourgogne : la casquette de loutre se pavane derrière les vitraux, où l'on n'apercevait jadis que de charmants petits bonnets aux rubans roses!

Tout change dans la nature, et par conséquent dans la rue des Lombards; aussi ce quartier n'en restera-t-il pas là dans ses transformations successives, et grâce au voisinage de la rue *Rambuteau*, qui vient d'amener l'air et le soleil dans tout ce quartier jadis si sombre et si ténébreux, peut-être, dans une centaine d'années, Dieu et les maçons aidant, la rue des Lombards sera-t-elle une des rues les plus coquettes et les plus brillantes de Paris ; — en 1943, il ne serait pas impossible que les banquiers de la Chaussée-d'Antin reprissent leur domicile, dans ce quartier illustré quatre cents ans auparavant par le séjour des inventeurs de la *Lettre de Change*.

Louis Huart.

RUE ET PASSAGE DU CAIRE.

ous ne croyons pas nécessaire de rechercher bien scrupuleusement ce qu'était, aux temps que l'on pourrait appeler les *temps fabuleux* de notre histoire, le petit coin de Paris dont nous sommes chargé d'étudier les diverses transformations. Il est aujourd'hui assez indifférent que l'emplacement actuel de la rue et des passages du Caire se soit trouvé ou non sur la voie romaine qui partait du grand pont de la Cité, touchait à l'endroit où, depuis, on a bâti les Halles, et là se divisait en deux branches qui allaient je ne sais où. Il importe aussi fort peu, que cet emplacement fût alors couvert de bois, ou qu'il fût couvert de marais, quoique les historiens ne se soient peut-être pas bien entendus sur cette grave matière. Quant à nous, nous serions assez disposés à croire bonnement, que sur la place en question, il y avait à la fois des bois et des marécages; mais nous sommes prêts à nous incliner devant le premier Edie Ochiltrée, qui nous démontrera notre erreur sur cet important sujet. Nous ne compulserons pas non plus les vieilles chartes poudreuses conservées à l'Hôtel-de-Ville et aux Archives de Paris, pour résoudre rigoureusement le problème de savoir si le terrain dont il s'agit appartenait, à une époque reculée, à la léproserie de Saint-Ladre ou Saint-Lazare, qui s'élevait dans le faubourg Saint-Denis, ou s'il dépendait de l'hôpital de la Trinité, qui existait à l'angle de la rue St-Denis et de la rue Grenétat. Tout ce quartier était hors de l'enceinte de Paris sous Philippe-Auguste; ce fut seulement sous Charles V qu'il devint partie intégrante de la ville, lorsque les limites, qui s'arrêtaient en 1190 aux rues du Jour, Bourg-l'Abbé et Michel-le-Comte, furent portées en 1356 jusqu'aux rues Meslay, Sainte-Appoline et Bourbon-Villeneuve.

Ce serait donc à partir de cette dernière époque que devrait commencer notre tâche, pour que nous restassions fidèles au titre de cet ouvrage. Mais nous ferons plus, et nous passerons tout d'abord à une époque rapprochée des temps modernes.

Nous supposons donc que nous sommes en plein XVIe siècle, que le vaillant roi François Ier règne sur la France, et que le lecteur peut embrasser d'un coup-d'œil le quartier populeux où doivent s'élever plus tard la rue et les passages du Caire. Rien n'annonce encore ces maisons blanches ou gris-sale, régulières, alignées au cordeau, que nous voyons aujourd'hui; rien ne fait craindre ces longues et tristes galeries vitrées, où végètent maintenant les lithographes et les marchands de jouets d'enfants; nous sommes dans le Paris du moyen-âge, dans ce Paris si sombre, si tortueux, si boueux, et pourtant si poétique, que la civilisation moderne et la ligne droite effacent tous les jours. Partout autour de nous se dressent de vieux et noirs édifices, dont le peu de largeur des rues fait paraître encore la masse plus sombre, et dans ces rues crie, s'agite et se coudoie cette population bariolée de bourgeois affairés, de moines et de moinesses mendiants, d'écoliers, de filles-de-joie, d'artisans ambulants, de gueux, qui donnaient à la ville ancienne une physionomie si étrange et si caractérisée. Mais avant d'examiner, en lui-même, le quartier qui nous occupera plus particulièrement, jetons rapidement un coup-d'œil sur les monuments qui l'avoisinaient.

D'abord, dans la rue Saint-Denis, presqu'en face de l'endroit où débouche actuellement la rue du Caire, se dressait le vieil hôpital de la Trinité dont nous avons déjà parlé : il se composait d'une chapelle gothique, construite au XIIe siècle, et d'une sorte de cloître de grande étendue; par derrière, était un vaste enclos rempli d'arbres fruitiers. Dans l'origine, cet édifice, comme l'indique son nom, avait été destiné à recevoir les pauvres malades, et il avait été desservi par des moines d'un ordre particulier, qu'on avait surnommés *Frères Aniers*, à cause des pacifiques bêtes sur lesquelles ils étaient montés lorsqu'ils allaient quêter dans la ville. Malheureusement, malgré l'apparence toute débonnaire de ces religieux, ils avaient dilapidé les fonds de leur hospice, si bien, qu'à l'époque dont nous parlons, ils en avaient été chassés depuis longtemps, et les immenses bâtiments de l'hôpital de la Trinité avaient été mis à la disposition des célèbres *confrères de la Passion*, ces premiers disciples de l'art dramatique en France. Les confrères étaient des marchands, des ecclésiastiques, des magistrats, qui s'associaient pour représenter des *Mystères*, et jouaient la comédie bourgeoise à la plus grande gloire de Dieu; leurs séances

avaient lieu dans la plus belle salle de la Trinité, et là, les dimanches et fêtes, l'Évangile et la Bible etaient travestis pendant toute la journée, en présence d'une foule bruyante et tumultueuse.

Un peu plus haut dans la rue, se trouvait la fontaine du Ponceau, monument fruste et grossier, mais qui avait l'avantage de fournir, en tout temps, aux habitants du quartier, une eau claire et saine, provenant de l'ancien aqueduc de Saint-Gervais. C'était à la fontaine du Ponceau que Louis XI, faisant son entrée dans sa bonne ville, fut reçu par « des sau- » vages combattant, et par trois belles filles faisant personnages de sirènes » toutes nues... Ce qui était chose bien plaisante, et disant de petits motets » et bergerettes, » tandis que la fontaine rendait du vin et du lait, toutes merveilles dont le naïf Jean de Troyes nous a transmis le souvenir.

La porte ou bastille Saint-Denis terminait la rue du côté du Nord, non pas, comme on le pense bien, l'arc-de-triomphe élevé par Louis XIV, que nous voyons aujourd'hui, mais une véritable porte de place de guerre, composée de deux grosses tours avec herse, pont-levis, fossés et corps-de-garde extérieur. A partir de cette porte, la muraille de la ville allait, sans interruption, jusqu'à la porte Montmartre, toute hérissée de créneaux, de guérites de bois et de canons; au-dessus de la muraille, on pouvait néanmoins apercevoir encore la butte des Gravois et le petit village de Villeneuve, situé à peu près à l'endroit où se trouve aujourd'hui le boulevart Bonne-Nouvelle; puis au-delà, parmi les arbres verts de l'enclos Saint-Lazare, on distinguait les vastes bâtiments de la léproserie, et dans le lointain les piliers lugubres de Montfaucon, avec leurs grappes hideuses de suppliciés.

Quant au quartier même, dont nous n'avons décrit jusqu'ici que les abords, ce n'était, à l'époque où nous nous supposons transportés, qu'un assemblage immonde de maisons de bois écloppées et boiteuses, dont le pignon était tourné vers la rue, et dont les poutres croisées en forme d'X formaient sur les façades de bizarres figures géométriques. Ces maisons de hauteurs inégales, pressées l'une contre l'autre, croulantes, véritables *tanières à peuple,* formaient un amas discordant et confus qui s'étendait presque jusqu'aux Halles. Des rues étroites et fangeuses se glissaient à travers ces masures, tournaient, revenaient sur elles-mêmes, et aboutissaient souvent à un cloaque repoussant. Ni l'air, ni le soleil ne pénétraient jamais dans ces venelles infâmes, d'où s'échappaient, en toutes saisons, des odeurs nauséabondes. Pas un couvent, pas un hôtel, pas un noble édifice ne projetait la pointe élancée de ses tourelles au-dessus de ces toits plébéiens dans tout l'espace compris entre la rue Montorgueil et la rue Saint-Denis d'une part, la rue Mauconseil et l'emplacement de la rue Thévenot, de l'autre. Seulement, en dehors de ce carré de constructions misérables, d'impasses humides où végétait la population la plus pauvre et la plus méprisable de Paris, entre la rue Saint-Sauveur et le rempart, s'élevait isolément une église surmontée d'un clocher gothique, entourée de cloîtres réguliers et de vastes jardins, qui reposaient un peu le regard des constructions hideuses dont ils étaient voisins.

Cette église et ce couvent appartenaient aux *Filles-Dieu;* ces habitations misérables que nous venons de dépeindre, étaient *la Cour des Miracles;* nous allons donner quelques détails sur ces deux remarquables établissements.

Il est difficile, sinon impossible, de parler de la Cour des Miracles après l'illustre écrivain de la Notre-Dame de Paris; mais il entre nécessairement dans notre cadre, pour que l'histoire du quartier dont nous nous occupons soit aussi complète que possible, de rappeler ici quelques traits du magnifique ouvrage dont Victor Hugo a doté notre époque.

D'abord, nous ferons remarquer que cette dénomination de *Cour des Miracles* ne s'appliquait pas exclusivement à l'impasse qui porte aujourd'hui ce nom; il y avait dans la ville plusieurs asiles de ce genre. Dulaure cite parmi les plus célèbres: la *Cour du Roi François* et la *Cour Sainte-Catherine*, situées toutes les deux rue Saint-Denis, la *Cour de la Jussienne*, les *Cours des Miracles* de la rue du Bac et de la rue de Reuilly, etc. On peut y ajouter les rues de la Grande et Petite-Truanderie, des Mauvais-Garçons et les trois rues des Francs-Bourgeois; en général, les lieux qui ont conservé ces dénominations de *Francs*, servaient autrefois de refuge aux gueux et aux vagabonds de Paris.

Sous Louis XIV, la Cour des Miracles dont nous parlons s'étendait entre l'impasse de l'Étoile et les rues de Damiette et des Forges; son entrée était dans la rue Neuve-Saint-Sauveur. Sauval, dans son livre intitulé *Histoires et Antiquités de Paris*, en a laissé une description détaillée que nous allons rapporter:

« Elle consiste en une place d'une grandeur très-considérable et en un
» très-grand cul-de-sac puant, boueux, irrégulier, qui n'est point pavé.
» Autrefois il confinait aux dernières extrémités de Paris. A présent il
» est situé dans l'un des quartiers des plus mal bâtis, des plus sales et des
» plus reculés de la ville, entre la rue Montorgueil, le couvent des Filles-
» Dieu et la rue Neuve-Saint-Sauveur, comme dans un autre monde. Pour
» y venir, il se faut souvent égarer dans de petites rues vilaines, puantes,
» détournées; pour y entrer, il faut descendre une assez longue pente,
» tortue, raboteuse, inégale. J'y ai vu une maison de boue à demi-
» enterrée, toute chancelante de vieillesse et de pourriture, qui n'a pas
» quatre toises en carré, et où logent néanmoins plus de cinquante mé-
» nages chargés d'une infinité de petits enfants légitimes, naturels ou
» dérobés. On m'a assuré que, dans ce petit logis et dans les autres, ha-
» bitaient plus de cinq cents grosses familles entassées les unes sur les
» autres. Quelque grande que soit cette cour, elle l'était autrefois beau-
» coup davantage. De toutes parts, elle était environnée de logis bas, en-
» foncés, obscurs, difformes, faits de terre et de boue, et tous pleins de
» mauvais pauvres. »

On ne sait pas positivement, si le droit d'asile dont jouissaient ces quartiers, était le résultat de privilèges accordés anciennement à la corporation de l'argot, ou l'effet d'une longue tolérance de la part des prévôts et autres justiciers de Paris; toujours est-il que les soldats du guet et les gens de garde redoutaient d'y pénétrer, moins par respect pour ces priviléges, que par crainte de voir cette hideuse population se ruer sur eux à la première alerte. Soit de jour, soit de nuit, un certain cri qui retentissait de maison en maison, de bouche en bouche, et se répandait en quelques minutes dans toute l'enceinte, annonçait l'invasion des suppôts de police dans ce royaume de la gueuserie. A ce signal, on s'armait, on courait dans ce dédale sombre de rues, que Victor Hugo compare à « un écheveau de fil brouillé par un chat, » et malheur à l'escouade d'archers, aux sergents, aux soldats du *guet-assis* ou du *guet-royal*, qui s'étaient engagés dans ce nid de brigands; le moins qu'il pouvait leur arriver était de s'en retourner roués de coups. Nous nous empressons d'ajouter que ces braves miliciens de nuit, tout habitués qu'ils étaient à être battus, s'exposaient très-rarement à la colère des habitants de la Cour des Miracles; ils les laissaient aussi tranquilles que possible, et ils se contentaient de molester les inoffensifs bourgeois qui contrevenaient aux réglements de la police d'alors; il y avait moins de danger et plus de profit.

Pendant le jour, la Cour des Miracles était silencieuse et solitaire; tous ses hideux habitués la quittaient dès le matin, et refluaient sur la ville en bandes de bateleurs, de bohémiens, de *maîtres de sales métiers*, de mendiants, d'estropiés; de sorte, qu'un étranger n'eût pas trouvé grande différence entre ce quartier et certains autres quartiers pauvres de l'ancien Paris. Mais le soir l'aspect changeait; les cabarets borgnes, les tavernes repoussantes dont la Cour des Miracles était semée, s'éclairaient alors, et il en sortait des chants infâmes, des cris et des trépignements. On voyait rentrer de toutes parts les gueux qui avaient passé la journée à exploiter le pavé de la ville; les aveugles voyaient clair subitement, les boiteux jetaient leurs bourdes, les malingreux effaçaient leurs plaies postiches; les femmes qui exerçaient la profession de *pauvres mères*, déposaient les deux ou trois marmots demi-nus qu'elles avaient loués le matin, et les restituaient à leurs véritables propriétaires; puis, malingreux, enfants, pauvres mères et estropiés, allaient s'enivrer dans leur cabaret d'affection, car une des lois fondamentales de la Cour des Miracles, était qu'il ne fallait rien garder pour le lendemain, et les orgies se prolongeaient aussi tard dans la nuit que le permettaient les profits de la journée.

Nous venons de parler des lois de la Cour des Miracles; le royaume de l'argot avait, en effet, un code ou formulaire dont on exécutait rigoureusement les dispositions; il faut dire que ce code prescrivait le vol, le brigandage et la licence la plus effrénée. Dans la Cour des Miracles, on ne connaissait ni baptême, ni mariage, ni enterrement, ni aucun sacrement; cependant, les argotiers n'étaient pas pour cela privés de religion, car, chaque fois qu'on les accusait d'impiété, ils montraient dévotement sur leur place principale, dans une grande niche, à l'angle d'une maison, une statue de pierre, représentant le Père Éternel, qu'ils avaient volée dans l'église de Saint-Pierre-aux-Bœufs. Les argotiers avaient aussi une organisation politique; ils étaient classés en différentes catégories, suivant la spécialité de leurs professions, et ils obéissaient tous à un chef qu'on appelait le roi de Thunes ou Grand Coësre. Les catégories principales étaient celles des Capons, des Francs-Mitou et des Rifodés, c'est-à-dire celles des voleurs, des mendiants et des vagabonds. Le chef ou roi était électif; il était chargé de conserver les lois et de les faire exécuter. Le signe de sa dignité était un gros martinet ou *boullaye*, avec lequel il pouvait caresser les épaules de ses sujets, lorsqu'il en avait la fantaisie. Il paraît aussi qu'il avait une certaine part dans le produit des vols et dans les profits de toute nature que faisaient ses inférieurs; on déposait les offrandes à ses pieds, dans un bassin, et c'est de là, dit-on, qu'est venue l'expression vulgaire de *cracher au bassinet*. Sa bannière consistait en un chien mort porté au bout d'une fourche. Dans les processions de la fête des fous, et dans les cérémonies que l'on appelait les *montres*, le roi de Thunes marchait après le duc d'Égypte, entouré de ses archi-suppôts, et il précédait les hauts dignitaires de l'empire de Galilée.

On comprend quelle horreur devaient inspirer aux dignes bourgeois de Paris cette hideuse république et le cloaque qu'elle habitait. La plus grande injure que l'on pût faire à un homme a été, pendant plusieurs siècles, de l'appeler *échappé de la Cour des Miracles*. Aussi il n'y avait pas de marchand timoré, de timide clerc, de passe-volant candide, qui osât regarder le quartier maudit de plus près que la rue St-Denis ou la rue Montorgueil; les femmes faisaient un grand détour pour l'éviter, et le plus hardi gendarme eût hésité à s'y aventurer de nuit.

Cependant il y avait une classe de la population parisienne, qui entretenait fréquemment des rapports avec les argotiers. Quelquefois le soir, après l'heure du couvre-feu, au moment où les assassinats et les vols commençaient dans la ville, on voyait des individus vêtus de grandes robes, le visage voilé, se glisser comme des ombres le long des murailles, et pénétrer courageusement dans la Cour des Miracles. Chose étrange! ces personnages si hardis étaient des moines.

Pour s'expliquer ce fait, il faut se souvenir que les moines d'alors vivaient pour la plupart des dons faits à leurs couvents, à leurs églises, ou au saint dont ils conservaient les reliques. Pour que tel ou tel monastère reçût donc le plus de legs pieux, il fallait qu'il fût en réputation de haute vertu, et que son saint patron manifestât sa supériorité sur tous les autres patrons de tous les autres couvents de la terre; il fallait, en un mot, que bon gré, malgré, le saint patron fît des miracles.

Or voici ce qui arrivait le lendemain ou le surlendemain des visites dont nous venons de parler, dans le quartier des gueux. Les bons moines faisaient une procession solennelle dans Paris, portant sur leurs épaules la châsse de leur bienheureux patron; on se prosternait, on se signait dévotement sur leur passage. Tout-à-coup, un homme paralysé d'un bras, ou boiteux, ou épileptique, fendait la foule et cherchait à toucher la châsse

qui contenait les reliques ; on le repoussait, on le frappait, il ne se rebutait pas. Il collait enfin ses lèvres contre le coffre sacré, et tout-à-coup, ô prodige! le paralytique agitait son bras, le boiteux rejetait sa béquille loin de lui, et marchait droit comme un archer du roi, l'épileptique cessait d'écumer et se déclarait guéri. Le peuple était émerveillé, car depuis dix ans, quinze ans, le paralytique était notoirement paralytique, le boiteux boiteux, l'épileptique épileptique; on le connaissait, on lui avait donné cent fois l'aumône. Le fait était patent, les preuves à l'appui étaient là, le miracle était incontestable; il était reconnu que le Saint de tel couvent était le plus grand Saint du ciel et de la terre. Les lampes d'argent et les ex-voto affluaient à sa chapelle, les donations, les legs pieux au trésor de ses desservants, et... voilà pourquoi les moines de Paris avaient souvent affaire aux argotiers, et pourquoi il y avait tant de prodiges au moyen-âge.

Telle était la Cour des Miracles, à l'époque dont nous parlons; réceptacle de toutes sortes de vices, repaire de débauches, asile avoué du vol, du recel, du meurtre, elle a subsisté jusqu'à Louis XIV, sans qu'avant lui, aucun souverain ait songé à détruire cette plaie que Paris portait à son flanc, sans qu'aucun événement, aucun désastre public n'ait beaucoup altéré sa monstrueuse organisation. Malheureusement pour les gueux, Louis XIV fut plus jaloux de son autorité qu'aucun de ses prédécesseurs; il ne voulut pas qu'il y eût dans Paris d'autre roi que lui, et la gloire du roi de Thunes en particulier lui faisait ombrage.

Un jour donc, en 1656, je crois, les habitants de la Cour des Miracles virent une foule de soldats, de gens de justice, de commissaires, pénétrer effrontément dans la rue Neuve-St-Sauveur, ce vieil et dernier refuge de la gueuserie parisienne, ce sanctuaire redouté, dont aucun homme portant hallebarde ou vêtu d'une robe noire n'avait osé enfreindre les priviléges. On voulut résister, mais hélas! on n'était pas en force; une armée presqu'entière cernait le quartier. Tous les coquins, vauriens, vagabonds, mendiants, estropiés, les coquillarts et les sabouloux, les narquois et les malingreux, le roi de Thunes lui-même, avec sa cour et ses officiers, tout fut pris, examiné, trié; on envoya les uns dans les prisons de Paris, on fonda pour les autres l'hospice de la Salpétrière, on jeta bas quelques maisons, on élargit les rues, on assainit le quartier, et de ce moment la Cour des Miracles n'exista plus. Benserade fit un charmant ballet intitulé *La Nuit*, où les transformations nocturnes de la Cour des Miracles formèrent un épisode fort comique; le ballet fut joué sur le théâtre du Petit-Bourbon; le roi se divertit beaucoup, et trouva que ces mœurs étranges étaient racontées en vers fort galants. Singulière destinée des choses humaines! La Cour des Miracles devait avoir pour oraison funèbre! un ballet de Benserade...!

Passons maintenant à un autre sujet. Nous avons dit que l'ancien quartier des Truands était adossé du côté du nord au couvent des Filles-Dieu, aujourd'hui entièrement détruit, et dont les jardins, postérieurement à Louis XIV, s'étendaient assez loin sur l'ancien territoire des argotiers. Voici ce que c'était que ce couvent.

Dans le courant du treizième siècle, Guillaume III, évêque de Paris, fonda, dans la rue appelée encore aujourd'hui impasse des Filles-Dieu, près de la rue Basse-Porte-Saint-Denis, une maison religieuse destinée à recevoir les pécheresses, *qui, pendant leur vie, avaient abusé de leur corps et à la fin étaient tombées dans la mendicité.* » Joinville dit que Saint-Louis accorda à cette institution une rente de quatre cents livres; mais cette somme était sans doute insuffisante, puisqu'au moyen-âge, les Filles-Dieu allaient mendier dans Paris avec une infinité d'autres moinesses et moines qui exploitaient alors la charité publique. Elles parcouraient les rues, du soir au matin, en criant: *Du pain pour Jésus notre Sire!* et cette vie errante fut sans doute pour elles une cause première de démoralisation. D'ailleurs, bien qu'elles eussent échangé la ceinture dorée contre l'habit de bure, les bijoux précieux contre le chapelet de bois, elles se souvenaient toujours d'avoir été les sujettes du *roi des Ribauds*, et, dans le pieux asile qui leur avait été ouvert, elles juraient, ô profanation! elles s'enivraient et menaient une vie dissolue; si bien qu'au lieu d'être des exemples d'édification pour les fidèles, elles n'étaient que des objets de scandale. Aussi une réforme fut bientôt nécessaire ; le nombre des recluses, qui était d'abord de deux cents, fut réduit de moitié, la règle devint plus sévère, la surveillance des autorités ecclésiastiques plus rigoureuse, et on parvint, ou à peu près, à transformer ces indociles pénitentes en religieuses.

Mais le couvent des Filles-Dieu avait du malheur, et il semble qu'une cruelle fatalité ait toujours pris à tâche de contrarier les bonnes intentions de ceux qui l'avaient institué. A peine des traditions de piété et d'expiation commençaient-elles à s'y établir, que les environs de Paris devinrent la proie de ces bandes indisciplinées, qui les ravagèrent tant de fois à cette époque; c'étaient tantôt les *compagnies*, tantôt les Anglais, tantôt ces ramassis de brigands qui n'appartenaient à aucun peuple, à aucun pays.

On peut juger combien ces invasions de soudards brutaux et effrénés portèrent de désordres dans le monastère et nuisirent aux bons effets des prédications. C'étaient tous les jours nouvelles violences, nouveaux pillages; la peste et la famine qui sévirent si souvent à Paris et dans les alentours pendant les 13me et 14me siècles, ne contribuèrent pas peu au relâchement forcé des mœurs; enfin, sous Charles V, une grande catastrophe termina cette première phase de l'histoire des Filles-Dieu : leur maison fut prise, pillée et brûlée par les Anglais, et elles furent elles-mêmes dispersées pour quelque temps.

Néanmoins la pensée qui avait présidé à l'établissement du couvent des Filles-Dieu était trop sage en elle-même, et Paris a contenu, en tous temps, trop de folles créatures, susceptibles de chercher un refuge dans une maison de ce genre, pour que celle-ci fût supprimée. Aussi ne tarda-t-on pas à construire un nouveau couvent beaucoup plus vaste et plus beau que l'ancien, et cette fois il fut compris dans la nouvelle enceinte de Paris, que venaient de tracer les États-Généraux, pendant la captivité du roi Jean. Il s'élevait précisément à l'endroit occupé aujourd'hui par les passages du Caire, et il était appuyé à la muraille. De la sorte, il était parfaitement garanti contre les ennemis du dehors, et il ne devait plus avoir à craindre que les ennemis du dedans.

Mais, comme nous l'avons dit, cette institution avait du malheur, et les efforts de ses protecteurs, pour améliorer les recluses, semblaient toujours tourner à leur démoralisation plus prompte. Le désordre se mit donc de nouveau dans le couvent des Filles-Dieu ; sans doute, ce devait être une rude besogne que de convertir des pécheresses comme on en trouve encore aujourd'hui dans Paris! Bref, une seconde réforme devint bientôt nécessaire, et, pour arrêter les débordements des recluses, on les assujettit... à la règle de Fontevrault, c'est-à-dire, à l'ordre monastique dans lequel les hommes et les femmes vivent en communauté, sous la surveillance d'une abbesse. Nous regrettons de ne pas connaître le nom du sage et pieux personnage qui conseilla à Charles VIII cette étrange mesure, et qui prétendit arrêter par là les débordements des Filles-Dieu : son nom méritait de passer à la postérité.

Eh bien! tout cela n'était rien encore; le génie du mal réservait à cette malencontreuse maison un désastre plus terrible que tous les autres.

C'était en 1648, au commencement des troubles de la Fronde, pendant la minorité de Louis XIV. A cette époque, Paris était parcouru chaque nuit par des bandes de vagabonds et de pillards, voire de jeunes gentilshommes, qui faisaient la débauche, rossaient le guet et détroussaient les passants par occasion. Une nuit donc de cette année si célèbre à Paris, par la *journée des Barricades*, une foule d'hommes armés et masqués se dirigea en silence vers le couvent des Filles-Dieu. En un instant, la maison et les jardins furent investis, on apposa des échelles aux fenêtres et aux murailles, et on donna l'assaut au couvent... On ne pilla pas, on n'incendia pas les bâtiments, l'église ne fut point profanée, et cependant ce fut un scandale immense dans Paris, le lendemain matin, lorsque l'on apprit jusqu'où avait été poussé le sacrilège. Vertueux Guillaume de Paris, quelle eût été votre douleur, en voyant votre généreuse fondation atteindre si mal le but que vous aviez marqué!

Une pareille aventure eût suffi pour perdre entièrement de réputation une autre maison religieuse; mais, comme nous le savons, le couvent des Filles-Dieu n'avait jamais eu et ne pouvait avoir un bon renom; aussi le fait avait-il moins de gravité que s'il se fût agi de telle ou telle abbaye aristocratique où les reines venaient faire leurs dévotions. A la cour, on trouva la chose fort plaisante et on en rit tout haut. Du reste, lorsque Louis XIV travailla à épurer les mœurs en France, tout en se livrant, sans contrainte, à ses propres passions, le couvent des Filles-Dieu ressentit l'influence de la réforme universelle; les recluses s'amendèrent tant bien que mal, l'anecdote de 1648 fut oubliée, et, jusqu'à la révolution de 1789, il ne paraît pas que cette maison ait été un foyer de scandale, plutôt que les autres maisons religieuses de Paris.

Il nous reste à parler d'un singulier privilège qu'avait autrefois le couvent des Filles-Dieu. Lorsqu'un criminel devait être pendu au gibet de Montfaucon, et lorsqu'on le conduisait au supplice, le cortège sinistre s'arrêtait devant la grande porte du monastère; on faisait descendre le condamné du tombereau, et toutes les religieuses, la supérieure en tête, venaient, un cierge allumé à la main, le recevoir processionnellement. Puis, on le conduisait, toujours en procession, devant un Christ qui était suspendu extérieurement au chevet de l'église, et où le lui faisait baiser.

Alors le condamné recevait solennellement des mains de la supérieure, *trois morceaux de pain et un verre de vin*, et on se remettait en marche

pour le conduire au supplice. N'y avait-il pas, dans cet usage d'offrir du pain et du vin à un malheureux qui allait mourir, quelque chose de naïf qui peint parfaitement nos bons aïeux ?

Un pauvre diable qui, je ne sais pour quel méfait, avait été condamné à être pendu à Montfaucon, et qui venait de recevoir de la supérieure des Filles-Dieu l'offrande ordinaire, avala tranquillement le vin et mit le pain dans sa poche; puis il remonta dans la fatale charrette. Son confesseur, qui n'était pas tellement occupé de sa mission charitable qu'il n'eût remarqué cet acte de singulière prévoyance, lui demanda à quel usage il pouvait destiner le pain qu'il avait mis en réserve :

— « J'imagine, mon père, répondit le malheureux, que les bonnes sœurs m'ont donné ce pain-là pour qu'il me serve en paradis, car en ce monde-ci, je n'en aurais plus que faire. »

Le couvent des Filles-Dieu s'étendait depuis la rue Saint-Denis jusqu'à la rue de Bourbon, anciennement appelée rue *Saint-Côme-du-milieu-des-Fossés*, et depuis la rue actuelle des Filles-Dieu jusqu'à la moderne Cour des Miracles. De beaux jardins, qui plus tard furent bordés de maisons, en étaient des dépendances. Le couvent, en lui-même, consistait en un vaste carré, dont l'église de forme rectangulaire, couverte en plomb et surmontée d'un petit clocher en pierre d'un travail élégant, formait une des faces vers la rue des Filles-Dieu. Les trois autres côtés contenaient les cloîtres et les bâtiments d'habitation; au centre était un parterre toujours bien entretenu par les recluses et un petit bassin d'eau vive. L'ensemble de l'édifice était noble, régulier, mais n'avait rien qui dût frapper particulièrement l'attention.

Voilà ce qu'était, dans les siècles antérieurs, le quartier dont nous sommes chargés d'écrire l'histoire; passons maintenant à l'origine et à la physionomie du quartier moderne.

A l'époque de la révolution, le couvent des Filles-Dieu fut supprimé comme tous les autres couvents; l'édifice fut vendu et démoli. Une compagnie se constitua alors pour l'exploitation des vastes terrains laissés vacants, par suite de cette démolition, au centre de Paris, dans un quartier populeux. Cette compagnie, dans un but de spéculation, décida qu'une rue allant de la rue Bourbon à la rue Saint-Denis, serait percée sur l'emplacement des anciens jardins des Filles-Dieu, et que des passages vitrés, dont la mode commençait alors à se répandre dans Paris, seraient construits sur les ruines du couvent. Les plans furent adoptés, on trouva de l'argent, les ouvriers se mirent à l'œuvre, et il en résulta la rue et les passages que nous connaissons.

Or, l'inauguration de ce quartier eut lieu en 1798, année grande et glorieuse dans nos annales. Bonaparte venait d'entrer au Caire avec cette belle et brave armée d'Égypte, à laquelle de nos jours quelques rares vétérans sont si fiers d'avoir appartenu. Cet événement avait excité en France, et surtout à Paris, le plus grand enthousiasme; et la compagnie dont nous avons parlé, résolut, par un sentiment louable, de rattacher le souvenir de ce magnifique fait d'armes au quartier qu'elle était occupée à reconstruire; elle lui donna donc le nom de *rue et de passages du Caire*, et l'ensemble fut appelé *foire du Caire*.

C'était fort bien; malheureusement on ne s'arrêta pas là. Afin qu'on ne pût se méprendre sur le sentiment patriotique des constructeurs, on chercha un moyen de donner au quartier nouveau une sorte de couleur locale, un caractère à la fois oriental, égyptien et glorieux, qui rappellerait la Pyramide de Gigeh, le temple de Denderach, et ces villes superbes de l'Orient que le général Bonaparte venait de conquérir. Un monument eut coûté bien cher, et d'ailleurs, ce n'était pas l'affaire des bons industriels qui avaient fait construire la rue et les passages du Caire, d'élever des monuments. Cependant on voulait, bon gré mal gré, apposer une sorte de cachet de circonstance aux nouvelles constructions; le patriotisme luttait contre l'économie, et enfin on se décida pour la décoration miraculeuse que nous voyons aujourd'hui.

Il est impossible que le lecteur, en traversant la place du Caire, n'ait pas aperçu par hasard, en levant les yeux vers la maison au-dessous de laquelle est l'entrée principale des passages, trois ou quatre mascarons de pierre, à gros nez, à visage carré, scellés dans la muraille; on dirait de ces masques grotesques que les costumiers suspendent au-dessus de leur porte en temps de carnaval. Ce sont pourtant des sphinx, à l'instar du sphinx géant qui depuis trois mille ans dort au pied des Pyramides. Plus haut, entre deux enseignes de tailleur et de bottier, se glisse une imperceptible frise, décorée du nom de bas-relief et qui s'étend d'une extrémité à l'autre de la façade. Ce bas-relief représente de petits personnages égyptiens de cinq à six pouces de haut, qui sont la caricature parfaite de ceux qu'on voit sur l'obélisque, et qui redisent sans doute en langue hiéroglyphique la gloire du général Bonaparte et de l'armée d'Égypte. Du reste la maison ressemble à toutes les autres maisons du voisinage, sauf ces enjolivements bizarres. Et voilà ce qu'imaginèrent les dignes industriels pour éterniser le souvenir d'une victoire et pour justifier le nom donné au nouveau quartier ! Bonaparte, à son retour d'Orient, dût être bien fier en voyant ce quasi-monument, s'il le vit !

La rue du Caire, comme toutes les rues modernes, est large, droite et assez insignifiante. Elle n'est remarquable par aucune de ces gracieuses et fragiles constructions qui sont aujourd'hui à la mode; elle est fréquentée par une population industrielle qui préfère de beaucoup l'utile à l'agréable. Les maisons hautes, uniformes, sans doute peu commodes, sont remplies de marchands de tous les genres, dont les enseignes s'étalent sur la façade jusqu'au troisième étage. Cependant la rue du Caire a une industrie spéciale : on y trouve les principaux magasins de chapeaux de paille de Paris; c'est de là que partent ces coiffures légères et poétiques qui vont orner les jolies têtes de la France et de l'étranger. Au printemps, on voit parfois quelques élégantes, dont les goûts de luxe ne sont pas en rapport avec la fortune, se glisser vers ces magasins où elles sont sûres de trouver pour un prix inférieur ces belles pailles de riz ou d'Italie que leurs marchandes de modes leur vendraient bien cher; les bourgeoises économes viennent faire blanchir, dans les ateliers de la rue du Caire, les chapeaux qu'elles ont déjà portés, et la fringante mais pauvre grisette ne va jamais chercher ailleurs sa coiffure d'été.

Les passages sont tristes, sombres, et ils se croisent à chaque instant d'une manière désagréable à l'œil. Ni le jour, ni la nuit, rien n'y rappelle les brillants magasins et la population coquette des passages des Panoramas et de l'Opéra. Ils semblent du reste affectés aux ateliers de lithographie et aux magasins de cartonnages, comme la rue voisine est affectée aux fabriques de chapeaux de paille. Les passants y sont rares, excepté peut-être en temps de pluie, où ceux qui se rendent de la place du Caire à la rue Saint-Denis, évitent volontiers la rue fétide des Filles-Dieu.

Les imprimeurs et les lithographes du passage du Caire se livrent exclusivement à trois sortes de travaux, dont le besoin se fait généralement sentir, chaque jour :

Ils impriment ou lithographient des cartes de visite et des cartes de restaurant, des lettres de faire part pour les naissances, les mariages et les décès de la bonne ville de Paris.

L'industrie du passage du Caire continue à respecter la tradition des emblèmes ; elle est restée fidèle à la religion des souvenirs et à l'usage des ornements symboliques : elle se plaît encore à représenter sur les *billets de faire part*, un mariage dans un *amour* qui regarde brûler une flamme éternelle, une naissance dans une *poupée* au berceau, un décès dans un *bonhomme* qui pleure au pieds du *Temps*.

N'oublions pas le petit commerce de la *rue de Cléry* et de la *rue Bourbon-Villeneuve*, dans le voisinage de la rue du Caire : on y fabrique des meubles de noyer et d'acajou, à l'usage des mariés, des avocats, des littérateurs et des lorettes en espérance.

A quelques pas des rues et passages du Caire, sur la droite, se trouve la moderne cour des Miracles. Il est certain que l'espèce de place à qui l'on a conservé ce nom, a fait partie autrefois du royaume du roi de l'argot, mais rien en ce moment n'y rappelle plus les bouges immondes qu'habitaient les truands et les gueux du moyen-âge. Des bâtiments somptueux et d'une architecture régulière le décorent aujourd'hui, et à l'entrée on voit écrit, en grandes lettres dorées sur un fond bleu d'azur, au centre d'une resplendissante enseigne : *Cour des Miracles*. O dix-neuvième siècle !

Autre contraste : à l'entrée même de la Cour des Miracles se trouve la magnifique Typographie Lacrampe, établissement-modèle d'où sortent chaque jour les chefs-d'œuvre de littérature ancienne et moderne, illustrés par nos plus grands artistes ; ainsi, l'ancien refuge des vices les plus hideux, de l'ignorance la plus grossière, est devenu un centre de lumières, de civilisation et de progrès !

La typographie Lacrampe, dont nous parlons, est une petite communauté, une petite république du travail, de la persévérance et du courage ; c'est là une association, dont l'histoire est à coup sûr fort honorable : en 1837, dix-neuf ouvriers se réunissent pour travailler, pour souffrir et pour espérer en commun ; ils n'ont pas de brevet, et ils s'abritent sous la raison sociale d'un imprimeur breveté : ils amassent à grand'peine un capital suffisant pour acheter trois presses, et les voilà qui se mettent à travailler à qui mieux mieux, avec un égoïsme qui embrasse les intérêts de tous. Eh bien ! aujourd'hui la typographie Lacrampe occupe plus de deux cents ouvriers et près de quarante presses ; elle possède un matériel d'une valeur de cinq cent mille francs : certes, c'est-là un noble exemple, un noble encouragement pour les hommes de rien qui veulent devenir quelque chose en travaillant!

ELIE BERTHET.

MARCHÉ DES INNOCENTS

A condition des juifs, au moyen-âge, était rude, tourmentée, intolérable; les parias de l'Inde menaient assurément une vie moins abreuvée d'humiliations. Et n'allez pas croire que le grand attentat du Calvaire fût l'unique cause de l'aversion qu'ils inspiraient : l'humanité se montre rarement rancunière à ce point dans l'intérêt du ciel. Aujourd'hui que la civilisation a fait bonne justice de tout ce qui ressemble à l'intolérance, on peut avouer hardiment que le vrai crime des israélites était d'être riches au milieu de générations incessamment appauvries par les guerres. La noblesse elle-même favorisait les vues cupides de ce peuple parasite, en lui faisant des emprunts usuraires : c'était là une espèce de victime qu'on engraissait pour la sacrifier, ou plutôt pour la dépouiller; dès qu'elle se trouvait à l'état d'embonpoint désiré, mille imputations surgissaient contre elle de l'église, du manoir féodal et de la cour : ainsi, les juifs avaient fait bouillir une multitude de petits enfants dans d'immenses chaudières; ils avaient perforé la sainte hostie d'un fer sacrilège, qui en avait fait jaillir du sang; ou bien encore, ils s'étaient livrés au cruel plaisir de crucifier un adolescent en haine de Jésus-Christ. Sur ces accusations, plus ou moins mensongères et qu'on se gardait bien de vérifier, les coupables ou les accusés étaient bannis, dépossédés violemment, et les nobles emprunteurs se croyaient quittes envers leurs créanciers; impossible d'imaginer un moyen plus commode de payer ses dettes.

La fondation de l'église des Saints-Innocents rue Saint-Denis, à l'angle de la rue aux Fers, était due, selon le chroniqueur Vigeois, à un de ces forfaits judaïques dont nous parlions tout-à-l'heure : Un jeune homme nommé Richard, ayant été tué par les juifs sur l'emplacement de l'église, il s'y opéra des miracles, et la piété publique éleva l'édifice dans la seconde moitié du XII° siècle. La basilique des Saints-Innocents fut paroissiale dès son origine, et, conformément à l'usage délétère consacré jadis, un cimetière se forma autour de cette nouvelle église. L'habitant du vieux Paris devait sa dépouille mortelle au territoire sur lequel il avait vécu; ses ossements étaient le patrimoine de sa paroisse... Patrimoine est bien le mot, car il en résultait un revenu certain : les vivants ne payaient-ils pas les prières données à la mémoire des morts?

Lorsqu'en 1786, l'église qui nous occupe fut démolie, elle conservait le caractère de diverses époques qui lui avait donné tour-à-tour des styles différents; sarrasine, dans les parties les plus anciennes, elle présentait, dans les détails de ses nouvelles constructions, quelque chose de plus en plus élégant, au fur et à mesure qu'elle se rapprochait de la fin du XV° siècle.

Aujourd'hui, grâce à Dieu et à M. le préfet de police, nous avons des sergents de ville : les paroissiens qui seraient assez peu dévots pour se battre dans une église, en seraient chassés ignominieusement, sans que les fidèles eussent à souffrir de cette profanation. Il n'en était pas ainsi sous le règne de Charles VII : un homme et une femme se prirent de querelle dans l'église des Innocents; la femme, d'un coup de quenouille, blessa l'homme au visage, et quelques gouttes de sang rougirent le parvis sacré! Jacques du Chastelier, qui occupait alors le siège épiscopal de Paris, lança un interdit sur la paroisse : durant vingt-deux jours toute cérémonie religieuse fut suspendue; les cloches et les dévots furent condamnées à se taire; les chants cessèrent au chœur; le temple demeura silencieux et sombre; les portes de l'église, celles mêmes du cimetière furent fermées; les vivants durent aller prier ailleurs, et les morts s'en allèrent, un peu plus loin, demander une dernière hospitalité au repos de la tombe chrétienne.

Des paroissiens ainsi traités au temps où nous vivons, se jetteraient dans les bras équivoques de l'abbé Chatel; ceux du XV° siècle pensèrent, quoique Molière ne l'eût pas encore dit, qu'il est avec le ciel des accommodements; ils emplirent en soupirant leur escarcelle de beaux écus d'or, et ils se hâtèrent d'aller frapper à la porte déjà entr'ouverte de l'évêché. Il serait difficile d'évaluer maintenant ce qu'il leur en coûta en 1437, pour réconcilier l'église avec Dieu…, et surtout avec les prêtres; mais l'exemple du prélat financier profita bientôt à son successeur Denis Dumoulin, qui, trois ans plus tard, fit fermer à son tour le cimetière des Innocents, sous le prétexte d'une nouvelle profanation, tout-à-fait différente de celle qui avait déjà valu à cette malheureuse église une interdiction épiscopale.

L'auteur du *Journal de Paris*, sous les règnes de Charles VI et Charles VII, nous a dit très-naïvement à ce sujet : « On n'y enterrait ni » petit ni grand; on n'y faisait ni procession ni recommandation pour » personne. L'évêque, pour en permettre l'usage, voulait avoir trop grande » somme d'argent, et l'église était trop pauvre. » Il est probable pourtant qu'on parvint à satisfaire la conscience timorée du métropolitain; car à cette époque le clergé rabattait fort peu de ses prétentions spirituelles ou temporelles.

Si l'église et le cimetière des Saints-Innocents furent profanés plus d'une fois, on voyait aussi, attenant à l'édifice, un asile de pénitence et

de profonde contrition. C'était une sorte de prison où des femmes et des filles, pécheresses repentantes, s'enfermaient pour le reste de leur vie;

elles faisaient murer la porte de cette demeure suprême, où elles espéraient reconquérir leur salut dans le ciel, un peu compromis au sein des voluptés de ce monde. Ces pauvres recluses se trouvaient en communication avec l'intérieur de l'église, au moyen d'une fenêtre étroite, par laquelle on leur passait les aliments grossiers qui les empêchaient tout juste de mourir de faim. Selon les registres manuscrits de la Tournelle, ces réclusions, qui furent quelquefois forcées, se multiplièrent au XVe siècle, période aux passions ardentes, durant laquelle les dames donnèrent amplement carrière aux tendres égarements du cœur et de l'esprit.

Quand l'amour devient expansif et audacieux comme chez les dames du XVe siècle, le mariage est un témoin assez importun, et le vice, gêné dans ses allures, se fait crime tout simplement par amour pour la liberté : Renée de Vendomois, femme du seigneur de Souldai, s'était affolée pour un bel archer de la garde du roi Charles VIII : il y avait en ce temps-là grande concurrence de convoitises féminines autour de ces compagnies, formées d'une élite d'hommes d'armes titrés ; Renée de Vendomois, afin d'embellir la chaîne qui l'unissait à son amant, s'efforça de la dorer ; pour y réussir, elle vola d'abord son mari, et puis ses amis, et puis tout le monde, afin de ne point faire de jaloux. Enfin, lasse du joug matrimonial, qu'elle secouait pourtant avec beaucoup de liberté et de bonne grâce, elle fit assassiner le seigneur de Souldai, en disant peut-être à sa conscience : laissez passer la justice de l'adultère ! Le Parlement condamna Renée de Vendomois à mourir sur un échafaud ; mais Anne de Beaujeu, régente du royaume, pénétrée sans doute de ce principe évangélique, qu'il devait être beaucoup pardonné à la coupable parce qu'elle avait beaucoup aimé, commua sa peine en une réclusion perpétuelle au cimetière des Innocents.

Depuis l'année 1186, ce cimetière était environné de hautes murailles ; ce ne fut guère que deux siècles plus tard que l'on commença à construire la galerie appelée *les Charniers* : galerie sombre, humide, tapissée de monuments funèbres, et pavée de tombeaux, dont les cavités rendaient un son lugubre sous le pied des passants ; là, s'en retournaient pompeusement à la poussière, au néant d'où ils étaient sortis, les riches et joyeux convives du banquet de la vie : dernier honneur rendu à l'opulence et à la noblesse ; dernier reflet des frivoles splendeurs de ce monde, qui se projetait encore dans le domaine de la mort !

Le charnier des Innocents ne ressembla jamais au *Campo Sancto* de Pise, même lorsqu'il eût été embelli par le maréchal de Boucicaut et par le fameux Nicolas Flamel coryphée des philosophes hermétiques du XVe siècle. Il régnait sous ces voûtes funéraires une disparité étrange des épitaphes gravées sur le marbre, des têtes de mort sculptées, des ossements en croix, à côté des attifets d'un magasin de modes ou de lingerie; ailleurs des instruments de musique suspendus, en guise de harpes éoliennes, à un squelette de marbre blanc qui était l'œuvre de Germain Pilon; plus loin, le tombeau de la dame Flamel, orné de figures d'anges et de saints, servait d'étalage à des jouets d'enfant. Un des côtés du charnier longeait la rue de la Ferronnerie, nommée précédemment rue de la Charronnerie. Sur cette face du charnier était peinte la *danse macabre*, parodie amèrement philosophique des travers de ce monde, exécutée par la comédie de la mort, pour faire honte à la comédie des vivants.

La justice de la danse macabre était égale pour tous : c'était l'égalité du cimetière. Les cardinaux, les princes, les évêques, les moines, les avocats, les ménétriers, les reines, les bourgeois, les religieuses, les enfants; tout le monde passait, bon gré mal gré, par l'impitoyable satire de la danse macabre.

Devant ce spectacle d'une originale bizarrerie, s'élevait, en 1429, un échafaud que l'on aurait pu croire destiné à l'exécution de quelques hautes œuvres criminelles; cependant, du haut de sa plate-forme on ne faisait justice que du dérèglement des mœurs contemporaines; c'était la chaire d'un prédicateur nommé le frère Richard, terrible et persévérant antagoniste du luxe et de la galanterie; le frère Richard ne cherchait point à convertir les pécheurs par l'onction d'une parole touchante et persuasive; c'était par d'horribles imprécations qu'il attaquait le vice; il le montrait à nu, il détaillait en termes grossiers les scandales du temps; il faisait retentir les noms les plus illustres dans le bruit de ses orageuses prédications. Le frère Richard se plaisait à critiquer d'un ton sarcastique la toilette par trop païenne des femmes. Il effleurait de ses paroles railleuses leur beau sein tout découvert, bondissant, disait-il, du plaisir qu'elles éprouvaient à le laisser voir et à le faire adorer; il dénonçait à l'indignation chrétienne jusqu'aux échancrures démesurées de certaines robes, que les pécheresses n'avaient adoptées, suivant lui, que pour mieux inspirer les mauvaises pensées! le fougueux prédicant usait du bénéfice de la parole, comme un homme qui ne croit plus à la chasteté des oreilles de son auditoire; les sermons du père Richard seraient une excellente et précieuse consultation historique, pour l'historien qui voudrait entreprendre l'étude fidèle des mœurs du xve siècle.

Si l'art ne brillait pas précisément dans la disposition, dans l'arrangement du cimetière et du charnier des Innocents, il n'était pourtant pas impossible d'y découvrir, çà et là, le goût et l'inspiration des artistes; indépendamment de quelques tombeaux d'une belle exécution, on y pouvait s'agenouiller au pied d'une croix ornée d'un bas-relief sculpté par Jean Goujon, et qui représentait le triomphe du Saint-Sacrement; le citadin attardé, qui passait devant le cimetière après l'heure du couvrefeu, s'arrêtait quelquefois pour regarder en frémissant une mystérieuse flamme qui brillait dans les ténèbres et qu'une main invisible semblait faire rayonner au-dessus de ce champ du repos éternel; ce n'était là qu'une lumière bien prosaïque entretenue dans une lanterne en pierre haute de quinze pieds, et qu'un habile ciseau avait ornée d'élégantes sculptures; quelques écrivains ont confondu l'appareil de ce phare funéraire avec la fontaine des Innocents.

Cette fontaine, dont l'existence remontait au XIIIe siècle, avait été adossée à l'église, au coin de la rue Saint-Denis et de celle aux Fers; à cette époque, elle n'offrait encore aucun aspect de l'art monumental; ce ne fut qu'au XVIe siècle que Jean Goujon en fit un de ses titres de gloire. Avant de vous parler de ce chef-d'œuvre du ciseau de la renaissance, nous avons à vous rappeler encore une catastrophe sanglante dont l'église des Innocents fut le théâtre, en 1559.

En 1559, l'anathème qui tombait de toutes les chaires catholiques était affreux, impitoyable; un minime, nommé Jean de Han, se distinguait dans la foule des prédicateurs zélés par son intolérance sanguinaire. Un jour, tandis que cet énergumène demandait à grands cris des bûchers, des estrapades et des échafauds pour les disciples de Luther et de Calvin, deux assistants se prirent de querelle dans l'église des Innocents, et l'un d'eux jeta le mot de luthérien à la tête de son adversaire; ce mot valait un coup de poignard! Aussitôt l'auditoire, exalté par les vociférations du prêtre, se précipite sur le malheureux que l'on accuse d'être un misérable protestant; aux cris de la victime, deux passants, deux chrétiens se jettent dans l'église pour secourir un homme que l'on frappe, que l'on tue..... Ils sont poignardés, et le minime continue à prêcher dans le sang, la religion d'un Dieu qui est mort sur la Croix pour nous racheter.

Parmi tous les morts illustres qui reposaient dans le cimetière des Innocents et sous les voûtes de ses charniers, nous devons citer Jean le Boulanger, premier président du Parlement, Nicolas Lefèvre, habile critique, et François-Eudes de Mézeray, qui mourut pauvre comme La Fontaine et comme Corneille, pour avoir préféré le renom d'historien véridique au titre d'historiographe de France.

Le cimetière et le charnier des Innocents furent détruits avant la révolution; depuis longtemps déjà l'on se plaignait des émanations pestilentielles de cette terre sépulcrale, au milieu d'un quartier populeux, condamné à lutter contre des fièvres affreuses, dans cette cohabitation forcée des vivants et des morts. On enleva, en 1786, tous ces ossements accumulés depuis cinq à six cents ans, et l'église elle-même fut démolie. La fontaine qui s'y trouvait adossée, avait été reconstruite en 1550 par l'architecte Pierre Lescot, abbé de Clugny, et le célèbre Jean Goujon s'était chargé, comme nous l'avons dit, de l'exécution des sculptures dont elle est ornée. En 1788, ce délicieux monument fut enlevé avec une difficile

Marché des Innocents. — Fontaine des Innocents

précaution de l'emplacement qu'il occupait, et transporté au milieu de l'ancien cimetière, que l'on venait de convertir en marché. Plus tard, des restaurations et même des additions ont été faites à la fontaine des Innocents. Les lions posés aux quatre angles et les cuves massives dans lesquelles l'eau tombe d'une sorte de coupe antique, ne se combinent heureusement ni avec le style général du monument, ni avec les sculptures légères et gracieuses de Jean Goujon ; cependant, aux regards d'un juge peu sévère, c'est là un ensemble qui ne manque ni de grandeur, ni d'élégante majesté.

Il ne nous reste plus à esquisser que l'histoire du marché des Innocents ; histoire bizarre, nuancée de tous les tons des tableaux de Callot, de Teniers ou de Rembrandt. Cet espace, où vingt générations s'étaient endormies du sommeil éternel, devint, en 1788, une annexe du monde grossièrement pittoresque qu'on nomme la Halle ; on vit s'avancer jusque-là des étalages trop odorants, des parapluies monstres et des échoppes mobiles, ayant pour point d'appui l'abdomen des marchandes qui ne pouvaient prétendre au titre quasi-aristocratique de *Dames de la Halle*.

Sous le règne des distinctions sociales, il existait en effet une grande distance entre ces deux espèces de femmes, qu'il fallait bien se garder de confondre sous la désignation vulgaire de *poissardes*. Maintenant encore la dame des marchés est un astre dont la revendeuse à éventaire n'est que le pâle satellite. Regardons un peu ce qu'il y a de cossu, de huppé dans la première : le point de Valenciennes encadre son visage haut en couleur ; une chaîne d'or ruisselle en triple contour sur sa robuste poitrine ; le fin mérinos ondule sur ses hanches puissantes, et vingt bagues scintillent à ses doigts rouges et courts. Elle dissimule à l'oreille de *Monsieur le chef* sa voix naturellement rauque ; elle la réserve tout entière pour les phases orageuses de sa profession ; elle module en sons flûtés ces mots ronflants qui accentuent le dialecte local et qu'elle adoucit bien vite, pour caresser de son mieux le nerf acoustique de M. l'inspecteur. La seconde est coiffée d'un humble madras ; ses traits sont hâves et amaigris ; la mince toile peinte l'habille en toute saison, et jamais le plus petit cordonnier revendeur de la rue de la Tonnellerie n'enlève sa pratique au sabotier du voisinage. Elle lutte de jurons et de lazzis obscènes avec le boueur ou le récureur d'égouts, lui tient tête pour *boire la goutte*, et vous fait entendre des accents comparables au grincement d'une scie... Cette femme mourra sous l'éventaire, à moins qu'une beauté rebelle à toutes les excentricités de sa carrière laborieuse, ne la porte un matin au rang de dame de la Halle, sur l'aile de l'amour, cet enchanteur à qui toute métamorphose est facile.

Lorsque le marché des Innocents fut établi, plus d'une marchande de poisson, plus d'une bouquetière de la pointe Saint-Eustache se souvenait d'avoir disputé en langage poissard avec ce joyeux Vadé, qui avait fait de la Halle son véritable Parnasse ; on se rappelait son habit d'écarlate, sa

veste brodée, sa culotte noire, ses bas de soie blancs respectés par les balais les plus mal-appris de l'endroit; les balayeuses admiraient l'érudition locale du poète qu'elles surnommaient un *petit Jésus*.

Plus d'une fois, avant la révolution de 89, les parapluies-modèles du marché des Innocents durent servir de salles de conseil, de collèges électoraux, en plein vent, pour le choix de cette fameuse députation de Poisgardes qui avait le privilège de s'introduire dans les appartements de Versailles, et de fêter avec des bouquets Sa Majesté la reine de France; en pareil cas, la cour toute entière applaudissait aux compliments de ces grandes dames d'un jour, et la royauté elle-même daignait les traiter de puissance à puissance; chose étrange, les Charbonniers et les Poissardes ont joué un rôle dans l'histoire de la monarchie française, la plus galante de toutes les monarchies.

Un beau jour, le peuple s'avisa de penser qu'il n'était rien et qu'il devait être quelque chose en France : dans ce temps de perturbation, disent les uns, de régénération, disent les autres, l'émeute gronda souvent au marché des Innocents : il fallut plus d'une fois, que le magistrat-chapelier ou quincaillier de *la section* déployât, par mesure d'ordre, son écharpe tricolore sur ce petit foyer insurrectionnel; mais aussi, avec quelle joie expressive l'on y célébrait les victoires de nos armées républicaines ! comme les dames *huppées* et les petites revendeuses de l'endroit confondues dans ces élans de nationalité populaire, faisaient sauter leur cotillon à la gloire des vainqueurs de Fleurus, de Lodi, d'Arcole et de Marengo ! Plus tard, Napoléon organisa, par un décret impérial, la gaîté patriotique des halles : on y servit, aux frais de l'État, des repas somptueux, dans l'immense local où se fait la criée du beurre ; le soir, l'enceinte dont il s'agit, devenait une salle de bal étincelante de bougies, où l'on dansait aux sons d'un orchestre magnifique; une fois, par extraordinaire, quatre bornes fontaines, plantées au coin du monument décoré par Jean Goujon, donnèrent le spectacle gratis d'un vin généreux qui coulait pour tout le monde, durant une bonne partie de la journée :

   « Le repas fut fort honnête ;
   « Rien ne manquait au festin ;
   » Mais quelqu'un troubla la fête
   » Pendant qu'ils étaient en train. »

Par malheur pour les grands seigneurs et pour les grandes dames de la halle, il y avait, ce jour-là, tout près d'eux, des gendarmes tricolores, chargés de surveiller la joie publique, des agents de police qui s'avisèrent, plus d'une fois de régler le pas de la danse, et d'envoyer au violon le patriotisme et le plaisir !

Le pouvoir impérial fut mieux inspiré lorsqu'il substitua, sur le marché des Innocents, des échoppes en bois à ces ignobles parapluies, à ces énormes champignons de toile qui s'étendaient de la pointe Saint-Eustache à la rue de la Ferronnerie. L'on trouva le moyen de remplacer quelque chose d'affreux par quelque chose d'horrible.

Les galeries en bois forment un disgracieux ornement à la fontaine monumentale qui s'élève au centre du marché ; à vrai dire, des amas de choux, de carottes et de pommes de terre, éléments matériels des *capacités* électorales et électives, exposés à ciel découvert, produiraient un effet plus ignoble encore que celui des champignons-parapluies.

A une époque très-rapprochée de la nôtre, il se passa des événements graves au marché des Innocents : durant les trois journées qui suffirent pour renverser une monarchie, le peuple avait fait des échoppes du fruitier et de l'orangère autant de petits forts détachés d'où partait une mousquetade qui, pour être dépourvue de régularité, n'en était pas moins meurtrière. Sur ce point, comme partout, la victoire resta à ceux qui combattaient pour le droit, contre les défenseurs de l'arbitraire et de l'oppression. Mais le triomphe coûta cher aux phalanges populaires ; Dieu seul sut le nombre des victimes qui ont reposé près de dix ans au milieu d'un marché, dans une halle, défendues à peine du piétinement de la foule par une fragile barrière ; sans doute, il vous souvient d'avoir vu cette petite enceinte funèbre, où l'on avait enseveli pêle-mêle, dans un linceul de chaux, les amis et les ennemis..... Mais la mort ne proteste point contre de telles mésalliances, et c'est un grand pacificateur que le repos de la tombe !

Un mot encore : au sud du marché des Innocents s'étend la rue de la Ferronnerie où *le seul roi dont le peuple ait gardé la mémoire* avant Napoléon mourut d'un coup de cette arme fanatique dont la poignée est à Rome et la pointe partout, selon l'ingénieuse et expressive parole d'un avocat illustre. A l'ouest est située la petite rue de la Tonnellerie, où naquit cet admirable précepteur du genre humain, dont le nom glorieux a manqué à la gloire de l'Académie française..... En Italie, on montrera dans vingt siècles le toit sous lequel le Dante vit le jour ; chez nous, la spéculation a déjà enseveli dans la poussière des grabats, le berceau de notre immortel Molière ; seulement, sur la façade d'un bâtiment tout neuf, et qui donne des revenus superbes, sans doute, vous pourrez voir à grand' peine le buste lilliputien du poète comique de Louis XIV ; l'architecte qui a bâti cette vilaine maison bourgeoise, a eu la bonté d'écrire au-dessous de l'image d'un grand homme que là fut la première demeure de l'auteur du *Tartufe* et du *Misanthrope* ! C'est ainsi que l'on entend en France le culte des souvenirs et de la poésie ! Au nord du marché des Innocents, s'élève Saint-Eustache, un autre vous racontera l'histoire de cette église, où vous lirez l'épitaphe de Chevert, et qui, durant la papauté théophilantropique du directeur Laréveillère, fut consacrée à cette morale bocagère et fleurie que Napoléon appelait *une religion en robe de chambre*. Une église, un empereur..... et la religion de Laréveillère !..... C'est ainsi qu'à travers les graves péripéties, dramatisées par la chronique des rues de la grande ville, le plaisant se mêlera parfois au sévère, *l'allegro* viendra après *l'andante*, le vaudeville après la comédie, et la bouffonnerie après le drame ; à ces conditions, nul n'aura le droit de nous dire, en parlant des chapitres d'un pareil livre :

L'ennui naquit un jour de l'uniformité.

G. TOUCHARD-LAFOSSE.

RUE ET QUARTIER SAINT-GERMAIN-DES-PRÉS

'AN 542, le roi Childebert, fils du premier roi chrétien, était allé en Espagne faire la guerre à Teudis, roi des Visigoths, prince arien. Son frère Clotaire l'accompagna dans cette expédition. Les deux rois ayant réuni toutes leurs forces, ils mirent le siége devant Sarragosse qu'ils serrèrent de fort près. Les habitants consternés, réduits à l'extrémité et n'espérant plus aucun secours humain, eurent recours au jeûne et à la prière. Ils se revêtirent de cilices, et chantant des psaumes, portèrent en procession, autour des murs de la ville, la tunique de Saint-Vincent, leur concitoyen. Les femmes étaient en deuil, les cheveux épars, couverts de cendres, jetant des cris et des larmes, dit Grégoire de Tours, comme si elles eussent été à l'enterrement de leurs maris. Childebert et Clotaire ne distinguant pas bien de loin ce qui se passait sur les murailles, crurent d'abord que c'était une assemblée de personnes qui préparaient quelques maléfices contre les assiégeants. Sur ces entrefaites, un paysan sorti de la ville fut aussitôt arrêté et amené en leur présence. Ils l'interrogèrent sur l'état de la place, et pour quel sujet les habitants étaient ainsi assemblés sur les murailles. Le paysan leur répondit qu'ils portaient en procession la tunique de Saint-Vincent, pour fléchir la miséricorde de Dieu et obtenir la levée du siége. Les deux rois en furent si touchés, qu'ils promirent de laisser les Visigoths en paix; à deux conditions, toutefois: l'une que l'arianisme serait entièrement banni d'Espagne; l'autre, qu'on leur donnerait la tunique de St-Vincent. La nécessité força les Visigoths d'accorder cette demande, et Childebert apporta la tunique ou étole à Paris en grande solennité.

Quelque temps après, ce roi résolut de bâtir une église, pour y déposer cette sainte relique et une grande croix qu'il avait apportée de Tolède. Cependant, Childebert n'exécuta son dessein que quelques années plus tard, à la sollicitation de Saint-Germain, évêque de Paris.

Le lieu qui parut le plus propre pour la construction de cette église, fut celui qu'on nommait alors *Locotice* (Locotitia), où, selon l'opinion commune, restaient encore les anciens vestiges du temple d'Isis, situé au milieu des prés, dans le voisinage de la rivière de Seine; afin, est-il dit, de faire succéder le culte du Dieu du ciel, à celui des fausses divinités de la terre. L'édifice ne fut commencé qu'en 556, et achevé en 558.

Cette église, élevée en l'honneur de St-Vincent martyr, et de la Sainte-Croix, était soutenue de colonnes de marbre et ouverte de grandes fenêtres; les lambris étaient dorés, les murailles ornées de peintures à fond d'or, et le pavé fait de pièces de marqueterie. L'extérieur répondait à la magnificence de l'intérieur; tout l'édifice était couvert de cuivre doré, ce qui jetait un si grand éclat, que le peuple prit depuis occasion d'appeler cette église *Saint-Germain-le-Doré*.

Non content d'avoir enrichi la nouvelle église de quantité d'ornements précieux, Childebert la dota d'amples revenus pour l'entretien d'une communauté de moines, qu'il pria Saint Germain d'y établir. Le fond principal de la dotation, outre le territoire de l'Abbaye, était le fief ou domaine d'Issy, avec la Seine et ses pêcheries, les îles et autres appartenances dans toute l'étendue, depuis le pont de la ville de Paris, jusqu'à l'endroit où la petite rivière de Sèvres se joint à la Seine.

Ce fut à la prière du roi que Saint Germain accorda le privilége de *l'exemption* à l'Abbaye de St-Vincent, qui plus tard devait porter le nom de ce grand évêque. Ce privilége consistait principalement à laisser aux religieux la liberté d'élire leur abbé, à ôter à l'évêque et à toute autre personne la disposition des biens temporels du monastère; à laisser jouir en paix la communauté de ses revenus sous l'autorité royale; enfin, à défendre à tous prélats d'entrer dans ce lieu pour l'exercice d'aucune fonction de leur ministère, à moins qu'ils ne fussent invités par les abbés,

SAINT-GERMAIN-DES-PRÉS.

soit pour célébrer les mystères divins, soit pour donner l'ordination aux clercs et aux moines. Il n'y a rien de plus curieux que l'ardeur avec laquelle les abbés et les religieux de Saint-Germain soutenaient leurs priviléges dans le XIIe et XIIIe siècle.

Un jour, Saint Louis, passant par Villeneuve-Saint-George, s'arrêta pour dîner dans une prévôté de l'abbaye de Saint-Germain, et invita en même temps Gautier Cornu, archevêque de Sens, à dîner avec lui. A peine le prévôt eut-il appris cette invitation, qu'il alla trouver le roi, et le supplia très-instamment de ne pas permettre au prélat d'entrer dans la prévôté, ni d'y prendre son repas, crainte de porter atteinte aux priviléges de Saint-Germain. Quoi que le roi pût dire ou penser d'une telle précaution, le prévôt ne se contenta pas de la protestation de l'archevêque, qu'il ne prétendait acquérir aucun droit sur l'abbaye, ni sur la prévôté, par le dîner qu'il allait prendre avec le roi; il exigea de plus que le roi lui-même fît expédier des lettres qui continssent le fait que nous venons de raconter et la promesse de l'archevêque de Sens.

L'église de Saint-Germain, ravagée à diverses reprises par les Normands au IXe siècle, fut deux siècles plus tard presqu'entièrement reconstruite par l'abbé Morand. Sa reconstruction ne s'acheva qu'en 1163, époque où le pape Alexandre III en fit la dédicace et la consécration. Les différences de caractère que l'on trouve dans l'ensemble de l'édifice indiquent les époques diverses auxquelles ses parties appartiennent. La grosse tour carrée, simple et dépourvue d'ornement, qui s'élève à l'entrée, date évidemment du temps de la fondation. L'abbaye, fortifiée par les ordres du roi Charles V, ressemblait à une citadelle. Ses murailles étaient flanquées de tours et environnées de fossés. Un canal large de 13 à 14 toises qui commençait à la rivière et qu'on appelait *la petite Seine*, coulait le long du terrain, où est aujourd'hui la rue des Petits-Augustins, et allait tomber dans ces fossés.

La principale entrée de l'enclos du monastère était située à l'est, vers l'emplacement occupé aujourd'hui par la prison militaire de l'Abbaye. On y traversait le fossé par un pont, et l'on arrivait à la porte méridionale de l'église. Une autre entrée se trouvait à l'ouest de l'enclos dans la rue depuis nommée de Saint-Benoît. Cette entrée, nommée *Porte Papale*, était flanquée de deux tours rondes; on y arrivait par le moyen d'un pont-levis.

A l'est et au nord de ces fossés, s'étendaient de vastes prairies partagées en deux par la petite Seine. C'est de ces prairies que l'Abbaye, fondée par l'évêque de Paris, a pris le nom de *Saint-Germain-des-Prés*. D'un côté, ces prairies, en partant du terrain où se trouve aujourd'hui la rue des Saints-Pères, allaient en se prolongeant jusqu'à l'esplanade des Invalides : cette partie était appelée *le Grand-Pré*. L'autre partie, située au nord de l'Abbaye, comprenait l'espace où l'on a ouvert depuis la rue Jacob, la rue des Beaux-Arts et le quai Malaquais; on l'appelait *le Petit-Pré*.

L'on a dit quelque part, dans ces derniers temps, que l'eau, loin de former une barrière naturelle entre deux peuples, était bien plutôt pour eux une voie de communication et de fusion : pour ce qui est de la barrière naturelle, je le veux bien; mais quant à la fusion, si les peuples campés sur les deux rives, en face l'un de l'autre, différents de mœurs et d'habitudes, ont de plus le malheur de ne pas être d'humeur facile et endurante, cette fusion pourrait bien ne s'opérer le plus souvent qu'au détriment du plus faible d'entre eux. Le Pré de l'abbaye de Saint-Germain nous en offre pendant des siècles un exemple frappant. *La petite Seine*, qui coupait ce pré en deux parts inégales, traçait en même temps une ligne de démarcation, peu respectée à la vérité, entre la propriété de l'Université et celle des religieux de l'Abbaye. Les écoliers de l'Université, gent turbulente et querelleuse s'il en fut, non contents de la permission dont ils jouissaient de prendre leurs ébats sur le Grand-Pré, qui appartenait à l'Université, choisissaient de préférence le Petit-Pré, domaine de l'Abbaye, pour but de leurs promenades, par la raison qu'il était le plus proche de la ville. Les religieux, bien qu'ils supportassent avec peine le voisinage des écoliers, la plupart hommes faits, mal disciplinés et *fort disposés à la querelle et aux batteries*, ne leur avaient jamais contesté la liberté de prendre l'air sur leur domaine. Mais loin de se montrer reconnaissants d'une telle faveur, les écoliers avaient insensiblement pris l'habitude de regarder ce Pré comme leur propriété, et tout d'abord ils l'avaient nommé *le Pré-aux-Clercs*. C'est le nom que l'on donnait autrefois aux écoliers, tant ecclésiastiques que laïques. Plusieurs fois déjà ils y avaient commis des dégats et des désordres de toute espèce, et souvent il était arrivé que les habitants du bourg de Saint-Germain, forts de leur bon droit, les en avaient chassés avec perte.

Or, il advint que dans l'année 1278, l'abbé Gérard de Moret ayant fait élever quelques édifices sur son propre fonds, situé sur le chemin qui conduisait au Pré, les écoliers se plaignirent que les religieux rétrécissaient *leur* chemin. Le vendredi 12 mai, ils arrivèrent en bandes nombreuses, et tous, mettant la main à l'œuvre, ils démolirent en peu d'heures les constructions de l'abbé. Gérard de Moret, voulant réprimer leur violence, fit sonner le toscin. Aussitôt les vassaux de l'Abbaye accourent, se rangent en bataille, et conduits par les moines, ils fondent sur les écoliers en criant *tue, tue!* Les écoliers ainsi attaqués à coups d'épée et de massue, furent blessés en grand nombre. On en saisit plusieurs, on les garrotta et on les jeta en prison. Gérard de Dôle, bachelier ès-arts, fut blessé mortellement ; Jourdain, fils de Pierre le Scelleur, fut tué à coups de flèches et de bâton, et Adam de Pontoise, frappé d'une masse de fer avec tant de furie, qu'il en perdit un œil. Pendant la mêlée, l'abbé avait fait

fermer et garder les trois portes de la ville qui donnaient dans le bourg, crainte que les écoliers, restés dans la ville, n'accourussent avec de nouvelles forces au secours de leurs camarades.

Le lendemain de cette lutte meurtrière, l'Université présenta une plainte au cardinal de Sainte-Cécile, légat du pape, pour avoir raison de ce sanglant outrage. Outre les faits que nous venons de rapporter, il est dit dans cette plainte, que le prévôt de Saint-Germain et quelques-uns de ses confrères armés d'épées, avaient attaqué et dépouillé des gens paisibles qui ne prenaient aucune part à la lutte; qu'ils les avaient fait traverser le marché têtes-nues, pour les conduire en prison, où on les avait retenus un jour et une nuit; qu'un maître-ès-arts, qui s'était interposé pour faire cesser le tumulte, avait été injurié par les religieux qui lui avaient percé ses habits de coups de lance. L'Université disait en terminant, que si dans la quinzaine on ne lui rendait justice, elle serait forcée de suspendre tous ses exercices : *seul remède que de pauvres étrangers, et sans armes, tels qu'ils étaient, puissent opposer à ceux du pays.*

Le légat ne savait que trop, à la vérité, à quoi s'en tenir sur le compte de *ces pauvres étrangers et sans armes,* que le règlement de l'an 1276 ne dépeint nullement comme des hommes studieux et paisibles, mais bien comme des gens dont la conduite déréglée troublait sans cesse la tranquillité publique. Mais le sang répandu dans cette rencontre cria puissamment en faveur des écoliers, et la mort de Gérard de Dôle et de Jourdain acheva d'irriter contre les religieux les puissances ecclésiastique et royale.

Le légat condamna Etienne de Pontoise, prévôt de l'Abbaye, comme coupable ou complice de cet homicide, à être chassé de l'abbaye de Saint-Germain et renfermé pendant cinq ans dans un petit monastère de la dépendance de Cluni. D'un autre côté, le roi Philippe-le-Bel fit examiner cette affaire en son *conseil étroit*, qui condamna l'abbé et les religieux. Le roi, qui était présent au jugement, prononça lui-même l'arrêt, par lequel les religieux furent condamnés à fonder deux chapelenies de vingt livres parisis de rente chacune, dont l'Université aurait le patronage : l'une dans l'église de Sainte-Catherine du Val-des-Écoliers, pour Gérard de Dôle, qui y fut enterré; l'autre, dans la chapelle de Saint-Martin-des-Orges, près des murs de l'Abbaye où fut enterré Jourdain Tristan. Cette chapelle appartenait dès-lors à l'Université. Tous les écoliers avaient coutume d'y entendre la messe les jours de congé, avant de prendre leur divertissement dans le Pré.

L'abbé et les religieux furent de plus condamnés à payer 200 livres pour les réparations de la chapelle de Saint-Martin; 200 livres à Pierre le Scelleur, *pour le dédommager de la perte de son fils*; 400 livres aux parents de Gérard de Dôle, et 200 liv. au recteur de l'Université, pour être distribuées aux régents et aux pauvres écoliers.

Dix des plus coupables d'entre les vassaux de l'Abbaye furent exilés hors du royaume *jusqu'à ce qu'il plaise au roi de les rappeler*, et six autres hors de Paris jusqu'à la Toussaint. Les tourelles bâties sur la porte de l'Abbaye du côté du Pré, furent rasées jusqu'à la hauteur des murailles, et le chemin qui conduisait au Pré devint la propriété de l'Université.

Si les écoliers de l'Université avaient choisi de préférence le bourg de Saint-Germain pour le théâtre de leurs turbulents exploits, il faut dire à leur excuse que nul lieu alors ne leur offrait plus d'attraits et de séductions puissantes. Outre le Pré-aux-Clercs, qui, à force de procès et de transactions entre l'Université et les religieux, devint peu à peu dans son entier le domaine des écoliers, ce fut la foire de Saint-Germain qui les attira dans le bourg, pendant toute la durée du carnaval, et souvent même jusqu'aux approches de pâques.

Cette foire, située sur l'emplacement du marché Saint-Germain qui l'a remplacé depuis, s'étendait dans les xve, xvie et xviie siècles jusqu'aux abords du Luxembourg. Les abbés et religieux de Saint-Germain-des-Prés jouissaient depuis un temps immémorial du droit de foire. La première mention qui en soit faite, se trouve dans une chartre de 1176, où nous apprenons que Hugues, abbé de Saint-Germain, céda au roi Louis-le-Jeune la moitié des revenus de cette foire. Elle commençait à cette époque quinze jours après pâques, et durait pendant trois semaines. Après le procès qui suivit le grand combat entre les écoliers et les religieux et que nous venons de rapporter, la foire de Saint-Germain fut supprimée et transférée aux Halles. Les religieux de l'Abbaye ayant éprouvé de grandes pertes pendant les guerres civiles des règnes de Charles VI et de Charles VII, demandèrent au roi Louis XI le droit d'établir dans le bourg Saint-Germain une foire franche; Louis XI leur accorda cette demande par lettres-patentes du mois de mai 1482.

Ce fut le roi Charles VII qui, en 1486, fixa définitivement le temps de la tenue de cette foire. Elle fut établie sur l'emplacement de l'ancien hôtel de Navarre, auquel les religieux ajoutèrent en 1487 les terrains dont ils firent l'acquisition. Sa durée fut d'abord de huit jours; dans la suite elle fut considérablement prolongée.

Ouverte le 3 février, elle se continuait pendant tout le carnaval, le carême et ne finissait qu'au dimanche des Rameaux (*).

La foire de Saint-Germain n'était pas seulement le lieu de réunion des écoliers; c'était aussi le rendez-vous des courtisans et des personnes de tous états; c'était, au XVIe siècle surtout, le point de ralliement des *braves*, espèce de bandits venus en France à la suite de Catherine de Médicis et de sa cour. On leur avait conservé leur nom italien; peut-être aussi les appelait-on *braves* par ironie, parce qu'ils étaient accoutumés de se réunir au nombre de cinq ou six pour attaquer un seul homme Comme les *braves* leurs confrères d'Italie, ces bandits faisaient métier de servir, pour de l'argent, les haines et vengeances particulières. On faisait marché avec eux pour faire battre ou assassiner son ennemi, voire même pour lui faire couper le nez, comme l'histoire suivante le démontrera.

Un gentilhomme de la cour de Henri III, à la fois abandonné et créancier de sa maîtresse, eut l'idée, assez saugrenue pour un amant délaissé, de faire valoir ses droits auprès d'elle. La dame qui croyait qu'en amour l'argent prêté était donné, refusait de s'acquitter. On n'eût pas mieux fait de notre temps, et raisonnablement cette belle aurait pu s'en tenir là. Mais blessée vivement des reproches de son importun créancier, elle résolut de s'en venger. Vous imaginez qu'elle prit un nouvel amant. C'est ce qu'elle fit en effet; mais ce ne fut pas assez pour son cœur vindicatif : elle projeta et disposa une autre vengeance.

Un soir donc que ce gentilhomme rentrait chez lui d'un tour qu'il avait fait à la foire de Saint-Germain, il se vit tout-à-coup arrêté par cinq ou six *braves* dans un endroit solitaire du *Champ crotté*, lieu destiné

(1) Dulauré

à la vente des bestiaux et qui se trouvait entre les rues Garancière et de Tournon. Le chef de la bande saisit sans plus de façon le gentilhomme par le nez, et se met à le lui couper avec un couteau.

Les cris du gentilhomme empêchèrent que l'exécution ne fût complète; son nez ne fut pas entièrement coupé, il tenait encore par un fil.

Comme on ne coupe pas le nez d'un gentilhomme impunément, cette affaire eut des suites fâcheuses pour bien des personnes distinguées, complices de la vengeance de cette belle. Le *brave* fut pendu ; mais ceux qui avaient commandé le crime ne le furent pas; ils étaient riches et avaient beaucoup d'amis. Le nez coupé fut recousu, mais non pas si proprement qu'il l'eût été de nos jours à l'aide de la rhinoplastie, ce qui fit que le gentilhomme porta pendant qu'il vécut un souvenir de sa belle.

Le roi Henri III prit souvent plaisir à se promener à la foire Saint-Germain. Ce roi et ses mignons si bien *frisés et gaudronnés* étaient devenus le plastron des écoliers, qui les poursuivaient de leurs quolibets. Un jour le roi, revenant de Chartres, alla descendre à la foire Saint-Germain ; il fit emprisonner quelques écoliers qui s'y promenaient avec de longues fraises de papier, et qui, pour le tourner en ridicule, lui et sa suite, criaient en pleine foire : *A la fraise on connaît le veau.*

Dès l'an 1486, les religieux de Saint-Germain avaient fait construire pour cette foire 140 loges en charpente. Au commencement du XVIe siècle, ces loges devinrent la proie des flammes : on les reconstruisit dans une forme plus simple, et on divisa l'emplacement en huit rues qui se coupaient à angle droit. Ces rues étaient bordées de boutiques en bois occupées temporairement par des marchands de modes, de joujoux, de bijouterie, etc., etc. Il y avait des salles de danse, vrais marchés de courtisanes; la licence et la débauche qui y régnaient occasionnèrent souvent bien des désordres.

Pendant la Ligue, la foire Saint-Germain avait été fort négligée. Lorsque l'on en fit l'ouverture en l'an 1595, on la trouva dans le plus mauvais état ; on y fit alors des réparations, et l'affluence du beau monde fut aussi grande que du temps de Henri III. *Le duc de Guise et Vitri*, dit l'Étoile, *y coururent les rues, avec dix mille insolences.*

Le faubourg Saint-Germain, presqu'entièrement ruiné par les guerres et réduit en terres labourables, avait commencé à se rebâtir sous François Ier ; sous le règne de Henri II, il passait déjà pour un des plus beaux faubourgs des villes de France. Les habitants qui le peuplaient de plus en plus, se joignirent, en 1550, à ceux de Saint-Jacques et de Saint-Marcel, pour obtenir que l'on fermât de murailles ces trois faubourgs. La proposition fut accueillie par le roi, qui manda près de lui le prévôt des marchands pour lui intimer ses ordres, à l'égard de cette clôture. Le prévôt s'excusa au nom de la ville d'entrer dans cette dépense; mais le roi insista, et l'on fit dresser les dessins de cette clôture, ainsi que celui d'un pont de communication du faubourg Saint-Germain avec la ville. Toutefois, les frais excessifs que la construction du pont eût entraînés, forcèrent d'en demeurer au simple projet. En attendant que l'on pût entreprendre le Pont-Neuf, on fit construire un bac pour passer la rivière vis-à-vis le Louvre, pour la commodité du public.

Déjà dans la même année, le roi avait envoyé l'ordre au prévôt des marchands et aux échevins de faire rouvrir les portes de Bussi et de Nesle, condamnées l'une et l'autre depuis quelques années. Cette mesure fut d'une grande commodité pour le faubourg Saint-Germain, quoiqu'on ne dût laisser passer par ces portes que *les gens de Dieu et de cheval*, a l'exclusion des charrettes et chevaux chargés de marchandises sujettes aux impôts des entrées.

Au dehors de l'enclos de l'Abbaye, sur la place située devant la porte, qui alors, était la principale entrée du monastère, on ne voyait à cette époque que quelques maisons bâties sans ordre et sans symétrie. Au milieu de cette place s'élevait une tour ronde, n'ayant qu'un étage percé de grandes fenêtres : c'était le Pilori.

Le 6 octobre 1557, une foule immense se pressait ardente, frémissante aux abords de la place du Pilori. Le ciel était gris; un épais brouillard couvrait les eaux de la Seine. Le bac, allant et venant sans cesse de la Tour de Nesle au Louvre, et du Louvre à la Tour, débarquait des flots de peuple qui allaient grossir la masse compacte, qui de toutes parts déjà avait envahi le lieu du supplice. Des fagots de bois vert étaient amoncelés autour du Pilori : on allait brûler des hérétiques.

—Pourvu que ces chiens de Huguenots n'aillent pas se rétracter, dit une mégère à la face hideuse, qui n'aurait pas mal figuré sous le bonnet rouge parmi les furies de l'Abbaye, trois siècles plus tard ; nous perdrions là un beau spectacle !

—Ne crains rien, mère Michaud, ce sont des hommes ceux-là ; ils se rétracteront tout aussi peu que les demoiselles que l'on a brûlées il y a deux mois sur la place Maubert.

—Ils mangeront plutôt leur langue, dit un écolier.

—Est-il vrai que les Huguenots mangent les petits enfants, demanda timidement une jeune fille !

—Rien de plus vrai, ma mie, répondit l'écolier ; ils se servent du sang de ces pauvres innocents dans leurs abominables cérémonies.

—Quelle horreur!

—Au feu les Huguenots! Au feu ces chiens de Luthériens! au feu tous, vociféra la foule.

—Silence! Les voilà qui arrivent.

A ces mots, prononcés par ceux qui se trouvaient le plus près de la porte de Bussi, les cris de la multitude s'apaisèrent soudain; il se fit un grand silence.

Deux tombereaux venaient de déboucher sur la place.

Dans chacun de ces tombereaux il y avait un homme, jeune encore,

affublé de la robe des pénitents gris. Le visage de ces deux hommes était découvert; leurs traits pâles et amaigris par les souffrances de la torture, portaient l'empreinte d'une grande douceur et d'une résignation austère. A côté de chacun d'eux se tenait un cordelier, un crucifix à la main, prêchant à grand renfort de gestes, sans pouvoir obtenir un seul regard des condamnés qui, les yeux tournés vers le ciel, semblaient absorbés dans une extase muette.

Nicolas-le-Cène, médecin de Lizieux en Normandie, et Pierre Gavart, *solliciteur de procès* de Saint-Georges-les-Montagnes en Poitou, tous les deux protestants, étaient arrivés à Paris, le 11 septembre de l'année 1557. Le hasard voulut qu'ils descendissent à la même hôtellerie. Là, on les avertit qu'une assemblée de protestants se réunissait clandestinement, le soir même, dans une maison de la rue Saint-Jacques, en face le collége du Plessis, pour y faire la Cène. Comme la nuit allait tomber, les deux étrangers, sans se donner le temps de changer d'habits, se rendirent à cette assemblée, désireux qu'ils étaient d'entendre la parole de Dieu.

Ce soir-là, la réunion était nombreuse; hommes, femmes et vieillards s'y étaient rendus en foule pour prier Dieu en commun et à leur manière. On y comptait plus de trois cents religionnaires.

Malgré toutes les précautions que les protestants apportaient d'ordinaire à ces réunions clandestines, ils ne purent échapper cette fois à la surveillance de quelques prêtres boursiers du collége du Plessis, qui, fortement intrigués du but de ces assemblées, avaient fini par découvrir la vérité : ils firent avertir le guet de la ville. Toutefois, craignant que l'assemblée ne se séparât avant qu'il n'eût eu le temps d'arriver, ces prêtres, aidés de quelques-uns des leurs, se mirent à démolir une muraille voisine, dans le dessein de faire rentrer à coups de pierres ceux des religionnaires qui tenteraient de quitter la maison.

Vers minuit, comme les protestants songèrent à se retirer, les prêtres, voyant que le guet n'arrivait pas, commencèrent à lancer des pierres contre la porte de la maison, et pour mieux ameuter le peuple, ils se mirent à crier qu'il y avait là un repaire de brigands et de conspirateurs.

A ce bruit, les voisins réveillés en sursaut courent aux armes. Les cris de : *Sus aux brigands, aux conspirateurs*, se répètent de proche en proche. En un clin-d'œil tout le quartier est sur pied; car depuis la prise de Saint-Quentin, le peuple était continuellement en alarme; l'ordre avait été donné que chacun fît provision d'armes, et se tînt prêt au premier signal.

Mais lorsque le peuple apprit que ces prétendus conspirateurs n'étaient que de pauvres religionnaires, sa fureur, loin de se calmer, s'accrut de toute la haine qu'il portait à la nouvelle secte. Des imprécations se font entendre contre les huguenots; des cris de meurtre et de sang retentissent partout; les issues des rues sont occupées par des hommes armés; on allume des feux pour que personne n'échappe à la faveur de la nuit.

A la vue de cet effroyable tumulte, de cette populace ameutée qui assiégeait la porte de leur maison en poussant d'horribles clameurs, les protestants, sans armes pour la plupart, sentent défaillir leur courage. Leurs ministres, sans espoir de salut eux-mêmes, les rassurent pourtant. Il fallut prendre une résolution : attendre l'arrivée des magistrats, c'était se résigner à la prison, à la torture, à une mort certaine; on résolut de tenter le passage à travers cette multitude furieuse.

On se divisa en plusieurs groupes; les hommes portant épée marchèrent les premiers, frayant un passage à ceux qui les suivaient. Ce fut ainsi que bon nombre de protestants parvint à se sauver, non toutefois sans avoir traversé une infinité de périls; car les pierres grêlaient sur eux de tous côtés, le peuple tenait les rues avec piques et hallebardes, et des fenêtres on dardait des piques sur les passants.

Le jour allait paraître, il restait encore dans la maison, des vieillards, les ministres du culte, presque toutes les femmes, et quelques hommes généreux qui n'avaient pas voulu les abandonner, lorsqu'arriva Martine, procureur du roi au Châtelet, suivi de ses commissaires et sergents. Un des ministres descendit pour ouvrir la porte au magistrat; il supplia Martine de protéger les femmes contre la fureur de cette populace qui était là, frémissante et écumant de rage de ce que sa proie allait lui échapper.

Hommes, femmes et vieillards sont aussitôt liés deux à deux pour être conduits au Châtelet. Le peuple, qui s'était échelonné des deux côtés de la maison, voyant enfin paraître les huguenots, les entoure, en vociférant contre eux des menaces de sang ; quelques hommes vont même jusqu'à frapper des fûts de leurs hallebardes, de faibles vieillards aux cheveux blancs, qu'ils prennent pour les ministres.

Le procureur du roi, craignant de plus grands excès de la part de cette populace, et n'ayant pas assez de gens pour la contenir, voulut faire rentrer les femmes dans l'intérieur de la maison, jusqu'à ce que ces furieux se fussent écoulés.

Mais le peuple, voyant l'intention du magistrat, menaça de mettre le feu à la maison, et de se faire lui-même le bourreau de ces malheureuses, si on ne les conduisait au Châtelet incontinent.

Force fut de céder aux menaces de la multitude, et d'exposer de pauvres femmes à la furie de ces cannibales qui, sans respect pour leur sexe ni pour leur rang (elles étaient presque toutes dames de grande maison), les accueillirent avec les épithètes les plus viles et les plus outrageantes. Ces scélérats ne se bornèrent pas aux injures : on leur arracha leurs chaperons, leurs ajustements furent mis en lambeaux et on leur jeta de la boue au visage. En cet état, hommes et femmes furent conduits à la prison du Châtelet; de là on les transféra à la Conciergerie.

Au nombre des hommes généreux qui avaient voulu partager le sort de ces malheureuses femmes, se trouvaient Nicolas-le-Cène et Pierre Gavart; leur constance dans la prison fut admirable. On leur appliqua la torture pour qu'ils abjurassent leurs erreurs, mais au milieu des souffrances les plus atroces, ils protestaient à haute voix *qu'ils voulaient vivre et mourir sur ce qu'ils avaient dit et maintenu.* De la torture ils furent conduits à la chapelle de la Conciergerie; des prêtres se présentèrent pour les confesser : ils les repoussèrent. Le Cène s'écria « qu'il se confesserait à Dieu seul, sûr qu'il était de son pardon et de sa miséricorde. »

Le Cène et Gavart furent condamnés à être brûlés vifs en la place du Pilori, devant l'Abbaye de Saint-Germain-des-Prés. D'autres religionnaires des deux sexes avaient subi le même supplice sur la place Maubert, quelque temps auparavant.

L'heure de l'exécution étant venue, un cordelier accompagné du bourreau vint trouver les condamnés, et leur dit, que s'ils voulaient se rétracter, la cour avait décidé qu'ils seraient étranglés seulement ; sinon la sentence suivrait son cours et qu'ils auraient de plus la langue coupée.

Le Cène, sans mot dire, tendit sa langue au bourreau.

Sur un signe du cordelier, le bourreau la lui arracha.

—Hélas! je ne pourrai plus louer Dieu de ma langue, dit Gavart en gémissant.... Le Cène le consolait de la tête.

Lorsque les condamnés furent arrivés à la place de l'Abbaye, le bourreau leur lia les bras à l'aide d'une forte corde, puis on les hissa aux deux extrémités d'une poutre transversale, fixée au Pilori par le moyen d'une barre de fer.

On mit le feu aux fagots, aux acclamations frénétiques du peuple...

Le supplice de Nicolas-le-Cène et de Pierre Gavart peut être considéré comme des plus horribles de ce temps, si riche en exécutions atroces. On avait laissé à dessein un grand intervalle entre le bûcher et le corps de ces malheureux, de sorte que le haut du corps était à peine atteint par les flammes, que déjà les parties inférieures avaient été entièrement consumées.

Mais ni la haine acharnée dont le peuple de Paris poursuivait les protestants, ni les persécutions, dont ils se voyaient en butte de la part des puissances séculière et ecclésiastique, ne purent empêcher la nouvelle secte de grandir et de s'étendre. Plus d'assemblées clandestines, plus de craintives réunions à l'ombre de la nuit. Elle relèvera fièrement la tête, et d'une voix forte, en plein Pré-aux-Clercs, elle entonnera les psaumes de David, traduits en vers français par Clément Marot, au grand ébahissement de la foule des promeneurs, attirés par la nouveauté d'un si étrange spectacle. Et vraiment, ce n'étaient pas de petites gens, ceux qui chantaient ainsi! Pour peu que vous eussiez cherché, vous auriez reconnu le roi Antoine de Navarre, sa femme, la reine Jeanne d'Albret, et beaucoup d'autres seigneurs. Ils ne craignaient pas, ceux-là, d'être pris dans une souricière, comme leurs coreligionnaires de la rue Saint-Jacques; ils avaient l'épée au côté, et du terrain devant eux pour repousser une attaque perfide. Cette fois, ce fut le clergé qui eut peur ; il craignit que la beauté du chant ne séduisît la foule. Il déclama en chaire contre cette invention des hérétiques et contre ceux qui s'étaient associés à ces chants. Chanter les psaumes en vers français que tout le monde entendait, c'était, disait-il, faire mépriser au peuple l'ancien usage introduit par l'Église romaine, suivant lequel on doit faire le service divin en langue latine; c'était souffler la discorde parmi le peuple et l'exciter à la guerre civile. Le roi fut de l'avis du clergé; il ordonna que l'on informât contre les auteurs de ce scandale. Henri II, par une des dernières ordonnances de son règne, défendit, sous peine de mort, de se réunir pour chanter des psaumes en français. Pourtant, la sévérité de ces édits, loin de produire les effets qu'on en attendait, ne fit qu'aigrir les esprits, et les disposer à la résistance.

Le 21 juillet 1587, Charles de Bourbon, cardinal archevêque de Rouen et abbé de Saint-Germain-des-Prés, le même qui, un an auparavant, avait commencé la construction, du beau palais abbatial, voulut se signaler par une procession magnifique et singulière. Il fit ranger en ligne toutes les jeunes filles et tous les garçons du faubourg Saint-Germain. Ils étaient vêtus de blanc, portaient chacun un cierge allumé à la main, et avaient les pieds nus. Les garçons étaient distingués par des couronnes de fleurs. Les capucins, les augustins et les pénitents blancs les suivaient par derrière. Puis venaient les prêtres de Saint-Sulpice, les religieux de Saint-Germain avec des reliques, et la musique ensuite. On y voyait les sept châsses de Saint-Germain portées par des hommes *nus en chemise*.

Le roi Henri III assista en habit de pénitent à cette cérémonie, et la

trouva si belle, qu'à son dîner il ne put s'empêcher de dire, que de longtemps il n'en avait vu *de mieux ordonnée ni de plus dévote que celle-là.*

On ne voyait, dans ce temps-là, que des processions dans les rues de Paris. Les plus indécentes étaient, suivant l'opinion des ligueurs, les plus belles et les plus dévotes. On en fit plusieurs composées d'hommes, de femmes et d'ecclésiastiques nus, ou presqu'entièrement nus. Un ligueur, l'auteur du *Journal des choses advenues à Paris, etc.*, dont l'opinion ne saurait être suspecte en cette occasion, rapporte avec admiration les détails de ces pieuses farces.

« Le 30 janvier 1589, dit-il, il se fit en la ville plusieurs processions, auxquelles il y a grande quantité d'enfants, tant fils que filles, hommes et femmes, qui sont *tout nus en chemises, tellement qu'on ne vit jamais si belle chose. Dieu merci.* Il y a de telles paroisses, où il se voit de cinq à six cents personnes *toutes nues....* »

Je ne vous parlerai plus du Pré-aux-Clercs, si ce n'est pour vous dire qu'une partie de l'armée de Henri IV y était campée, lorsque ce roi assiégea Paris en 1589.

Le mercredi 1er novembre, le roi ayant envie de voir Paris à découvert, monta sur le haut du clocher de Saint-Germain-des-Prés, un moine l'y conduisit. Le roi et le moine y restèrent seuls pendant quelques instants. En étant descendu, Henri IV dit au maréchal de Biron qui vint à sa rencontre : « Une appréhension m'a saisi étant avec un moine et me « souvenant du couteau de frère Clément... »

Sous le règne de Louis XIII, on combla en partie les fossés de l'Abbaye de Saint-Germain ; le canal de la petite Seine devint la rue des Petits-Augustins.

La reine Marguerite, première femme de Henri IV, avait fait venir des Augustins déchaussés, auxquels elle donna une maison, six arpents de terrain, et six mille livres de rente annuelle, à condition qu'ils chanteraient des cantiques *sur des airs qui seraient faits par son ordre.* Ces pères, dit Saintfoix, qui apparemment n'aimaient pas la musique, s'obstinaient à ne vouloir que psalmodier. Marguerite les chassa et mit à leur place des Augustins chaussés, qui ont donné le nom à la rue.

Pour bien loger ses moines chanteurs, la reine de Navarre dut expulser de leur modeste demeure les vénérables frères de l'ordre de *Saint-Jean-Dieu*, autrement dit *Frères de la charité*, que Marie de Médicis avait fait venir de Florence en 1602.

Ces frères, qui, suivant leurs règlements, devaient être chirurgiens et pharmaciens, ne chantaient point, à la vérité, à peine s'ils psalmodiaient; mais en revanche ils guérissaient beaucoup de malades et soulageaient bien des maux. Voyant ses protégés sans asile, la seconde femme de Henri IV comprit que la pieuse institution qu'elle venait de fonder, pour porter ses fruits, ne devait plus être à la merci de personne.

Il y avait alors au-delà de l'enclos de l'Abbaye, non loin de la place où quelques années plus tard l'on ouvrit la rue Taranne, une chapelle entourée de vastes jardins, appelée Chapelle de Saint-Pierre. Cette chapelle, devenue dans la suite église paroissiale, avait donné le nom au chemin voisin qui conduisait à la rivière, et qui, appelé par corruption chemin des Saints-Pères, est devenu depuis la rue de ce nom.

Ce fut dans le voisinage de cette chapelle que Marie de Médicis établit les frères de la charité. Elle leur fit construire un hôpital, une maison, et les dota convenablement. Cette maison de Paris devint le chef de tous les couvents du même ordre établis en France, et le nombre des religieux, de cinq qu'il était à la fondation de l'hôpital, s'y éleva bientôt à soixante.

L'an 1792, ce grand niveleur, qui n'avait que faire de Dieu ni des saints, supprima le couvent des frères de Saint-Jean-Dieu, comme il avait supprimé l'Abbaye de Saint-Germain-des-Prés. L'hôpital resta pourtant; mais comme le nom de *Charité* ne convenait guère à la circonstance, on l'appela *hospice de l'Unité*. Ce ne fut que sous l'empire, époque de restitution, qu'il reprit sa belle et primitive dénomination d'*Hôpital de la Charité*.

Quant aux Augustins, ils prospérèrent dans leur couvent, ils s'y arrondirent même, au dire de Saintfoix, jusqu'à ce que l'Assemblée Constituante leur coupa les vivres, en déclarant les biens du clergé propriétés nationales.

Dans cette époque de bouleversement social, le peuple, pour montrer à sa manière qu'il prenait part au travail, avait, en saccageant les églises, en brûlant et en dévastant les châteaux, brisé, mutilé et dispersé tant de chefs-d'œuvre, que la Convention, justement alarmée de ces actes de vandalisme qui menaçaient de priver la France des monuments les plus intéressants de son histoire, dut songer au moyen d'en recueillir les débris, et de mettre ce qui en restait encore intact, à l'abri des iconoclastes révolutionnaires.

Une *commission des monuments*, composée de savants et d'artistes, fut spécialement chargée de ce soin. Les bâtiments des Petits-Augustins furent choisis pour recevoir les tableaux et les monuments de sculpture, et le peintre Alexandre Lenoir en fut nommé conservateur.

Un décret de la Convention défendit de détruire, de mutiler ou d'altérer les monuments des arts, sous prétexte d'en faire disparaître les signes de féodalité.

Alexandre Lenoir, grand homme de bien et ami des arts, aussi chaleureux qu'éclairé, s'occupa dès lors avec un zèle infatigable de la restauration des monuments nationaux confiés à ses soins intelligents; et le 15 fructidor an III (1er septembre 1795), cette précieuse et vaste collection, qui prit le nom de *Musée des monuments français*, fut ouverte au public.

Depuis cette époque jusqu'en 1815, le musée des monuments français s'enrichit continuellement d'objets intéressants.

Ces monuments, rangés par ordre chronologique et classés par siècles, décoraient l'église, le cloître, la cour et le jardin des Petits-Augustins ; et tout en offrant une étude exacte de la marche progressive et rétrograde de l'art, ils formaient dans leur ensemble l'histoire de France la plus pittoresque et la plus grandiose.

Survint la restauration, et les réclamations de s'élever de toutes parts. Les émigrés, rentrés dans leurs foyers, redemandèrent leurs aïeux à grands cris ; le clergé, redevenu une puissance, réclama ses saints et ses tombeaux, et le musée des monuments français, cette imposante création de l'unité nationale, dépouillé peu à peu de ses richesses, se vit transformé en magasin de bric-à-brac artistique, sous le nom de *dépôt de monuments d'arts*.

La restauration eut alors la pensée d'élever une *école royale des beaux-arts* sur les décombres des Petits-Augustins. Le plan de l'édifice avait été arrêté ; on en avait même posé solennellement la première pierre ; mais l'exécution, que dis-je, la conception de cette idée, telle qu'elle a été réalisée sous nos yeux, appartient de droit au gouvernement de juillet.

En voyant ce noble édifice s'élever dans son éclatante et harmonieuse beauté derrière la gracieuse façade du château de Gaillon qui lui sert impunément d'entrée, que de fois ne vous êtes-vous pas dit : Voilà à coup sûr un des plus beaux ornements architectoniques de Paris..... si ce n'est le plus beau !

Le fondateur de l'église et de l'abbaye de Saint-Germain, n'eut sa rue qu'à la mort du grand roi : tous les fossés de l'abbaye étaient comblés, lorsqu'en 1715 on ouvrit la rue Childebert.

A l'extrémité orientale de la rue de Sainte-Marguerite, rue de fripiers, comme toutes celles qui enserrent l'antique église, le regard est frappé à l'aspect d'un mur sombre et sourcilleux, criblé de petites fenêtres que vous prendriez pour des meurtrières, si les barreaux épais qui les garnissent n'étaient là pour vous tirer d'erreur.

Ce noir édifice fut construit en 1635, par l'architecte Gamard : c'était la prison de la justice du seigneur abbé de Saint-Germain ; c'est aujourd'hui une prison militaire.

On l'appelle la prison de l'Abbaye, ou simplement l'*Abbaye*.

La célébrité qui est attachée à ce nom ne date pourtant pas de la prison monacale. En dépit des horribles cachots qu'elle renferme, cette prison ne doit sa triste renommée qu'à une époque de civilisation et de lumière. Il a suffi de deux jours pour la lui imprimer en traits de sang.

traits indélébiles! Mais quels jours que les journées du 2 et du 3 septembre 1792!

Je ne vous parlerai pas de ces hommes qui, ivres de sang, se ruaient ces jours-là dans la cour et aux abords de l'Abbaye. Marseillais, jacobins, peu importe le nom, ce sont les mêmes que vous avez vu trois siècles auparavant traquant, outrageant de malheureuses femmes, ne demandant pas mieux que de se faire leur bourreau; les mêmes que vous avez entendu pousser des hurlements de joie, à la vue de pauvres protestants mutilés, et accompagner leur supplice de frénétiques acclamations. Hier, c'étaient des huguenots qu'ils accusaient de boire le sang de leurs enfants; aujourd'hui ce sont des aristocrates, des prêtres, des ennemis du peuple, qui devaient égorger ses femmes et ses enfants, tandis qu'il serait à la frontière!

Mais je vous parlerai de ceux qui, assis dans une salle de l'Abbaye, composaient le *tribunal populaire*, de ces hommes impies qui faisaient une horrible mascarade de ce qu'il y a de plus saint et de plus sacré sur la terre : la justice.

Ils étaient cinq, deux officiers municipaux en écharpe et trois hommes ayant sous les yeux les registres d'écrous ouverts, et faisant l'appel nominal; d'autres faisaient les fonctions de jurés et de juges : rien n'y manquait. On lisait l'écrou au prisonnier, on lui faisait des questions; après l'interrogatoire, les juges qui venaient de tuer avec un calme infernal, se demandaient par l'organe de Jourdan leur président : Croyez-vous que dans *notre conscience* nous puissions *élargir* monsieur?

Ce mot *élargir* était son arrêt de mort. A peine le *oui* fatal était-il prononcé, que le malheureux, qui se croyait absous, était précipité sur les piques et les sabres des égorgeurs, qui, les bras nus et couverts de sang, se tenaient près du guichet de la salle pour exécuter les jugements.

Un autre le suivait de près et avait le même sort. Ce mode d'exécution était si expéditif, que les bourreaux, parmi lesquels il y avait plusieurs garçons bouchers, fatigués d'abattre quarante ou cinquante prisonniers par heure, demandaient de temps en temps quelques instants de repos.

« Ces instants de repos, dit un prisonnier, échappé comme par miracle aux massacres de l'Abbaye, les assassins les employaient à faire enlever les cadavres, à laver et à balayer la cour de l'Abbaye toute ruisselante de sang, ce qui leur donna beaucoup de peine. Pour en être dispensés à l'avenir, malgré les massacres qu'ils se disposaient à y faire encore, ils consultèrent entre eux divers expédients, et adoptèrent celui de faire apporter de la paille, d'en former une espèce d'estrade que l'on exhausserait encore avec les habits des victimes déjà immolées, et sur laquelle on ferait monter celles qu'on égorgerait dorénavant; au moyen de quoi le sang absorbé par ce lit de mort, n'irait pas inonder la cour. »

« Un des sicaires se plaignant alors de ce que chacun d'eux n'avait pas le plaisir de frapper chaque victime, ils décidèrent que l'on commencerait à la faire courir entre deux haies formées par tous, mais qu'alors on ne frapperait qu'avec le dos des sabres, et que lorsqu'elle serait montée sur le tas de paille et de vêtements, frapperait qui pourrait avec la pointe. Ils résolurent en outre, qu'autour de cette estrade, il y aurait des bancs pour les hommes et pour les femmes qui voudraient voir de près l'exécution et qu'ils appelaient *les messieurs et les dames.* »

Ces assassins s'appelaient eux-mêmes *les travailleurs de l'Abbaye.*

Malgré la rapidité du carnage, le *tribunal populaire* commanda que les Suisses seraient exécutés en masse. On les fait avancer : les officiers, la tête haute marchent les premiers.

— C'est vous, leur dit Maillard qui avez assassiné le peuple au 10 août!

— Nous étions attaqués ; nous avons repoussé la force par la force, répondent les gardes de Louis XVI.

— L'on va vous conduire à la Force, répond froidement Maillard.

Mais déjà les malheureux ont entrevu les sabres et les piques de l'autre côté du guichet : il faut sortir ; ils reculent, se rejettent en arrière...

— Par où faut-il passer? demande l'un d'eux, — Par cette porte, répond un geolier, — Eh bien ! ouvrez.....

Et dès que la porte est ouverte, il se précipite tête baissée au milieu des piques; les autres s'élancent après lui et subissent le même sort.

Vers cinq heures du soir (le massacre des Suisses avait commencé à deux heures), Billaud de Varenne, substitut du procureur de la commune, vint, revêtu de son écharpe, à la cour de l'Abbaye. D'un regard satisfait, il contempla l'*ouvrage* qu'avaient déjà fait *ses travailleurs*; puis s'avançant vers ces hommes qui, tout couverts de sang, trinquaient à la nation : *Peuple*, s'écria-t-il, *tu immoles tes ennemis, tu fais ton devoir!*...

La révolution ouvrit la rue de l'Abbaye. Et vraiment! à la voir encore silencieuse, morne, glacée, on croirait qu'elle se souvient de sa terreur de 92.

La rue de l'Abbaye s'en va joindre, en longeant l'église et l'ancien palais abbatial, la petite rue de Bourbon-Château, qui doit son nom au cardinal Charles de Bourbon, sur les ordres duquel on éleva le palais abbatial, vers la fin du XVIe siècle.

Je vous ai parlé de ce cardinal qui avait le goût des processions singulières, c'était de son époque; mais j'ai à peine dit un mot du palais, aujourd'hui une ruine, pis qu'une ruine, une momie.

C'était pourtant un somptueux manoir que ce palais, dont les princes-abbés ne dédaignaient pas de faire leur résidence! Les jardins en étaient magnifiques; le cardinal abbé de Furstemberg dépensa des sommes considérables pour leur embellissement et pour l'agrandissement du palais.

Aujourd'hui, le palais abbatial est descendu au rang d'une maison bourgeoise, en dépit de sa façade qui proteste contre cette déchéance; l'herbe croît devant sa porte et son aspect désolé vous rappelle ces tristes et froids débris de la grandeur vénitienne qui réfléchissent leurs fronts chargés d'années dans les eaux du grand canal. Une partie des jardins, sous les ombrages desquels un roi-abbé méditait jadis sur le néant des grandeurs humaines, est devenu l'ignoble *passage Jean-Casimir-de-la-Petite-Boucherie*, réceptacle dégoûtant des misérables haillons que le pauvre insolvable laisse entre les mains du recors!

Et tout ce quartier, toutes ces rues qui se pressent et se confondent autour de la vieille et décrépite église, ne trouvez-vous pas qu'elles ressemblent à d'avides héritiers, comptant avec une impatience impie les derniers moments de l'aïeule, afin de se partager le peu de terrain qu'ils lui ont laissé à regret pour finir sa chétive vieillesse?

Quand viendra-t-il, celui qui chassera les marchands de l'enceinte du temple!

HARRY HOERTEL.

RUE QUINCAMPOIX

u centre d'un quartier populeux, entre les rues Saint-Denis et Saint-Martin, s'étend dans la même direction, un défilé obscur de quatre cent cinquante pas de long sur cinq de large, bordé par quatre-vingt-dix maisons d'une structure commune et dont le soleil n'éclaire jamais que les étages les plus élevés ; tel fut l'ignoble carrousel où se célébrèrent les fêtes du système de Law. On l'appelle la rue *Quincampoix*.

C'est ainsi que Lemontey, l'habile historien de la régence, dépeint cette rue où s'accomplit, en effet, le phénomène le plus singulier que l'histoire puisse recueillir : faites ce pèlerinage, comptez les maisons et les pas, vous n'aurez pas de cette rue une idée plus exacte, ni plus nette que celle donnée par Lemontey dans les quelques lignes que nous venons de citer. L'origine de ce nom bizarre, *Quincampoix*, n'est pas bien connue ; elle vient, dit-on, d'un seigneur de Kincampoix ou Klinquampoix, noble Breton, auquel appartenait le terrain sur lequel la rue est bâtie ; d'ailleurs, au temps de sa plus grande célébrité, ce nom était rarement répété; on ne disait pas durant le système : la rue Quincampoix, mais tout simplement la *Rue*, comme autrefois le monde subjugué appela Rome, la *Ville* (*urbs*).

Quoique sa grande renommée soit due aux témérités de la régence, il est juste de dire que les dernières exactions de Louis XIV y avaient déjà naturalisé l'usure et l'agiotage. Ce roi, trop loué, était mort en 1715, et sa mémoire était alors vouée à la haine de la nation, ruinée, humiliée par les puissances étrangères et par l'orgueil ridicule du prince lui-même, à qui ni les malheurs, ni les infirmités, ni une vieillesse qui rapetissa jusqu'à sa stature, ne purent faire comprendre qu'il était formé d'une argile pareille à celle des autres hommes. La guerre de la succession venait de finir, mais elle avait été ruineuse; Chamillard, Desmarest qui lui succéda, avaient eu recours à tous les moyens pour se procurer de l'argent; ils avaient l'un et l'autre renouvelé sans cesse le titre des engagements pour réveiller la confiance des usuriers et des traitants, auxquels ils vendaient les revenus de la France : Promesses de la caisse des emprunts, billets de Legendre, billets de l'extraordinaire des guerres, ils avaient donné tous les noms et toutes les formes aux effets émis par le gouvernement, afin de leur rendre un peu de crédit; mais tous les moyens étaient épuisés; les effets royaux de toute espèce perdaient de 70 à 80 pour cent; la recette était absorbée d'avance, les campagnes étaient dépeuplées, le commerce ruiné, les troupes non soldées et prêtes à se révolter; 710 millions des bons royaux étaient exigibles. Un agiotage énorme se faisait sur ces promesses de la caisse des emprunts, sur les billets de Legendre, ainsi que sur les billets de l'extraordinaire des guerres, et cet agiotage avait eu lieu de tout temps dans la rue Quincampoix. Des juifs et des courtiers l'habitaient; d'accord avec les caissiers de l'État, ils y achetaient à perte les ordonnances des paiements; des banquiers voisins leur prêtaient des fonds à deux pour cent par heure, ce qui fit appeler ce commerce *prêt à la pendule*. Ce fut dans ces circonstances que les courtisans, qui voulaient que la libération du trésor permît de nouvelles faveurs, insistèrent auprès du régent pour la banqueroute; celui-ci résista noblement et se regarda comme lié par les engagements du feu roi; c'était beau, mais difficile à effectuer. Law se présenta alors; il pensait que la prospérité d'un pays tient à la masse du numéraire, et qu'on peut accroître cette masse à volonté; il présenta ses plans au régent, qui les adopta, et les opérations du système s'établirent naturellement dans la rue Quincampoix. Jean Law de Lauriston était Écossais; beau, grand, bien fait, plein de grâce et d'agilité, il excellait dans tous les exercices du corps et principalement dans le jeu de paume, fort en vogue alors; appliquant le calcul au jeu, il faisait sans déloyauté des gains considérables; bien venu des femmes, une jeune dame lui valut un duel avec un gentilhomme qu'il eut le malheur de tuer; les réclamations de la famille le firent jeter en prison, il parvint à s'évader, quitta l'Angleterre et vint à Paris, où ayant rencontré chez une courtisane nommée la Duclos, le jeune duc d'Orléans, il se lia avec lui, et, sous la régence, cette liaison commencée dans un lieu de débauche, changea la face de la France.

Nous ne parlerons pas ici du système de Law, ni de la première émission d'actions, qui furent appelées actions du Mississipi, ni des suivantes qui reçurent le nom de *filles* et *petites-filles*; ce n'est pas du système que nous avons à nous occuper, mais seulement de la rue Quincampoix. La possession du moindre réduit dans cette enceinte privilégiée passait pour le comble du bonheur, et la cupidité les avait multipliés avec une étonnante industrie; chaque parcelle d'habitation se changeait en petits comptoirs; à la lueur de lampes infectes, on en trouvait des labyrinthes dans les caves, tandis que quelques banquiers, pareils aux oiseaux de proie, avaient attaché leurs guérites sur les toits. Une maison, ainsi distribuée, constituait une ruche d'agioteurs, animée dans toutes ses parties par un mouvement perpétuel. Celles dont le revenu était de 600 livres, en rapportaient alors 100,000. Les spéculations sur les baux en totalité furent une source facile de richesses.

Mais la rencontre des essaims étrangers et les plus vives négociations

se faisaient surtout dans la rue. C'est là qu'un attroupement bizarre confondait les rangs, les âges et les sexes. Jansénistes, molinistes, seigneurs, femmes titrées, magistrats, filous, laquais, courtisans, se heurtaient et se parlaient sans étonnement. L'avidité, la crainte, l'espérance, l'erreur, la fourberie, remuaient sans relâche cette foule intarissable; une heure élevait la fortune que renversait l'heure suivante. La précipitation était si grande, qu'un abbé livra impunément pour des actions de la Compagnie, des billets d'enterrement, et dans cette burlesque substitution, les applaudissements se partagèrent entre l'effronterie du vol et la malice de l'épigramme. Dans cette rue Quincampoix, aujourd'hui si calme et si solitaire, on était si entassé les uns sur les autres, que le besoin changea des hommes en meubles, et parmi ceux qu'enrichirent ces métamorphoses, on cite un soldat, dont l'immense omoplate valait un bureau, et un petit bossu, soutenu par une muraille, devenait un pupître commode, sur lequel on transigea pour des milliards. Un savetier dont l'échoppe était appuyée contre le jardin du banquier Tourton, qui donnait sur la rue, gagnait deux cents livres par jour à louer son escabelle aux dames qui venaient contempler ce spectacle inoui. La ruse amenait alternativement la hausse et la baisse dans le prix des actions. Les variations étaient si rapides, que les agioteurs, recevant des actions pour aller les vendre, en les gardant un jour seulement, avaient le temps de faire des profits énormes. L'un d'eux, chargé d'aller en vendre un certain nombre, resta deux jours sans paraître; on crut les actions volées, point du tout, il en rendit fidèlement la valeur, mais il s'était donné le temps de gagner un million pour lui. On pouvait gagner un million par jour : il n'est donc pas étonnant que des valets devinssent tout-à-coup aussi riches que des seigneurs. On en cite un qui, rencontrant son maître par un mauvais temps, fit arrêter son carosse et lui offrit d'y monter. Le système commença à fleurir vers le milieu de 1718; le mois de décembre 1719 fut l'époque du plus grand engouement. Les actions de 500 livres avaient fini par monter jusqu'à 18 et 20,000 livres, c'est-à-dire à trente-six et quarante capitaux pour un. Tout avait été régularisé dans la rue Quincampoix; des gardes avaient été placés aux deux bouts de cette rue. Une commission avait été nommée pour juger sommairement toutes les contestations. L'affluence des spéculateurs était sans cesse croissante; tout le monde accourait au rendez-vous commun de la fortune; les créanciers y apportaient leurs remboursements; beaucoup de propriétaires, la valeur de leurs terres, et de grandes dames même celles de leurs diamants. Les *mississipiens* (on appelait ainsi ceux qu'avait enrichis le système) commencèrent alors à se livrer aux plaisirs et aux désordres qui accompagnent les fortunes subitement acquises. Le régent dégagé de ses soucis, la noblesse qui se croyait enrichie, les agioteurs, possesseurs de quantités immenses de papiers, se livrèrent à toutes les débauches. Les magasins de la rue Saint-Honoré, remplis ordinairement des plus riches étoffes, étaient épuisées : le drap d'or était devenu excessivement rare; on le voyait dans les rues porté par des gens de toutes les classes. Les denrées de toute nature avaient augmenté; un grand seigneur et un *mississipien* se disputant un perdreau chez un rôtisseur et enchérissant l'un sur l'autre, le mississipien le paya 200 livres. Notre profond chansonnier, Béranger, a fait sur cette époque un couplet aussi spirituel qu'historique :

> C'était la régence alors,
> Et sans hyperbole,
> Grâce aux plus drôles de corps,
> La France était folle ;
> Tous les hommes s'amusaient,
> Et les femmes se prêtaient
> A la gaudriole au gué,
> A la gaudriole.

Les mœurs du peuple reçurent de ces événements une profonde atteinte; cette faculté soudaine donnée à toutes les classes de s'enrichir sans l'intermédiaire du travail, qui rend l'homme digne de la fortune et modéré à en jouir, excita chez la multitude une ambition excessive, un goût dangereux du luxe, et fit naître une foule de parvenus étrangers aux plaisirs délicats et livrés à des jouissances grossières et brutales. Les mississipiens déployaient dans leurs hôtels nouvellement acquis un luxe de mauvais goût; ils avaient des meubles d'or et d'argent, des pierreries, des parfums, des fontaines d'eaux odorantes ; ils se faisaient servir des poissons monstrueux, des fruits des deux mondes, achetaient des automates merveilleux, et faisaient venir à leurs fêtes des courtisanes deminues, comme les libertins de la Rome des Césars.

Une pareille situation ne pouvait pas durer ; les mississipiens les plus riches voulurent enfin réaliser leurs monceaux de billets, et l'emploi du gage en fit reconnaître l'exagération ; mais, dans ce moment-là même, le crime vint se mêler aux chances du système. De jeunes seigneurs déréglés, à qui l'agiotage n'avait pas réussi, avaient résolu de voler ce qu'ils n'avaient pas su gagner. Ils formèrent, dit-on, le complot d'enlever les portefeuilles, en fondant l'épée à la main sur les spéculateurs réunis dans la rue Quincampoix. Un crime horrible, commis avant l'exécution de ce complot, le rendit impossible.

A l'un des coins formés par les rues Quincampoix et de Venise, là même où est établi aujourd'hui un marchand de vin, il y avait, en 1720, à l'enseigne de l'*Epée-de-bois*, un cabaret célèbre par les orgies qu'y faisaient les *mississipiens*. Antoine de Horn, frère cadet de Maximilien-Emmanuel, seigneur de Horn et de Lootz, un des plus petits princes d'Allemagne et parent du régent, Antoine, disons-nous, connu alors à

Paris sous le nom de comte de Horn, s'associa de Miles, gentilhomme piémontais, et un certain Lestang, fils d'un banquier de Tournay, qui se faisait nommer le chevalier d'Estampes; tous trois entraînèrent à l'*Epée-de-bois* Lacroix, un des plus riches mississipiens, sous prétexte de traiter avec lui de la vente d'une terre; ils se firent ouvrir une pièce dont les fenêtres donnaient sur la rue de Venise, et au lieu de traiter avec le détenteur d'actions, ils l'assassinèrent pour s'emparer de son portefeuille. Le meurtre fut commis par de Horn et de Miles seuls; Lestang faisait le guet dans la rue. Un garçon du cabaret, qui était dans l'escalier, entr'ouvrit la porte du lieu où étaient les assassins, vit le crime, referma la porte, emporta la clé, et alla répandre la nouvelle dans le cabaret de l'*Épée-de-bois*. Lestang, quand il vit ses complices découverts, prit la fuite; il sortit sans retard de Paris, quitta la France, et il paraît qu'il passa à la Nouvelle-Orléans : il alla voir ce Mississipi, dont il avait voulu voler des actions; de Miles, à l'aide d'une poutre qui étançonnait la maison de l'*Épée-de-bois*, se laissa glisser dans la rue de Venise, traversa l'église du Saint-Sépulcre, bâtie sur l'emplacement où est aujourd'hui la cour Batave, et fut arrêté dans le marché des Innocents; le comte de Horn voulut suivre le chemin qu'avait pris de Miles, mais il tomba, se foula le pied, et on s'empara de lui dans la rue de Venise même. Le crime était patent, c'était un assassinat prémédité. Les coupables devaient, suivant la loi, subir le supplice de la roue. Toute la noblesse entoura le régent pour épargner au jeune comte de Horn un supplice infamant; mais le régent résista noblement à toutes les instances, et répondit toujours par ce vers de Tancrède :

<blockquote>Le crime fait la honte et non pas l'échafaud!</blockquote>

Le duc de Saint-Simon lui représenta que le comte de Horn était non-seulement gentilhomme, mais encore allié aux familles princières d'Allemagne, lui, Philippe, fut inexorable; enfin le duc dit :

— Mais, Monseigneur, M. le comte de Horn a l'honneur d'être votre parent.

A quoi le régent fit cette réponse si connue :

— Quand j'ai du mauvais sang, je me le fais tirer.

Law et Dubois insistèrent pour faire donner un exemple indispensable, dans un moment où tout le monde avait sa fortune en portefeuille. Le comte de Horn et son complice de Miles expirèrent tous deux sur la roue.

Nous trouvons dans les mémoires de Mirabeau une anecdote singulière, qui prouve jusqu'à quel point le système avait infatué la nation et aveuglé jusqu'à ceux-là même qui étaient dans les secrets de l'État.

Le choc du système, dit-il, le frappa Jean-Antoine, grand-père de

Mirabeau) autant et plus rudement qu'aucun autre. Il avait cent mille écus en contrats sur l'Hôtel-de-Ville de Paris. Enchaîné par la peste (*), il ne put aller lui-même veiller à ce revirement de partie qui n'eut jamais d'exemple, et où les plus habiles voguaient à l'aventure. Le marquis de Castellane, son beau-frère, était à Paris; il était de la cour du régent, et sa femme dame d'honneur de la duchesse d'Orléans. Notre agent s'adressa au marquis de Castellane pour le placement de ces effets remboursés, et celui-ci en acheta des actions. M. de Castellane se laissa aller au courant qui en entraînait tant d'autres. Cependant, comme il était dans la plus intime des orgies du régent, qu'il jouait le jeu de cour et qu'il avait des amis, il fut instruit à temps : il l'a lui-même avoué à son beau-frère, qui ne lui en fit jamais un reproche. On l'avertit donc en secret que les billets allaient tomber et qu'il était temps de réaliser, quelle que pût être la marche des effets sur la place. Il se transporta à la rue Quincampoix dans l'intention de vendre, et pour son compte et pour celui de son beau-frère. Aujourd'hui, que nous avons fait de grands progrès dans l'art des fripons de bourse, on sait que, par le moyen du tour de gibecière des coryphées de l'agio, les décris sont toujours précédés par quelque faux bruit qui relève précisément les effets destinés à disparaître peu après. On avait pris, à cet égard, un soin aisément efficace, en un temps où tout le monde était la dupe des mêmes illusions, et où chacun, par le désir de se tromper soi-même, aidait encore à la commune erreur, ou plutôt à la fureur universelle. L'enthousiasme général gagna le marquis de Castellane, venu exprès pour en profiter et bien averti; au lieu de vendre, il acheta des billets et se noya lui et les effets de mon agent.

Lorsque la débâcle arriva, quand toutes ces valeurs fictives s'évanouirent dans les mains des détenteurs, M. de Canillac, l'un des plus spirituels amis du régent dit :

— Tout cela n'est pas nouveau, et Law n'a rien inventé; bien avant lui, j'ai fait des billets que je n'ai pas payés : voilà le système.

Cette plaisanterie cruelle n'était pas juste; si Law dépassa le but, cela vint de l'impatience de la nation, qui se précipita en aveugle sur un gage dont la valeur, suivant l'intention de Law lui-même, ne devait pas s'élever si haut. L'effet général fut néanmoins heureux : de monstrueuses fortunes s'élevèrent, non sur la misère publique, mais au sein de l'aisance générale. La noblesse paya ses dettes et s'enrichit; l'intérêt tomba au denier quatre-vingts ; le nombre des manufactures s'accrut de trois cinquièmes ; l'agriculture prospéra ; et Law, génie malheureux, qui était arrivé en France avec une fortune considérable, alla mourir à Venise pauvre et oublié.

(*) La peste de Marseille (1720).

Peut-être ne convient-il peu de quitter cette époque sans parler d'une femme plus connue aujourd'hui par ses rapports avec les littérateurs du xviiie siècle que par ses propres ouvrages, Madame de Tencin, dont on oublie volontiers la jeunesse hasardeuse pour ne se souvenir que du courage hardi avec lequel elle soutint l'*Esprit des Lois*, chef-d'œuvre méconnu à son apparition; la seule femme de son temps, peut-être, qui ait dédaigné de s'enrichir durant le système, et la mieux placée néanmoins pour y parvenir aisément. A ce coin de la rue Quincampoix où vient aboutir la nouvelle rue Rambuteau, on voyait encore, il y a quelques mois, un édifice de belle apparence, quoique le temps eût jeté ses teintes grises sur les pierres de taille dont il était bâti; d'énormes barreaux de fer garnissaient les fenêtres du rez-de-chaussée, et à l'intérieur la cour était séparée de l'escalier par un passage étroit, et protégé dans toute sa hauteur par une grille de fer massive, précaution prise, il y a plus de cent vingt ans, contre une aggression populaire. Aujourd'hui cette maison historique vient de disparaître sous le marteau des démolisseurs; c'était là, que venait alors, pour y joindre l'Écossais Law, Madame de Tencin, femme élégante et belle, dont la taille était un peu

voûtée, ce qui venait, disait-elle elle-même, de son premier métier de religieuse, lorsqu'elle était plus souvent à genoux qu'autrement; maîtresse du régent, plus tard maîtresse de Dubois, et jamais passionnée que pour l'avancement de son frère, dont elle fit un cardinal et un archevêque de Lyon. L'abbé de Tencin avait été chargé de la conversion de Law, qui ne pouvait porter le titre de contrôleur-général qu'en se faisant catholique, et la sœur ajoutait incognito son éloquence à celle du convertisseur officiel. Ancienne religieuse du couvent de Montfleury, maîtresse d'un cardinal et sœur d'un abbé, elle avait quelque droit à s'occuper de son avenir. C'était à peu près la seule femme que Law reçut avec plaisir; car, aussi désintéressée qu'elle était alors galante, elle n'usait pas de son intimité pour demander des actions : l'auteur du *Comte de Comminges* n'eut jamais qu'une fortune médiocre.

Les Parisiens n'oublièrent pas de fredonner leur petite chanson, à propos de la conversion de Law; le peuple disait, en chantant, du nouveau contrôleur général des finances :

> Ce parpaillot, pour attirer
> Tout l'argent de la France,
> Songea d'abord à s'assurer
> De notre confiance,
> Il fit son abjuration,
> La faridondaine, la faridondon,
> Mais le fourbe s'est converti, biribi,
> A la façon de barbari, mon ami.

L'abbé-convertisseur fut surnommé l'*apôtre Tencin*, et l'on publia sur lui le quatrain suivant :

> Foin de ton zèle séraphique,
> Malheureux abbé de Tencin :
> Depuis que Law est catholique,
> Tout le royaume est capucin.

Pour ceux qui s'occupent de finances, il résulte du système plusieurs vérités; la principale est celle-ci : « Le crédit doit représenter des valeurs » certaines et doit être tout au plus une anticipation sur ces valeurs. »

C'est à son application que nous devons les billets de banque.

Cependant la rue Quincampoix, qui avait vu naître et se développer les opérations du système, n'en vit pas la fin. Peu de temps après le supplice du comte de Horn, une ordonnance transporta ce jeu, dont les chances devenaient tous les jours pires, sur la place Vendôme, et plus tard à l'hôtel de Soissons.

L'hôtel de Soissons était situé sur l'emplacement occupé aujourd'hui par la halle aux blés : le prince de Carignan fit construire dans le jardin de cette habitation, qui était la sienne, des baraques dont chacune était louée cinq cents livres par mois; cette ingénieuse façon de se créer un revenu annuel de quatre ou cinq cent mille livres, obtint le privilége d'une ordonnance qui défendait à l'agiotage de s'ébattre ailleurs que dans le jardin de l'hôtel de Soissons.

Dès ce moment, la rue Quincampoix devint triste et solitaire; elle perdit des milliers d'habitants; les guérites bâties sur les toits disparurent; les comptoirs abandonnèrent les caves pour faire place aux bouteilles, et le loyer d'une maison fut bien loin d'égaler l'achat d'un palais. Aujourd'hui voyez-la : l'herbe ne croît pas entre les pavés comme dans certaines rues de province, mais elle paraît déserte, elle a un aspect morne, et mérite la qualification de *défilé obscur* que lui a donné Lemontey ; un étranger, qui se réveillerait dans la rue Quincampoix, aurait de la peine à croire qu'il se trouve entre les rues Saint-Martin et Saint-Denis, les deux voies les plus bruyantes et les plus animées de Paris; elle est habitée par les oncles qui ont cédé leurs fonds à un neveu, les beaux-pères jaloux de surveiller un commerce continué par leurs beaux-fils, et qui veulent encore aller deux fois par jour au magasin du marché des Innocents, où ils ne sont plus les maîtres, mais où ils ont encore un intérêt : c'est un lieu de demi repos, où ils passent deux ou trois ans à attendre que, tout-à-fait dégagés des affaires, ils aillent se retirer à Saint-Germain ou à Belleville.

La rue Quincampoix n'a plus rien qui la distingue aujourd'hui des autres rues; l'intérêt qu'elle inspire, repose donc tout entier sur le rôle qu'elle a joué durant le système de Law ; puisque nous avons emprunté en commençant quelques lignes au concis Lemontey, on nous permettra de rapporter encore la manière dont il apprécie la conduite des Parisiens, des vrais Parisiens, des Parisiens du bon Dieu, comme dit Jean-Jacques, durant la période de 1718-20. Voici ses paroles :

« La colonie errante de la rue Quincampoix offrait un mélange de tous les peuples. Parmi les étrangers, se distinguaient les Lorrains, les Flamands, les Suisses et les Italiens, tandis que les contingents nationaux étaient principalement fournis par la Normandie, Lyon, la Guienne et le Dauphiné. Quant aux Parisiens, le système fut l'objet de leurs chansons, tant qu'il réussit, et celui de leur confiance, dès qu'il dégénéra. Les natifs de la moderne Athène conservèrent leur réputation d'être les dupes les plus spirituelles de la terre. »

Marie Aycard.

LES QUAIS.

IL y a deux mille cinq cents ans, les Celtes, dont la Seine baignait les huttes de roseaux, l'appelaient *Squan* ou le Serpent. Une double ceinture de marais, interrompue seulement par les bandes de verdure de la savane méridionale, et de tous côtés bordée de bois, pressait alors ses rives. Ses îles, au nombre de sept, étaient couvertes de glaïeuls, à l'exception cependant de la plus grande qu'habitaient les Parisis, et que deux ponts rattachaient à la terre. Les premiers navigateurs qui foulèrent ses ondes furent, dit-on, les Phéniciens. Ils vinrent semer sur ce sol vierge les arts civilisateurs de Memphis et de Thèbes, bâtir les colonnes du temple d'Isis, creuser le port de Mercure et inspirer aux indigènes ce goût du commerce religieusement gardé jusqu'à l'arrivée des Romains.

Ici commencent les annales glorieuses du fleuve. Labienus, lieutenant de César, s'étant présenté pour le soumettre au pouvoir de Rome, fut repoussé. Le noble chef des Parisis, Camulogène, campé dans les marais qui touchaient au temple égyptien, défia longtemps la valeur des légions. Trompé néanmoins par une ruse de guerre, il franchit le petit pont en mettant le feu aux pilotis et aux cabanes de son peuple.

Labienus se croyait vainqueur; mais à travers les tourbillons de flamme et de fumée, il ne tarda guère à voir ses ennemis logés dans le marais de la rive opposée. Aussitôt le génie du Capitole inspire le Romain : ses dieux mêmes semblent comprendre sa pensée. La nuit arrive et avec elle un orage terrible, les éclats du tonnerre, la pluie à torrents... En ce moment Labienus s'embarque; les sentinelles gauloises étaient accablées de fatigue; si elles avaient veillé attentivement, elles auraient aperçu à la lueur des éclairs Labienus traversant silencieusement le fleuve avec ses légions, tandis que pour donner le change, deux troupes de soldats remontaient à droite et à gauche en battant l'eau avec leurs rames. Ce bruit trompa Camulogène; il crut que les Romains avaient divisé leur armée en trois corps pour le surprendre, il divisa aussi ses forces et fut battu. Les Parisis perdirent leur général et leur liberté; le fleuve perdit son nom; les Romains, latinisant son vieux type celtique, l'appelèrent *Sequana*.

Ils changèrent aussi le nom de l'espèce de *hanse* ou association commerciale qu'ils trouvèrent établie; et comme le commerce par eau rendant maître des fleuves, était d'une haute importance pour la consolidation de la puissance romaine, c'est vers ce point capital qu'ils tournèrent leur politique.

Une nouvelle ligue fut organisée sous le nom de collége des *Nautes*; les sévirs, élus de la Cité, en firent partie; on y compta des décemvirs, des décurions, des questeurs, des chevaliers et jusqu'à des sénateurs. Les chefs, seuls magistrats de la Sequana, s'appelaient curateurs, et, à ce qu'il paraît, *Senani*. La faveur extraordinaire dont les entoura Rome et les priviléges qu'elle leur prodigua en toute occasion leur fit donner la superbe dénomination de corps très-splendide des *Nautes*.

Mais ces honneurs ne faisaient que dorer la servitude de la *Sequana* : les voiles qui se déployaient sur ses ondes lui pesaient comme un joug romain : malgré l'amour d'un empereur, malgré les éloges du philosophe couronné, elle coulait, et coula longtemps, esclave, entre l'autel dédié à *Tibère* (*) par ses propres curateurs, et le portique où s'arrêtaient les barques pour payer le tribut à César (**).

Le cinquième siècle vint l'affranchir et lui faire jouer le premier rôle dans la ligue commerciale qui devait être plus tard l'Hôtel-de-Ville; mais hélas! cette prospérité ne dura pas longtemps. Elle avait déjà entendu les

---

(*) Sur l'emplacement de Notre-Dame.
(**) Où sont les tours du Palais.

cris des barbares et le bruit lointain de leurs armes ; tout-à-coup le galop des chevaux frappa ses rives ; on vit rouler des nuages de fumée ; on vit jaillir les étincelles de l'incendie, puis une multitude de Huns, les cheveux tressés comme des couleuvres ; d'Hérules, les joues verdâtres comme l'écume de la mer, s'élança vers la Seine avec des hurlements affreux ; ces fils du vautour avaient à leur tête le géant au coursier noir, à l'épée exterminatrice, Attila, fléau de Dieu.

La Seine alors sauva Lutèce. Il s'éleva de ses flots un brouillard si épais, si ténébreux, qu'Attila ne découvrit ni les toits de chaume, ni les tours du château de César....., et qu'il passa.

Après lui vinrent les Franks. Chassés deux fois, ils reparurent avec la bannière du Christ ; et, vêtue de sa robe blanche, la fée druidique eut beau couvrir la Seine de pirogues pour nourrir les *Parisis*, les *Senani* eurent beau secouer le bouquet de glaïeuls imbibé d'eau lustrale sur l'autel du Serpent, leur ancien dieu tutélaire, la fée fut impuissante, et *Sequan* demeura sourd ; il fallut se soumettre aux Franks.

La destinée du Tibre de la ville blanche est modifiée de nouveau. Ses curateurs, ses nautes échangent leur titre privilégié contre la dénomination plus modeste de *ligue francique*. La Seine devient chrétienne ; mais en se mirant dans ses eaux, la Croix les a faites vassales. Elles appartiennent désormais à l'évêque et aux moines de Saint-Germain, dont le cloître s'élève sur les ruines du temple d'Isis.

Trois siècles se passent ainsi : la bénédiction de saint Denis multiplie outre mesure les habitants écaillés du fleuve. Le long des îles du pasteur, des treilles et des mottes sans nom qui s'éparpillent çà et là couronnées de joncs et de roseaux, les pêcheurs passent sans cesse avec leurs filets pleins. L'abondance était si merveilleuse qu'un auteur contemporain la relate en ces termes :

« Les poissons fourmillaient dans la rivière comme les ondes dans la
» mer ; même cette rivière n'était pas un petit rempart et défense pour
» les murailles de la ville, car elle environnait de toute la largeur de ses
» eaux toute la largeur et circuit de l'île. »

Une nuit cependant, un des pêcheurs ne put retirer ses filets. Il appela ses compagnons ; on traîna la proie sur la grève, et quand les mailles furent ouvertes, les poissonniers se regardèrent avec terreur. A la tête blonde et chevelue de la victime, à sa robe de pourpre souillée à demi de vase, ils s'écrièrent : c'est un prince ! Mais dès que l'un d'eux eut fait signe au coup de poignard qui avait déchiré la robe, tous éteignirent promptement leurs torches, abandonnèrent le cadavre sur le sable, et à peine si dans le bruit des rames on entendit ce mot murmuré à voix basse : Frédégonde !

Longtemps après cette nuit funèbre, un de ces spectacles qu'on ne voit qu'une fois dans un siècle, mit en émoi les Parisiens : les deux ponts de bois de la Seine s'écroulaient sous les coups de hache, le port Saint-Landry était bordé de barques, la voile gonflée, les rames prêtes à partir au signal : mais ces barques ne portaient pas la banderolle bleue et rouge de la ligue commerciale; l'étendard au champ écarlate, aux larges abeilles d'or, flottait à tous les mâts. Chaque vaisseau était plein de soldats et de lances. Tout-à-coup, les cloches de la basilique et des couvents s'ébranlèrent; l'évêque, suivi processionnellement du clergé de toutes ses églises, s'avança et bénit une à une les trente-huit embarcations qui partirent avec Charles-le-Chauve pour aller disputer à ses frères le champ de bataille de Fontenay.

A ce choc succéda une alarme plus effrayante encore : dans la sainte semaine de 845, une flotte de barbares apparut dans la Seine. Jamais pareille vue n'avait consterné les Parisiens. Des pirogues formées avec les grands arbres du Nord, creusés par le feu, ou seulement de peaux de bœuf que tendaient en les recourbant des baguettes de chêne, remontaient la rivière au nombre de six-vingts. D'autres peaux grossièrement cousues servaient de voiles : une nuée d'hommes demi-nus, aux blonds cheveux, aux traits féroces, les poussaient avec de longues perches.

Toute la cité frémit en reconnaissant la tribu barbare du Danemarck, et ce seul cri : Les Normands, les Normands! mit tous les habitants en fuite.

Les fils d'Odin entrèrent donc dans la ville abandonnée comme autrefois les Gaulois nos pères dans Rome; le jour de pâques, au lieu d'être une fête solennelle et joyeuse, fut un jour de pillage et de deuil.

Charles-le-Chauve arriva enfin, non point en empereur, non en fils de Charlemagne, mais en marchand. Il n'osa en appeler à l'épée de son père, et traita avec ceux qu'il devait combattre. Sept mille livres d'argent pesées par sa lâcheté renvoyèrent les Normands.

Cette rançon obtint onze ans de trêve. Au mois d'août de 856, par une chaude matinée, les Parisiens entendirent bouillonner les eaux de la Seine; ils regardèrent avec terreur vers le moustier de Saint-Germain, et, à travers les joncs, les roseaux, les herbages de l'île de Jérusalem, ils revirent les fatales pirogues. Personne ne les attendit; la Seine demeura seule le triste témoin du sac et du pillage. Tout le jour, elle vit dévaster et voler sa ville, puis, quand la nuit tomba, un large cercle de feu se réfléchit de chaque côté dans ses flots. Les Normands s'embarquaient aux lueurs de l'incendie en poussant des clameurs de triomphe, les Parisiens y répondaient par des pleurs en ne retrouvant plus que les cendres de leur cité.

A partir de cette époque, et jusqu'à Charles-le-Simple, c'est-à-dire pendant cinquante-quatre ans, la lutte continua avec les Normands; la

France était livrée à une désorganisation politique si grande, qu'une poignée de barbares put venir périodiquement attaquer et piller la première de ses villes, sans qu'une seule bannière se déployât pour sa défense. Quant au roi, on ne le trouva que pour faire une lâcheté. Charles-le-Chauve avait donné son argent et son honneur aux pirates du Nord, Charles-le-Simple leur donna son sang et sa Neustrie; et, au moyen de ce pacte honteux, les compagnons de Rholf conquirent enfin ce fleuve de Seine pour lequel ils combattaient depuis cent soixante-cinq ans.

La Seine se remit donc à couler tranquillement comme une bonne et grasse vassale de l'Église. Les religieux de Saint-Magloire reprirent possession de ses eaux, « dès au-dessus du chief de l'isle Nostre-Dame jusqu'au viez grand pont de pierre, lequel soulait être où le pont des Molins est à présent. »

Les chanoines de la Sainte-Chapelle recommencèrent à jouir de leur rente perpétuelle de 700 livres parisis qu'ils avaient sur l'arche du Grand-Pont et sur les moulins qui en dépendaient.

Pareillement, les moines de Saint-Germain, propriétaires de la tour du Petit-Pont et de toutes les meules tournant entre cette tour et la porte de la ville, rentrèrent dans leurs biens.

Malheureusement la Seine se fatigua de servir l'Église : l'hiver de 1176 fut témoin de sa rébellion : grossie outre mesure, elle lança ses flots contre les barrières qui la gênaient, et les ponts de Paris, les moulins de la Sainte-Chapelle disparurent dans le courant.

On ne sait où se serait arrêtée sa furie, si l'Église n'était accourue soumettre la rebelle. Mais tout-à-coup s'avança processionnellement une armée pieuse de tous les prêtres, moines et religieuses de Paris, l'évêque en tête, revêtu comme un général qui marche à la bataille, de ses habits de cérémonie.

Le roi suivait avec un noble cortège de seigneurs, le manteau d'hermine parsemé de fleurs-de-lis d'or flottait sur ses épaules et ondulait gracieusement de loin aux mouvements de son cheval.

Une foule immense de menu peuple, mal contenue par les sergents, se pressait sur les pas du roi et de l'évêque. Celui-ci fit faire halte à l'endroit où les eaux mugissaient avec le plus de force ; c'était à la fausse estrivière de la Grève, devant le port aux Œufs, allongée en forme d'éperon de terre. Là, le prélat étendit les mains sur la Seine en ce moment plus grosse et plus courroucée, et les cloches de Notre-Dame étant mises en branle, il montra aux flots un clou jadis arraché des mains du Sauveur, en disant : « Que Notre-Seigneur, par les signes de sa sainte Passion,
» veuille resserrer les eaux dans leur lit ordinaire. »

La Seine obéit quelques jours après.

Puis ce fut le tour des glaces. De 1196 à 1416, elle se prit quatre fois pendant les quatre plus rigoureux hivers qu'on eût encore essuyés. Il suffira de dire, pour en donner l'idée, que la justice fut suspendue, parce que le greffier du parlement, bien qu'il eût son encrier sur le feu, voyait geler son encre de trois mots en trois mots, et ne pouvait enregistrer aucun arrêt.

Le XIVe siècle lui montra d'étranges spectacles : En 1313, les trois fils de Philippe-le-Bel armés chevaliers dans l'île Notre-Dame, le légat prêchant la croisade, les rois de France, d'Angleterre, de Navarre, recevant la Croix de sa main; puis, comme pour faire ombre aux pompes éclatantes de cette fête, à l'autre bout de la Cité, les Templiers dévorés par les flammes, le bourreau jetant au vent les cendres de Jacques Molay; à la même place les spectres de trois sorcières brûlées l'année suivante, qui revenaient, dit-on, la nuit; et plus bas les lueurs funèbres de la tour de Nesle! Au-dessus de cette Grève maudite où les pêcheurs, quand venait le soir, voyaient errer des ombres, brillait toutes les nuits un point lumineux, sorte de fanal allumé au pied de Notre-Dame ; il éclairait cette langue de terrain formée autrefois par les débris de reconstruction de la cathédrale, et qui d'abord nommée *Motte aux Papelards*, finit par s'appeler le *Terrail*. C'était le chapitre de Notre-Dame qui entretenait le veilleur et qui était tenu de fournir par obligation bien ancienne deux bûches de mole et deux cotterets à ce garde silencieux qu'on apercevait chaque nuit entre les lueurs rougeâtres de son phare et l'ombre de la grande basilique.

Le moyen-âge toutefois ne donna pas toujours à la Seine cette sombre couleur de sang et de flammes. Souvent, au mois de mai, par le soleil si doux du printemps, les blondelettes de Paris s'embarquaient avec leurs fiancés. Ces bateaux, couronnés de branches vertes et de suaves aubépines, descendaient le long de l'île des Javiaux (*), dont le sol rocailleux était obstrué en tout temps de gravois et de planches ; ils s'arrêtaient devant l'île Notre-Dame, et là, comme il faisait beau aller ramasser les marguerites dans les prés! A peine la troupe joyeuse avait-elle passé les glaïeuls et les joncs de l'autre île jumelle où paissaient les vaches qui lui avaient laissé leur nom, qu'à travers les saules penchés sur les deux rives apparaissaient l'île aux Bureaux et l'île de la Gourdaine.

Un des jeunes gens racontait, en montrant du doigt les juments pleines qu'on y voyait errer, comment ces pauvres bêtes payaient chacune six deniers à l'abbé de Saint-Germain, pour ce droit de pâture. Les bateaux en attendant volaient à côté des palés, et voici qu'en grondant, les moulins de la Gourdaine, du guort l'Évêque, de Bussi, épanchaient leurs vastes nappes d'écume. Rien de plus riant que le premier, dont la toiture blanche et les roues jaillissantes masquaient la Cité, tandis qu'avec ses vannes et sa double chaussée, il enfermait l'île dans un triangle de cristal.

(*) L'île Louviers.

Les rameurs n'avaient pas besoin de fatiguer leurs bras : emportés rapidement par les courants, ils effleuraient les mottes de Nesle, où les blanchisseurs gardaient leurs toiles étendues au soleil.

Un peu plus loin on passait entre l'île aux Treilles si fraîche et si gracieuse avec ses vignes et ses arbres fruitiers exposés aux rayons du midi à gauche, et l'île de Seine, jolie prairie entourée de roseaux et de nénuphars à droite.

Presque bord à bord avec ces deux îles, une troisième était couchée toute longue et étroite : les Parisiens l'appelaient Jérusalem, et pas un bourgeois qui ne se fît un grand délice d'aller respirer les brises de Seine sur ses gazons parsemés de touffes d'osiers et de saules ; mais ce bonheur n'appartenait qu'aux plus notables, qui en louaient une parcelle à

prix d'argent, et, afin de la distinguer de celle du voisin, la séparaient par une rigole, d'où il arrivait que tous ces lots formaient autant d'îles particulières, et prenant les noms de leurs possesseurs, étaient désignées par ceux, d'île à *Prunier*, *de la Garenne*, *de Longchamp*, *de la Pierre*.

Ces bonnes gens ne manquaient pas de profiter des premiers beaux jours pour visiter leurs îles, et la joie devait être douce parmi eux au moment où les jolies blondelettes leurs filles, attachant les bateaux sous les oseraies de Jérusalem, venaient danser sur les pelouses ou manger la fouace en projetant d'aller parcourir les mottes de la sablonnière qui apparaissaient arides et chauves un peu plus loin (*).

Jusque-là, libre dans son cours, la Seine ne voyait point sur ses bords ces barrières murales destinées à contenir l'impétuosité de ses flots et à mettre un frein aux ravages des inondations. Bien que le savant Cuvier ait attesté son impuissance à changer un caillou de place, elle déracinait, quand il lui plaisait, les plus grands arbres des campagnes, entraînait les villages, rompait digues et ponts, et jetait le tout sur ses grèves ; ou, paisible dans son large lit, elle promenait capricieusement ses eaux claires et vertes entre deux frais rideaux de saules.

Philippe-le-Bel décréta qu'il n'en serait plus ainsi. Par son ordre, des quais commencèrent à s'élever en 1312 : de chaque côté, des remparts de pierre emprisonnèrent le vieux fleuve. Adieu, belle et fière Sequana des Celtes ; adieu, noble protectrice de Lutèce : ces deux bras de la Seine qui étreignent la Cité avec tant d'amour, deviendront désormais les esclaves des Parisiens.

L'ordre de Philippe-le-Bel avait paru si extraordinaire au prévôt de Paris, qu'il prit un an pour y réfléchir, et ce n'est qu'en 1313, qu'on abattit enfin les saules qui bordaient la Seine depuis la rue de Hurepoix située à l'endroit où est aujourd'hui la place du pont Saint-Michel, jusques au couvent des Augustins, qui s'élevait seul sur cette rive humide et basse, à laquelle devait plus tard venir s'attacher le Pont-Neuf. Toutefois, dans ces premiers travaux entrepris avec répugnance, on se borna à consolider le terrain avec quelques épaulements en maçonnerie et des palis. Une construction du même genre fut faite sous le règne de Charles V, le long du port au sel ; et cette partie de la rive droite de la Seine qui s'étendait depuis la pointe du Pont-Neuf jusqu'à la vieille vallée de Misère ou place du Châtelet, s'appela dès-lors quai de la *Saulnerie*, nom que ne tardèrent pas à lui enlever les Mégissiers.

Malgré le malheur des guerres anglaises, Hugues Aubriot, prévôt des marchands, commença, vers la fin du xive siècle, à faire revêtir ces deux quais de pierres de taille, et en 1364, Charles V ayant construit son magnifique hôtel Saint-Paul, deux rangées d'ormes ombragèrent l'espace compris maintenant entre la rue de ce nom et l'Arsenal. Ce terrain vague nommé alors quai des Barrés, parce que les Carmes, qui portaient des habits rayés de bandes blanches et noires, y possédaient un couvent, prit à partir de ce moment la dénomination de quai des Ormes.

(*) L'île du Gros-Caillou.

Un siècle et demi passa sur ces embellissements qui n'ôtèrent rien à a physionomie piquante de la Seine. Après avoir, en effet, baigné à droite les sillons de la culture Saint-Éloi et à gauche les terres de l'abbaye de Saint-Victor, elle arrivait d'un côté aux remparts où s'appuyait l'hôtel Saint-Paul, réfléchissait dans ses eaux pures les grosses tours du palais des Charles, le beau treillis, les vertes tonnelles, les cerisaies de leur jardin royal, et les ormeaux des Célestins, en effleurant de l'autre le clos de Saint-Bernard, le nouveau quai des Augustins et les prairies des îles Notre-Dame et du Palais.

Puis elle entrait dans les fossés du Louvre, courait rapidement le long de cette file de tours aux combles aigus couverts en ardoises et couronnés de girouettes peintes, figurant les armes royales ; et lorsqu'elle avait rongé, en écumant vis-à-vis, le pied verdâtre de la tour de Nesle, l'hôtel du même nom, le vieux rempart de Philippe-Auguste, le Pré-aux-Clercs et les terres de l'abbaye de Saint-Germain, elle fuyait dans la campagne vers le boulevart des Tuileries et le port l'Évêque.

C'est au milieu de ces ébauches de civilisation tracées par le moyen-âge, que François Ier trouva ses rives. Le premier soin de ce prince, ami des plaisirs, fut de songer à rendre praticable la partie de la rive droite qui allait du guichet du Louvre au couvent des Bons-Hommes de Chaillot. Il ordonna en conséquence à la ville de lui faire un chemin sur cet emplacement pour le passage des chevaux, et de le fermer par une porte et un pont-levis, afin que plus commodément et plus souvent il pût aller dans les beaux jours de son Louvre à Boulogne. Il faut rendre cette justice au prévôt des marchands, que tandis qu'il s'occupait avec le plus grand zèle des plaisirs du roi, il n'oubliait pas les besoins de ses concitoyens. Ainsi, en même temps qu'on aplanissait la rive du Louvre, on commençait les quais de la Grève et du port au Foin ; on réparait celui de l'arche Beau-Fils ou des Ormes, et l'on construisait sur une largeur de vingt toises les quais de la Saulnerie, appelés alors des Mégissiers, et ceux de l'École et du guichet du Louvre. Deux abreuvoirs et quatre rampes descendant à la rivière y avaient été ménagés par la sollicitude du magistrat populaire.

C'est encore à François Ier que le quai des Grands Augustins dût le plus beau de ses édifices. La duchesse d'Étampes était logée rue de l'Hirondelle; pour arriver jusqu'à son hôtel, le roi fit élever un charmant petit palais au coin de la rue Gille-Cœur. Les appartements peints à fresque, retraçaient les scènes les plus tendres de la mythologie, les emblèmes les plus ingénieux, les plus amoureuses devises et les salamandres en pierre, les cœurs enflammés qui étaient sculptés sur la façade, disaient on ne peut plus clairement aux passants, et l'usage de ce palais et la qualité de son propriétaire ; mais ce qu'ils ne disaient pas, c'est que le roi

François Ier était aussi jaloux que galant. Malheur en effet à l'imprudent ou à l'audacieux qui osait trouver belles les magnifiques nattes blondes d'Anne de Pisseleu! il avait tôt ou tard le sort de la victime mystérieuse du Pont-au-Change. Au milieu de la nuit de 1531, un jeune homme blond et pâle fut tiré silencieusement de la tour de Billy et conduit au bord de la Seine par quatre hommes à figure sinistre. Le greffier du parlement lui annonça que sa peine était commuée, et lorsque cet infortuné levant les yeux au ciel murmurait déjà le nom de sa mère, le greffier déplia un parchemin et lut rapidement ce qui suit à la lumière d'une torche :

« François Ier par la grâce de Dieu roi de France, au prévôt de Paris. Comme pour un certain crime *qualifié et commis en notre hôtel* par un nommé Olivier de Lannes, ledit de Lannes eût été constitué prisonnier, son procès fait et parfait par sentence et jugement et condamné à être pendu et étranglé, savoir faisons : que pour aucune considération à ce nous mouvant et *que ne voulons être exprimées*, avons confirmé ledit jugement et néanmoins voulons et ordonnons ladite exécution être transmuée, c'est à savoir que ledit Olivier soit jeté en un sac en la rivière de Seine à telle heure que peu de gens en puissent avoir connaissance. »

Sous Henri II, son successeur, le quai s'allongea d'un côté, jusqu'au pont Saint-Michel, et de l'autre jusqu'à la tour de Nesle. A la même époque, le prévôt des marchands étant venu à Chaillot et voyant dans la plaine de Grenelle d'énormes tas de pierres qui n'appartenaient à personne, eut l'idée de les demander au roi. Sa requête ayant été admise sans difficulté, il commença en 1564 la construction d'un nouveau quai appelé des Minimes de Nigeon ou des Bons-Hommes, parce que le couvent de ces religieux en était le monument le plus remarquable.

Si les fils d'Henri II avaient suivi les traces de leur grand-père, les joncs, la boue et les broussailles auraient disparu rapidement des bords de la Seine; mais François II régna trop peu de temps pour songer à autre chose qu'à sa belle Marie-Stuart, et Catherine de Médicis, occupée à contenir les flots toujours grondants de la guerre civile, ne s'inquiétait guère de ceux de la Seine. La jeune cour de Charles IX, de son côté, donnait tant d'occupation au prévôt des marchands, qu'il ne pouvait en conscience avoir le loisir de tailler des pierres. Par un hasard étrange, le seigneur de Nantouillet, qui exerçait alors cet emploi, était l'homme d'Europe qui avait les plus puissants ennemis. Il se vantait lui-même d'avoir nargué la reine Élisabeth à Londres, de parler mal tous les jours du roi de Navarre, et d'avoir eu le plaisir de manquer de parole au duc de Guise. Toutes ces jactances, assez déplacées dans la bouche du petit-fils du cardinal Duprat, portèrent leurs fruits au moment où il s'y attendait le moins, et le quai des Augustins fut le théâtre du châtiment. Nantouillet y possédait l'hôtel d'Hercule, ainsi nommé des aventures de ce dieu qui en décoraient les murailles. Un soir, le roi de Navarre et les ducs de Guise et d'Anjou, s'invitèrent sans façon chez lui, et après souper, firent piller par leur suite ou jeter par les fenêtres toute la vaisselle et les meubles. Ce ne fut pas tout : Nantouillet n'avait pas coutume d'épargner les maîtresses du duc d'Anjou; or, mademoiselle de Rieux, qui jouissait de cet honneur, le rencontrant quelques jours après sur le quai de l'École marchant à pied au milieu de ses gardes et à la tête des échevins, enfonce tout-à-coup les éperons dans les flancs de son cheval, et partant comme un trait, le renverse et le foule aux pieds devant les Parisiens stupéfaits, mais trop respectueux pour prendre le parti de leur premier magistrat contre la maîtresse d'un prince.

Cependant, malgré les orages de la guerre civile, Catherine, qui avait comme tous les Médicis la passion de l'architecture, ne laissa pas que de faire bâtir les Tuileries. Bientôt un superbe pavillon s'éleva au bout de la terrasse qui fait face au jardin bordant le chemin de François Ier. Ce pavillon terminé, des fêtes comme en pouvait seule inventer Médicis, se succédèrent pour son inauguration. La première était ce fameux ballet historique où les huguenots vêtus en chevaliers errants se voyaient plonger dans l'enfer, la seconde fut le drame lugubre de la Saint-Barthélemy.

A peine la cloche de Saint-Germain-l'Auxerrois eut-elle donné le signal, que le massacre commença avec fureur sur les quais. Un vieillard, Lavardin, fut la première victime. Traîné à la grande boucherie sur le quai des Mégissiers, il y fut égorgé comme un bœuf et précipité dans la Seine. Les jeunes Mortemart et Jarnac l'y suivirent de près, mais avec une agonie moins longue, car on s'était contenté de leur briser la tête contre les pierres du quai. Au bout du quai Saint-Michel, vis-à-vis la rue Saint-Jacques, deux hommes vêtus de noir demandaient avec étonnement à leurs assassins pourquoi on les avait arrachés à leurs livres, quand on les lança pardessus le pont : c'étaient le savant Ramus et le président La Place ; la foule, élevant ses lanternes, les regarda quelque temps se débattre dans l'eau et surnager, puis elle leur souhaita un bon voyage et courut *faire boire* le bailli d'Orléans et son fils. A quelques pas de là avait lieu une lutte courageuse mais trop inégale : Un professeur de l'Université, un libraire nommé Odin et un ministre qu'on appelait Lopez, s'efforçaient d'échapper aux meurtriers. Précipités l'un après l'autre, on entendit longtemps leurs cris de détresse. Tous ces vieux capitaines huguenots blanchis sous le harnais, se voyaient là garrottés et noyés l'un après l'autre, et tous souffrirent cette mort en silence, excepté le jeune Colombier, qui pleurait sa maîtresse ; le capitaine Vallavoire, qui regrettait sa vieille maison du Dauphiné, et le rude et fort Monthaubert, souhaitant tout bas de n'avoir jamais eu de mère. Les noyades, affreuses au quai de la Grève, car on avait affaire à des hommes intrépides qui vendaient chèrement leur vie, se continuaient en même temps avec un caractère de barbarie tout particulier sur le quai du Louvre. A la plus haute des fenêtres de ce palais brillamment illuminé, se tenait à demi cachée dans l'ombre, Catherine de Médicis encourageant du geste la curiosité obscène de ses filles d'honneur descendues pour regarder les cadavres, et le zèle du jeune Charles IX, qui s'essayait en visant les fugitifs au tir de l'arquebuse.

Le jour vint enfin, non pour arrêter mais pour couronner ces horreurs. Un amas immense de corps morts fut enseveli dans la Seine qui en rejeta dix-huit cents sur le quai des Bons-Hommes, où le prévôt des marchands les fit couvrir à la hâte d'un peu de terre.

A ces épouvantables scènes, succédèrent les spectacles burlesques de la cour d'Henri III. Pendant longtemps le quai des Grands-Augustins vit ce prince et ses mignons enveloppés dans de longs sacs de toile venir avec toutes les apparences de la contrition, faire pénitence dans la belle église des Augustins, de leurs débauches de la veille, et chercher le pardon de leurs péchés du lendemain. Ensuite, quand cette confrérie des *blancs battus* eut passé et repassé deux ans devant la statue de Charles V, qui, debout dans le vestibule, devait bien rougir de ses successeurs, les processions militaires de la Ligue et les revues des moines cuirassés soulevèrent tour-à-tour la poussière des quais Saint-Michel et du Louvre, jusqu'à l'arrivée d'Henri IV.

Ce fut une grande journée pour le Béarnais. Il avait acheté Paris à Lhuillier, prévôt des marchands, et au comte de Brissac, qui en était gouverneur. Le 22 mars 1594, jour fixé pour l'exécution du marché, ces deux traîtres se rendirent à la Porte Neuve située au bout du quai du Louvre, où est maintenant le Pont-Royal, et attendirent les protestants. Ceux-ci n'arrivaient pas, la pluie les ayant retardés; ils ne parurent qu'au bout d'une heure d'anxiété mortelle pour les vendeurs, car il y allait de leur tête. Enfin à cinq heures, Saint-Luc entra avec l'avant-garde et prit position auprès du Louvre, tandis que les garnisons de Corbeil et de Melun, descendues par la Seine, débarquaient aux Célestins et se rangeaient en bataille sur le quai. Peu après, Montmorency et Matignon entrèrent par la Porte-Neuve et s'avancèrent jusques au quai de l'École, où un détachement de Suisses tenta, mais inutilement, de leur barrer le passage. Quand ils furent tous tués ou précipités dans la Seine, le comte de Brissac alla au-devant d'Henri IV, pour le presser d'entrer à son tour. Mais telle était la terreur qu'inspirait Paris, quoique vendu pieds et poings liés, qu'Henri IV hésita longtemps et ressortit jusqu'à trois fois avant de se déterminer à pénétrer dans la ville. Les protestations du prévôt des marchands, Lhuillier, ne parvinrent à le rassurer que vers les sept heures où, entouré de ses gardes et d'une nombreuse cavalerie, il se détermina à franchir tout de bon le seuil de la Porte-Neuve.

Dix ans plus tard, Sully, devenu grand voyer de France, faisait construire le quai de l'Arsenal. En 1611, le président Jeannin commençait le quai de l'Horloge par la construction d'une rangée d'échoppes adossées aux murs du palais à partir du Pont-Neuf jusqu'au pont Saint-Michel, et les maîtres teinturiers du pont Notre-Dame obtenaient vers cette époque de Sa Majesté, la permission de bâtir un quai derrière leurs maisons afin de puiser plus facilement l'eau nécessaire à leurs teintures. Louis XIII et son cardinal ne tardèrent pas à recevoir une nouvelle requête à ce sujet. Entre le pont Notre-Dame et le Pont-au-Change, s'étendaient des terrains vagues, chargés d'immondices et des débris infects de l'écorcherie : le marquis de Gèvres les demanda au roi, et par une ordonnance datée de 1642, ils lui furent concédés à perpétuité, à la charge d'y élever un quai sur des arcades avec quatre rues. M. de Gèvres tint sa parole en bon gentilhomme, il fit le quai et lui donna son nom.

Depuis une vingtaine d'années, Marsilly avait commencé celui de la reine Marguerite, appelé plus tard, comme le port, Malaquest et ensuite Malaquais.

C'est en effet sur la place de l'hôtel bâti par cette bonne reine au retour de son long exil en province, que l'on traça ce nouveau quai, dont le premier mur commençait à l'hôtel de Nesle, vis-à-vis le pont des Arts actuel, et finissait à la rue des Petits-Augustins au port Malaquest ou *Heurt du port aux Passeurs*. Cette dernière moitié du XVIIe siècle fut une époque heureuse entre toutes pour l'édilité parisienne et surtout pour la rive gauche. Au quai de Nesle, qui s'était un instant appelé quai Guénégaud, par respect pour le superbe hôtel que ce secrétaire d'État y avait fait construire et qu'on allait baptiser pour un motif semblable quai Conty, venait de s'ajouter le quai des Quatre-Nations. Par un remords testamentaire, Mazarin ayant voulu rendre à la France un peu de l'argent qu'il lui avait volé, s'avisa de laisser en mourant une assez forte somme afin d'édifier un gymnase destiné à la jeune noblesse de Pignerol, de Roussillon, de Flandre et d'Alsace. Ce collège, nommé des Quatre-Nations, s'éleva en 1662, tel que nous le voyons aujourd'hui sur les ruines de l'hôtel de Nesle : et peu après un quai magnifique, vraiment monumental, vint en décorer la façade. Couronné par une balustrade élégante, ce quai se déployait noblement vis-à-vis le Louvre, portant sculptée avec une grande richesse au milieu, la devise de Louis XIV, soleil couronné dont les rayons brillaient entre deux cornes d'abondance, et, en regard de chaque pavillon latéral, les armes de Mazarin, où l'orgueilleux chapeau de cardinal s'élevait au milieu des faisceaux consulaires.

Lié par ce quai fastueux au quai Conty, le quai Malaquais ne tarda pas à s'attacher vers l'est à celui des Théatins. Ces bons pères, comme chacun sait, introduits en France par Mazarin, s'étaient bâti un couvent très-commode entre la rue des Saints-Pères et le pont nommé maintenant Royal. Comme le portail de leur église, véritable chef-d'œuvre de Desmaisons, donnait sur la rivière, on ne crut pas devoir se dispenser de placer le quai sous sa protection, et les Théatins furent les parrains de la barrière murale ; cette dernière construction poussait les quais de la rive gauche jusqu'à la rue du Bac : il restait après cette rue un épouvantable marais parfaitement désigné par le surnom de *Grenouillère*, qu'on voulut au commencement du siècle suivant dessécher et enclore de murs ; mais quoique le sieur Boucher d'Orsay, prévôt des marchands, en eût posé la première pierre en grande pompe le 3 juillet 1708, ce projet n'alla pas plus loin.

Pendant que la rive gauche s'embellissait ainsi, et que le quai de la Tournelle, sorte de fondrière proverbiale dans le quartier Maubert, recevait dans toute sa longueur une chaussée pavée large de dix toises, les quais d'Anjou, d'Orléans, des Balcons, de Bourbon, bâtis en vertu des traités passés en 1624 entre l'architecte Marie et la ville, enfermaient l'île Notre-Dame dans une triple ceinture de pierre. Le quai de l'Horloge ou des Morfondus portait de l'eau au pied des échoppes du président Jeannin, le quai des Orfèvres s'élevait entre le Pont-Neuf et la rue Saint-Louis, et le conseil ordonnant par sentence du 24 février 1673, aux tanneurs et aux teinturiers de la Grève, d'aller s'établir au faubourg Saint-Marcel et à Chaillot, confiait à l'habile Pierre Bullet la construction du quai Pelletier dont la voussure hardie surplomba de trente pieds sur la Seine.

Regardons maintenant derrière nous, et voyons quelle fut la physionomie des quais pendant les XVIe, XVIIe et XVIIIe siècles.

En partant de l'Arsenal et après avoir admiré la porte de ce monument qui s'ouvrait sur le quai en s'appuyant sur quatre canons, et portait au frontispice une inscription latine en l'honneur d'Henri IV, on arrivait d'abord au quai des Célestins où les bureaux des coches d'eau qui remontaient la Seine et les carosses de Lyon logés à l'hôtel la Vieuville entretenaient un mouvement continuel. Ensuite on descendait le quai Saint-Paul où abordaient les bateaux aux fruits et ceux qui apportaient le poisson d'eau douce, et quand on s'était arrêté quelques instants sur le quai des Ormes pour voir le marché aux Veaux, on venait regarder à travers les ouvertures de la rue de la Mortellerie ces barques lourdement chargées de pierres, de foin et de blé, qui, de temps immémorial, s'arrêtaient vis-à-vis la Grève au port au charbon. Le quai Pelletier et celui de Gèvres fermé par quatre grilles pour la sûreté des bijoutiers, libraires ou marchandes de dentelles, dont les boutiques les bordaient à droite et à gauche, s'offraient immédiatement après, et en gravissant le quai de la Ferraille les yeux étaient éblouis par la variété des objets qui s'y trouvaient réunis et l'étrangeté des scènes dont il était le théâtre. A côté des marchands de ferrailles de toute espèce et de toutes sortes d'ustensiles, s'élevaient, en effet, les échoppes des marchands d'oiseaux, qui pouvaient fournir, en tout temps, aux amateurs des pigeons dorés, des singes verts et même des perroquets bleus! Les mercredis, et les samedis les jardiniers le couvraient d'arbrisseaux et de fleurs, et le dimanche il appartenait tout entier aux charlatans et aux bateleurs qui s'empressaient, après la messe, d'y dresser leurs tréteaux pour y jouer des farces et vendre des drogues au peuple. Placé à la descente du Pont-Neuf, le quai de l'École, ancien lieu de rendez-vous des tireurs de laine et des auditeurs de Tabarin, se présentait sur les pas du provincial errant à Paris, comme un bois où les aigrefins, les laquais et les chevaliers d'industrie guettaient sans cesse leurs victimes. Après avoir traversé cet échantillon de la forêt de Bondy, s'il restait quelques pistoles dans la bourse, les lingères, les ferrailleurs, les étaleurs de livres et les marchands d'images entassés dans les échoppes du quai Bourbon se les disputaient à grands cris. Mais l'hôtel peint en jaune du connétable de Bourbon fuyait avec ses armoiries brisées et ses moulures ternies par le bourreau, et le quai des galeries du Louvre allait se développant jusqu'au pont Rouge, (qui devait si tôt céder la place au Pont-Royal), entre le superbe édifice et le port Saint-Nicolas. C'était là que jetaient l'ancre, aux yeux des Parisiens curieux, tous les bateaux chargés d'épiceries et ceux qui avaient remonté du Hâvre, les vins de Languedoc, de Roussillon, de Provence et d'Espagne. Une foule de petits bateaux partant du guichet et du lanternon ne cessaient d'aller et venir de ces deux points à la rive gauche pour transporter les passagers au faubourg Saint-Germain moyennant six deniers par personne. Quelques pas plus loin et en tournant le gros pavillon du palais, on voyait le pilote de la galiotte de Saint-Cloud, debout sur le quai des Tuileries qui, en entendant sonner huit heures, agitait son drapeau blanc pour donner le signal du départ. Aussitôt retentissaient les jurements et les vociférations des matelots s'efforçant d'arracher les voyageurs des cabarets voisins. Ces cabarets, construits en planches peintes en rouge de même que l'ancien pont, s'étalaient, comme une rangée de mendiants accroupis au soleil, depuis le Pont-Royal jusqu'à la porte de la Conférence, élevée au bout du jardin. Ils étaient tenus, pour la plupart, par des Suisses et des femmes d'invalides, et fréquentés surtout par des gardes françaises qui avaient l'habitude de s'attabler, dans les beaux jours, sur les bancs extérieurs pour y boire, en fumant leur longue pipe, le cidre et le brandevin. Puis, après la porte de la Conférence, la magnifique promenade du Cours la Reine apparaissait avec ses quatre rangées d'ormes, ses trois allées de mille pas de long et ses élégantes portes de fer. On y admirait sous les fraîches voûtes de verdure :

>Les merveilleux, les petits maîtres
>Exhalant l'ambre le plus doux ;
>Les abbés, armés de lorgnettes,
>Les robins, aux cheveux flottants,
>Les aimables impertinents,

>Et la foule de ces coquettes,
>En lévite, en chapeaux galants,
>Ombragés de riches aigrettes,
>Qui cueillaient dans ces courts instants
>Le fruit de leurs longues toilettes

Au bout du Cours, l'épais tourbillon de fumée que lançait la savonnerie annonçait le quai de Nigeon ou de Chaillot. C'était toujours avec une sorte de terreur que le bourgeois de Paris, qui venait de se signer dévotement devant le clocher du couvent des religieuses de la Visitation, longeait les prisons du village. Il se hâtait de doubler le pas et d'arriver à la délicieuse terrasse de la duchesse d'Orléans, moins célèbre par ses deux pavillons octogones à la romaine, que par ces échelles que le Parisien de Néel prenait pour celles du Levant, et qui étaient tout bonnement les échelles des blanchisseuses. Il ne lui restait plus, quand il avait vu tout cela et l'antique et immense couvent des Bons-Hommes percé de près de mille fenêtres et surmonté d'un clocher dont la flèche se perdait dans les nues, qu'à prendre une barque au port de Passy et à gagner la rive gauche.

Là, il semblait d'abord qu'on se promenât dans quelque désert où le majestueux hôtel des Invalides, avec son dôme colossal et solitaire, ne figurait pas mal un de ces anciens édifices perdus au milieu des ruines et des hautes herbes. Un étroit sentier serpentant sur la rive entre les broussailles, les joncs et les rares bouquets de saules, conduisait jusqu'aux jardins de l'hôtel Bourbon, qu'on apercevait au bord de la rivière dessinant en forme de demi-lune, vis-à-vis de la porte de la Conférence, sa grande porte à colonnes et ses deux pavillons. Venaient ensuite les hideuses baraques noires de vétusté et les chantiers du quai boueux de la Grenouillère, au bout duquel se dressait l'hôtel des Mousquetaires, bâti en 1671, par les habitants du faubourg Saint-Germain qui, ayant obtenu à cette condition d'être exemptés de loger ces messieurs, les reléguèrent et pour cause, le plus loin qu'il leur fût possible. Deux belles maisons isolées au coin de la rue du Bac terminaient ce quai, bien différent sous ce rapport de celui des Théatins qui, outre l'église et le couvent de ces bons pères, offrait à l'admiration des étrangers les deux hôtels de Mailly dont les jardins et la terrasse occupaient tout l'espace compris entre la rue du Bac et la rue de Beaune. L'hôtel de Morstin, bâti au coin de la rue des Saints-Pères par le Florentin Falani, n'annonçait pas moins dignement le quai Malaquais, où l'on trouvait encore deux monuments remarquables : l'hôtel de Bouillon, embelli par le pinceau de Lebrun, et celui de la reine Marguerite, devenu depuis 1748 l'hôtel Gilbert de Voisin. La magnificence de ces bâtiments avait fait de ce quai le rendez-vous du beau monde et la promenade favorite des femmes de qualité qui s'y rendaient l'après midi pour y montrer leur rouge, leurs paniers, leurs mouches, leurs éventails de Chine et les petits laquais qui portaient leur queue. En traversant les files serrées de ces belles promeneuses, parmi lesquelles se glissait plus d'une marquise de lansquenet et plus d'une nymphe de l'Opéra, on remontait par le quai armorié des Quatre-Nations jusqu'à celui de Conti que bordaient entièrement dans toute sa longueur l'hôtel de ce nom et l'hôtel de la Roche-sur-Yon. Que de vicissitudes écrites sur les pierres de cet hôtel Conti ! Que d'événements se sont passés dans ses murs ! Lorsqu'il s'appelait l'hôtel Guénégaud, il fut le logement de Molière ; c'est sous les fenêtres de l'auteur de l'*École des Maris* qu'en 1672 on vint fouetter la Tourette qui avait joué avec un président de Grenoble le rôle de sa femme ; c'est dans la vaste salle de cet hôtel que jusqu'en 1673 fut chanté l'opéra, et qu'on établit, jusqu'en 1688, la comédie française, tandis que vis-à-vis et à la place de l'arcade de l'abreuvoir, le célèbre Brioché émerveillait les badauds parisiens avec ses marionnettes. Puis tout-à-coup l'hôtel Conti s'était écroulé sous le marteau des maçons, et le 20 avril 1771 l'abbé Terray, contrôleur général des finances, était venu poser la première pierre de la Monnaie, en mettant sous le mortier étendu par sa truelle d'argent une médaille d'or qui porte au revers le dessin de la façade telle qu'elle existe aujourd'hui.

En quittant ce quai, vraiment monumental, et fendant la presse des charlatans, bateleurs, filles de joie, coupeurs de bourse et mendiants, qui fut très-grande de tout temps au bas du Pont-Neuf, on tombait devant l'église des Augustins, et il était impossible de ne pas s'arrêter un instant pour considérer le bas-relief expiatoire placé précisément à l'angle que l'église formait sur le quai, en mémoire d'une violation des priviléges du couvent : on voyait là les huissiers ou sergents à verge, en chemise, nu-pieds, chacun avec une torche à la main, faisant humblement amende honorable aux religieux. Les mercredis et les samedis, les boulangers vendaient leur pain à cette place, et, depuis 1679, le marché à la volaille y avait été transporté par arrêt du conseil, voici à quelle occasion.

Très-haute et puissante dame Françoise Le Prévost de Courtalvert ayant obtenu avec les marquis de Sourches et de Guitry la concession d'une halle, avait bâti auprès de la rue Mauconseil un mauvais hangard étroit et bas, qui causait dans le quartier une infection insupportable. Les habitants exaspérés se plaignirent, et sur leurs instances le conseil décida que la volaille se vendrait désormais sur le quai des Augustins et point ailleurs, sous peine du fouet. Sept ans auparavant, s'étaient élevées sur les ruines des hôtels de Nemours et de Luynes, ces maisons que les libraires occupaient le long du quai vers la fin du xviiie siècle. On trouvait encore ces libraires ou plutôt ces bouquinistes, car ils ne vendaient que de vieux livres et n'en faisaient pas imprimer de nouveaux, établis sur le parapet du pont Saint-Michel, et à peine avait-on laissé leurs étalages vermoulus chargés de latin, de grec et d'hébreu, qu'on descendait sur le quai de la Tournelle et qu'on avait en face cette vieille tour carrée d'où il tirait son nom. Jadis ce vieux reste du Paris de Philippe-Auguste était abandonné, mais la piété de saint Vincent-de-Paul lui fournit des habitants : et grâce à ses prières et à ses aumônes, les condamnés trouvèrent dans ses murs le vivre et le couvert jusqu'à leur départ pour les galères. A peu de distance de ce sombre refuge autour duquel rôdaient sans cesse des capucins implorant en faveur des malheureux qu'il renfermait la commisération publique, se présentait après l'hôtel de Nemours la porte Saint-Bernard. Cet édifice, composé de portiques séparés par une pile, avait été élevé en 1670, pour célébrer la générosité immortelle de Louis XIV, qui voulut bien supprimer cette année un léger impôt sur les marchandises. L'inscription latine l'appelait *grand* comme celle de la porte Saint-Denis, et le bas-relief sculpté par Tuby le représentait habillé en divinité antique et tenant en main le gouvernail d'un navire qui semblait voguer à pleines voiles. Au-delà de cette porte, il n'y avait plus à voir que la halle aux vins, construite en 1656, sur le canal de Bièvre un espace vague et désert nommé la Gare et le Jardin royal pour la culture des herbes médicinales, dont le médecin de Louis XIII, Guy de La Brosse avait planté vingt ans auparavant les premières allées.

Force était alors aux curieux de revenir sur leurs pas et de traverser la rivière pour aller parcourir les quais des îles. Le quai des Balcons appelé plus tard de Béthune, apparaissait le premier tout fier de la maison monumentale, d'Hesselin, le maître de la chambre aux deniers, et de l'hôtel Bretonvilliers, siége des bureaux des fermiers-généraux qui, pour le rendre digne d'eux, l'avaient fait embellir par les pinceaux de Bourdon et de Mignard. Ceux d'Alençon, de Bourbon, fameux par son enseigne de la femme sans tête, et d'Orléans, se déroulaient ensuite successivement à leurs yeux, et, franchissant le pont de bois, ils filaient le long du port Saint-Landry et descendaient sur l'ancien quai des Morfondus, jadis le quartier-général des perruquiers et marchands de cheveux de la Cité, et qui était devenu le magasin des instruments de mathématiques depuis l'élargissement de 1738. C'est de cette même année que datait son nouveau nom de l'Horloge, que lui fit donner par le peuple la table de marbre blanc incrustée dans le pignon de la dernière maison vers le Pont-au-Change, et sur laquelle Cassini avait tracé une méridienne. Tournant alors le Pont-Neuf à gauche et descendant sur le quai des Orfèvres, on allait admirer cette immense quantité de vaisselle d'or et d'argent, de bijoux de tout genre, de pierreries et d'ornements d'église, qui faisait ressembler ce quartier à un bazar oriental. Le quai du Marché-Neuf, bâti à côté de la boucherie et habité principalement par les miroitiers et les fourbisseurs, servait de terme à cette longue promenade.

Telle fut pendant les trois derniers siècles de la monarchie, la physionomie des quais. Le grand réveil de 89 sonna enfin à l'horloge de la Bastille, le pouvoir retomba des mains de la cour dans celles du peuple, et la Convention vint occuper aux Tuileries la place de la royauté. Alors éclatèrent les grandes luttes républicaines. Le pavé brûlant des quais de la Grève, de la Mégisserie, du Louvre et du quai Voltaire, dont le nom venait de remplacer celui des Théatins, trembla maintes fois sous les pas du peuple et fut teint de sang au 10 août, au 12 prairial et au 13 vendémiaire ! Puis la république eut le sort de la royauté ; le premier consul se fit empereur, et tout prit sous son règne une face nouvelle. Les deux plus belles pages de nos annales militaires furent écrites en pierre et en fer dans ses ondes. Aux deux extrémités de Paris, les ponts d'Austerlitz et d'Iéna s'élevèrent pour éterniser la gloire de nos braves, et dès-lors, sous le coup-d'œil géométrique de Napoléon, les rives de la Seine s'alignèrent docilement et se revêtirent, partout où les régimes précédents les avaient laissées nues, d'un noble et solide rempart. Les buissons du bout du monde, les marais du quai de la Grenouillère disparurent à jamais pour faire place au quai des Invalides et au quai Bonaparte ; le quai de la Conférence, réparé par le Directoire, s'avança hardiment dans la Seine pour se lier au quai Debilly, bâti au milieu du fleuve avec les débris de l'ancien quai de Chaillot ou des Bons-Hommes, et glorieusement baptisé du nom d'un des braves d'Iéna. Déjà en 1803 l'empereur braquant sa lunette sur les quais, avait manifesté son amour pour la ligne droite et les masses régulières, en alignant et exhaussant le quai du Louvre, et en ouvrant le quai Desaix sur l'ancien emplacement de la rue de la Pelleterie ; le quai Napoléon ou de la Cité sur les ruines des rues infectes des Ursins et d'Enfer ; le quai Catinat autour de Notre-Dame, le quai Montebello au pont Saint-Michel ; le quai Saint-Bernard le long de la halle aux vins, et le quai du Mail, qu'il appela Morland, pour que la mémoire de ce vaillant commandant des chasseurs de sa garde veillât, sentinelle funèbre de la gloire de l'empire, auprès du pont d'Austerlitz, comme celle du général Debilly veillait auprès du pont d'Iéna.

La Restauration n'exécuta point de travaux semblables, mais l'édilité constitutionnelle de 1830 marcha sans hésiter sur les traces de l'empereur. Les quais de l'École, de la Mégisserie, de la Grève, élargis et dotés de superbes trottoirs; le quai Pelletier reconstruit, d'autres nivelés avec soin, et une large chaussée en bitume étendue sous les pas des promeneurs le long de la terrasse et du quai des Tuileries, a prouvé ses bonnes intentions et son zèle, tandis que ces jeunes arbres qui déploient déjà leur vert rideau au-dessus des dalles des trottoirs témoignent de sa sollicitude.

Et maintenant, si on oublie tout ce bruit humain, grand et confus qui s'est fait sur nos quais depuis que les raffinés s'y battaient en duel, que les valets des grands seigneurs y traînaient le corps du maréchal d'Ancre, ou escortaient à coups de pierres le carrosse de Mazarin, et forçaient le chancelier Séguier à se réfugier, pour sauver sa vie, dans une maison du quai des Augustins. Si on laisse dans les lointains obscurs du passé, et les fêtes éclatantes de Louis XV et celle qui inaugura si douloureusement le mariage de son successeur sur le quai de la Conférence, et les bruyantes revues des sections sur les quais de la rive droite, et les pompeux défilés des armées de Napoléon sur le quai des Invalides, et la résurrection populaire des trois jours qui, de la Grève aux Tuileries, ébranla chaque pavé, d'un tremblement de liberté et de victoire; si l'on oublie tout cela et qu'on recommence aujourd'hui la promenade que nous avons faite à travers les seizième, dix-septième et dix-huitième siècles, que de changements, et quel aspect nouveau et divers!

A la place de l'étroite chaussée des Bons-Hommes, le vaste quai Debilly et celui de la Conférence, sillonnés par une foule de voitures et d'omnibus, auxquels ne se mêle plus que de loin en loin l'ignoble coucou au coursier boiteux, se déroulent jusqu'au pont de la Concorde veuf de ses statues, mais ennobli par le voisinage de l'obélisque. Au lieu d'être obstrué par la vieille porte de la Conférence, et son pont-levis resserré, le passage s'élargit encore au quai des Tuileries, et continue à former jusqu'à la colonnade du Louvre, la voie la plus belle et la plus spacieuse. Là, si les enfants du Cantal qui déchargent le charbon au coin du quai de l'École, sont toujours aussi noirs et aussi rudes qu'autrefois, si quelques marchands de graines et de plantes se souviennent toujours que le quai de la Mégisserie fut jadis le marché aux fleurs, les marchands de ferraille ont transporté les étalages en plein air dans des boutiques, et peu d'oiseliers y conservent les cages de leurs pères. En revanche, les marchands de lignes et d'instruments de pêche et de chasse y abondent depuis quelque temps. A côté, sur les trois quais de Gèvres, Pelletier et de la Grève, outre les marchands d'habits, de blouses et de vieilles armes qu'on y rencontre à la file, presque chaque allée est occupée par une revendeuse de chapeaux ou de casquettes pittoresquement coiffée en guise d'enseigne de la plus belle pièce de son fonds. Tandis que vis-à-vis, les débitants de limonade se promènent en agitant leur clochette argentine le long des trottoirs chargés d'ouvriers au repos. Une solitude profonde, troublée seulement par les rares visiteurs de la bibliothèque de l'Arsenal et quelques passants égarés, couvre les quais des Ormes, des Célestins, Saint-Paul, et Morland. Au contraire, en franchissant le pont d'Austerlitz, et passant au Jardin des Plantes et au quai Saint-Bernard, on retrouve un moment la vie et l'activité commerciale à la halle aux vins, immense laboratoire qui produit plus à lui seul, que tous les vignobles de la Champagne, de la Bourgogne et de la Gironde réunis. Puis, du quai désert de la Tournelle, qui n'a plus sa tour, mais qui a, comme au moyen-âge, ses teinturiers et ses cabarets hideux, à côté des bateaux à vapeur dont la roue bruyante a remplacé la lourde rame des coches d'eau, on parvient par le quai des Grands-Degrés et un nouveau passage ouvert entre l'Hôtel-Dieu et Notre-Dame, jusques au quai Saint-Michel, où vivent réfugiés les anciens marchands de meubles de la rue de la Huchette. Là, le vieux quai des Augustins, étranglé vers le pont comme le jour qu'on l'a bâti, s'étend au nord en forme de cerceau brisé, et nous offre ses innombrables boutiques de libraires tapissées d'affiches de toutes les couleurs, et un instant interrompues (pour aller se rouvrir à la descente du Pont-Neuf) par les arcades de la Vallée ou marché à la volaille bâti en 1809, où fut le couvent des Augustins.

Aussi fidèles que les libraires à leurs étalages antiques, les bouquinistes entassent comme leurs aïeux une triple rangée de vieux livres sur les parapets des quais de la Monnaie, Malaquais, Voltaire et d'Orsay; et là, tandis qu'une longue file de promeneurs érudits circule avec une lenteur complaisante entre les bouquins et les fiacres alignés le long du trottoir, et brave courageusement les rayons du soleil d'août ou le froid, une foule de curieux et de badauds s'arrêtent de l'autre côté; les uns pour étudier les cartes géographiques qui tapissent la Monnaie, les autres pour feuilleter les cartons d'estampes étalés sous les pavillons de l'Institut : ceux-ci, pour lire les annonces des libraires ou contempler pour la centième fois des lithocromies et des tableaux en étalage au quai Malaquais, ceux-là pour admirer les gravures et les lithographies du quai Voltaire, les curiosités et les lézards empaillés des naturalistes; d'autres enfin plus inoccupés pour pousser jusqu'à l'ancien hôtel des gardes-du-corps, afin de voir défiler les dragons qui l'habitent, ou de regarder ces dorades, élégantes héritières des galiotes de Saint-Cloud, soufflant au départ leur blanche colonne de fumée. Excepté des députés allant à ce palais Bourbon, qui ressemble au dehors à un grand sépulcre, et des invalides en uniforme bleu, et retournant à leur hôtel auprès de leur vieux capitaine, on rencontre aussi peu de monde sur les quais d'Orsay et des Invalides que sur le quai Morland. Ces deux extrémités de Paris sont glacées, et la vie qui battait si énergiquement autrefois dans la Cité, le cœur de la Lutèce du moyen-âge, s'en est presque retirée aujourd'hui pour se porter ailleurs. Un silence presque mortuaire règne en tout temps sur les derniers quais de la Cité. Il n'y a que les quais Desaix, de l'Horloge ou des Lunettes et des Orfèvres, qui aient échappé à l'anathème, le premier, parce que deux fois par semaine il se pare de fleurs, et que le frais lilas de la grisette y touche l'oranger de la grande dame ; le second, parce qu'il mène au Palais, et que les opticiens y continuent le commerce de leurs pères, et le troisième, parce qu'il est sur le chemin de la Préfecture de Police, de la Morgue et de Notre-Dame, et que les trois classes de la population qui fréquentent ces lieux y trouvent, l'une de la grosse bijouterie et des montres d'argent, l'autre des ornements d'église et la dernière des émotions.

Mary Lafon.

RUE MOUFFETARD.

Les anciens chroniqueurs nous apprennent que dans la partie méridionale de Paris, sous la domination romaine, plusieurs voies traversaient Lutetia. L'une de ces voies naissait à l'endroit où la rue Galande débouche dans celle Saint-Jacques, et suivait la direction de la Montagne-Sainte-Geneviève, puis elle traversait, dans toute sa longueur, un champ de sépultures, avoisinant un lieu appelé *Mont-Cetardus*; mont qui, de nos jours, à quelques altérations près, a conservé la dénomination antique de *Mont-Cetardus*, on en a fait Mont-Cetard, et enfin Mouffetard.

C'est sur cette éminence que fut enterré, en 436, le digne saint Marcel. Son tombeau, illustré par des miracles, donna naissance au bourg qui, dans la suite, porta son nom. Ce bourg, en s'accroissant, perdit le nom de *Mont-Cetardus*, que conserva seule la rue qui y conduit de Paris,

Dans ces derniers siècles, Paris a subi bien des transformations. Il est facile de distinguer et de dater, en quelque sorte, la physionomie que les diverses époques lui ont successivement imprimé. Depuis longtemps déjà, le Paris antique a complètement disparu, et chaque jour une nouvelle couche efface le Paris du moyen-âge. Et, à moins de s'aventurer aux alentours de Notre-Dame ou dans les ruelles du quartier Saint-Marcel, impossible aujourd'hui de retrouver ailleurs le moindre vestige de la cité des vieux âges. Là, seulement, comme il y a cinq siècles, ce sont encore des grappes de maisons répandues de tous côtés et semées en désordre; ce sont toujours des habitations s'entrecroisant sans aucune discipline sur le sol inégal et ingrat du Mont-Cetardus.

Il en est de certains quartiers comme de certaines races, on les voit se perpétuer en se traînant toujours dans la même ornière ou jouir héréditairement des mêmes avantages. Remontez, en effet, jusqu'au xve siècle, et vous voyez déjà Paris se diviser en trois villes tout-à-fait distinctes : la Cité, l'Université, la Ville ; la Cité occupe l'île ; la Ville s'étend sur la rive droite de la Seine ; l'Université couvre la rive gauche. Enfin, chacune de ces trois grandes divisions de Paris était une ville à part, et avait son aspect particulier : la Cité était la plus riche en églises ; la Ville en palais, et l'Université en collèges ; à l'une, l'évêque ; à l'autre, le prévôt des marchands ; à la troisième, le recteur. — Aujourd'hui, en plein 1843, supprimez l'évêque, le prévôt et le recteur, et vous avez, à peu de chose près, la même division. La Ville a encore pour elle ses hôtels séculaires consacrés par les deux noblesses ; dans la Cité trônent toujours les gens d'église ; enfin, le quartier Saint-Jacques est demeuré le séjour exclusif des écoliers. Cependant, si dans ces trois quartiers le dessin du tableau est resté le même, que de modifications a subies le coloris ! que de nuances a fait disparaître la moderne civilisation ! Seul, au milieu de cette renovation incessante, le quartier Mouffetard semble pétrifié dans sa rouille gothique : il représente encore de nos jours, dans une foule de détails, la physionomie du vieux temps de notre histoire; et, par je ne sais quelle mystérieuse puissance, ce coin de Paris combat et repousse cet envahissement invincible qui emporte ailleurs les vieilles mœurs, les vieux usages et les vieux logis.

Prenez, en effet, ce quartier à toutes les époques, et vous lui trouverez invariablement le même aspect : la populace au premier plan, l'hospice à l'horizon. Ici, de tout temps, une invisible main a partout écrit le mot *misère*. Dès l'origine, ce sont de pauvres travailleurs qui viennent s'abriter à l'ombre du clocher de Saint-Marcel ou se grouper en prières autour de son tombeau. Puis, peu à peu vous les voyez élever de chétives masures au bord des sentiers capricieux qui serpentent sur le versant du mont ; bientôt la petite bourgade s'agrandit ; sa population se multiplie ; elle réclamera sous peu une juridiction et des privilèges ; où étaient les huttes, vont s'élever des monastères ; où jaunissaient des épis, vont se répandre des masures ; où se déroulait un sentier, vous avez une ruelle ; l'épiderme du sol n'est plus reconnaissable ; seulement, au moyen-âge, comme en 436, et comme, hélas ! de nos jours encore, c'est toujours une peuplade en guenilles qui grouille et souffre dans cette inféconde région.

Du VIIIe au XIIe siècle, peu d'événements se passèrent dans ce quartier. — Les années qui s'écoulèrent entre le jour où le palatin Roland posa la première pierre de l'église qu'il éleva en l'honneur de Saint-Marcel, et le jour où Philippe-Auguste couronna la porte Bordet, celle qui s'ouvrait précisément sur la rue Mouffetard, furent des années de crue pour le bourg, et rien de plus.

Cependant, vers le XVe siècle, Saint-Marcel commençait à compter pour une bourgade assez importante ; vue extérieurement, elle présentait surtout un aspect des plus attrayants : en se plaçant au milieu des prairies qui avoisinaient la Tournelle, on apercevait d'abord se dessinant sur le ruisseau de la Bièvre, le pont rustique du bourg Saint-Victor, puis, en laissant à gauche le moulin des Gobelins, et oubliant au loin le faubourg Saint-Jacques, juste entre ces deux points, on avait devant soi les couvents et les trois églises de la bourgade, et le regard se promenait curieusement sur l'ondulation pétrifiée et pittoresque du dédale de ses ruelles.

Mais se poser à distance pour juger des choses, c'est s'exposer à se tromper souvent : il faut savoir sacrifier les illusions de la perspective pour pénétrer jusqu'à la vérité. La nature embellit tout : l'air bleu du ciel interposé entre nos regards et les objets, jette comme un voile d'azur sur les terrains les plus livides, et un rayon du soleil colore en pourpre des haillons. — Il faut s'approcher pour connaître ; or, en s'avançant vers le bourg, on était d'abord frappé de la physionomie particulièrement barbare de ce quartier : c'était un réseau inextricable de ruelles étroites, tortueuses, sombres et puantes ; ruelles toutes ouvertes sans logique, glissantes à défier un équilibriste et percées de distance en distance d'immondes culs-de-sac et de hideux carrefours. Enfin, sur ce sol ainsi coupé, on voyait s'élever des ravins de maisons à façades vermoulues, ratatinées et rabougries, des masures dont les lucarnes donnaient asile à tous les vents ; des abris, en un mot, dont pour la plupart la pluie avait pourri le bois, gauchi les planches et rongé la toiture. Ajoutons encore à ce tableau deux ou trois carcans et une ou deux poternes ; groupons autour de ces lieux de supplice un populaire souffreteux, jaunâtre, déguenillé et bruyant, et vous aurez, lecteur, une idée de ce que voyait, en 14, 15 et 1600, le voyageur aventureux qui se hasardait dans ces parages infects.

Cependant, si ce voyageur, pour ramener son âme à de plus douces idées, allait se recueillir un instant sous la coupole bizantine de Saint-

Médard, et qu'il vînt ensuite, le couvre-feu une fois sonné, parcourir de nouveau et solitairement ces tristes ruelles, peut-être leur aspect ne lui paraissait-il point alors dépourvu d'une certaine grâce et même revêtu d'un mystérieux attrait.

Si donc, la nuit venue, notre voyageur eût remonté la rue Mouffetard, en se dirigeant vers les abords de la place Maubert, bientôt, au travers des lézardes capricieuses de la porte Bordet, cette barrière depuis longtemps enjambée de Philippe-Auguste; bientôt, dis-je, il eût aperçu la pointe des tourelles dévotes du grand couvent des Carmes et la cîme des grands arbres de son jardin, l'ombre lui aurait caché, en passant près des enclos des monastères, les huttes hideuses qui en salissaient le pied, et il n'aurait entrevu à leur faîte que les capricieux festons des créneaux gothiques, se découpant en silhouettes noires, sur le ciel bruni. Puis, en s'avançant toujours, il eût infailliblement entendu les chants du Job du moyen-âge; car pendant trente ans, dit la tradition, un pauvre reclus chanta les sept psaumes de la pénitence sur un fumier au fond d'une citerne, recommen-

çant quand il avait fini, psalmodiant plus haut la nuit : *Magna voce per umbras;* aussi de nos jours encore, l'antiquaire va-t-il demander un souvenir de ces chants aux échos de la rue du *Puits-qui-parle.*

Enfin, et ceci est dans nos privilèges d'écrivain, si nous supposons que c'est par un beau soir de l'an 1440, que notre voyageur accomplisse sa mélancolique excursion, bientôt nous le verrons arrêté autour de la place Maubert, par une rumeur toujours croissante et par les feux de torches toujours plus nombreuses. L'aspect de la place, la scène qui s'y joue, ce désordre nocturne, cette foule ameutée, le coassement de ce peuple sautelant, les lueurs de ces torches rouges se croisant et jouant sur ces masses ondoyantes, puis, au milieu de ce cercle remuant, des huissiers de justice sans chaperon, nu-pieds, tenant chacun une torche ardente du poids de quatre livres, et demandant à tous pardon et miséricorde. Toute cette scène lui produira sans doute l'effet d'une mystérieuse vision; mais au bruit sans cesse grandissant, à la lueur des torches toujours plus ardentes, le sentiment de la réalité revenant à notre héros, alors nous le verrons accoster, au milieu de ce mutin populaire, quelque belle ribaude de la rue Traversine ou quelque honnête gredin de la rue d'Arras, et lui demander le mot de ce sabbat ténébreux.

Ribaude ou gredin, fille d'amour ou tireur de laine, voici en substance, ce que devra nécessairement répondre la créature de 1440 :

« Nicolas Aimery, maître en théologie, s'est réfugié, on ne sait pour-
» quoi, dans l'église des Augustins ; or, les huissiers que vous voyez là,
» ayant pour le quart-d'heure un pavé pour semelle, se sont avisés, mal-
» gré la défense des Augustins, de violer l'*asile,* pour se saisir de maître
» Nicolas. Mal leur en a pris, car les religieux ont de grands priviléges :
» ils ont menacé le prévôt, et M. le prévôt de Paris, pour adoucir les Au-
» gustins, a condamné les huissiers à l'amende-honorable dont vous et
» moi, messire, nous régalons en ce moment. »

Cependant les torches s'éteignent, la foule se dissipe, la queue du cortége va bientôt disparaître derrière l'angle que forme sur la place le grand couvent, et sur cette place, agitée il y a un instant par une rauque multitude et toute embrasée par de fantastiques lueurs, tout est redevenu morne et ténébreux. Seule, une vacillante lumière brille encore derrière l'ogive étroite de la tourelle orientale des Carmes. Peut-être est-ce la lampe du moine érudit qui a si héraldiquement développé l'origine de son ordre ? Mais que ce soit ou non cet illustre savant qui veille, l'historien carme va néanmoins diriger ici notre plume.

Selon lui, son ordre descend en ligne directe du prophète Élie. C'est en raison de cette descendance, dit-il, que nous portons un manteau semblable à celui que ce prophète jeta du haut du ciel à son disciple Elysée. Ce point une fois constaté, l'auteur monacal range dans l'ordre des Carmes tous les prophètes successeurs d'Elie, tous les chefs de secte et tous les instituteurs de culte. Selon lui, Pythagore fut un Carme très-célèbre, et Zoroastre un Carme très-dévot. Les Druides de la Gaule étaient aussi des Carmes, et les Vestales de Rome n'étaient autres que des Carmélites.

Cependant, nous devons l'avouer, l'auteur montre quelque hésitation sur la question de savoir si le Christ a été moine de cet ordre; mais toute réflexion faite, il se décide pour l'affirmative, et transforme résolument en père Carme le divin Rédempteur de l'humanité.

Maintenant, nous allons souffler, pour la dissiper, sur l'ombre gothique que nous avions un instant évoquée, et ce sera d'autant plus à propos que sur la place où nous venons de l'abandonner, rien au monde, au xve siècle, n'était plus dangereux que de s'y hasarder trop tardivement dans une nuit d'hiver.

A cette époque surtout, ce coin de Paris était redoutable à tout honnête bourgeois s'avisant de le parcourir à la belle étoile; les officiers du Châtelet et les sergents de la prévôté ne s'y aventuraient même qu'avec de grandes précautions, car les tortueuses ruelles qui s'infiltraient sur le sol boueux de la place Maubert, ainsi que des rigoles dans une mare, recélaient une effroyable quantité de filles d'amour, de bandits émérites, de coupe-bourse et autres variétés de cette espèce. C'est aussi dans les ruelles qui se perdent dans la rue Mouffetard ou, du moins, sont perpendiculaires, parallèles ou tangentes au tracé sinueux qu'elle parcourt, c'est dans ces obscures ruelles, disons-nous, que gîtaient les sorciers, les magiciens, les faiseurs de maléfices et les dénoueurs d'aiguillettes, dont, au dire de l'*Estoile*; le nombre s'élevait à plus de trente mille; philosophiques professions qui se sont perpétuées jusqu'à nos jours, et qu'exploitent admirablement, au sein du quartier Notre-Dame-de-Lorette, sous le nom de tireuses de cartes, les nombreuses magiciennes du xixe siècle.

Les femmes de notre époque, ainsi que celles de 1500, se montrent très-avides de ces sortes de prophéties. Les hommes mêmes ne sont pas toujours exempts de ce faible. C'est à cause de cette crédulité constante pour les choses qui en sont peu dignes, que l'on a gratifié les Parisiens de l'épithète de *badauds*. « Le peuple de Paris, s'écrie Rabelais, est tant badaud, et tant inepte de nature qu'ung bateleur ou un porteur de rogatons assemblera plus de gens que ne le ferait un bon prédicateur évangélique. »

Oui, ce quartier, dans une partie notable de sa population, n'était en quelque sorte qu'un annexe à la Cour des Miracles. De ces ruelles sortaient tous les matins et revenaient gîter chaque nuit, ce tas de vagabonds et de mendiants, de filles d'amour et de sorcières, de voleurs et de débauchés, gueusant le jour et tuant la nuit, qui obstruaient, infestaient et pillaient tous les recoins du Paris de nos pères.

A toutes les époques, et cela se conçoit, ces pauvres quartiers ont fourni de nombreux contingents à la perturbation. A part les pittoresques bandits que nous venons d'énumérer, ce qui restait de place dans ce coin perdu de l'Université était occupé par une populace ignorante, misérable et presque constamment en lutte avec les besoins les plus criants. Or, il était facile de la soulever, soit en abusant de sa crédulité, soit par l'appât de quelque convoitise, en lui laissant entrevoir une trêve à ses souffrances.

Mais outre les scènes accidentelles de désordre, dont jamais les occasions ne se faisaient longtemps attendre, il y avait encore des causes permanentes d'agitation, et qui ramenaient, pour ainsi dire, à périodes fixes, des tumultes sans fin et des scandales sans nom.

De temps immémorial, certains quartiers se léguaient leurs haines héréditaires. Ainsi, les habitants du faubourg Saint-Marcel étaient dans un état d'hostilité permanent avec ceux des faubourgs Saint-Jacques et de Notre-Dame-des-Champs; ils se battaient, se mutilaient et se dévastaient à qui mieux mieux. La guerre allait même si bon train que le parlement se vit obligé, pour intimider les batailleurs, de faire planter quatre potences sur les principales arènes du combat. La rue Mouffetard vit l'une d'elles se dresser fièrement sur son pavé.

Enfin, brochant sur le tout, les pages, les laquais, les écoliers perdus, les moines défroqués, les ouvriers en goguette, et les clercs du palais venaient là nouer et dénouer leurs éphémères liaisons et faire retentir l'air de leurs bachiques refrains.

Mais rassurez-vous, lecteur, la fin du monde n'est pas venue : ceci se passe à une des plus intéressantes périodes historiques. François Ier est sur le trône; les connaissances marchent vers leur perfectionnement; la lutte s'engage entre la raison et la sottise, entre la vérité et le mensonge; tout va progresser, les arts comme les sciences, le bien-être comme la morale. Pierre Lescot se prépare à construire le Louvre; Jean Goujon s'avance vers les Tuileries; Amyot traduit Plutarque; Montaigne prépare ses Essais; Clément Marot va nous charmer par ses grâces naïves; enfin, la liberté religieuse cherche à faire prévaloir ses droits.

Cependant le passé ne se laisse pas facilement détrôner; il faudra encore nombre d'années avant que la raison n'obtienne droit de bourgeoisie; il faudra livrer bien des combats avant que le libre examen ne se pose comme un fait. Pendant longtemps, Saint-Médard pèsera durement sur le temple des réformés, à la fois son voisin et son rival.

En effet, un beau jour de décembre de l'an 1561, les habitants du quartier Mouffetard entendirent tout-à-coup retentir le bruyant carillon de toutes les cloches de Saint-Médard; or, ce branle inusité n'avait pour cause ni une révolte dans la ville, ni une pendaison à la justice, ni une entrée de monseigneur le roi : il n'avait d'autre but que de contrarier dans leur temple les réformés qui assistaient au prêche. En un instant, la rue Mouffetard, encombrée de peuple, offrit aux curieux l'aspect d'un fleuve agité, dans lequel de profondes ruelles, comme autant de torrents impétueux, dégorgeaient à chaque minute de nouveaux flots de populace. Les ondes de ce peuple, sans cesse grossies de tous les curieux qui affluaient aux abords de la rue, s'avancèrent bientôt vers la façade du temple, et, en dépit de la digue que lui opposaient les efforts de quelques archers, elles commençaient à s'épandre en larges vagues sur les escaliers qui exhaussaient le portail de la façade. Cependant les protestants, effrayés de cette marée montante, et craignant qu'elle n'arrivât bientôt à les engloutir, se hâtèrent de fermer et de barricader leurs portes, puis ils menacèrent les religieux, si la foule ne se retirait, si la sonnerie ne cessait, de mettre un jour le feu au clocher de Saint-Médard. A cette menace, que rendait effrayante l'énergie du désespoir, la foule se retira, la sonnerie cessa, et les protestants, glorieux de leur succès, firent une marche triomphale dans toute la longueur de la rue.

Ces démêlés religieux se prolongèrent de longues années ; soixante ans après la scène que nous venons de raconter, la rue des Postes et le bâtiment des Gobelins devinrent le théâtre d'un sanglant combat. Les protestants, sous l'escorte de quelques archers, se rendaient à leur chapelle pour y prier ; tout-à-coup, une nuée d'assaillants débouche des carrefours voisins, et les cris : les huguenots à la corde! sont vociférés avec un bruit soudain et furieux.

Les archers qui fermaient la marche du cortége firent volte-face. « Taillez les hérétiques ! s'écrie la cohue pour s'exciter. Prévôté! Prévôté! répondent les archers en se ralliant ; et la lutte commença ; la mêlée fut affreuse ; la taille reprenait ce qui échappait à l'estoc, et l'arquebusade achevait ce qu'avait entamé la pique. La victoire, sur toute la ligne, resta aux gens du roi ; puis le lendemain de cette équipée, le parlement, fidèle à ses traditions, se hâta de faire planter une potence pour les survivants.

Cette potence, à ce que l'on croit, était adossée à des murs avoisinant l'enclos, où s'éleva depuis le couvent des *Hospitaliers de la Miséricorde de Jésus*.

Le souvenir de ce couvent repose un peu la pensée des sombres événements de l'âge qui a précédé. On s'y préoccupait bien moins des idées que des personnes ; la créature l'emportait souvent sur le créateur ; les passions humaines (du moins au dire de l'histoire), s'infiltraient au travers de la monacale enceinte et pénétraient jusqu'au sein des plus virginales cellules. Dans les chapelles où les nones allaient égréner leurs chapelets, on entendait, dit-on, de bien douces confidences et de bien ardents soupirs. A en croire certains récits, l'âme des jeunes novices se vaporisait en rêves d'amour plus qu'elle ne s'oubliait en exaltation mystique. Il n'est pas jusqu'au lieutenant de police, M. d'Argenson, qui ne vînt discrètement s'énamourer en ce lieu; dégoûté de madame de Tencin, il venait ici chercher un bonheur plus chaste et plus recueilli. En tout temps les autorités se sont personnellement intéressées à certaines institutions; en tout temps aussi, elles ont accordé à ces objets de leur préférence une protection toute particulière.

Ainsi, en 1700, le couvent des nones menaçait ruine; le délâbrement était complet : on devait naturellement alors s'adresser à M. d'Argenson. Les sœurs lui envoyèrent leur supplique. Le lieutenant de police vint au cloître, il toisa, mesura, examina et enfin se passionna : et peu de temps après cette visite, les Hospitalières avaient à leur couvent une muraille de plus; mais parmi elles, elles comptaient, hélas! une novice de moins.

Voila sans doute un déplorable exemple de relâchement moral, un oubli impardonnable de tous les sentiments religieux, mais en vérité, ce ne sera pas ce qui doit se passer de plus attristant ici. Descendez la rue de quelques pas, cher lecteur, transportez-vous, par la pensée, sous le règne du bien-aimé Louis XV, et vous allez assister, non plus à un roman dont l'impiété fera tous les frais, mais à des extravagances où vous verrez le fanatisme dans sa plus effrayante exagération.

Nous voici en 1750, l'abbé Pâris vient de mourir et d'être exhumé dans le petit cimetière de Saint-Médard. C'était un saint homme, au dire de ses contemporains que le diacre Pâris; on ne lui connaissait d'autre défaut qu'une trop grande opiniâtreté religieuse. Pour se soustraire aux vanités du monde, il avait pris le parti de se confiner dans une maison du faubourg Saint-Marcel. Là, il se livrait sans réserve à la prière, aux pratiques les plus rigoureuses de la pénitence et aux travaux manuels; il regardait les pauvres comme ses frères, et faisait des bas au métier pour eux. Jusqu'ici tout est rigoureusement évangélique, et si le digne abbé s'en fût tenu là, l'histoire n'aurait pas eu à enregistrer toutes les absurdités et tout le scandale dont il fut le prétexte. Malheureusement il n'en fut point ainsi : le diacre Pâris publia quelques écrits, et dans ces écrits, ses antagonistes crurent voir des hérésies, et ses partisans la trace de l'esprit divin; on lui prêta des sentiments qu'il n'avait pas eus, et on le constitua, quoique défunt, chef d'une secte ridicule. On prêta à son tombeau de surprenants miracles, et la foule vint y faire des prières. Bientôt les dévotes stations tournèrent à la momerie et les momeries amenèrent rapidement à la convulsion.

Parmi les convulsionnaires, les jeunes filles dominaient par leur nombre et par leur ferveur. Leur esprit exalté imprimait à leur système nerveux de violentes secousses, et elles tombaient dans une extase voisine du délire le plus effrayant. Ces jeunes filles sollicitaient la douleur, comme les voluptueux les plus effrénés pourraient solliciter le plaisir; et, si on les en croit, en demandant la convulsion, elles sollicitaient le plaisir lui-même.

Le nombre des convulsionnaires devint en peu effrayant, et leur affluence dans le cimetière était incalculable. On s'informait des habitudes du bienheureux Pâris et on les imitait avec un soin scrupuleux. On feignait de boire et de manger comme lui. Pendant quelque temps les convulsionnaires furent de bonne foi et crurent à l'efficacité de leurs extravagances.

Nous ne voulons pas entrer ici dans l'histoire circonstanciée des différentes sectes de convulsionnaires; car ces sectes admettaient dans leurs opinions des différences puériles et indignes de nous occuper. Cependant, pour donner un exemple des extrêmes dans lesquels peut tomber l'esprit humain, nous allons retracer quelques-unes des pratiques de ces illuminés.

Les secouristes, entre autres, frappaient à grand coups de poing les jeunes filles, et ces pauvres patientes, par les plus vives demandes, excitaient leurs bourreaux à les frapper plus cruellement encore. Ces énergumènes montaient sur leurs corps étendus, et foulaient aux pieds leurs seins et trépignaient sur elles jusqu'à lassitude.

A ces malheureuses en délire, de pareils traitements parurent encore trop doux : insatiables de souffrances, elles se faisaient frapper avec des bûches, et pendant qu'elles étaient aussi cruellement meurtries, elles s'écriaient : *Ah! que cela est bon! ah! que cela me fait de bien! mon frère, je vous en supplie, redoublez, si vous le pouvez.* Enfin, leur délire ne connut plus de bornes, elles avalèrent des charbons ardents et elles se frappèrent à grands coups de marteau!!!

Cependant, en 1732, le roi apprenant cet esprit de fanatisme, crut pouvoir les arrêter en faisant garder le cimetière de Saint-Médard, mais dans toutes les sectes, la persécution engendre les prosélytes. — C'est l'histoire de tous les temps. Les convulsionnaires n'avaient qu'une réunion, ils en formèrent vingt. Les remontrances, les arrêts, les châtiments et les incarcérations, ne firent qu'enflammer la fureur des sectaires. Ils publiaient des caricatures où le Pape, l'archevêque et les jésuites étaient tournés en ridicule; ils publiaient même une feuille périodique portant pour titre : *Nouvelles Ecclésiastiques.* Mais, comme dans les choses les plus affreuses, les Français savent toujours trouver le côté ridicule, un poète (sans doute convulsionnaire), inscrivit sur la porte de Saint-Médard le distique suivant :

> De par le Roi, défense à Dieu,
> De faire miracle en ce lieu.

La superstition fut si générale, qu'un conseiller au Parlement osa présenter à Louis XV un recueil de tous les miracles et prodiges des convulsionnaires. Ces extravagances ont été en France les derniers soupirs d'une secte, qui, n'étant plus soutenue par les disciples de Port-Royal, est tombée dans le plus complet abandon.

Chose étonnante, soixante ans après, des lieux mêmes où s'étaient passées ces scènes affligeantes de fanatisme religieux, partaient des bandes déchaînées qui allaient, vociférant, contre les ministres de cette même religion. Oui, le lendemain du jour où *les Marseillais*, mus secrètement par la faction liberticide vinrent annoncer à la barre que le jour de la colère du peuple était arrivé, ce lendemain, des hommes armés de bâtons, de sabres, de piques et de poignards, descendaient en tumulte la rue Mouffetard, pour aller demander au roi, qu'ils forcèrent à se couvrir du bonnet rouge, le rappel des ministres et surtout la sanction du décret contre les prêtres.

Puis, peu de temps après, le 2 septembre, à la nouvelle de l'entrée des Prussiens dans Longwy, les bandes qui avaient déjà inondé le Carrousel, remontèrent encore la rue et furent massacrer les pauvres détenus des prisons. Le carnage dura cinq jours. La princesse de Lamballe eut la tête tranchée et son cadavre, livré à cette populace, fut flétri, mutilé et déshonoré par elle.

Étrange bizarrerie, le quartier Mouffetard, le point le plus ignorant et le plus misérable de Paris, se trouve justement enserré entre la science et l'industrie, ces deux sources de toute richesse et de toute lumière. Au nord la manufacture des Gobelins, au midi l'école Polytechnique ; la bibliothèque Sainte-Geneviève et le collège Henri IV, déterminent, pour ainsi dire, la frontière de ce quartier. Les écoles et la manufacture, ces glorieux foyers de la prospérité nationale, répandent à la fois, sur toute la France, les lumières qui la guident et les rayons qui la fertilisent. Mais de ces rayons, pas un seul ne colore les ruelles de Mouffetard. Le peuple qui habite là, naît, végète et meurt dans sa livrée de misère. Ce peuple est vêtu grossièrement, et cependant il use sa vie à tisser les plus merveilleux tissus. — Allez aux Gobelins, et vous le voyez imiter, avec la plus grande vérité, les plus difficiles chefs-d'œuvre de la peinture. Par des procédés ingénieux, vous le verrez reproduire, avec un art admirable, non-seulement toute l'illusion de la perspective et toute la correction du dessin, mais encore des tons si fins, si brillants et si chaleureux, qu'ils rappellent par fois au connaisseur les tableaux les plus éclatants des maîtres de Venise.

Puis, entre les écoles et les Gobelins, entre le luxe et la science, vous avez alors les véritables monuments du peuple : la prison et l'hôpital. D'un côté, c'est l'hospice de *la Pitié*, d'abord créé pour les indigents que faisaient les guerres civiles du temps de la régence de Marie de Médicis; de l'autre, c'est *la Bourbe*, où vont accoucher les pauvres malheureuses que la prostitution ou le besoin force à y chercher un abri. — Enfin, comme pour engager cette population à la pratique des vertus sociales, voyez se dresser, au fond de cette étroite ruelle, les portes menaçantes et les murs épais de Sainte-Pélagie : c'est là, en d'autres temps, que Joséphine et la princesse de Lamballe éprouvèrent leur désespoir et versèrent leurs larmes; c'est dans ces sombres couloirs que la Restauration jetta l'illustre Béranger et l'éloquent Manuel; c'est là que le pouvoir de juillet relégua Carrel; c'est là enfin, de nos jours, que le sublime Lamennais a promené ses poétiques rêveries.

Entre le bourg obscur où naît l'enfant de ces quartiers, et le triste hôpital, où la plupart du temps il meurt, entre ces deux points extrêmes de sa vie, la majorité du peuple de ces ruelles a pour domaine le pavé de Paris, et sous le nom de *chiffonniers*, s'administre le monopole exclusif de toutes les bornes, de tous les égouts et de tous les recoins où les saletés se rejettent.

Le chiffonnier est le philosophe pratique des rues de Paris. Dans son abdication absolue de toute vanité sociale, dans ses flâneries incessantes et nocturnes, dans cette profession qui s'accomplit à la belle étoile, il y a je ne sais quel mélange d'indépendance fantasque et d'humilité insouciante, je ne sais quoi d'intermédiaire entre la dignité de l'homme libre

et l'abaissement de l'homme abject; il y a dans ces contrastes, enfin, quelque chose qui intéresse, captive et fait penser; rien de plus particulièrement exceptionnel que cette profession. Au gré de son caprice, le chiffonnier va de rue en ruelle et de place en carrefour, fouillant, furetant, remuant, à l'aide du fer de son crochet et à la clarté de sa lanterne, ce tas de vieilleries, ces débris de salle à manger, ces derniers lambeaux de vêtements caducs, que la consommation parisienne sème tous les jours sur le pavé de la ville. La position du chiffonnier, dans les démarcations sociales, tient essentiellement une place unique : c'est un *sui generis* à nul autre pareil; il touche le bout de tous les extrêmes; il est éternellement suspendu entre le haut et le bas, entre les étoiles et le pavé, entre l'égout et la rêverie.

L'industrie nocturne des chiffonniers, développe par fois chez eux, à un assez haut degré, leurs facultés naturelles. La solitude des nuits est propice à son commerce comme à ses méditations. Qui, par exemple, ne connaît de réputation au moins le philosophe Liard, ce chiffonnier à la fois érudit, artiste, phrénologue et orateur. — Ce philosophe antique à qui Béranger a donné ses œuvres, et que Traviés, le spirituel et profond dessinateur, a si pittoresquement crayonné.

Liard, à part toutefois sa supériorité, manifeste, personnifie en tout point les divers aspects de la corporation; c'est le vigoureux croquis du tableau ; mais le croquis un peu poétisé ; Liard boit peu, il méprise le vin et ne goûte qu'à l'eau-de-vie ; Liard discute beaucoup, mais il ne se dispute jamais. Il est fier, et il se soumet aux travaux les plus humbles; il a un très-haut sentiment de sa dignité, et il est couvert de haillons. Liard est orateur, avons-nous dit, et nous insistons sur cette qualité, car elle est distinctive en lui : il a pour tribune la rue, pour auditeurs les premiers passants, pour sujet favori la probité. Quelquefois il se rend *à la chambre des députés* (les chiffonniers ont ainsi nommé leur point de réunion à la barrière Poissonnière), et là, il participe aux discussions interminables qui y ont lieu. Ces estimables industriels ont rigoureusement imité nos honorables : — *la borne* s'appelle le fauteuil; les hottes se nomment *les cabriolets* ; enfin pour compléter la ressemblance, la majorité de l'assemblée ne comprend rien à ce que débitent les orateurs ordinaires et s'en tient à les applaudir vivement.

Nous avons décrit l'aspect des ruelles et de la rue Mouffetard, au moyen-âge ; maintenant, pour tracer le tableau que ce quartier présente de nos jours, il nous suffira de peu de changements ; quelques touches suffiront pour amener notre peinture à son effet actuel.

Aujourd'hui encore, comme au XVe siècle, après avoir traversé la rue Descartes, on débouche brusquement sur le versant de la montée, sur laquelle s'échelonne la rue. Au premier coup d'œil, on l'aperçoit se déroulant comme un grand entonnoir dans sa partie la plus présentable. Cette grande voie, croisée avec une infinité d'autres moins importantes, telles que les ruelles de Saint-Médard, du Censier, d'Arras et de l'Oursine, etc., forment le réseau tortueux et presque ignoré de ce coin de Paris.

Le spectateur qui examine en artiste cette rue, s'aperçoit dès l'abord de la variété pittoresque des constructions qu'elle présente : c'est un papillotement de maisons, grandes, petites, vieilles, neuves, construites d'hier ou bâties il y a trois siècles, blanchies à la chaux ou peintes en ocre, bistrées par le temps ou enluminées à leur base. Le regard se perd dans cette diversité, dans cette profusion de détails, et ce n'est qu'après quelques instants d'examen que l'on arrive à pouvoir embrasser l'ensemble. Là, comme dans la Chaussée-d'Antin, tout ne se nivelle pas sous un modèle à peu près uniforme ; là, chaque maison a sa date, son cachet, son pittoresque, depuis le bouge à façade vermoulue et à porte écrasée, où pullulent des chiffonniers, jusqu'au bâtiment coquet et commode où se prélassent de petits bourgeois.

Et si vous pénétrez dans l'une des ruelles qui se dégorgent dans ce grand réservoir, dans celle de Saint-Médard, par exemple, vous apercevez, dès votre entrée, un tas de masures déchiquetées et puantes, des masures à contrevents pourris et à vitres de papier graisseux, des croisées d'où sortent de longues perches de bois surplombant sur la rue, et desquelles pendent en loques de vieilles guenilles et de sales haillons. Dans les lézardes des murs sont fichés des crampons qui supportent des grappes de vieilles bottes et des couronnes de vieux chapeaux ; puis, brochant sur le tout, des hottes indicatrices se pavanent à leur aise au-devant des portes, ou jonchent en désordre le sol. Enfin, si votre regard veut pénétrer dans l'intérieur de ces habitations, alors, au travers des mille débris et des clinquantes ferrailles qui en tapissent l'entrée, vous pourrez découvrir, se mouvant entre des amas de dégoûtantes vieilleries, un ou plusieurs de ces industriels nocturnes connus sous le nom de *chiffonniers*.

En continuant de descendre la rue, après avoir dépassé l'église Saint-Médard, vous avez un aspect plus étrange, peut-être : ici les maisons se rapprochent ou s'éloignent capricieusement, tantôt verdâtres et chétives comme des huttes, tantôt hautes et élégantes comme dans les beaux quartiers. En certains endroits, on dirait d'un ravin de pierre percé de lucarnes, tant le pavé est inégal et tant les gouttières surplombent sur le pavé. Le tout amalgamé et flanqué par des restes de vieilles constructions, par des enclos à bois, par des débris de murailles ou par des terrains encore à bâtir.

Telle est, dans son ensemble, l'impression que produit cette vieille rue de Mouffetard qui, d'un côté, débouche aux abords du Panthéon, et de l'autre, se perd dans les terrains que limite la barrière de Fontainebleau.

Louis Berger.

RUE ET FAUBOURG-SAINT-HONORÉ

C'estoit bien la plus drôlerie
qu'en rue à Paris i avoit.
LE MOINE DE SAINT-JEAN.

Paris a des rues dont la physionomie et le nom évoquent tout d'abord les plus grands souvenirs, et parmi celles-là se trouve au premier rang la rue Saint-Honoré; c'est qu'elle est, en effet, historique comme le récit d'une longue épopée; c'est que, dans ses sinueuses profondeurs, elle a vu souvent se dérouler de sanglants drames, et la lutte acharnée du peuple contre la puissance militaire des rois!

La rue Saint-Honoré a un vieux droit de bourgeoisie qui remonte haut dans l'histoire de Paris. Peut-être est-ce à sa position centrale ou à son immense étendue qu'elle doit sa prépondérance; nous sommes disposés à le croire. Après l'évasion de la vieille cité hors de son île étroite et fangeuse; après qu'elle eût envahi une large part de terrain sur les rives de son fleuve, les seigneurs songèrent qu'un air salubre, des cours, quelques jardins commodes, étaient une plus douce chose que leurs maisons désolées, tristes et malsaines de la Cité; alors les plus riches y firent bâtir des hôtels magnifiques, et vinrent y demeurer. Les marchands, principalement les drapiers, les fourreurs, les brodeurs (*) et ceux qui vendaient de riches étoffes ou d'autres objets de luxe, suivirent l'exemple des seigneurs qui les enrichissaient; derrière les hôtels et les palais des nobles, surgit cette longue rue Saint-Honoré, semblable à ces grands fleuves qui traversent tout un empire, en lui apportant la richesse et la fertilité.

Sauval, Malingre et quelques autres vieux historiens de Paris, disent qu'ils ignorent son nom originaire. Comme elle avait été bâtie par petites portions à la fois, et que chacune de ces portions avait un nom différent, il est probable que c'est dans ces parts de constructions qu'il faut chercher ses titres primitifs.

Ainsi, de 1190 à 1211, sous le règne de Philippe-Auguste, quand ce roi fit élever une nouvelle enceinte autour de Paris, la rue Saint-Honoré, qui s'arrêtait à une porte située à peu près vers l'emplacement de l'Oratoire des protestants, avait déjà deux noms : celui de la *Féronnerie*, qui partait du cimetière des Innocents et venait s'arrêter à la rue *Tirechappe*; celui de Chasteau-Festu jusqu'au-delà du mur d'enceinte (**).

Elle alla toujours en s'accroissant sous les règnes des fils de Philippe-le-Bel et ceux de Charles V et Charles VI, quand Hugues Aubriot, prévôt de Paris, fit bâtir les grandes murailles qui partaient de la Bastille et venaient aboutir à la porte Saint-Honoré.

Rien, alors, n'était plus curieux que cette rue avec ses hautes maisons à pignons historiés, aux façades couvertes de figurines saillant entre des colonnettes frêles, ou parant, comme les madones italiennes, de gracieuses niches exécutées d'après les plus charmants caprices, et dont les porches formaient comme une sombre et longue galerie toute tapissée de ratines bleues du Dauphiné, de draps de Flandre et d'étoffes de Samis étincelantes d'argent, qu'on apportait d'Italie. Il faisait beau voir ces courtauds de boutique se quereller entre eux, parce qu'un riche gentilhomme avait passé outre, dédaignant leurs jalousies mercantiles, et s'était arrêté aux chassis garnis de minces plaques de corne de quelque jolie brodeuse d'aumônières, ou chez les belles filles en deçà du charnier, à l'enseigne de la *Couronne*, petites fées qui ouvrageaient en or les voiles merveilleux des dames de la cour.

(*) Estienne Boyleau, le livre des Mestiers.

(**) Dulaure doit s'être trompé en écrivant dans son *Histoire de Paris* que la rue de la Ferronnerie s'était autrefois appelée rue de la *Mancherie*, puisque Guillot-le-Poète, qui vivait en 1286, écrit en ses dicts :

Alai en la *Féronnerie*;
Tantost trouvai la *Mancherie*,
Et puis la Cordouannerie,
Près demeure Henry Bourgaie,
La rue Beaudouin Prengaie,
Qui de boire n'est pas lanier.

Le drapier pacifique écoutait toutes ces balivernes du fond de son comptoir avec un flegme tout bourgeois; il se consolait bravement, au fond de son âme pleine de morgue et d'insolence, du mépris des nobles : il songeait aux moyens de défense et de sûreté que leur avait accordés Marcel, le prévôt de Paris, en faisant fixer aux angles des rues d'énormes chaînes de fer qu'on tendait la nuit pour arrêter les déprédations des seigneurs, des universitaires et des malfaiteurs. Quelquefois aussi, pendant ces muettes vengeances du lourd personnage, un joli bras de femme, blanc et potelé, agitait un mouchoir à quelque étroite fenêtre, percée au-dessus du porche, et l'on voyait disparaître aussitôt du milieu de la rue quelque écolier ou quelque jeune seigneur qui allaient par les ruelles détournées ajouter aux griefs des gros drapiers.

Il y eut ainsi dix siècles d'injures et d'outrages pour eux; et après ces dix siècles, ils eurent à leur tour une terrible année de vengeance qui lava tout!

Le sang couvrit la honte, et les plébéiens bâtards se légitimèrent en effaçant les noms et les écussons armoriés de leurs persécuteurs, aux cris frénétiques d'*égalité* et de *liberté!*,..

Le matin, une heure après l'ouverture des boutiques, on entendait la voix glapissante du barbier-étuviste, près de cette fontaine de l'Arbre-Sec, à la croix du Trahoir (*) où un cheval indompté s'arrêta, dit un vieil historien des temps passés, P. Malingre, je crois, après avoir brisé et foulé aux pieds la malheureuse reine Brunehaut..... A cet endroit, si plein de souvenirs, on entendait ces cris :

    Seignor, quar vous allez baingnier
    Et estuver sans délayer.
    Li bains sont chaut, c'est sanz mentir (**).

En ce moment, on voyait plus d'un libertin couvert d'une cape ou d'une mante sombre se glisser rapidement dans la rue des Étuves, tourner la tête avec anxiété et se précipiter dans le célèbre établissement de bains

---

(*) Guillot dit :
    Mès par la crois de Tirouer
    Ving en la rue de Neele,
    N'avoie ne tambour, ne viele.

On ne sait trop de quel nom la qualifier. Le vieux Sauval s'abandonne, à son sujet, à une dissertation savante. Ce qu'on sait seulement, c'est que là, de temps immémorial, était un gibet.

La rue de Nesle était celle qu'on nomme aujourd'hui la rue d'Orléans-Saint-Honoré. Les seigneurs de Nesle, qui y avaient leur hôtel, le vendirent à Jean de Luxembourg, roi de Bohème, qui lui donna son nom. Enfin, cet hôtel fut acheté de nouveau par Louis de France, duc d'Orléans, fils de Charles V. Sur ses ruines on a bâti la halle au blé.

(**) *Les crieries de Paris*, par Guillaume de la Villeneuve. — Fabliaux recueillis par Barbazan

qui était un lieu passablement équivoque (*). A une certaine heure, on voyait des hommes, vêtus de serge brune, tenant d'une main un broc et de l'autre un panier rempli de coupes de corne semblables à celles des moissonneurs, s'arrêter avec ténacité devant les auvents des boutiques, et offrir aux apprentis :

> Bon vin à bouche bien espicé.

C'étaient les crieurs de vin, autorisés sous Philipe-Auguste, moyennant *chantelage au roi* (**).

Des femmes des halles, toutes ridées, à la chevelure en désordre, aux vêtements sales, hurlaient de toute la force de leur poumons :

> J'ai chastaignes de Lombardie,
> J'ai roisin d'oustremer — roisin !
> J'ai porées et j'ai naviaux,
> J'ai pois en cosse tous noviauz (***).

Plus loin, c'était la *ripaille des ovriés*. Une grosse commère, comme on en voit encore sur les quais et dans le marché des Innocents, portant sur son ventre tout l'attirail d'un restaurateur, arrêtait les maçons et les sculpteurs (ces deux corporations n'étant jamais nourries par les maîtres), en leur débitant la petite chanson de son métier :

> Chaudes oublées renforcies,
> Galettes chaudes, eschaudez,
> Roinssolles (couennes grillées) çà, denrée aux dez (****).

Tout cela était pour la populace; les marchands, gros privilégiés, étaient sous le poids d'une obsession moins rauque et plus odoriférante. De jolies et fraîches filles de la campagne venaient, de porche en porche, offrir aux drapières les plus belles fleurs de la saison :

> Aiglantier.....
> Verjux de grain à fère aillie.
> Alies i a d'alisier.

Et parfois, les seigneurs qui achetaient des étoffes, saisissaient ce prétexte pour faire descendre au comptoir la femme du marchand, afin de lui offrir un bouquet de roses.

Les écoliers de l'Université, qui souvent avaient des intrigues amou-

---

(*) C'étaient pour la plupart des maisons de débauche et de prostitution sous le règne de Louis XIII et jusqu'à celui de Louis XIV. (Dulaure, *Histoire de Paris*.)

(**) Félibien, *Antiquités de Paris*.

(***) Guillaume de la Villeneuve. — Fabliaux de Barbazan.

(****) Guillaume de la Villeneuve. — Fabliaux de Barbazan.

reuses de l'autre côté de l'eau, venaient sous les porches acheter des

fleurs à l'intention de leurs belles; c'était là qu'on vendait aussi des habits de gentilshommes point trop râpés :

>Cote et la chape par covent
>Clercs y sont engané souvent (*).

Mais malheur aux pauvres bazochiens qui s'avisaient de venir étaler leurs guenilles noires; les cruels apprentis fripiers s'approchaient d'eux avec une humilité apparente, en leur disant :

>Cote et surcot rafeteroie (je raccommode).

Et comme ces clers avaient toujours plus de trous aux genoux et aux coudes que de *blancs d'angelots* ou de *sous parisis* dans leurs surcots, ils s'esquivaient tout honteux pour échapper aux quolibets de messieurs les chevaliers de l'aune et de l'aiguille.

Si l'on avançait davantage dans la rue, il semblait que les mœurs devenaient plus douces; la physionomie changeait de caractère; le tumulte s'y faisait à peine sentir: on arrivait à *la Croix du Tirouër*,

(*) Fabliaux de Barbazan.

puis à la *Chaussée-Saint-Honoré*, et enfin à la *rue Saint-Honoré*, qui partait du lieu qu'on nomme aujourd'hui la barrière des Sergents, et qui s'arrêtait à la porte Saint-Honoré, bâtie par Charles V, vers la rue du Rempart ; dans le faubourg, elle prenait le nom de *rue Neuve-Saint-Louis hors la Porte-Saint-Honoré*, à cause de l'hôpital des Quinze-Vingts, fondé par saint Louis vers 1260 (*) ; elle se terminait par le nom de *Chaussée Saint-Louis dans les champs*.

Là, comme je l'ai dit plus haut, c'étaient d'autres mœurs : les vieux *commerciers*, assez riches et fatigués des affaires, s'y livraient à une vie toute de béatitude et de joies terrestres ; ils passaient la moitié de leurs jours à l'église Saint-Honoré, et l'autre moitié à table, avec les chanoines du chapitre (**).

Il y a des rapprochements extraordinaires dans la vie, pour certains hommes comme pour certaines choses. La rue Saint-Honoré qui, la première a été l'arène où le peuple combattit naguère contre ses rois, fut aussi, ou à peu près, le lieu de la première lutte entre les fanatiques assassins aux gages de Charles IX et de Catherine de Médicis, et les infortunés protestants, dans la nuit sanglante de la Saint-Barthélemy.

Au coin de la rue de la Ferronnerie, une vieille maison, bien noire et bien sale, étale sur sa façade une inscription en marbre et deux bustes de pierre. — L'un d'eux, c'est le portrait de Henri-le-Grand, un de ces rois privilégiés, comme Titus ou Adrien, qui traversent les siècles avec l'amour des peuples. — C'est là qu'il fut assassiné par Ravaillac, le 14 mai 1610.

La rue Saint-Honoré a d'autres titres encore qui n'ont pas peu contribué à la rendre célèbre. En 1620, dans une pauvre maison à l'encoignure de la rue de la Tonnellerie, par une nuit d'orage, un tapissier était au chevet du lit de sa femme effrayée par la foudre, et en proie aux premières douleurs de l'enfantement : un fils vint terminer les

---

(*) Sauval, *Antiquités de Paris*.

(**) L'église Saint-Honoré fut fondée vers l'an 1204 ; Renold Chereins, homme noble, donna neuf arpents de terre qu'il avait près de Clichy, pour l'entretien de la chapelle qu'il voulait faire bâtir. Il en donna sa foi entre les mains de l'évêque Eudes, conjointement avec sa femme Sébile, Jean, son frère, et Gile, femme de Jean. Jean Paulmier, chevalier, et Julienne, sa femme, de qui Renold Chereins tenait six de ces neuf arpents de terre, à la charge de six sous de cens confirmèrent la dotation.

Cinq ans après, l'église Saint-Honoré se trouva bâtie, et les donataires déclarèrent à Pierre, évêque de Paris, que leur intention était d'y établir un chapitre de chanoines, ce qui fut fait au bout de sept ans. (Félibien, *Antiquités de Paris*.)

Cette église, dans laquelle était le tombeau du fameux cardinal Dubois, sculpté en marbre par Coustou jeune, fut démolie en 1793. On a construit sur ses ruines la rue Montesquieu et plusieurs passages. (Dulaure, *Histoire de Paris*.)

souffrances de la pauvre mère, et cet enfant étonna le monde par les créations de son génie.

Cet homme, le plus célèbre de tous les poètes comiques, ce fils d'un tapissier, c'était Molière!

Le carrefour de l'Arbre-Sec vit aussi le meurtre du vieux baron de Luz, par un des princes lorrains, le chevalier de Guise, parce que le malheureux vieillard avait eu connaissance du complot tramé par les princes contre Marie de Médicis, alors qu'elle était régente de France.—Son fils voulut le venger; il périt aussi par l'épée du duc de Guise (*).

Enfin, durant le cours de ce grand siècle, on vit s'élever, sur les ruines des hôtels de Rambouillet et de Mercœur, le célèbre Palais-Cardinal, qui inspira ces deux vers boursoufflés à un homme illustre:

> Non, dans tout l'univers il n'y a rien d'égal,
> Aux superbes splendeurs du Palais-Cardinal.

Richelieu, jaloux d'étaler une magnificence toute royale, fit appeler Mercier, le plus habile architecte de l'époque; il travailla avec lui aux plans du Palais, et son orgueil et sa présomption lui firent ordonner aux sculpteurs d'orner les parois des arcades de proues de navires, en commémoration de la prise de La Rochelle.

(*) Mémoires du maréchal de Bassompierre. — Phélippeaux de Pontchartrain.

Le cardinal songeait encore à l'embellir; il voulait y placer son *bon poète* Desmarest, lorsque la mort l'enleva. Ce fut Anne d'Autriche qui se chargea de l'achever en partie; il n'a été réellement terminé que par Louis-Philippe, qui en a fait un des plus beaux palais du monde.

II.

Nous avons décrit avec le plus de soin possible les mœurs et les événements remarquables de la rue Saint-Honoré dans les âges reculés.

La tâche que nous allons remplir, est plus facile, sinon plus intéressante. Quoique cette immense rue soit encore célèbre par son commerce, elle a beaucoup perdu de son caractère primitif; on n'y trouve plus ces corporations inamovibles, posées là comme les obélisques chez les Égyptiens; on n'y retrouve maintenant que le gros bourgeois, le boutiquier, hélas! et ce type semble éternel, comme ces mêmes obélisques dont nous venons de parler.

Aujourd'hui, le bourgeois de la rue Saint-Honoré (c'est-à-dire depuis les halles jusqu'au passage Delorme), ressemble assez aux autres bourgeois de Paris. La révolution de 1793, en traînant à sa suite le mélange des castes et en abolissant les priviléges, a déraciné les us et coutumes du vieux sol.

La rue Saint-Honoré peut cependant revendiquer l'avantage d'avoir conservé des mœurs qui lui sont particulières: l'observateur, en la considérant sous toutes ses faces, découvre encore des physionomies d'autrefois, de ces bonnes et curieuses physionomies de marchands que le xve siècle n'aurait pas reniées. Ainsi, à partir de la rue de la Ferronnerie jusqu'à la fontaine de l'Arbre-Sec, ce sont encore des drapiers et des marchands d'étoffes qu'on appelle, en style vulgaire, *la grosse cavalerie du commerce.* Les frontons de leurs magasins étalent avec orgueil des inscriptions de marbre en lettres d'or, faites au milieu du xviie siècle. Le nom se lègue avec la continuation du négoce : c'est leur arme *parlante*, leur écusson; seulement, je suis surpris de n'y point trouver le navire d'argent à la bannière de France flottant, un œil en chef sur champ d'azur (*), pour rappeler le fameux *Ballot*, arme parlante des Médicis.

L'on y trouve encore cette maison Le Gras, dont la vieille façade n'a été ni blanchie, ni recrépie depuis deux siècles; puis la maison Ratier; puis la maison Barbaroux; tous les gros cavaliers du commerce enfin, braves gens qui font de l'aristocratie dans notre époque, à leur bout de rue, comme en font à l'autre bout les Duras, les Talleyrand et les Montmorency. Seulement cette dernière noblesse est un peu plus tolérable et bien autrement spirituelle.

(*) C'étaient anciennement les armoiries des drapiers de la ville de Paris.

Voici le marchand de vin du coin de la rue des Prouvaires, où se trama cette *fameuse conspiration* qui devait amener Henri V ou la république : j'ai oublié lequel des deux ; probablement, ma belle lectrice, vous en aurez fait de même.

A la hauteur de la rue de Grenelle, une porte grillée, à voûte, à plein cintre, laisse passer à chaque instant une foule considérable : c'est un monde cosmopolite, dans lequel on rencontre les plus curieuses physionomies ; là accourent les pelerins de l'Orient et de l'Occident : — ce sont les messageries de MM. Laffitte et Caillard.

En face, on remarque l'Oratoire. Cette église, bâtie sous le règne de Louis XIII, de 1622 à 1630, a quelques parties qui annoncent un beau style d'architecture ; le portail, si peu en harmonie avec le reste de l'édifice, ne fut élevé que sous Louis XV. Là se trouvait autrefois le magnifique hôtel d'Estrées, habité quelque temps par Gabrielle, duchesse de Beaufort et maîtresse de Henri IV.

De l'Oratoire des protestants jusqu'à Saint-Roch, la rue Saint-Honoré est plus bariolée, plus changeante et plus luxueuse. L'aristocratie commerciale s'y fait sentir : ce sont, pour la plupart, des marchands de fourrures précieuses, de riches orfèvres, des horlogers et des magasins de nouveautés.

Quand on a franchi la rue du Coq, cette rue d'où l'on aperçoit une des grilles du Louvre ; le Louvre où la jeunesse et le peuple de Paris soutinrent une lutte si opiniâtre et si héroïque dans des jours de péril, on arrive à trois ou quatre petites rues parallèles, toutes fangeuses, horribles ! des rues qui doivent être sœurs, tant elles ont de ressemblance par leur aspect et leur population.

Les rues de la Bibliothèque, du Chantre, Pierre-Lescot, Froidmentel ou Fromenteau, servent de refuge à la classe des malfaiteurs de Paris. Le soir, on aperçoit de distance en distance, à la façade de maisons souvent suspectes, une lanterne carrée, d'une transparence sale, qui laisse lire ces mots : *Ici on loge à la nuit* ; une nuée de bacchantes du dernier ordre ne cessent de faire entendre des propos, des provocations et des chants obscènes.

La rue Saint-Thomas-du-Louvre n'est pas loin : elle nous rappelle l'existence de l'hôtel de Rambouillet, dont on a déjà parlé dans ce livre, en termes tout-à-fait charmants ; ce fut l'hôtel de Rambouillet qui mit à la mode le café, comme un remède infaillible contre la tristesse. Un jour, une *précieuse* apprit que son mari venait d'être tué en duel : « Ah ! malheureuse que je suis ! s'écria-t-elle ; vite, que l'on m'apporte du café !... » — Et la belle dame fut tout de suite consolée.

Sur la place du Palais-Royal, tout près du café de la Régence, si vieux de réputation, et qui a toujours pour habitués de braves joueurs d'échecs qui restent une demi-heure sur un pion sans mot dire. — Un estaminet

se cache au fond d'une longue cour : c'était là que se voyait le célèbre hôtel d'Angleterre, ce réceptacle de joueurs, de curieux, de débauchés et de filous ; c'était comme une succursale du N° 113. Le joueur à moitié ruiné venait y finir sa nuit ; quelquefois aussi, il allait l'achever sous les eaux de la Seine ou dans un corps-de-garde... en attendant les assises ou le bagne de Toulon.

Immédiatement après, les angles de plusieurs maisons criblées de balles, dans les rues de Valois et de Rohan, rappellent une courageuse attaque : Le 29 juillet 1830, le peuple en fit le siége, car la garde royale s'y était introduite après en avoir chassé les habitants. Le peuple rendit outrage pour outrage ; il fut plus loin, peut-être, car de malheureux soldats, aveugles instruments d'une obéissance militaire, furent jetés sans pitié du premier étage sur le sol : c'était affreux !

La rue Saint-Nicaise nous parle de cette fameuse *machine infernale* destinée à faire sauter le premier consul Bonaparte ; cette histoire est tellement connue, que nous nous bornons à la mentionner. Nous arrivons à la rue de l'Échelle, où, durant le moyen-âge, les évêques de Paris, avaient une *échelle* patibulaire, signe de haute justice. De nos jours, la seule chose digne de remarque qui y existe, c'est la *Fontaine du Diable*.

a l'encoignure de la petite rue Saint-Louis. A quelques pas de la rue de l'Échelle, on trouve le passage Delorme, le second qui ait été bâti à Paris, et qui a pris le nom du propriétaire qui le fit construire. Cette galerie était la communication la plus agréable et la plus fréquentée qu'il y eût de la rue Saint-Honoré à la rue de Rivoli, avant le percement des rues des Pyramides, d'Alger, et du Vingt-Neuf Juillet.

La rue Saint-Honoré semble de nouveau changer de face : la belle rue des Pyramides, percée sur l'emplacement destiné aux écuries de Napoléon, laisse apercevoir le palais des Tuileries et le jardin réservé à la famille royale. Plus loin, c'est l'église Saint-Roch avec son portail si mesquin et si prétentieux ; il est encore couvert des stigmates que lui imprima l'ambitieuse énergie de Bonaparte. Ce fut là qu'il fit mitrailler, en vendémiaire, le peuple de Paris révolté contre le Directoire.

Nous arrivons à ce lieu d'où partirent tant d'arrêts sanglants aux jours de la puissance de Robespierre. Dans l'église des Jacobins se tenait le trop célèbre club des furieux, qui ne fut fermé que le 8 thermidor, la veille de la mort de Robespierre, par Legendre de Paris, membre de la Convention. C'est sur l'ancien emplacement du couvent des Jacobins, qu'on a ouvert la rue et le marché qui portent aujourd'hui son nom.

En face, se trouve l'ancienne rue du Duc de Bordeaux, appelée aujourd'hui rue du Vingt-Neuf Juillet. Qu'il y a de petitesses dans ces substitutions de noms quand les dynasties changent, quand les rois s'en vont ! Pourquoi ne pas lui laisser son premier titre, et restituer celui de Napoléon à la rue de la Paix ? Sans doute, les courtisans qui prennent de pareilles mesures pensent effacer la gloire et les souvenirs, en faisant gratter quatre pans de muraille ? — Pauvres gens !... Ainsi, la Chambre des députés a eu la faiblesse de laisser briser les trois fleurs-de-lys de l'écusson de Duguesclin, insignes illustres donnés à ce grand homme pour avoir chassé les Anglais du sol français qu'ils souillaient !...

La rue d'Alger, percée sur les ruines de l'hôtel Egerton, et la rue de Castiglione, cette rue si régulière, si alignée, qui rappelle Turin, occupent toutes deux l'emplacement du couvent des Feuillants, aboli en 1790 ; il s'était appelé d'abord Couvent de Jean de la Barrière, son fondateur. Le portail se trouvait placé vis-à-vis de la place Vendôme.

Nous sommes presque forcés de changer de plume : le vieux Paris cesse ; plus de marchands, plus de commerce, plus de ruines, tout est neuf : mœurs, aspect, temples et palais.

La rue Saint-Honoré s'élargit et attire les regards par sa splendeur et son opulence. C'est la magnifique place Vendôme avec sa colonne immortelle, ce trophée digne des gloires les plus célèbres, cette honte des nations jetée à leur face ; la colonne Vendôme sur laquelle on lit les noms de toutes les capitales de l'Europe! C'est le monument le plus sublime qu'ait jamais fait élever l'orgueil des conquérants, et peut-être est-il encore au-dessous de la renommée de Napoléon!

Une nouvelle scène et de nouveaux personnages s'offrent à nos yeux. Des voitures armoriées se heurtent, se croisent à chaque pas ; ce ne sont plus que des hôtels, que des palais. Là, il y a quelques années, une haute porte cochère était tapissée de tentures de deuil ; cent mille citoyens et des guerriers de toute arme s'y pressaient en foule : la tristesse et la plus profonde douleur se peignaient sur tous les visages. Un cri retentit..., tout s'ébranla. Un immense cortége suivait un char funéraire sur lequel étaient déposés les plus hauts insignes de la gloire tribunitienne : un grand homme était mort : — c'était l'illustre général Lamarque.

Donnons une larme à son souvenir et passons.

Plus loin, à gauche, une église avec son dôme mesquin s'offre à vos regards : — c'est l'Assomption, bâtie sur les dessins d'Errard, peintre du roi. Elle appartenait aux religieux de l'ordre de Saint-Augustin, autrefois appelées Andriettes. On la priva du titre d'église de la Madeleine, parce que le dôme peint par Lafosse représente l'Assomption de la Vierge.

C'est là que chaque jour des catafalques pompeux annoncent aux passants la mort de quelques vieux noms historiques ou celle des grandes gloires de notre armée.

La rue Duphot porte le nom de ce brave général, assassiné à Rome en 1797, dans une émeute populaire, la veille du jour où il devait s'unir à la belle-sœur de Joseph Bonaparte, devenue plus tard femme de Bernadotte, Charles-Jean, roi de Suède.

Dans la rue Saint-Florentin, appelée par Sauval la *petite Rue des Tuileries*, se trouve le bel hôtel de l'Infantado, qui appartenait naguère encore au vieux roi de la diplomatie européenne, à ce grand Talleyrand Périgord, auquel peuvent si bien s'appliquer les deux vers de Corneille sur Richelieu :

> Il a fait trop de bien pour en dire du mal ;
> Il a fait trop de mal pour en dire du bien.

Mais, j'y songe : où donc est le bien qu'a pu faire M. de Talleyrand ?

L'empereur de Russie habita l'hôtel de l'Infantado en 1814, jusqu'au 13 avril ; il demeura ensuite à l'Élysée.

Si vous n'êtes point fatigué de me suivre à travers cette interminable rue, veuillez avoir la bonté de pénétrer avec moi dans le faubourg qui porte son nom. Regardez à gauche et à droite ces deux édifices, qui semblent deux frères, tant est grande la similitude de leur architecture. L'un, celui de droite, avec son gigantesque propylée, avec son fronton couvert de sculptures, avec cette colonnade grecque qui rappelle le Parthénon, c'est la Madeleine; d'abord église, puis temple de la gloire, puis encore église : on ne sait si elle n'aura point à subir le sort indécis du Panthéon!

L'autre monument, qui apparaît avec son parvis plus étroit, c'est la Chambre des députés, dont la façade est tristement scindée par l'Obélisque de Louqsor. C'est là que les hommes qui tiennent entre leurs mains les destinées de la plus riche et de la plus puissante des nations du globe; c'est là, dans cette enceinte sacrée, dans ce forum *constitutionnel*, où retentissaient dans l'intérêt du peuple les voix solennelles de Foy, de Manuel, de Benjamin Constant, de Casimir Perrier, que des orateurs abandonnent trop souvent les idées pour les choses, les principes pour les faits, la patrie pour les hommes, les questions de l'intelligence pour les questions matérielles. Le budget de la Chambre abaisse tout, et l'on y discute avec plus de force l'avenir de la *Pêche de la Morue*, que l'avenir des beaux-arts, de la science et de la littérature. Hélas! un peu de place au soleil constitutionnel, pour les savants, pour les artistes, pour les poètes! laissez tomber sur l'intelligence un mince filet d'eau de l'océan des richesses publiques! La misère tue et n'inspire pas!... . Si l'on refuse aux gouvernements des allocations nécessaires pour payer les grandes œuvres, on réduira l'art aux proportions les plus mesquines : le poète fera des contes et des madrigaux; l'historien écrira des romans, pour vivre, tandis que le peintre et le sculpteur useront leur génie sur le papier et sur le plâtre, en *modelant* des carricatures qui font rougir les nobles statues de la Grèce et de l'Italie!

Ouvrez l'histoire du XVIe siècle, et voyez Jules II, Léon X, François Ier, Charles-Quint et les Médicis! Les *bonnes gens* de ce temps-là n'avaient pas de système représentatif; ce fut le grand siècle du génie!

Continuons notre voyage descriptif. Regardons ces hôtels où l'on sait encore vivre, où l'on ne s'injurie pas en discutant, où le sarcasme est dit avec une telle aménité, qu'on serait parfois tenté de l'accepter comme une galanterie. Ce sont les hôtels de Duras, de Beauveau, du prince Borghèse, qu'habita l'empereur d'Autriche aux jours de notre deuil national. Plus loin, c'est celui de l'ambassadeur d'Angleterre et le bijou de madame de Pontalba; puis vient l'Élysée-Bourbon, palais magnifique, témoin de si hautes infortunes. — Oh! qui pourrait dire ce que ses murs entendirent, durant la nuit fatale qu'y passa Napoléon!

La rue du Faubourg-Saint-Honoré est aujourd'hui, pour la grande aristocratie, ce qu'étaient les quais des Tournelles et d'Anjou sous Charles IX, Henri III et Henri IV, la place Royale et le Marais sous Louis XIII et Louis XIV, le faubourg Saint-Germain sous Louis XV et la Restauration : c'est le monde élégant, le monde fashionable; rien n'y est suranné, décrépit; tout annonce l'élégance, les manières vraiment nobles, le bon ton ; c'est là que règne en souveraine charmante la politesse du grand monde ; c'est la haute société sans mélange : s'il s'y trouve parfois des intrus ou des métis, ils peuvent voir leur infériorité sans qu'on les force de rougir. — Les femmes n'ont point cette morgue insolente qu'on trouve chez les *parvenus*, race d'hier qui n'aura pas de lendemain. Elles sont fières, sans doute, mais cette fierté est celle qui sied bien à la femme : c'est de la dignité. Il y a tant d'aisance dans leur manière de faire les honneurs de leurs salons, qu'elles ne provoquent dans l'âme qu'un sentiment d'estime, de tendre faiblesse ou d'admiration.

Aussi, est-ce vraiment au milieu de ce monde que se trouve la plus large part de plaisir qu'on puisse goûter dans cette vie parisienne, si rapide, si équivoque, si triste. Il n'y a là que des surfaces ; tant mieux : il ne faut pas aller au fond des choses, de peur d'y rencontrer la douleur.

J'allais oublier l'hôtel Castellane, dont les statues de plâtre intriguent si fort les Normands qui débarquent à Paris. Dans ce petit hôtel se sont sont agitées bien des intrigues lilliputiennes, à propos de comédies qui n'étaient pas de merveilleuses réalités, assurément ; le maître de cet hôtel a donné les violons à beaucoup de monde, sans qu'on lui sût un gré infini de sa musique gratuite..., ce qui était fort mal ; mais les temps sont changés ! Au lieu du tumulte d'autrefois, l'on y entend la voix d'une belle et jeune femme, qui a, dit-on, pris le parti d'avoir un hôtel pour elle et ses amis, et non une hôtellerie ouverte à tout venant ; ce n'est pas moi qui la blâmerai d'un pareil acte de bon goût. — Par bonheur, le mari propose, et la femme dispose !

J'ai vu bien des gens et bien ces choses dans mon voyage. — Hé bien ! à tout prendre, entre les mœurs que j'ai essayé de peindre, je choisirais celles du temps passé, si la colonne napoléonienne et le faubourg Saint-Honoré n'appartenaient pas au temps présent.

Lottin de Laval.

RUE NEUVE-DES-PETITS-CHAMPS

Le quartier des *Petits-Champs* tire son nom des défrichements successifs qui travaillèrent, de siècle en siècle, le bassin du vieux Paris ; son histoire, qui date de loin, s'enferme, presque entière, entre deux artères de Paris moderne : les rues Saint-Honoré et rue Neuve-des-Petits-Champs, depuis la rue Sainte-Anne jusqu'à la rue Neuve-Saint-Roch, sur ce sol accidenté qu'on nomme vulgairement *Butte des Moulins*.

Le plateau de cette butte s'élevait, encore tout couvert de jardins et de cultures, vers le milieu du xviie siècle, au carrefour où se rencontrent aujourd'hui les rues de l'Évêque, des Orties-Saint-Honoré, des Moulins et des Moineaux. Ce carrefour, qui n'a plus de nom, s'appelait, il n'y a guère longtemps, la passe des Quatre-Chemins.

Quant à son origine, elle paraît clairement démontrée par les anciens plans de Paris. La butte des Moulins a dû se former de deux manières : ou par l'amoncellement d'une partie des terres enlevées quand on creusait, à diverses époques, les fossés de nouveaux remparts, ou par l'usage qui existait d'entasser sur différents points les immondices et les gravois de la ville. Ces amas multipliés se nommaient buttes, voiries ou monceaux ; quelques-uns, des plus considérables, le monceau Saint-Gervais, la butte de Bonne-Nouvelle, la butte des Moulins, qui prit le nom de Saint-Roch vers 1587, ne sont, dit Sauval, composés d'autre chose que de dépôts successifs. Ces monticules factices, érigés d'abord à l'extérieur des murs, se trouvèrent clos dans l'enceinte de Paris, à mesure qu'elle s'étendit.

C'est là un des plus beaux quartiers de la ville moderne : il touche à la fois aux boulevards et aux Tuileries, à la place des Victoires, au Palais-Royal et à la place Vendôme.

La butte des Moulins a reçu de nos gloires sa part d'illustration ; il en est question pour la première fois en 1429 : la première date de sa grandeur nationale est inscrite sur la bannière de Jehanne d'Arc.

Au sortir des magnificences du sacre dans la royale basilique de Saint-Remi de Reims, Charles VII, victorieux sur la Loire et dans les plaines de Champagne, marchait vers Paris, à l'ombre de la bannière de Jehanne d'Arc. L'Anglais battu fuyait par toutes les routes devant les lys de France ; il fuyait jusqu'à Paris, sous le glaive de la pauvre fille qui lui avait repris Orléans. L'armée royale accourant à grandes journées, presque sans coup férir, vint camper autour de Saint-Denis.

Jehanne la vierge, avec les ducs d'Alençon et de Vendôme, le comte de Laval, les sires de Raiz et de Boussac, la fleur des combattants, gagna, de proche en proche, à travers les bruyères, les bois et les marais, jusqu'au lieu qui porte encore le nom de Chapelle-Saint-Denis, et de là prit position sur une hauteur appelée colline des Moulins, et d'où l'œil embrassait l'étendue des remparts de Paris.

A l'aspect de la cité royale, menacée des horreurs d'un long siège et des excès du pillage, le cœur faillit à Jehanne, qui n'avait plus souvenance que des splendeurs du couronnement. La pieuse héroïne hésitait devant l'effusion du sang ; mais la noblesse, impatiente de nouvelles prouesses, ne pouvait plus comprimer sa fougue. En même temps, des transfuges échappés de la ville et des espions surpris dans la campagne, annonçaient que les bourgeois de Paris, poussés à bout par la tyrannie des Anglais, n'attendaient depuis longtemps que le secours des troupes royales pour briser le joug de leurs oppresseurs.

Pressée de mettre à profit ces rapports qui semblaient promettre un facile triomphe aux vainqueurs d'Orléans, de Troyes et de Châlons, Jehanne, le 8 septembre, fit proclamer à son de trompe, autour des murs, le pardon du roi, si la ville ouvrait ses portes ; mais avant que les hérauts d'armes eussent achevé leur mission, un pierrier, pointé de la tour de Nesle, tua plusieurs soldats du sire de Raiz.

Ce fut le signal d'une attaque à outrance sur tous les points.

Jehanne était la première des siens à l'assaut, brandissant sa blanche bannière comme au fameux siège d'Orléans; et autour d'elle, chefs et soldats faisaient bravement leur devoir, sous une grêle de traits, de pierres roulées du haut des murs. Déjà la première barrière avait cédé, et la colonne d'attaque, arrêtée un moment par les fossés bourbeux qui baignaient les remparts, se hâtait d'y jeter des fascines, lorsque soudain un cri d'effroi retentit parmi les soldats : la blanche bannière a disparu! Une pierre a brisé l'épée de Jehanne, la clef d'Orléans; un trait d'arbalète a percé les deux cuisses de la guerrière, qui tombe au bord du fossé. Cette blessure produit dans l'armée royale une terreur panique : les Anglais tirent leur première vengeance de l'assaut d'Orléans. Le désordre est parmi les soldats de Charles VII; et sans le comte d'Alençon, Jehanne périssait dans les fossés, à cette place où s'ouvre aujourd'hui la rue Traversière, du côté de la rue Saint-Honoré.

Le roi Charles, découragé, retourna vers les bords de la Loire. Tout le monde sait que Jehanne d'Arc fut, un peu plus tard, abandonnée au retour d'une sortie, hors des portes de Compiègne, par l'envieuse lâcheté du gouverneur, Guillaume de Flavy.

De 1429 à la seconde moitié du XVIIe siècle, l'enceinte de Paris avait gagné un majestueux aspect; la physionomie parisienne se diversifiait d'âge en âge; c'était une mosaïque vivante.

Il y avait à étudier Paris moyen-âge, et Paris en l'île avec ses fêtes catholiques dont Notre-Dame était le berceau. Au dehors, Saint-Germain-des-Prés et Saint-Germain-l'Auxerrois s'élevaient, comme des reposoirs, au milieu de leurs jardins plantureux.

La ville religieuse avait étendu ses bras jusqu'à Sainte-Geneviève, Saint-Étienne-du-Mont, Saint-Victor et Saint-Marcel; car partout où le plus humble oratoire appelait la prière du passant, un hameau, puis un bourg, puis une ville, n'avait pas tardé à naître, sous le giron de pierre de la ville-mère.

En même temps s'était formé le Paris des métiers, la ville des confréries avec ses quartiers Saint-Martin, Saint-Eustache et des Innocents.

Ailleurs, Paris parlementaire s'étendait à l'île Saint-Louis et au Marais; Paris savant couvrait de ses écoles l'herbe du Pré-aux-Clercs et les buissons du mont Sainte-Geneviève.

A côté de la ville catholique et marchande, pleine d'églises, de boutiques et d'étals, la ville d'université et de magistrature bâtissait des maisons régulières et des cours largement plantés, comme les solitudes de l'antique académie d'Athènes.

Paris royal, avec ses palais et ses monuments, depuis les Tournelles jusqu'au Luxembourg Florentin, descendait par le Pont-Neuf, œuvre de Henri IV, jusqu'au Louvre chargé de l'architecture de tous les âges, lequel attenait aux Tuileries, grand verger qu'on plantait de beaux arbres fruitiers et de vignes d'Espagne en espaliers que le Midi fécondait de sa tiède haleine.

Partout, Paris militaire offrait, autour de ses richesses, de redoutables moyens de défense ; au dedans, Paris bourgeois pressait ses rues étroites, fermées de chaînes puissantes que venaient mordre aux temps d'émeutes les archers du roi et les collecteurs d'impôts ; et dans ces rues étroites combien le voisinage de fenêtre à fenêtre était favorable à l'union des bons citadins.

On se connaissait tous comme francs amis et compères de la même rue ; on se disait, à travers l'huis, toutes les nouvelles du jour : — si le roi était arrivé dans sa *bonne* ville ; — si le parlement tiendrait sa séance ; — s'il y avait mariage ou fête à la paroisse, — mortalité en la cité, ou peste et famine en quelque ville lointaine ; — et si l'émeute allait gronder.

Quand les vieillards de Sainte-Avoie et de la Mortellerie voyaient bâtir les larges rues du Marais, tous ces quartiers neufs de magistrature et de noblesse, ils disaient en hochant la tête :

« Allez donc, bons bourgeois, faites rues larges et bien pavées, abattez maisons à tourelles, afin que les gens du roi puissent, bien et duement, vous arracher, un à un, tous vos priviléges, et frapper dur sur vos gaules bourgeoises ; démolissez vos bornes et vos chaînes, bâtissez maisons découvertes, pour qu'on puisse sans gêne tirer sur vous ! »

A côté de la rue Traversière s'ouvre celle des Frondeurs, qui monte au confluent des rues d'Argenteuil, l'Évêque et Sainte-Anne. Son nom rappelle en 1652 un fameux duel de cette bizarre époque, où l'on vit un prélat libertin jouer en raccourci le rôle de Catilina et, par ses ridicules exploits, prêter une face comique à la guerre civile. Ce duel fut celui du Roi des Halles avec le duc de Nemours.

Ce personnage était né avec toutes les qualités du corps et de l'esprit qui peuvent séduire le peuple. Petit-fils de Henri IV, François de Vendôme, duc de Beaufort, en avait le courage ; mais c'est tout ce qui lui en était resté ; encore n'était-ce pas le courage des héros, mais cette bravoure factice qui s'étourdit sur les dangers plutôt qu'elle ne les méprise, et qui succomberait peut-être si elle les considérait. De grands cheveux, très-blonds, qui lui descendaient sur les épaules et qui paraient sa mine efféminée, lui donnaient plutôt l'air d'un Anglais que d'un Français ; ses expressions, aussi basses que celles des halles, le rendaient encore plus charmant que sa figure aux yeux de la populace, dont il était l'idole. L'espèce d'adoration qu'elle lui avait vouée, l'aurait fait courir après lui dans un précipice, s'il eût daigné l'y conduire ; aussi, en avait-il retenu le nom de Roi des Halles, et par ses manières, il était digne de tels sujets ; elles étaient encore plus grossières que populaires ; il avait l'art de les donner pour de la franchise ; on aurait cru quelquefois, à sa mine fière et hautaine avec les courtisans, qu'il avait de la grandeur d'âme : ce n'était que de la présomption. Il se figurait se connaître en affaires, il n'en avait que le jargon ; il s'y croyait habile, parce qu'il était plus artificieux qu'on ne l'est ordinairement avec peu d'esprit et de bon sens. Au reste, adroit dans tous les exercices, infatigable dans tous les travaux, intrépide dans tous les dangers, il avait cette espèce de mérite qui pouvait être précieux dans les temps héroïques, où les avantages du corps étaient les plus recherchés, mais qui sont devenus peu de chose depuis qu'on a reconnu la supériorité des dons de l'esprit. Il crut jouer un rôle au commencement de la régence, il l'avait persuadé ; mais il ne joua que celui d'un étourdi, parce que c'était une suite de son arrogante vanité de ne consulter personne et de ne prendre jamais que de fausses mesures. Du reste, avec tous ses défauts et ses qualités, il fut quelque temps redouté de Mazarin.

L'époque des sanglantes farces de la Fronde le rattache à l'histoire de la butte des Moulins. Lorsque Mademoiselle, fille de Gaston d'Orléans, ambitieuse au point d'aspirer à régner auprès de Louis XIV, se présenta devant Orléans pour en faire ouvrir les portes à l'armée des princes, dont les ducs de Beaufort et de Nemours faisaient partie, les magistrats de cette ville ayant refusé de laisser entrer ses troupes, elle fut obligée de présider son conseil de guerre dans un cabaret des faubourgs. Il s'agissait de décider l'attaque de Blois, où Mazarin avait conduit la cour, Beaufort et Nemours n'étant point d'accord, la discussion s'échauffa, ils en vinrent aux injures, puis aux coups, s'arrachèrent leurs perruques, et Beaufort, plus animé que son collègue, le frappa au visage. Aussitôt les deux adversaires mirent l'épée à la main ; mais Mademoiselle se jeta au milieu d'eux, et, à force de prières, parvint à les calmer ; ils parurent même se réconcilier, mais le duc de Nemours conserva de son injure un ressentiment qui n'attendait qu'une occasion pour se déchaîner. Les témoins de la scène, soutinrent qu'il n'avait pas reçu un soufflet. — « Si c'en était un, disent malignement les mémoires de Retz, c'était du moins un de ces soufflets problématiques dont il est parlé dans les Provinciales. »

Les ducs de Nemours et de Beaufort renouvelèrent plus tard, à Paris, leur querelle du cabaret d'Orléans ; malgré l'espèce de modération qu'afficha Beaufort, un duel devint inévitable ; il eut lieu au pistolet, près des murs de l'hôtel de Vendôme, le 30 juillet 1652, à sept heures du soir : Nemours tira le premier et mettait l'épée à la main pour se ruer sur son adversaire, quand trois balles l'étendirent raide mort. L'archevêque de Paris lui refusa les prières de l'Église; c'était son droit, mais on ne peut

s'empêcher de remarquer que ce prélat scrupuleux était le cardinal de Retz, casuiste à la manche large, et qui savait fort bien y cacher un poignard entre les feuillets de son bréviaire.

De la rue des Frondeurs, voyez à votre gauche la rue bâtie sur l'ancien sentier qui conduisait au village d'Argenteuil, dont elle a gardé le nom : saluons de loin, je vous prie, cette maison du côté droit, qui porte le numéro 18; c'est là que mourut, le 1er octobre 1684, Pierre Corneille, dont le sublime génie commença par être pensionnaire des vanités de Richelieu, pour rimer avec l'Etoile, Boisrobert, Colletet et Rotrou, sur les canevas fournis par Son Eminence. Pierre Corneille! la plus haute gloire des lettres françaises, et qui mourut si pauvre, que peu de jours avant de descendre au tombeau, il fut obligé de s'arrêter, en sortant de chez lui, pour faire raccommoder son unique chaussure par le savetier du coin.

Le Sophocle français, dont la plume a fait vivre tant de comédiens et de libraires, n'a laissé qu'un nom pour héritage aux restes oubliés de sa famille. Quand il eut rendu le dernier soupir, un courtisan journaliste, le marquis de Dangeau, qui s'était enrichi au jeu, écrivit sur son calepin : « Le bonhomme Corneille est mort hier; il était un des plus habiles de notre temps à faire des comédies. »

Passons : —Voici la rue de l'Évêque qui rampe sur un terrain que possédait autrefois le siége épiscopal de Paris. Au sommet s'élargit le carrefour dont j'ai parlé plus haut. D'ici, la pente était rapide, et la butte valait au moins une médiocre montagne, s'il en faut croire cette épigramme d'un bel esprit du temps de la Fronde :

>Dieu vous garde de malencontre,
>Gentille butte de Saint-Roch ;
>Montagne de célèbre estoc,
>Comme votre croupe le montre.
>Oui, vous arrivez presque aux cieux,
>Et tous les géants seraient dieux,
>S'ils eussent mieux appris la carte,
>Et mis, dans leur rébellion,
>Cette butte-ci sur Montmarte,
>Au lieu d'Ossa sur Pélion.

Remarquons légèrement que les antiquaires d'alors n'étaient pas de notre avis sur l'étymologie du mot Montmarte (*Mons Martis*), dont nous avons fait Montmartre (*Mons Martyrum*). Au moyen-âge, il y aurait eu matière pour un volume de controverse.

Voyez, en face de vous, cette fontaine qui coule au lieu des moulins supprimés ; à sa gauche, la rue des Moineaux fuit en glissant jusqu'à la rue Neuve-Saint-Roch ; à droite, celle des Moulins descend, large et paisible, en s'aplanissant jusqu'à la rue Neuve-des-Petits-Champs. Arrêtons-nous un moment devant cette humble demeure à trois croisées de face, et dont le portail, reconstruit, est flanqué de deux perrons usés : c'est le n° 14 : découvrez-vous ! ici demeurait un conquérant qui ravit à la nature l'immortel secret de vaincre une de ses plus irrémédiables infirmités.

Charles-Michel de l'Épée, né à Versailles, le 25 novembre 1712, d'abord prêtre au diocèse de Troyes, où il se distingua dans l'emploi difficile de prédicateur, refusait à vingt-six ans un évêché qu'on lui offrait, en reconnaissance d'un service personnel que son père avait rendu au cardinal de Fleury; simple, modeste, humain, sévère envers lui-même, et rempli d'indulgence pour les autres, il répétait sans cesse cette belle maxime de Henri IV : « Tous ceux qui sont bons, sont de ma religion. » Il disait aussi avec Fénélon : « Souffrons toutes les religions, puisque Dieu les souffre. » Prêtre-citoyen, il aimait ses semblables pour eux-mêmes. A la mort de l'évêque de Troyes, il se lia étroitement avec le vénérable Soanen, adversaire de la bulle *Unigenitus*. Interdit pour ses opinions religieuses, par l'archevêque de Paris, M. de Beaumont, l'abbé de l'Épée brûlait du désir de porter sur un autre objet l'ardeur de dévouement dont il était animé. Il est assez remarquable que ce soit à un acte d'intolérance cléricale, que les sourds-muets aient dû les premiers bienfaits de l'éducation qui leur est offerte.

Le hasard fit rencontrer un jour à l'abbé de l'Épée deux jeunes filles, sœurs jumelles, et sourdes-muettes de naissance, qu'un prêtre de la Doctrine Chrétienne avait essayé de tirer, au moyen d'estampes combinées pour leur instruction, de l'affreux état d'ignorance auquel la nature semblait les avoir condamnées. Ce bon religieux venait de mourir; l'abbé de l'Épée offrit à la mère de le remplacer, et dès-lors s'ouvrit pour lui une vaste et glorieuse carrière : — « Lorsque je consentis (écrit-il dans une de ses lettres), à me charger d'instruire les deux sœurs que laissait abandonnées la mort du P. Vanin, je ne savais pas qu'il y eût dans Paris un instituteur qui, depuis plusieurs années, s'était appliqué à cette œuvre et avait formé des disciples. Les éloges donnés par l'académie à Don Antonio Pareirès, portugais, établi à Paris vers 1735, lui avaient acquis de la réputation dans l'esprit de ceux qui en entendirent parler, et sa méthode, avec laquelle il réussissait à faire parler plus ou moins clairement les sourds-muets, avait été regardée comme une ressource à laquelle on donnait de justes applaudissements : il n'en était pas l'inventeur; elle avait été pratiquée plus de cent ans avant lui par M. Wallis, en Angleterre, par don Juan Paolo Bonet, en Espagne, et par M. Amman, médecin suisse en Hollande, qui même ont laissé sur cette matière d'excellents ouvrages ; mais il avait profité de leurs lumières, et ses talents à cet égard n'étaient pas au-dessous de sa réputation. Étranger aux travaux de ces illustres maîtres, je ne pouvais songer à entreprendre de faire parler mes deux élèves; le seul but que je me proposais, fut de leur apprendre à penser avec ordre et à combiner leurs idées; je crus pouvoir y réussir en me servant de signes représentatifs assujettis à une méthode dont je composai une espèce de théorie. »

Avant l'abbé de l'Épée, l'instruction que recevaient les sourds-muets consistait à leur apprendre à *parler*, et lorsqu'on était parvenu à leur faire prononcer, avec plus ou moins de facilité, quelques phrases mal articulées et jamais senties, on pensait avoir beaucoup fait. Pour obtenir ce résultat, on employait la dactylologie que nous devons aux Espagnols et que l'abbé de l'Épée eut occasion de connaître par un singulier hasard. Un jour d'instruction, un pauvre diable vint lui offrir un livre espagnol, en l'assurant que s'il voulait bien l'acheter, il lui rendrait service. Ne sachant point cette langue, l'abbé de l'Épée le refusait d'abord, mais en l'ouvrant au hasard, il aperçut l'alphabet manuel des Espagnols gravé en taille-douce, et sur le titre du livre, ces mots : *Arte para ensenar à hablar los mudos.* « Je n'eus pas de peine, dit l'abbé de l'Épée, à deviner que ces mots signifiaient : *Art d'enseigner aux muets à parler;* et dès ce

Rue Neuve des Petits-Champs.

moment, je résolus d'apprendre cette langue, pour la communiquer à mes élèves. »

Il était réservé à l'abbé de l'Épée de créer le langage universel de l'INTELLIGENCE, avec lequel on peut s'entendre et communiquer dans tous les idiomes du monde. Pareirès chercha tous les moyens possibles de lui nuire; mais le pieux philantrope ne lui opposa qu'un seul fait, qui démontrait victorieusement que sa nouvelle méthode n'était pas un signe de l'impuissance où il se trouvait de copier ses prédécesseurs. Il mit un de ses élèves, Clément de la Pujade, en état de *prononcer* en public un discours latin de cinq pages; et une sourde-muette, dressée par lui, récita les vingt-huit chapitres de l'Évangile de Saint-Mathieu. L'abbé de l'Épée avait bien le droit après cela, de marcher tête levée dans la voie nouvelle qu'il avait découverte.

De son vivant il fut calomnié comme le sont tous les hommes de bien qui sortent de la voie vulgaire. Si Joseph II daigna le visiter plusieurs fois pendant son séjour à Paris, le gouvernement français ne s'aperçut que deux ans après sa mort du trésor qu'il avait laissé. L'abbé de l'Épée qui s'était consolé de tout, par la vertueuse amitié du duc de Penthièvre, mourut pauvre, le 23 décembre 1789. En 1791, l'Assemblée Constituante fonda, par un décret, l'institution de Paris, dont l'abbé Sicard avait recueilli et soutenu l'héritage.

Le souvenir de l'abbé de l'Épée suffirait à la gloire d'une ville. Je m'étonne qu'une de nos révolutions n'ait pas doté de son nom la rue des Moulins. La rue Charles X est bien devenue la rue Lafayette. — Le XVIIe siècle prodiguait les *Rue Royale* pour flatter l'orgueil de son maître; le XVIIIe, a fait des rues philosophes; le XIXe a inauguré les siennes avec des victoires; à présent elles s'illustrent comme elles peuvent, avec de l'argent.

Poursuivons. — Sur la gauche, voici la rue Thérèse, décanonisée par la république qui prescrivait de dire faubourg Antoine, rue Honoré. La rue Thérèse est silencieuse comme un cloître; ses maisons, d'un aspect solennel, noircies par la brume, et lézardées par l'âge, respirent la magistrature où la prière. Tournez à droite : de la rue Ventadour, impasse annobli, vous touchez presqu'au coin de la rue Neuve-Saint-Roch. En arrivant à l'église, vous aurez fait le tour de la butte des Moulins.

Quatre bourgeois de Paris achetèrent en 1667, de l'abbé de Saint-Victor, ce terrain qui lui appartenait, et avec la permission du roi, ils y ouvrirent les rues que nous voyons aujourd'hui, et dont plusieurs existaient déjà comme chemins ou sentiers. En 1677, toute cette surface était chargée d'hôtels et de maisons. Ce quartier prit le nom de Gaillon, d'un hôtel situé sur une partie de l'emplacement où se trouve l'église actuelle de Saint-Roch; il existait une porte de Paris, appelée porte

Gaillon; la rue qui aboutissait, de l'hôtel Gaillon à cette porte, en a gardé le nom. Par l'aplanissement presque complet de la butte, le quartier Gaillon procura à la ville de Paris un accroissement notable de population. Dans cet hôtel Gaillon se trouvaient deux oratoires: l'un, dédié à Sainte-Suzanne; l'autre, aux cinq plaies du Sauveur. L'origine du premier reste inconnue; celle du second, date de 1521; il fut bâti par Jacques Moyon, espagnol établi à Paris, qui obtint la permission d'établir sur ce terrain un hôpital pour les pauvres affligés d'écrouelles. En 1587, l'agrandissement du quartier obligea de construire une église à la place des deux oratoires. Plus tard encore, la même cause amena l'érection de l'église actuelle; Louis XIV et la reine Anne d'Autriche en posèrent la première pierre, le 28 mars 1653; elle fut achevée en 1736.

Les dalles de Saint-Roch couvraient, avant 89, plusieurs tombes remarquable. C'est là que reposait Maupertuis, qui fut capitaine obscur de dragons, puis célèbre astronome, et qui mourut pieusement entre deux capucins, le 27 juillet 1759.

Lenôtre l'y avait précédé; Lenôtre qui dessina sous les yeux de Louis XIV les allées des Tuileries et de Versailles; Lenôtre, à qui l'on doit les embellissements ou la création des avenues de Chantilly, de Saint-Cloud, de Meudon et de Sceaux; le parterre du Tibre à Fontainebleau, et l'admirable terrasse de Saint-Germain-en-Laie. Louis XIV, en 1675, lui accorda des lettres de noblesse, et voulait lui donner des armes : — « Sire, dit Lenôtre, j'ai les miennes, et j'y tiens : trois limaçons couronnés d'une pomme de chou; permettez-moi d'y joindre ma bêche; n'est-ce pas à elle que je dois toutes les bontés dont Votre Majesté m'accable?' »

Louis XIV avait parfois de bons moments. Un jour, il rencontre Lenôtre, vieux et cassé, clopinant à Marly, dont Mansard avait dessiné les nouveaux jardins; il l'appelle et le force à prendre place auprès de lui dans sa chaise couverte. Lenôtre s'écria, les larmes aux yeux : « Ah! Sire, que mon bonhomme de père serait ébahi, s'il me voyait dans un char, à côté du plus grand roi de la terre! »

Quelques années avant, Lenôtre, un peu plus ingambe, voyageait en Italie, et le pape Innocent XI se faisait montrer par lui, en les comblant d'éloges, les plans de Versailles. Lenôtre ravi d'aise, s'écrie avant de prendre congé : « Je ne me soucie plus de mourir! j'ai vu les deux plus grands hommes du monde : Votre Sainteté et le roi, mon maître. » — « Il y a une grande différence, dit le pape avec mélancolie : Votre roi est un grand prince victorieux; je ne suis qu'un pauvre prêtre, serviteur des serviteurs de Dieu; il est jeune, et je suis tout cassé. » — Pardieu, mon révérend, s'écria Lenôtre, perdant tout souvenir d'étiquette, au point de frapper sur l'épaule du pontife, « vous vous portez comme un Dieu, et vous mettrez en terre tout le sacré collége! » Innocent XI, ne put s'empêcher de rire de cette naïveté : ce que voyant, Lenôtre lui sauta au cou

et faillit l'étouffer à force de tendresse. Passez-moi cette anecdote : elle peint si bien deux bons vieillards qui s'en vont à Dieu tout doucement!

A côté de Lenôtre était la place de Mignard, l'élève du Primatice, et qui peignait si heureusement des vierges, des papes et des maîtresses de roi, en même temps qu'il ébauchait les fresques de la coupole du Val-de-Grâce que chanta Molière. Il avait fait neuf fois le portrait de Louis XIV; à sa dixième toile, le roi lui dit : « Mignard, vous me trouvez vieilli ? »—« Sire, répondit le peintre courtisan, je vois quelques victoires de plus sur le front de Votre Majesté. » Un tel mot, à pareille époque, valait bien des lettres de noblesse et le titre de peintre ordinaire avec la direction des manufactures royales. L'académie s'ouvrit à deux battants devant lui; il y fut, le même jour, reçu membre, professeur, recteur, directeur et chancelier.

Deux ans plus tôt, la crypte de Saint-Roch avait englouti Antoinette du Ligier de la Garde Deshoulières, en qui, dit l'abbé Goujet, la nature avait pris plaisir à rassembler les agréments du corps et de l'esprit, à un point qu'il est difficile de rencontrer. Elle avait une beauté peu commune; elle dansait à merveille, montait bien à cheval, et ne faisait rien qu'avec grâce : Madame Deshoulières était la dixième muse de son temps. De cette femme aimable qui fut liée avec les deux Corneille, avec Fléchier et Mascaron, Quinault, Benserade, Bussy Rabutin, les maréchaux de Vivonne et Vauban, de ce *bas-bleu* sans prétention, parce qu'il était plein d'esprit, il ne reste, au-dessus de l'oubli, que la fameuse idylle : « *Dans les prés fleuris*, etc ; c'était le chant du cygne. Elle mourut en 1693 : sa cendre a reposé près du grand Corneille.

Un dernier éclat historique s'attache de nos jours à la butte des Moulins : elle fut le principal champ de bataille du 13 vendémiaire, lorsque la Convention gagna sa dernière victoire contre les royalistes, avec le canon de Bonaparte. Ce qui s'ensuivit, est parfaitement raconté par La Fontaine, dans la fable du *cheval qui voulut se venger du cerf*. — C'est encore de l'histoire d'hier.

Mon pèlerinage est achevé dans le cercle étroit que lui traçait ce livre. Vous trouverez ailleurs les points que j'entrevois d'ici, les Tuileries et le Palais-Royal, le trophée de l'empire, et cette belle salle Ventadour, bâtie en 1781, pour traverser tant de vicissitudes ; tour-à-tour théâtre d'Opéra comique, jusqu'en 1797 ; refuge de l'Odéon ; incendiée en 1799, plus tard théâtre nautique, salle de concerts, puis scène d'une Renaissance avortée, et maintenant piédestal de la Grisi. Vous visiterez aussi au bout de la rue des Moulins, dans la rue Neuve-des-Petits-Champs, cette splendide galerie érigée sur les terrains du noble hôtel de Choiseul et qui vous attire aux magnificences du boulevart Italien et de la nouvelle Athènes.

L'on voit aujourd'hui, à peu près sur l'emplacement de l'hôtel de Choiseul, dans la rue qui porte ce nom, une maison splendide qui sert de bazar au caprice, à l'opulence et à la mode : toutes les jolies femmes, toutes les femmes distinguées, toutes les *aristocrates* de l'élégance et de la beauté *s'habillent* dans la Maison-Delile, précisément en un lieu où les grandes dames du xviiie siècle allaient parfois se *déshabiller*.

La mort est comme le temps : elle ne détruit pas, elle transfigure. Quelques siècles encore, et le voyageur des pays civilisés cherchera peut-être curieusement, sur la grève déserte où fut Paris, en quels lieux s'élevaient jadis nos basiliques et nos palais.

Hélas ! de quelque côté que l'homme étende sa main, quelque part que son pied s'arrête, il touche toujours une poussière qui a vécu, pensé, souffert, et prié comme lui.

P. CHRISTIAN.

PLACE LOUIS XV

Au temps où les Tuileries n'étaient encore qu'une fabrique de tuiles, la place Louis XV, ou plutôt le terrain qu'elle occupe aujourd'hui, était perdu au milieu des bas-fonds marécageux qui s'étendaient loin de la ville, entre les hauteurs de Chaillot, et les buttes couvertes de moulins, qui ne sont ni plus ni moins à cette heure que la Chaussée-d'Antin et ses alentours. Bien sorcier celui qui eût deviné alors, que parmi cette fange et ces roseaux se cachait le Witehall de la France ! Paris, sous les premiers Valois, avait reflué vers l'extrémité opposée de la ville, et le vieux Louvre, abandonné pour l'hôtel Saint-Paul, où la Bastille abritait les rois, restait solitaire derrière ses masures, dans le voisinage dangereux de l'hôtel des ducs de Bourgogne. Puis, la cour dit adieu à Paris ; Charles VII l'emmena sur les bords de la Loire ; Charles VIII l'entraîna en Italie : la place Louis XV demeurait toujours silencieuse et solitaire, disparaissant sous les eaux, ou se séchant au soleil, au hasard des crues de la Seine. Un caprice de Catherine de Médicis ramena la royauté aux lieux où avait habité Philippe-Auguste, et la splendeur nouvelle des Tuileries rayonna bientôt sur tout ce qui les entourait.

Nous sommes encore loin pourtant de l'obélisque, et des enjolivements dorés de M. Thiers. Mais le jardin des Tuileries se plante; le va-et-vient de la foule commence à s'établir; l'histoire prend pied sur ce terrain obscur. La place Louis XV (pardon de l'anachronisme), a vu passer Henri III s'enfuyant par une porte de derrière, le pied demi-chaussé, devant le bâton

blanc qui, dans la puissante main du Balafré, fait tomber les barricades. Richelieu la traverse dans sa chambre portative en se rendant du palais Cardinal à sa maison de Ruel. Plus tard, le roi des Halles y viendra prendre le frais avec ses frondeurs, au sortir d'une orgie nocturne chez Renard. Mais voici Louis XIV qui arrive, notre place devient le grand chemin de la ville, le passage par où tout s'écoule à Versailles. Les mousquetaires gris, blancs et rouges, faisant piaffer les chevaux du roi; les grands laquais tout galonnés de soie et d'argent; le président sur sa mule; le marquis de Molière dans sa chaise à porteurs; le petit cadet de Gascogne huché sur le limousin que montait son père, quand il est allé prendre du service chez M. Le Grand; le pauvre solliciteur encaissé dans le coche entre un abbé sans bénéfice, et un poëte qui quête une pension; les pages de Madame; les coureurs de M. de Rohan; les pourvoyeurs de Vatel; que sais-je? peut-être les ambassadeurs du roi de Siam, qui reviennent tout ébahis de Versailles? Tout ce monde passe et repasse, se mêle, se heurte, foule et refoule le sol de la place, en se ruant sur la route qui mène au sanctuaire. M. de Dangeau qui va, si toutefois la chose est possible, manquer le petit lever, et qui crie au cocher d'une voix altérée de fouetter les chevaux, se croise avec le marquis de Sévigné, qui vient voir Ninon. Distinguez-vous au travers de cette foule empressée, chamarrée, empanachée, ces deux modestes compagnons, qui se glissent sans bruit le long de la Seine et se dirigent, devisant joyeusement sur le chemin d'Auteuil? C'est Molière avec Chapelle qui s'en vont bras dessus bras dessous dîner chez Boileau : ils cherchent de l'œil Jean de la Fontaine, qu'ils ont laissé en arrière, ruminant un verset de Baruch.

Cependant les Champs-Élysées étaient devenus une grande et belle promenade ; la ville débordait à droite et à gauche de la Seine, poussant en avant ses quais, ses rues, ses maisons de plaisance ; le flot arrivait déjà jusqu'à la place Louis XV, au moment où le grand siècle, qui avait passé là tout entier, partit, la laissant tout imprégnée de je ne sais quel parfum historique. A cette vie quelque peu factice, qu'on ne pouvait guères reconstruire que de sentiment, va succéder une vie réelle avec des dates positives, des noms propres qui ne seront plus de fantaisie. La place Louis XV entre dans son siècle à elle ; on va bientôt pouvoir la nommer par son nom, sans faire intervenir la précaution oratoire.

Dès l'année 1722, le bourg du Roule, devenu faubourg de Paris, donne à la place, au-delà de laquelle il s'étend, ses droits de cité définitifs. La même année, juste vis-à-vis d'elle, sur l'autre rive du fleuve, le vieux quai de la Grenouillère, que Dorsay, le prévôt des marchands, n'a pas encore baptisé, reçoit les premières pierres du Palais Bourbon. Il importe peu à la place à cette heure ; mais patience ! La ville s'aperçoit enfin qu'il y a là de l'air et de l'espace, et que de ce grand terrain banal on peut faire ce que l'on appelle une place. Nous n'avons guères vécu jusqu'à cette heure que de la royauté et de son entourage ; c'est elle encore qui entre en scène ici. En 1748, monsieur le prévôt des marchands, d'accord avec messeigneurs les échevins, vote une statue équestre à Louis, et son choix tombe sur notre place, dont le royal parrain se trouve avoir un nom de plus qui n'est qu'une épithète dérisoire du jour où l'égoïsme cynique du gouvernant ouvre les yeux aux gouvernés.

C'était alors le moment de cette fièvre de piété filiale qui se déclara chez le peuple, peut-être sans qu'il sût trop pourquoi, en faveur de Louis le *bien-aimé*, lors de la fameuse maladie de Metz. La statue était populaire, si elle fût venue à point ; mais Bouchardon mit quinze ans, le maladroit ! à improviser cet *ex voto* de circonstance, encore mourut-il avant d'avoir fait le piédestal. Pigalle, qui lui succéda, y travailla deux ans. Ce ne fut que le 20 juin 1765, que le chef-d'œuvre fut débarrassé de sa couverture de planches et de toiles, et que le peuple put enfin reconnaître son ex bien-aimé, coiffé à l'oiseau royal, avec une couronne de lauriers, comme César, sur les épaules une espèce de manteau romain, et fièrement planté sur un étalon à tous crins. Aux quatre angles du piédestal, en marbre blanc, Pigalle avait placé quatre femmes colossales qu'il avait appelées, la Force, la Paix, la Prudence, et la Justice. Elles devaient être en bronze; mais le sculpteur n'ayant pas encore donné son dernier coup d'ongle, pour en finir avec les lenteurs du monument, on les livrait au public en plâtre doré. Des bas-reliefs représentaient, sur chaque face, les batailles où Louis XV était supposé s'être trouvé. Là, le bronze avait eu le temps d'arriver. Une chétive balustrade en bois entourait le tout.

On sait l'histoire de cette ode de Malherbe, à propos d'un mariage, qui se trouva achevée comme la mariée était morte depuis longtemps : c'était un peu celle de l'œuvre retardataire de Bouchardon. En 1765, le monarque chéri de 1748 n'aurait pas trouvé un *pater* sur le pavé de Paris, comme on disait à la Halle. Les gens mécontents sont volontiers difficiles, et les Parisiens restèrent froids devant tout ce bronze, tout ce marbre, tout ce plâtre doré. Il y en eut même qui se permirent de trouver ridicule le César de madame de Pompadour. L'on ne fit grâce qu'au cheval, qui ne tirait pas à conséquence. Les quatre vertus surtout parurent d'un goût détestable, et de toute façon. Aussi, pendant que le burin officiel du graveur-juré de la bonne ville de Paris, creusait sur un des côtés du piédestal l'inscription sacramentelle : *Hoc pietatis publicæ monumentum, præfectus et ædiles decreverunt anno* 1748, *posuerunt anno* 1763, des mains effrontées attachaient à la dérobée, sur l'autre, des pasquinades passablement insolentes. Mais la place demeurait en dehors de ces épigrammes heureuses ou malheureuses; la statue de Bouchardon était pour elle une bonne fortune, dont l'effet n'avait pas entendu au 20 juin pour se faire sentir. Maintenant qu'elle avait l'honneur de s'appeler *Louis XV*, la laisser à l'abandon eut été crime de lèze-majesté. En 1763, l'auguste effigie, sortant de l'atelier, venait à peine d'être transportée à l'endroit désigné, que déjà Gabriel était à l'œuvre pour lui préparer un encadrement. L'imagination de l'ordonnateur avait beau jeu, et les chances ne lui manquaient pas. Gabriel commença par se tailler un carré long, ayant 125 toises du nord au sud, et 87 de l'est à l'ouest : ensemble 10,875 toises carrées. Il abattit ensuite les quatre angles pour les dédoubler, et entoura son plan d'une sorte de fossé de place forte, avec un revêtement de maçonnerie, et une lourde balustrade en pierre. Puis, de chacun des angles il fit partir au centre une large bande coupant l'enceinte, qui se trouva fractionnée ainsi en huit petits fossés, terminés chacun par un pavillon microscopique, sorte de bâtiment piédestal, ayant pour toit un socle avec des guirlandes de pierre. Ils portaient sur le dessin des groupes allégoriques. Le

Louis XV en bronze, avec ses quatre vertus, était le point central vers lequel tout cela convergeait. Ce plan ingénieux imité de la rose des vents, était assurément coquet sur le papier. Livré aux terrassiers et aux maçons, l'échelle s'en trouva plus que minime. Quand les travaux furent achevés en 1772, il arriva que d'un bout de la place, on ne faisait plus qu'entrevoir à l'autre fossés et pavillons : ils sont encore là, et l'on peut en juger. C'eût été bien pis encore, si les immenses constructions du garde-meuble, commencées en 1760, n'étaient venues rehausser les décorations lilliputiennes de Gabriel, et donner, au moins d'un côté, quelque chose d'imposant à la perspective. Valeur monumentale à part, ces deux massifs de pierre, plantés là comme deux gardes d'honneur à l'entrée de la place, avaient du moins l'avantage de reposer l'œil fatigué d'errer dans le vide : ils dessinaient une limite et faisaient diversion à la nudité de ces 10,875 toises.

Voici donc la place Louis XV constituée, encadrée, baptisée, occupant Messieurs de la ville, les artistes, les poètes et les maçons. Ceux-ci la tenaient encore, quand arriva cette fatale nuit du 30 au 31 mai 1770 qui remplit une page néfaste dans l'histoire de la place Louis XV.

La France mariait son dauphin, et, pressée d'inaugurer sa création nouvelle, l'administration n'avait pas même attendu que la place fût déblayée pour y convoquer le peuple de Paris aux fêtes qui allaient accueillir Marie-Antoinette en France. La jeune archiduchesse arrivait rieuse et confiante, et se demandant tout bas ce qu'elle avait fait à ce peuple qui paraissait tant l'aimer. La foule, elle, se ruait à la fête avec une verve de curiosité qui se renouvelle à toutes les solennités de deuil ou d'allégresse ; prodigue par instinct de bravos pour tout ce qui lui sert de spectacle, elle se souciait peu, devant les fusées du feu d'artifice, que la mariée fût Autrichienne. Donc, entre les huit fossés de Gabriel, ce n'étaient que rêves gracieux d'une part, cris d'ivresse de l'autre. Reine et foule ne se doutaient pas de ce que leur réservait cette place qui s'était faite si coquette et si brillante pour les recevoir ce jour-là.

Tout était fini, et la dernière étincelle du bouquet venait de s'éteindre dans les airs : la masse compacte, qui depuis le soir allait toujours s'entassant de plus en plus, commença à s'ébranler pour faire retraite ; mais cet immense enclos n'avait qu'une seule issue du côté de la ville, la rue Royale, et ses abords étaient obstrués par des tas de pierres. Tous s'y portant à la fois, la rue s'engorgea en un instant, et l'encombrement devint affreux. Au milieu de ce désordre, un flot de peuple qui débouchait des boulevarts pour avoir sa part des débris de la fête, vint se heurter contre cette foule qui luttait pour s'écouler, et lui barra tout-à-coup le chemin. Ce fut alors comme une mêlée horrible. Une file de voitures se trouvait engagée dans la bagarre ; les chevaux s'effarouchèrent, et foulèrent aux pieds tout ce qui les approchait. Le flux et le reflux jeta des malheureux sur ces funestes tas de pierres, cause première du désastre, et les y broya : il en précipita d'autres dans les fossés, qui n'avaient pas encore tous leur balustrade ; quiconque trébuchait était mort. On vit un groupe de furieux qui avaient mis l'épée à la main, et qui allaient frappant devant eux, pour se faire jour. Le lendemain matin, cent trente-trois cadavres étaient étendus sur la place. De ceux qu'on emporta blessés chez eux ou à l'hôpital, il en mourut plus de trois cents.

La vie d'une place a comme celle d'un homme de singulières vicissitudes. Des cadavres du 30 mai, nous passons, sans autre transition que celle d'une année d'intervalle aux bateleurs et aux marchands de pain d'épices de la foire Saint-Ovide. Ceci est un épisode qu'il ne faut pas négliger dans l'histoire de la physionomie de la place Louis XV. L'autorité tenait peut-être à ne pas laisser celle-ci sous le coup du terrible souvenir du mariage royal, et, de fait, rien n'était plus propre à chasser l'idée d'un désastre que le joyeux mouvement de la foire Saint-Ovide. Monstres, géants, avaleurs de sabres, chanteurs de ponts-neufs, danseurs de corde, marionnettes, installés dans des baraques en charpente, n'y laissaient pas languir l'attention populaire. Les marchands étalaient mille babioles au goût du jour, et comme M. de Voltaire avait passé par là, elles ne répondaient pas toutes aux pieux débuts de l'institution. On parlait entre autres de jésuites à ressort qui sortaient d'une coquille d'escargot, et que l'on faisait rentrer à volonté, article qui fit fureur. Néanmoins, cela ne valait pas encore la place Vendôme. La foire était sans abri, ouverte à tous les vents, perdue de boue par la pluie, de poussière dans les temps chauds : les habitants du lieu en étaient aux plaintes, quand une belle nuit le feu se mit aux baraques, et le lendemain matin la place injuriée était veuve de sa foire. Ceci arriva du 22 au 23 septembre 1777. Comme tout se tient ici-bas, au sinistre des industriels de la foire Saint-Ovide se rattache un fait important de notre histoire dramatique. Audinot, qui tenait alors le sceptre du théâtre sur les boulevarts, imagina de donner *une représentation au bénéfice des incendiés*. Nicolet, son rival, en fit autant, puis les autres, et Dieu sait ce qui en est advenu avec le fameux mot *de plus fort en plus fort*.

De stations en stations, nous nous acheminons pourtant vers la grande époque de la place Louis XV. Avant de quitter le xviii° siècle, laissons passer cependant l'éblouissante cavalcade de Longchamps, qui couvre la place Louis XV de ses grands seigneurs et de ses financiers, de ses nobles dames et de ses filles d'opéra, se faisant concurrence sans vergogne. Prenez-y garde, ce tohubohu de la cour et de la ville et de quelque chose de pis encore, ces princes du sang qui se ruinent pour ne pas être écrasés par quelques fermiers du sel ou du tabac, toute cette compagnie dorée, la première de France, si mêlée qu'elle soit, qui s'agite et s'inquiète sur ses coussins de velours, et ne pense qu'au public qui la regarde : tout cela est plus qu'un coup d'œil, et ce ne sont pas seulement des plumes, des diamants, des mouchès et du rouge qui défilent devant vous. Ce monde-là est le même, à quelques éléments près, que celui qui galopait il y a cent ans sur la place ; mais les pères allaient à Versailles pour se faire voir au roi ; les fils s'en vont parader

dans les Champs-Élysées, pour se faire voir à la foule. La société s'est transformée sans que nous en ayons rien vu, emprisonnés que nous étions dans nos quelques milliers de toises carrées ; la souveraineté a changé de sphère et les courtisans lui sont restés fidèles. La reine immobile dans sa mobilité, c'est la mode, et pour plaire, elle va jusqu'au ridicule qu'elle fait accepter sans autre tyrannie que le caprice et la rage de changer.

Nous atteignons l'année 1774, et Louis XVI monte sur le trône. Les premières années de son règne amenèrent quelques améliorations matérielles dans les allures de la place : l'ignoble clôture en bois, soi-disant provisoire, qui entourait la statue de son aïeul, en 1765, étalait encore ses planches branlantes et vermoulues, éloquent témoignage du *decrescendo* de l'enthousiasme. Elle fit place à une superbe balustrade en marbre blanc, qui circulait autour d'un pavé de même matière. Trois ans après, en 1787, on enfonçait dans la Seine les premiers pieux des pilotis qui devaient supporter le pont Louis XVI. Le digne roi avait à cœur de ne pas laisser se renouveler les scènes de la rue Royale, et pendant qu'il ouvrait à la place un nouveau débouché du côté de la rivière, on avait mis à l'étude dans les bureaux le plan d'une rue qui devait aller du Carrousel à la place Louis XV, en côtoyant les Tuileries dans toute leur longueur. Peut-être eût-il fait plus encore? Mais le moment était venu où il allait bien être question pour la place d'une pierre ou d'une sortie de plus! La belle balustrade allait voir tomber son monument, huit ans seulement après avoir été mis en place; et devinez avec quoi on devait achever les piles du pont Louis XVI? avec les pierres de la Bastille.

On ferait presque une histoire de la révolution avec la mise en scène de la place Louis XV, à partir de 89. Les combattants de la Bastille, qui viennent emprunter au Garde-Meuble ses armes précieuses, et qui entraînent à bras (dérision de la fortune!) deux pauvres petits canons damasquinés en argent, présent du roi de Siam à Louis XIV; Théroigne de Méricourt, et l'*homme* à *la longue barbe* emmenant le faubourg Saint-Antoine à Versailles, et ramenant la royauté entre deux têtes de gardes-du-corps qui grimacent au bout d'une pique; les légions innombrables de travailleurs qui courent improviser le Champ-de-Mars, comme un parterre de jardin; les hommes du 10 août, Marseillais, fédérés et clubistes, tous y passent, laissant derrière eux comme une traînée de sang et de guenilles. A deux pas de là sont les feuillants et les jacobins de la rue Saint-Honoré, et la patrie n'est pas deux heures en danger, sans que la terrible section des piques (place Vendôme), n'y vomisse ses bandes incorruptibles de sans-culottes. Aussi la place eut-elle son brevet de civisme. Un décret de la fin de 1792, vint déclarer qu'elle avait bien mérité de la république, et lui donner en échange de son nom de *ci-devant*, le nom patriote de place de la Révolution. En même temps, comme pour la consoler de la perte de la statue du tyran, on éleva sur le piédestal même, après en avoir balayé les vertus, une grande construction en maçonnerie, revêtue de plâtre coloré, et signée: *Lemot*, figurant une Liberté assise, le bonnet phrygien sur la tête et s'appuyant sur une haste antique.

A quoi servirait de reculer devant le grand titre qui légitimait avant tout le nom nouveau de la place de la Révolution? N'avez-vous pas nommé déjà le compère de ce second baptême, maître Samson, la cheville ouvrière de tout le système révolutionnaire. On l'a décrété en permanence sur notre place; c'est là qu'il vient s'établir chaque matin, avec ses aides et ses outils, se demandant négligemment ce qu'on va lui amener pour le travail de la journée, des poètes ou des femmes, des exaltés ou des modérés, des reines ou des tribuns, André Chénier ou Charlotte Corday, Hébert ou Bailly, Marie-Antoinette ou Danton, recevant tout avec la même impartialité, et ne mesurant les hommes qu'à l'épaisseur de leur cou. Historiens de la scène, nous n'avons d'autre rôle ici que celui de spectateurs; mais quel spectacle! et comment échapper au lieu-commun en évoquant cette armée d'ombres sanglantes qui viennent peupler la place, et qui défilent toutes devant nous, leur tête à la main? Que de force, que de santé, que de courage, que de beauté, que de génie ont été fauchés là pour le coup-d'œil des tricoteuses, public difficile et blasé, qui

n'applaudissait pas tous les jours, et qui n'était content qu'à demi, si la tête ne tombait pas avec grâce! Que de choses auraient à vous raconter ces pavés tant de fois ébranlés sous les roues pesantes de l'horrible charrette qui chaque jour, à heure fixe, tournait le coin fatal, et venait verser au pied de la guillotine l'ouvrage abattu la veille par le tribunal de Fouquier-Tainville! Une fois, par extraordinaire, elle arriva, n'apportant qu'un seul homme, et jamais elle n'avait été plus chargée!... Ce jour-là, l'abbé Edgeworth trouvait un mot : *Fils de Saint-Louis, montez au ciel!* ou plutôt le *Moniteur* le lui prêtait, car le confesseur était plus mort que le martyr.

Il était déjà question, pour ménager le temps des valets du bourreau, de creuser une rigole qui aurait emmené le sang de l'échafaud à la Seine, quand Robespierre et les siens firent à leur tour les frais d'une dernière charretée, et la place de la Révolution cessa de se voir transformée en boucherie.

Place aux muscadins, à la jeunesse dorée de Fréron, aux intéressantes danseuses du *bal des victimes* qui s'en vont, en tunique grecque, faire aux tricoteuses dans les salons de Tallien une opposition sans fatigue et sans danger! Le club de la rue Saint-Honoré a été dispersé à coups de bâtons : si vous voyez se risquer encore quelque carmagnole, soyez sûr que le porteur est trop pauvre pour imposer à sa garde-robe les variantes brutales de la politique. La section des piques gronde bien de temps à autre; mais attendez que Buonaparte soit venu s'essayer la main sur les ennemis de Barras, son patron, et mettre ses canons en batterie dans l'emplacement même qu'occupait Samson. Tout rentre bientôt dans le calme, et la place rendue à la vie privée, n'a plus d'autre spectacle à vous offrir que la pacifique procession des théophilantropes qui promènent leurs robes blanches et leurs corbeilles de fleurs.

Mais rangez-vous devant un groupe de généraux, qui arrivent au galop des boulevarts, et qui enfilent la route de Saint-Cloud, conduits par ce petit homme pâle et maigre, qui a déjà fait quelque bruit et beaucoup de besogne à la journée de vendémiaire. Nous sommes en brumaire : saluez l'empire qui passe!

L'empire a laissé aussi ses souvenirs sur la place Louis XV. Il commença par la débaptiser, alors qu'il ne s'appelait encore que le consulat. Un décret de l'an VIII changea son nom révolutionnaire en l'honneur de la Concorde, qui représentait à merveille les intentions politiques du nouveau système. On chassa en même temps la Liberté de Lemot, qui n'avait plus de sens, et dont les plâtres déteignaient à l'air, et se fendaient du haut en bas. Un arrêté consulaire venait de doter chaque département d'une colonne triomphale : la place de la Concorde eut pour sa part une colonne nationale qui résumait toutes les autres. Le 25 messidor, le ministre de l'intérieur vint, en grande cérémonie, en poser la première pierre, sous les fondations de l'ancien piédestal qui disparut alors. Boîte d'acajou à double fond, avec une collection de médailles en or, en argent, en bronze, planche de cuivre gravée, destinée à raconter aux siècles futurs les détails de l'événement mémorable; rien n'y fut oublié : mais ce fut tout. On donna aux Parisiens le spectacle de ce que serait la colonne, moyennant un échafaudage en charpente, recouvert d'une toile peinte. Les figures de tous les départements tournaient autour de la base, se donnant la main. Puis Bonaparte courut à Marengo, et l'on n'y pensa plus.

La place Vendôme eut le privilége réel de la colonne nationale au détriment de l'ancienne rivale, qui lui avait volé la foire Saint-Ovide ; mais celle-ci eut autre chose en récompense : elle eut la rue de Rivoli, cet interminable palais qui lui amena la ville par une magnifique avenue de pierres ; elle eut la Madeleine pour faire pendant au palais Bourbon, remanié par le Directoire, de 1796 à 1798, à l'intention du Conseil des Anciens, et dans lequel l'empereur logeait son corps législatif. On lui adjugea aussi ou plutôt on lui promit l'immense Arc-de-Triomphe de l'Étoile, qui est bien à elle, malgré la distance, et qui en fait à cette heure la première place du monde. N'oublions pas ces fêtes gigantesques de l'empire qui ramenaient sans danger tant de myriades d'hommes, là où étaient venus s'écraser les futurs sujets de Louis XVI ; ni la belle Pauline Borghèse, l'élément le plus féminin de tout l'empire, qui de la terrasse verdoyante de l'Élysée Bourbon, planait sur la place, sa voisine ; ni l'hôtel historique de la rue Saint-Florentin, et son diplomate boiteux, leur maître à tous.

Laissons retentir quelque temps encore la place de la Concorde du bruit des sabres qui traînent à terre, et tenons-nous à l'écart, humbles pékins, pour ne pas coudoyer le grognard de la vieille garde. Mais apercevez-vous Joséphine qui passe en pleurant et qui va cacher à la Malmaison son impériale stérilité. L'Arc-de-Triomphe de l'Étoile s'improvise en toile peinte pour fêter la venue de Marie-Louise, et la blonde Autrichienne fait rouler, sans y prendre garde, son carrosse doré sur les dalles qui ont reçu la tête de sa tante ! Rien ne manque à cette grande fête ; elle est toute romaine pour recevoir la fille des Césars ; elle a tout prodigué pour entretenir l'amour, et les jeux du cirque, et les distributions de vivres, *panem et circenses*. Les sénateurs ont payé leur tribut d'adulations et chacun anticipe sur l'avenir par des prédictions de gloire et de bonheur durable, adoptant la vieille superstition qui protége le laurier contre la foudre. Le soir, ce fut une concurrence faite au soleil, mille étoiles partaient de la terre pour s'élancer dans les cieux ; les canons grondaient, les bombes éclataient de toutes parts, la poudre jouait un aussi grand rôle qu'aux plus importantes batailles de l'empire. Vienne un fils à cette mère insoucieuse et Rome le saluera du nom de roi. Hâtez-vous de courir le long de la Seine, si vous voulez voir les premières pierres du palais du jeune César ; car voici venir les Cosaques sur leurs petits chevaux, noirs et velus, qui vont dépouiller de leurs feuilles les arbres des Champs-Élysées.

La Restauration n'eut guères d'autre souci pour la place de la Concorde, que de lui arracher le nom qu'elle tenait de l'ogre de Corse, et de lui rendre sa dénomination de l'ancien régime. Les voltigeurs de Louis XIV se sentaient mal à l'aise sur ce terrain, témoin irrécusable de ce que pesait la main calleuse du peuple, et tout plein encore des grandeurs impériales. La Madeleine transformée d'avance de Temple de la Gloire en Église Catholique Apostolique et Romaine, étalait en vain comme un reproche aux regards ses chapiteaux grecs et son fronton inachevé. L'Arc-de-Triomphe était trop lourd à finir : la velléité de le dédier aux exploits du duc d'Angoulème fit peur aux plus hardis ; l'on n'osa même pas aborder sur place la question dangereuse du régicide, et l'on alla cacher le monument expiatoire derrière les chantiers de la rue d'Anjou-Saint-Honoré. Heureusement encore qu'une autre Italienne a hérité de l'Élysée-Bourbon; et, toute veuve que l'a faite le couteau de Louvel, elle continue les traditions gracieuses de Pauline Borghèse, en dépit du pavillon Marsan.

Si vous voulez trouver de la vie et du mouvement sur la place, tournez-vous du côté du vieux palais Bourbon, devenu la Chambre des Députés. Les libéraux sont là, attendant Foy et Manuel, au sortir de la tribune, pour leur battre des mains ; ils ramènent en triomphe l'illustre Mercier qui, le matin, a traversé la place, simple sergent de la garde nationale, et qui revient grand citoyen. La haie se forme autour du carrosse de Villèle, mais c'est un refrain de Béranger qui siffle aux oreilles du ministre gascon. Ne plaisantez pas trop pourtant avec ces enthousiasmes et ces colères : 1830 va bientôt en mettre à nu le côté sérieux. En vain, tous les souvenirs et toutes les gloires du passé cherchent à se rallier par une double haie de grands hommes, qui forme un cortège immobile aux hommes du jour; mais le pont qui les porta deux années les relègue bientôt à Versailles, et Suger, pas plus que Bayard, Duguesclin ou Condé, ne sont tenus de renvoyer, du haut de leur piédestal, l'écho de nos assemblées législatives. Le sanctuaire est passé par bien des révolutions : c'est à peine si l'on se souvient qu'il dépendait, au commencement du siècle dernier, de l'abbaye de Saint-Germain-des-Prés et faisait suite au Pré-aux-Clercs. Maintenant il faut aller plus loin quand on veut se couper la gorge, et le duel, traqué de toutes parts, et par la loi, et par les fortifications ne trouble même plus la paix du bois de Boulogne, terrain de manœuvre qu'affectionnent les élus du jockei-club et de la fashion, ainsi que les commis marchands et les surnuméraires, qui ne sont gentilshommes et centaures qu'un jour sur sept. Le vrai duel, le duel entre le passé et le présent continue; le dernier Suisse, qui fuit vers Saint-Cloud, emporte encore une fois le nom de la place.

Mais les révolutions ont beau faire, le peuple n'abandonne pas ainsi ses habitudes de langage, et les vainqueurs de Rambouillet ne pourront rien contre la tyrannie mnémotechnique de quatre mots et de deux chiffres.

PLACE LOUIS XV.

Ici finirait notre histoire, si nous n'avions encore le Luxor et M. Thiers. A celui-ci l'honneur d'avoir emporté d'assaut, grâces au budget, le dernier coup de main qui manquait à la Madeleine, et à l'arc triomphal de l'Étoile. Tenons-lui compte aussi de toutes les intentions architecturales qu'il a semées d'une main prodigue, pour réparer, coûte qui coûte, l'avortement de Gabriel. Cette fois encore le petit est resté maître de la place; mais en revanche on l'a multiplié; si bien que de haut, l'on croirait voir les compartiments d'un immense jeu d'échecs avec un pion colossal au milieu. Respect toutefois à cette grande aiguille rouge, qui semble dépaysée et perdue sur ce pavé boueux. Pauvre pierre, qui date de Sésostris, et que l'on a arrachée à ses sables, à son soleil, à ses Bédouins qui venaient le soir planter à ses pieds les piquets de leurs tentes, pour la jeter, à grand renfort de millions, au beau milieu de nos becs de gaz, et de nos cochers de fiacre, et la donner à garder à un invalide! Encore voulaient-ils, les profanes! lui atteler une machine à vapeur pour la dresser sur leur morceau de granit armoricain. Respect et pitié pour elle! Peut-être verra-t-elle un jour Abd-el-Kader et ses fidèles Arabes la saluer en passant à la suite du jeune duc d'Aumale et du général Bugeaud.

Avant d'en finir, traversons encore la Seine, marchons à gauche, non sans payer un tribut d'éloges à l'admirable bas-relief de M. Pradier, et n'oublions pas le délicieux petit hôtel élevé par M. Visconti à la famille Collot, dont je n'aurais même pas demandé le nom, alors que toute la monnaie de France lui passait par les mains; mais on ne saurait montrer trop de reconnaissance au financier, lorsqu'il soulève le bandeau de la fortune pour distinguer l'homme de goût et de science, qui jette au public un monument de plus et se crée des droits aux remercîments de tous en servant si bien les fantaisies d'un seul. Plus loin, l'hôtel de la Légion-d'Honneur, dont l'exiguité ne laisserait pas soupçonner une fabrique si féconde en rubans, car s'il fallait estimer par millimètres ce qui s'en est répandu, tant en France qu'à l'étranger, il y aurait de quoi, je pense, conduire une zône élastique, de Paris jusqu'à Pékin. Tout près s'élève ce monument de création moderne, qui renferme le Conseil-d'État et la Cour des Comptes. L'aspect général en est triste et sans caractère, son style est de ne pas en avoir, et en cela l'artiste s'est fait une originalité négative qui ne le place pas au-dessus du maître-maçon dont l'intelligence pratique a choisi la forme d'un coffre à avoine, pour bâtir l'hôtel des Gardes-du-Corps. C'est maintenant la caserne d'un régiment de cavalerie quelconque; mais cette revue rétrospective nous entraîne trop loin, il faut revenir à notre point de départ.

Là Paris ne domine point seul: il y a convié les villes les plus importantes du royaume, ses amies et non ses rivales. Elles occupent les places d'honneur avec les attributs de leur puissance et de leur spécialité.

Je ne demanderai pas si Marseille a été mise sous les yeux du ministre de la marine pour lui rappeler les graves exigences de la Méditerranée; si Brest, qui, tant bien que mal, représente l'Océan, ne trouble pas parfois son sommeil; je sais seulement qu'il y a une de ces statues, la reine de toutes, qui fait battre le cœur comme si c'était une femme, la belle des belles, peu importe le nom, propriété banale qu'un autre Phidias a étalée aux yeux de tous, sans avoir la conscience de son œuvre, sans se douter qu'au milieu de la foule elle a fait une passion à part, qui vient se briser contre une pierre et ne croit pas à la fable de Pygmalion. Révolutions à venir ! brisez toutes les autres, si bon vous semble, mais respectez celle-là, il faut qu'elle vive pour conserver aux siècles futurs l'idée de la grâce et de la forme, ainsi que nous la donnent les restes mutilés de la Vénus de Milo ! Somme toute, ce n'est que l'image d'une ville: Strasbourg, je crois. Heureux ceux qui y entrent; heureux ceux qui en sortent sans souvenir et sans regret !

Passons aux Invalides, si nous voulons nous guérir de ces mauvaises pensées esthétiques. Pauvres vieux ! le 15 décembre 1840 fut un grand jour pour vous. J'ai cru que les lions qui veillent à la porte des Tuileries allaient rugir, que les chevaux de marbre allaient enfin s'échapper, que l'École militaire, que la colonne de la place Vendôme, que l'Arc-de-Triomphe, voire même la grande perpendiculaire qu'on appelle l'Obélisque, se mettraient en branle pour aller au-devant des cendres de Napoléon. Rien n'a bougé et le calme plat est passé sur cette tempête de souvenirs. L'apothéose est consommée, à d'autres maintenant ; que les destins s'accomplissent !   Th. Burette.

RUE LEPELLETIER.

L'origine de cette rue ne remonte pas au-delà de 1786; elle prit son nom de Lepelletier de Morfontaine, prévôt des marchands, à l'époque où elle fut construite.

Les premiers temps de son existence n'offrent rien de remarquable; seulement tant que dura la période révolutionnaire on voit figurer les grenadiers de la section Lepelletier dans les rangs royalistes, ou plutôt, comme on dirait aujourd'hui, *conservateurs*. C'est sous cette couleur qu'ils se montrèrent au 13 vendémiaire, au 1er prairial et au 18 fructidor.

L'illustration de la rue Lepelletier date de l'époque où elle eut l'honneur de posséder notre premier théâtre lyrique. Voici un court historique des pérégrinations du grand opéra de Paris depuis son établissement : Il fut représenté d'abord à l'hôtel de Nevers, dans la salle de la bibliothèque du cardinal Mazarin, puis transféré successivement aux Tuileries, dans la salle dite des Machines, — rue Mazarine, dans la salle du jeu de paume, vis-à-vis la rue Guénégaud, — rue de Vaugirard près du Luxembourg. En 1673, après la mort de Molière, il vint occuper la salle du Palais-Royal, dans laquelle avaient été joués la plupart des chefs-d'œuvre de l'immortel écrivain. Cette salle fut détruite par un incendie, le 6 avril 1763, et magnifiquement reconstruite sur un plan beaucoup plus vaste, aux frais du duc d'Orléans. Le 8 juin 1791, un second incendie dévora ce bel édifice. Le grand opéra songea alors à s'établir sur le boulevart Saint-Martin, et par un prodige inouï en architecture officielle, une nouvelle salle (la même qui existe encore aujourd'hui) fut commencée et achevée dans l'espace de six semaines.

Mademoiselle Montansier, ancienne directrice de la comédie de Versailles, ayant fait construire un vaste théâtre sur l'emplacement de l'hôtel Louvois, rue Richelieu, le gouvernement révolutionnaire en fit l'acquisition pour le Grand-Opéra, et l'inauguration eut lieu le 15 juillet 1794.

La musique et la danse trônèrent dans ce temple pendant vingt-quatre ans, c'est-à-dire jusqu'en 1820. Après l'assassinat du duc de Berri, frappé le 13 février à la porte de l'Opéra, au sortir d'une représentation du ballet du *Carnaval de Venise*, et mort dans le foyer de la danse, la Restauration fit fermer, puis démolir le théâtre de la rue de Richelieu. On éleva sur le lieu même un monument expiatoire, que la révolution de juillet a abattu pour y substituer une belle place et une magnifique fontaine.

Afin d'abriter Euterpe et Therpsicore (vieux style), on construisit, rue Lepelletier, une salle qui fut appelée *provisoire* et inaugurée le 16 août 1821. Après vingt-deux ans, ce *provisoire* existe toujours, mais par comparaison combien de choses dites *permanentes* ont disparu dans ce même laps de temps.

Le théâtre actuel de la rue Lepelletier, bâti sous la direction de M. Debray, a été dès son origine l'objet de beaucoup de critique, en raison surtout de son aspect peu monumental. Ainsi, dans les premiers temps, lorsqu'un provincial demandait le grand Opéra, les mauvais plaisants lui répondaient : « rue Lepelletier, la deuxième porte cochère à main droite. »

On attribue généralement l'invention du grand Opéra à deux Florentins, le poète Ottavio Rinucci et le signor Giacomo Corsi, gentilhomme et excellent musicien qui, au commencement du xvie siècle, firent représenter avec un immense succès sur le théâtre de la cour du grand-duc de Toscane une pièce lyrique à grand spectacle, intitulé *les Amours d'Apollon et de Circé*. Chacun sait que ce genre de spectacle fut introduit en France par le cardinal Mazarin, mais avec des paroles, de la musique et des chanteurs Italiens. L'abbé Perrin, successeur de Voiture, dans la charge d'introducteur des ambassadeurs auprès de Gaston d'Orléans, fut le premier qui osa hasarder des vers d'opéra en français. Il débuta par une pastorale en cinq actes, jouée à l'hôtel de Nevers en 1659. La musique était de la composition de Gambert, organiste de Saint-Honoré et intendant de la musique de la reine mère. Les chroniques de l'époque s'accordent à dire que ce premier *poème* était fort médiocre. Hélas! d'après la teneur de certains libretti modernes, on serait tenté de croire que l'ombre de l'abbé Perrin plane encore parfois sur ses successeurs!

Le 28 juin 1669, l'abbé Perrin obtint des lettres-patentes « portant per-
» mission d'établir en la ville de Paris et autres du royaume, des acadé-
» mies de musique pour chanter en public pendant douze années des
» pièces de théâtre comme il se pratique en Italie, en Allemagne et en
» Angleterre. » Les premiers musiciens et les premiers chanteurs du grand Opéra français furent tirés des églises cathédrales, principalement dans le Languedoc. N'est-il pas bizarre que ce spectacle, éminemment profane, qu'on a appelé depuis un lieu de perdition, ait été inauguré par un abbé et par des chantres de lutrin.

L'ouverture eut lieu en mai 1671, par *Pomone*, opéra en cinq actes, paroles de l'abbé Perrin, musique de Gambert. Cette nouvelle entreprise se vit, au bout de quelques mois, menacée d'une complète déconfiture. En 1672, le privilége fut transporté à Jean-Baptiste Lully, et l'on sait à quel degré de splendeur et de prospérité l'illustre musicien, aidé de la collaboration poétique de Quinault, porta bientôt le Grand-Opéra.

Par lettres patentes de Louis XIV, il fut permis à ce *Florentin*, dont La Fontaine a tracé le caractère peu magnifique, « d'établir dans la bonne
» ville de Paris une académie royale de musique, pour y faire des repré-
» sentations des pièces de musique qui seront composées tant en vers
» français, qu'autres langues étrangères, *même celles qui auront été re-*
» *présentées devant nous*; fesant expresses défenses à toutes personnes, de
» quelque qualité qu'elles soient, même aux officiers de notre maison
» *d'y entrer sans payer*; et d'autant que nous l'érigeons sur le pied des
» académies d'Italie, où les gentilshommes *chantent publiquement en mu-*
» *sique sans déroger*, voulons et nous plaist que tous gentilshommes et
» damoiselles *puissent chanter auxdites pièces et représentations de notre*
» *Académie royale, sans que pour ce, ils soient censés déroger au dit titre de*
» *noblesse et à leurs priviléges*. »

Quel honneur pour le blason amoureux de l'Opéra!

Il paraît qu'à cette époque le privilége royal conférait des pouvoirs tout-à-fait autocratiques, ou que du moins Lully l'interprétait ainsi, car il traitait ses artistes absolument comme des serfs. On raconte que la première chanteuse, mademoiselle Rochois, ayant déclaré qu'elle ne pouvait continuer à répéter le rôle d'un opéra du compositeur-directeur, par la raison qu'elle se trouvait dans une *situation intéressante*, comme disent les Anglais, Lully lui lança brutalement un coup de pied dont l'actrice faillit ne pas se relever.

De même, si aux répétitions un violoniste de l'orchestre manquait quelque trait ou s'avisait d'oublier un dièse ou un bémol, Lully s'élançait furieux et commençait l'explication par lui briser son violon sur la tête.

Après quinze années d'exercice, Lully mourut en 1687, laissant dans ses coffres la somme énorme, pour ce temps-là, de six cent trente mille livres en or. Ses successeurs furent loin d'être aussi heureux sous ce rapport; leur histoire n'est qu'une suite non interrompue de bilans et de faillites. De 1687, il faut arriver jusqu'à 1830, pour trouver un second exemple d'un directeur qui se soit enrichi au Grand-Opéra.

Nous avons dit qu'en vertu d'une clause expresse de la charte d'institution de l'Opéra, octroyée par Louis XIV : Les demoiselles et gentilshommes pouvaient jouer et chanter audit Opéra, sans déroger à leurs titres de noblesse; mais un fait plus généralement ignoré aujourd'hui, c'est que les artistes de ce théâtre privilégié jouissaient en outre d'une immunité spirituelle, en d'autres termes qu'ils étaient seuls exceptés de l'excommunication lancée contre les comédiens.

Dans les règlements dont nous avons parlé relativement à l'Opéra, sous les règnes de Louis XIV et de Louis XV, il est fait « très-expresses inhibitions et défenses à *toutes personnes, de quelque qualité que ce soit, même aux officiers de la maison du Roi*, D'Y ENTRER SANS PAYER. » Peu à peu cet article est tombé en désuétude. Aujourd'hui, non-seulement un grand nombre de personnages attachés à la cour, non-seulement les ministres, le préfet de la Seine, le préfet de police, les membres de la commission de surveillance, mais encore une foule d'employés de diverses classes dans les administrations, usent et abusent de leur position officielle pour imposer des entrées des loges gratuites aux théâtres royaux. Outre que de pareilles façons d'agir sont peu convenables et peu dignes, on pourrait dire qu'elles constituent une atteinte au principe fondamental du régime actuel : tous les Français doivent être égaux devant le contrôle des théâtres ainsi que devant la loi.

Nous citerons à ce propos un autre trait caractéristique des mœurs lésineuses du jour : beaucoup d'opulents habitués des théâtres royaux qui, par ostentation, louent une loge à l'année, font brocanter le coupon toutes les fois qu'ils n'ont pas l'intention de s'en servir. Les Richelieu et les Lauzun ne se doutaient guère, sans doute, que les brillants seigneurs d'une autre époque ne dédaigneraient pas de *faire des affaires* avec des marchands de billets. On trouve généralement que la moderne aristocratie d'argent tient beaucoup trop à ses titres de noblesse, autrement dit à ses pièces de cent sous et de vingt francs !

Autrefois, le Grand-Opéra, était en quelque sorte un salon où la haute société se donnait rendez-vous; depuis 1830, ce théâtre est devenu plus populaire ; on y compte cependant encore un grand nombre de fidèles habitués. Aux yeux des indigènes du Marais et de la rue Saint-Denis il a conservé son ancienne spécialité aristocratique ; pour eux, *aller à l'Opéra* donne toujours un certain relief de distinction. C'est surtout dans les petits spectacles qu'ils songent à tirer vanité d'une audition de *Robert-le-Diable* ou des *Huguenots*. Vous les entendrez souvent s'exclamer tout haut d'un ton dédaigneux : « Qu'est-ce que cela *quand on a vu l'Opéra !* »

La fameuse loge d'avant-scène, composée de l'élite des lions de l'époque, qui de 1833 à 1837 a fait tant de bruit (moralement et physiquement parlant) sous le nom de *loge infernale*, qui dictait des arrêts dans la salle, était redoutée et encensée dans les coulisses à l'égale d'une puissance ; cette loge, disons-nous, n'existe plus aujourd'hui, du moins quant à la spécialité dont nous venons de parler. Différentes causes particulières ont dispersé presque tous les anciens membres ; on en cite un plus particulièrement infortuné, qui a été frappé d'une sous-préfecture.

Certains grands journaux ont toujours eu pour habitude d'imaginer différentes sources auxquelles ils sont censés puiser les nouvelles qu'ils publient. Après avoir usé et abusé des *salons politiques* et des *cercles les mieux informés*, ils en sont venus, afin de varier un peu, à y ajouter le *foyer de l'Opéra*. Que de chroniques paraissent avec ce préambule stéréotypé : « Hier on s'entretenait beaucoup au foyer de l'Opéra, etc. » En conséquence, beaucoup de bonnes gens considèrent le foyer de l'Opéra comme une espèce de forum politique; mais si, pour se mettre au courant de *la crise actuelle*, ils viennent prêter l'oreille aux bruits qui circulent dans ce lieu, quel n'est pas leur désappointement d'entendre, en fait d'importantissimes révélations des entretiens tels que ceux-ci : « Merci, pas mal, et vous? — Il fait bien froid; — il fait bien chaud; — il me semble que je n'ai pas aperçu ce soir madame Glandureau dans sa loge. — Elle est partie pour la campagne. — Duprez est en voix aujourd'hui, etc., etc. » Le *foyer de l'Opéra* est une des erreurs de l'époque.

L'entrée particulière des artistes de l'Opéra est du côté de la rue Grange-Batelière, dans un passage sombre et humide, assez semblable à une descente de cave. Les soirs de représentation, de dix heures à onze heures et demie, on aperçoit toujours à la lueur d'un quinquet douteux, une foule de jeunes ombres qui se promènent sous cette voûte, et

qui, en général, ont l'apparence de commis de magasins, d'artistes en herbe, ou de clercs d'avoués. Ces ombres semblent être dans l'attente, et au moment de la sortie, on dirait que de légères sylphides s'accrochent à leurs bras, puis disparaissent avec elles. Nous avons cru remarquer que les filles de l'air qui s'accouplent ainsi à de modestes sylphes de comptoir ou de bazoche, sont toutes fort jeunes, et qu'à en juger par leur mise simple, elles ne sont pas encore acclimatées dans les brillantes régions de l'Opéra. Parfois cependant, une nymphe portant l'attribut distinctif des divinités bien reconnues de l'Olympe lyrique, c'est-à-dire un cachemire; après avoir, dans les coulisses, glissé à l'oreille d'un diplomate, d'un agent de change ou d'un prince russe, quelques mots qui ont paru contrarier l'interlocuteur et produire sur lui l'effet d'une excuse et d'une mauvaise défaite; descend rapidement les degrés du théâtre, puis adresse, en passant sous la voûte mystérieuse, un regard furtif, à un adolescent paré de ses vingt ans plutôt que de son paletôt : ce regard apparemment doué d'une puissance électrique, entraîne aussitôt le jeune mortel sur les traces de la déesse. Ainsi, chaque soir le sombre souterrain de la rue Grange-Batelière, se peuple de gracieuses et poétiques visions et réveille des souvenirs de nuits vénitiennes.

Tout ce qui touche de près ou de loin aux théâtres, aux auteurs, aux acteurs et surtout aux actrices, a toujours eu le privilége d'exciter la curiosité du public. L'innocent spectateur, rentier, commerçant, père de famille et garde national, qui n'a jamais eu accès dans le monde dramatique, arrive jusqu'à l'âge de soixante ans, en conservant une foule d'illusions très-fraîches et très-voluptueuses touchant cet asile mystérieux, cet arcane impénétrable que l'on nomme *les coulisses*.

Les coulisses de l'Opéra, principalement, n'ont pas cessé d'être entourées aux yeux des profanes d'un prestige de féerie orientale ; elles sont inséparables des idées de houris, d'Almées, de bayadères. Le bourgeois qui serait admis à y pénétrer, aurait bien de la peine à ne pas se considérer comme quelque peu métamorphosé en pacha, et à ne pas se prémunir d'une foule de mouchoirs, pour les jeter aux beautés qu'il suppose toujours prêtes à recevoir une semblable faveur. D'autre part, il est passé en axiome moraliste, que quiconque a mis une fois le pied dans les coulisses de l'Opéra, éprouve à l'instant même un désenchantement amer et complet. Nous croyons pouvoir affirmer que des deux côtés il y a exagération. Ces coulisses ne rappellent pas très-exactement l'Orient ; les visiteurs ne sont point appelés à jouir *ipso facto* des béatitudes promises aux élus du paradis de Mahomet; mais par contre, la réalité est loin d'être aussi réfrigérante que les moralistes le prétendent, témoins nombre de fidèles habitués qui paraissent enchantés des *désenchantements* qu'on éprouve en ce lieu. Une soixantaine de personnes environ jouissent de leurs entrées dans les coulisses de l'Opéra ; ce sont des lions pur sang, locataires de loges d'avant-scènes, de hauts employés des ministères, des artistes, des journalistes et des diplomates. Il est bon de faire remarquer que de temps immémorial et dans toutes les capitales de l'Europe, les ambassadeurs et leurs attachés ont toujours eu *de droit* le privilége d'être admis aux coulisses des théâtres chorégraphiques : nouvelle preuve du rapport mystérieux mais intime qui existe entre la pirouette et ce qu'on appelle encore la grave science de la diplomatie.

On pénètre dans les coulisses de l'Opéra, soit de l'intérieur de la salle, par une porte placée au bas de l'escalier qui conduit aux premières loges, soit par l'entrée des artistes qui ouvre, comme nous l'avons déjà dit, sur le souterrain de la rue Grange-Batelière. Des deux côtés il faut, pour arriver au sanctuaire, traverser une suite de couloirs obscurs, tortueux, et qui, par parenthèse, exhalent assez souvent des odeurs excessivement peu orientales. Impossible à un visiteur inexpérimenté de sortir sans guide de ce dédale, et il est plus vrai de dire sous le rapport topographique, que sous le rapport moral, qu'on est exposé à *se perdre* dans les coulisses de l'Opéra.

Sous l'ancienne monarchie et sous la Restauration, toute personne étrangère admise aux coulisses de l'académie royale de musique, devait avoir constamment le chapeau à la main. Aujourd'hui, cette marque de politesse n'est plus de rigueur que dans le foyer de la danse. Ce foyer est un ancien salon de l'hôtel Choiseuil, coupé en deux dans sa hauteur, et dont les pilastres, les glaces, les ornements sculptés attestent la richesse passée. Il est orné d'un buste en marbre de la célèbre mademoiselle Guimard, légué à l'Opéra par une clause expresse de son testa-

ment. Tout autour de la salle règne une balustrade dorée, sur laquelle s'appuyent les danseuses pour exécuter des *pliés*, des *battements*, des *hauts de jambe*, afin de s'assouplir avant de paraître sur la scène ; d'autres, répètent leurs pas au milieu du foyer, devant les glaces. Tous ces exercices chorégraphiques n'empêchent pas les sylphides de soutenir la conversation avec les visiteurs. Ce dialogue, mélangé d'entrechats, de pirouettes, de pointes de pieds levés à hauteur de l'épaule des interlocuteurs, offre un spectacle étrange, mais qui ne manque pas de pittoresque.

Jadis plusieurs actrices de l'Opéra ont été célèbres par leur esprit. Les bons mots de mademoiselle Cartou (la maîtresse du maréchal de Saxe), et plus tard ceux de Sophie Arnould, réjouissaient la ville et la Cour. Nous n'avons pas besoin de dire que toutes ces saillies étaient tant soit peu décolletées. En voici une qui n'est pas très-connue et que nous citerons comme chef-d'œuvre du genre. En 1795, Sophie Arnould, depuis quelque temps retirée du théâtre, avait fait l'acquisition de la maison des Pénitents de Saint-François à Luzarches : elle y vivait obscure et isolée, loin de ses anciens amis de Cour, dispersés par l'ouragan révolutionnaire, lorsqu'elle fut dénoncée comme suspecte de royalisme. Les membres du comité de surveillance de l'endroit envahirent sa retraite pour y procéder à une visite domiciliaire : « Mes amis, leur dit-elle en souriant, j'ai toujours été une citoyenne très-active et je connais par cœur *les droits de l'homme.* »

Sous ce rapport l'Opéra moderne n'a pas dégénéré ; on ferait un énorme recueil des piquants propos et des joyeuses anecdotes débités dans les foyers et dans les encoignures des *montants* de coulisses. Si la salle parfois critique la scène, la scène à son tour le lui rend avec usure. Pendant les entr'actes, des yeux de bayadères ou de dames de chœur viennent successivement s'appliquer aux deux ouvertures latérales de la toile, et là, toutes les figures et les tournures de spectateurs ou de spectatrices, pouvant prêter au ridicule, tous les manques de goût en matière de toilette, donnent lieu à un feu roulant de mordants quolibets ; mais aujourd'hui que l'esprit court les rues, il ne suffit plus pour donner la célébrité, et la renommée des modernes Sophie Arnould ne dépasse pas la rampe. C'est surtout dans le corps de ballet et dans l'*escadron* des choristes que l'on peut apprécier la justesse de cette observation de l'auteur d'*Antony* sur la merveilleuse aptitude des femmes à s'imprégner des idées, des habitudes et du langage de leurs *connaissances*. Ainsi vous entendrez de tout jeunes *rats* parler en amateurs consommés, de courses, de steeple-chases, de paris, de chasses, de races de chevaux, en un mot, de toutes les choses relatives au sport ; — ou bien causer avec aplomb beaux-arts et littérature ; — ou bien discuter gravement, soit la question d'Orient, soit tout autre question de politique intérieure et extérieure à l'ordre du jour, suivant que lesdits *rats* sont en relation avec un jeune gentleman-rider, un artiste, un diplomate ou un homme d'État.

Personne n'ignore à présent que l'on appelle *rats*, les jeunes sujets du corps de ballet, à cause de leur gourmandise, et parce qu'on les voit presque toujours *grignottant* quelque chose. Aussi les modernes don Juan s'adressent plutôt à l'estomac qu'au cœur ; la carte d'un souper au café Anglais ou à la Maison-d'Or entre pour la plus grande part dans ce qu'on appelle les frais de séduction. Jadis la galanterie française se complaisait dans le madrigal, à cette heure elle tourne plus volontiers au perdreau truffé.

Une habitude caractéristique des *rats*, c'est qu'ils ont toujours à mettre en loterie un bijou, un tableau, un perroquet, etc. Les étrangers qui se fourvoyent dans les coulisses, sont exposés à être assaillis d'offres de billets de loterie par ces Reinganum en jupes de gaze. Qu'on se le dise !

Les anciennes chroniques ne parlent que du luxe extraordinaire de voitures, de livrées, d'ameublements, de bijoux, déployé par des déesses d'Opéra ; aujourd'hui, ces exemples de fastueuse ostentation ont à peu près complétement disparu : nous ne sachions pas une seule bayadère de la rue Lepelletier qui ait une voiture à elle. Ils sont loin les temps où le prince d'Hénin passait avec Sophie Arnould un contrat par l'une des clauses duquel il s'engageait à lui fournir un nouvel équipage tous les mois, où une nymphe qui florissait sous le Directoire, la célèbre Clotilde, jouissait, grâce à la munificence d'un prince italien et d'un amiral espagnol, de deux millions de rentes, et trouvait encore moyen, avec ce revenu royal, de faire, par an, environ 500,000 fr. de dettes.

Il est bien entendu que nos précédentes observations ne s'appliquent point aux *premiers sujets*, qui, à cette époque, se recommandent non moins par la régularité de leur conduite que par l'élévation de leur talent ; maintenant le grand artiste est généralement bon époux, bon père, bon citoyen et même bon garde national. Duprez, Baroilhet, madame Stoltz, madame Dorus, etc., se montrent peu dans les coulisses, surtout quand ils jouent. Grâce à la coupe des opéras en cinq actes, et surtout au style criard et exagéré des partitions actuellement à la mode, les artistes quittent presque toujours la scène haletants, en sueur, et regagnent en toute hâte leur loge. Les grands génies du jour, inventeurs de la musique *savante, profonde, dramatique,* etc., seront cause qu'on pourra bientôt dire des chanteurs modernes, ce qu'on disait sous l'empire d'un régiment de grenadiers, à savoir qu'il ne devait pas durer plus de trois ans.

Tout le monde sait qu'à présent le chiffre des appointements des premiers sujets de l'Académie royale de Musique s'élève à un total exorbitant. Les *feux* ont augmenté dans la même proportion : le montant de ces feux varie de 200 à 300 fr. par soirée. Les chanteurs de troisième et de quatrième ordre en ont également et de très-confortables ; l'un d'eux n'eût-il dans un opéra d'autre tâche musicale que de remettre une lettre en *ré* majeur, il touchera 40 à 60 fr.; cela se renouvelle à chaque représentation, de sorte que le port de cette lettre finit par revenir passablement cher à l'administration.

A ce propos nous pensons qu'on ne lira pas sans intérêt le document suivant, qui donne une idée des changements que deux siècles ont apporté dans la position financière des artistes de l'Opéra. Ce document porte la date du 11 janvier 1713; il est intitulé :

ÉTAT

Du nombre de personnes, tant hommes que femmes, dont le Roi (Louis XIV) VEUT ET ENTEND que l'Académie Royale de Musique soit TOUJOURS composée, SANS QU'IL PUISSE ÊTRE AUGMENTÉ NI DIMINUÉ.

Acteurs pour les rolles.

(Nous conservons partout l'ancienne orthographe.

BASSE - TAILLES.

Premier acteur.	1,500 livres.
Second acteur.	1,200
Troisième acteur.	1,000

HAUTES-CONTRES (ténors actuels).

Premier acteur.	1,500 livres.
Second acteur.	1,200
Troisième acteur.	1,000

ACTRICES POUR LES ROLLES.

Première actrice..	1,500 livres.
Deuxième actrice..	1,200

Suit une proportion décroissante jusqu'à la sixième actrice, qui est appointée à 700 livres.

POUR LES CHŒURS.

Vingt-deux hommes à 400 livres, et deux pages à 200 livres.
Douze femmes à 400 livres.

DANSEURS.

Deux premiers danseurs à 1,000 livres chacun;
Dix autres à 800, 600 et 400 livres;
Deux premières danseuses à 900 livres chacune;
Huit autres à 500 et 400 livres.

ORQUESTRE.

Batteur de mesure (chef d'orchestre actuel) à 1,000 livres; suit la nomenclature de quarante-six instrumentistes, dont les appointements varient de 600 à 400 livres. *Deux* machinistes à 600 livres.

Il résulte de cet état officiel, qu'en 1713 le personnel de l'Opéra ne s'élevait pas à plus de *cent vingt-six* artistes ou employés, le tout coûtant par an *soixante-sept mille cinquante francs,* c'est-à-dire les deux tiers environ de ce que coûte aujourd'hui un seul premier sujet.

Après le grand Opéra, les seuls établissements publics remarquables que possède la rue Lepelletier, sont : — le fameux restaurant de Paolo Broggi, qui a fait pour la cuisine italienne, ce que Rossini a fait pour la musique du même pays, c'est-à-dire qu'il l'a rendue populaire et créé le dilettantisme de Macaroni, de Ravioli, de Pulpetti, etc. ; — un simple café que les habitudes des consommateurs ont transformé en club littéraire et politique. On l'appelle l'*Estaminet du Divan*. Pour être admis aux honneurs de l'introduction, deux qualités sont nécessaires : il faut être l'ami d'un homme de lettres, ou vouloir le devenir soi-même. Tout est littéraire dans cet établissement: les garçons eux-mêmes ne sont pas, dit-on, admis sans avoir un certain vernis de littérature, et ils ne sont reçus qu'après examen. —On ajoute que la plupart collaborent, sous des pseudonymes, à divers journaux de modes.

Lorsque vous entrez, ils vous disent : — Monsieur désire-t-il la suite d'Eugène Sue et sa demi-tasse?—Monsieur lira-t-il le feuilleton d'Alexandre Dumas, en prenant sa limonade ? — Nous avons aujourd'hui un article de critique littéraire, et des tranches de jambon bien remarquables.

Quelquefois le maître de l'établissement vous aborde et vous dit à mi-voix : Ah! ah! *nous* avons publié *notre* feuilleton; c'est le cas de régler notre petit compte. Ou bien : — Nous arrangerons cela au moment de *notre* mise en vente. — Ou bien : — Je vous ferai remettre la petite note après votre *première*. — Je compte sur quelques billets.

Le National a, depuis cinq ans, planté son drapeau démocratique dans la rue Lepelletier. C'est également dans cette rue que M. Ganneron a récemment établi sa nouvelle banque d'escompte.

Le passage de l'Opéra est cité comme l'un des bazars de l'industrie élégante. C'est aussi le rendez-vous favori des Lions qui, le soir surtout, l'inondent d'un nuage de fumée de cigarres plus ou moins havane. Depuis quelque temps, les coulissiers de la Bourse, forcés d'abandonner le café de Paris et le perron de Tortoni, se sont réfugiés dans le passage de l'Opéra. Là, ils se coudoient avec les marchands de billets et de contremarques. Ce rapprochement entre ces deux classes d'individus serait-il une épigramme du hasard ?

Le Grand-Opéra est pour la rue Lepelletier une cause de brillante animation. Les soirs de représentation, elle jouit du défilé des équipages et elle a en outre l'avantage d'être ornée de plusieurs plantons de gardes municipaux, cet inévitable indice de toutes les joies et de toutes les solennités modernes.

ALBERT CLER.

RUE RAMBUTEAU

Au point de vue de l'histoire, cette rue n'existe pas ; elle est née d'hier ; elle date de demain.

Exécutée aussitôt que conçue, elle s'est élevée comme par enchantement ; poussant ses maisons l'une après l'autre, comme des pions sur un damier, elle s'est avancée du levant au couchant, à travers Paris, renversant tout ce qui lui faisait obstacle, ruelles et rues, palais et bouges, rognant par-ci, coupant par-là, maniant la truelle et le marteau, édifiant et démolissant tout à la fois, si bien qu'un beau matin les fripiers de la rue Saint-Avoie, les chapeliers qui avaient fait élection de domicile à la rue des Ménétriers, les rogomistes de la rue Quincampoix, les bonnetiers de la rue Saint-Denis, et toute l'honorable corporation des dames de la halle, virent avec effroi, au bruit des gravois qui tombent, des marteaux qui frappent et des scies qui grincent, s'avancer gravement, résolument, impitoyablement, cette rue nouvelle et inattendue. Ce fut un coup de foudre, une désolation générale, une clameur formidable. — La rue Rambuteau qui arrive! la rue Rambuteau qui passe! On eût dit vraiment que l'émeute était aux portes, et le cloître Saint-Merri en feu.

Ce premier effroi passé, la rue Rambuteau fut acceptée, et de fait c'est là une magnifique rue; applaudissons encore à la création de cette nouvelle voie parisienne : tout ce qui doit embellir et purifier la grande ville est bon à prendre ou à recevoir.

« La magnificence de Paris, disait naguère M. Hippolyte Meynadier,
» dans une brochure sur les travaux d'art et d'utilité publique, atteindra
» les dernières limites, telles que peuvent les tracer nos sociétés mo-
» dernes, lorsque l'autorité, à la tête d'un mouvement progressif, aura
» donné tous ses soins à la création des grandes voies de communica-
» tion, si indispensables, sans lesquelles notre capitale ne peut avoir
» toute sa majesté; lorsqu'elle aura érigé, dans des institutions étudiées
» et convenables sous tous les rapports, les grands monuments d'utilité
» publique qui sont à créer ou à reconstruire; lorsqu'elle aura dégagé
» nos vieux édifices des entourages grossiers qui les obstruent trop sou-
» vent; lorsqu'elle aura même pris soin de faire exécuter, dans des con-
» ditions artistiques, les constructions qu'elle ordonne et qui ont rapport
» aux besoins du service public. »

M. Meynadier doit être content de la rue Rambuteau, cette puissante artère ouverte à la circulation parisienne, une large voie qui relie trois quartiers différents, qui dispense à la fois l'air, l'espace et le soleil, à une population nombreuse et étouffée, trait-d'union commercial qui soude l'un à l'autre les deux plus grands marchés de Paris : les carreaux des halles et la rotonde du Temple, les commestibles et le vieux linge; mais n'anticipons pas. Cette rue, qui n'a point d'histoire à elle, appartient au passé par les souvenirs qui se rattachent au sol, au présent par la physionomie qui lui est propre, à l'avenir par les services qu'elle doit rendre. Parlons donc du passé.

Aidés de ce nuage de poussière et de vieux plâtre qui promène un instant son antique auréole au-dessus des édifices démolis, remontons à la source de cette rivière d'indienne, côtoyons les bords de ce fleuve de calicot et de madapolam, car déjà la cotonnade règne et gouverne à la rue Rambuteau. Établissons la généalogie, et consultons, s'il vous plaît, l'arbre héraldique de cette nouvelle venue.

Paris n'a pas été bâti dans un jour, dit un vieil adage; l'enceinte de Philippe-Auguste, commencée en 1190, est là pour le prouver. La muraille terminée en 1221 passait, d'un côté, rue du Chaume, et de l'autre à Saint-Eustache. Ces deux limites de Paris sont aujourd'hui le commencement et la fin de la rue qui nous occupe. Philippe-Auguste avait prévu M. de Rambuteau; le préfet de la Seine a compris le roi de France.

Enfermer cet espace, ce n'était rien, il fallait le peupler; il y avait, il est vrai, des murs à la ville et des portes à ces murs, mais tout Paris était encore dans la Cité; les gens aventureux de ce temps-là, les Christophe Colomb du Pont-au-Change, s'avançaient bien jusqu'au pied de l'Hôtel-de-Ville, voire même jusqu'à la rue des Lombards, mais c'était tout. Au-delà, c'étaient d'immenses terrains vagues, de grands clos ensemencés, où l'herbe croissait plus vite que le bon grain : c'était la campagne, c'étaient les champs, la plaine Saint-Denis dans un mur d'enceinte.

Cependant on apercevait par fois, en cherchant bien, quelques taudis de mauvaise apparence, perdus dans ce désert fangeux, maisons lugubres, d'allures suspectes et de rencontre périlleuses, coiffées de chaumes ébouriffés, toujours guettant par leurs sinistres lucarnes, et devant lesquelles le bourgeois attardé n'eut passé qu'en tremblant. Puis çà et là jetés comme des germes civilisateurs, comme des colonies naissantes, on voyait de loin à loin s'élever le clocher d'une chapelle, les tours d'une abbaye, véritable forteresse monastique, où le froc cachait la cuirasse, où la croix n'était que la poignée de l'épée. Tel était, en 1138, le couvent des religieux de Saint-Magloire, situé à égale distance de la chapelle Saint-Agnès, qui fut depuis Saint-Eustache, et du grand chantier du Temple, sur l'emplacement duquel on a construit l'hôtel Soubise. Qui eut dit que ces trois jalons féodaux jetés dans le XIIe siècle sur l'extrême limite du vieux Paris serviraient, en quelque sorte, de points de rappel aux géomètres de notre temps pour tracer la rue la plus bourgeoise, la moins dévote et aussi la moins guerrière du Paris moderne.

Quand bien même la rue Rambuteau n'aurait pas d'autre illustration que celle-là, ce lui serait assez d'appartenir par son commencement, par son milieu et par sa fin, à trois des plus curieux monuments historiques du moyen-âge; car, ainsi placée, elle peut résumer à elle seule l'histoire politique et religieuse de Paris du XIIe au XVIIIe siècle.

N'est-ce pas à l'angle de la rue du Chaume et de la rue de Paradis, derrière ces murs où sont enfermés aujourd'hui les Archives du royaume, que se trouvait situé en 1182 le grand chantier des Templiers, vaste dépendance de cette congrégation militaire et religieuse, à laquelle un roi légua son royaume. Dans cette enceinte, qui communiquait avec le Temple, les chevaliers de la Croix-Rouge avaient fait construire les boucheries de leur couvent.

Deux siècles plus tard, les Templiers étaient dispersés depuis longtemps; l'ordre, dépouillé et banni, errait à l'étranger. La ville, voulant témoigner sa reconnaissance au connétable Olivier de Clisson, qui avait intercédé auprès du roi Charles VI pour les Parisiens révoltés, lui donna le grand chantier du Temple, qui porta depuis le nom d'hôtel de la Miséricorde, en commémoration de la clémence d'Olivier de Clisson.

Le vieux capitaine affectionnait cette résidence, qui le rapprochait du roi son maître ; Clisson passait de longues heures à l'hôtel Saint-Paul. Un jour il y resta plus longtemps que de coutume, le roi était ce jour là dans un accès de cette noire misanthropie qui devait plus tard se changer en démence. Le connétable, accompagné d'une suite peu nombreuse, s'en revenait dans la nuit, nuit mémorable du 13 juin 1391, lorsqu'il fut assailli, au coin de la rue Culture-Sainte-Catherine, par une troupe d'hommes armés. Pierre de Craon, seigneur de Sablé, chambellan et favori du duc d'Orléans, frère du roi, était à leur tête. Surpris à l'improviste, le connétable, percé de plusieurs coups, fut laissé pour mort sur la place, il en revint pourtant. Seize ans après, le duc d'Orléans, à l'instigation duquel avait été commis ce guet-à-pens, fut moins heureux, il fut tué dans la rue Barbette, par des assassins aux gages du duc de Bourgogne, Jean-sans-Peur, dans la nuit du 22 novembre 1407. Son corps, provisoirement transporté à l'église des Blancs-Manteaux, dut passer devant l'hôtel de la Miséricorde, sorte d'expiation que la Providence lui réservait peut-être, lugubre rapprochement que le hasard opéra seul, car le vieux connétable était mort le 23 avril de la même année, quelques mois auparavant, dans ses terres de Bretagne, mort dans son lit, dans son honneur et dans sa fidélité, âgé de 73 ans.

Comme on le voit, il y a du fer dans le blason de la rue Rambuteau ; patience, il y a de l'or aussi.

Savez-vous quel est cet homme de haute taille, à la jaquette de velours violet, fourré de martre, monté sur un cheval caparaçonné d'or et de soie, qui va faire son entrée triomphale dans la ville de Rouen, la ville conquise, ayant à ses côtés les deux plus grands capitaines du temps, le comte Dunois et le seigneur de la Varennes. Cet homme, l'égal des princes, l'ami du roi, plus que son ami, l'ami de la France, l'ennemi des Anglais; cet homme, général de la mer, qui touchait d'une main au sultan des infidèles, et de l'autre au pape, c'est le fils d'un obscur marchand de la cité de Bourges, que son génie éleva au premières dignités de l'État ; c'est Jacques Cœur.

L'or du marchand fut plus puissant que le fer des vaillants capitaines, et sans le secours du *petit roi de Bourges*, comme on l'appelait, peut-être que Charles VII n'eût jamais reconquis son royaume. Aussi, tant qu'il eut besoin de ses services, le roi se montra-t-il reconnaissant ; il le nomma son argentier. Il venait le visiter souvent dans sa maison ; là, assis sur des fauteuils à franges, mi-partie d'or et de soie, le prince et le sujet travaillaient ensemble à huis-clos, ou *devisaient privément de choses plaisantes*. Là aussi se glissait parfois en secret, le visage couvert d'un loup de velours, encapuchonnée dans sa mante, la belle Agnès Sorel, la gente damoiselle, lorsqu'elle voulait cacher à son royal amant quelque dépense exagérée, quelque folle acquisition d'étoffe et de joyaux.

De tout temps, la finance a eu le gracieux privilège de ces visites confidentielles et intéressées, la rue Rambuteau s'en souvient. Mais ce sont surtout les talonnières ferrées des grands seigneurs, qui usaient le pavé de l'argentier du roi. Dieu sait combien de haut-de-chausses, de chaperons de velours et de harnais de batailles, sont sortis de l'épargne de Jacques Cœur.

« *La noblesse est emprunteuse, c'est là son moindre défaut.* » Elle lui devait des sommes immenses, aussi, pour s'acquitter envers lui, Chabannes, Dammartin, la Trimouille et quelques autres, firent-ils saisir ses biens en son absence. On excita la colère et la jalousie du roi contre cet homme qui, la veille encore, venait de terminer, à force d'or et d'habileté, l'importante négociation de Turin.

Fort de son innocence, Jacques Cœur voulut se justifier; on le saisit, et il fut enfermé sous bonne garde dans le couvent des Cordeliers de Beaucaire; on fit mine d'instruire son procès, mais la sentence était prononcée d'avance : la confiscation, la prison et le bannissement, voilà ce que Charles VII gardait à celui qui, bien mieux que la Pucelle, l'avait fait sacrer roi à Reims.

Réhabilitée par Louis XI, la mémoire de Jacques Cœur est venue jusqu'à nous pure de toute souillure, M. de Rambuteau a voulu s'associer à ce grand acte de réhabilitation, et là où fut autrefois la maison de Jacques Cœur, on peut voir entre la rue Saint-Avoie et la rue Saint-Martin, sur la façade de l'une des plus élégantes maisons de la rue nouvelle, le buste d'un homme qui fut à la fois un grand financier, un habile diplomate et, chose trop souvent incompatible, un très-honnête homme. Cette simple devise, gravée sur la pierre au-dessous de son effigie, en dit plus que tous nos éloges :

A JACQUES CŒUR ;
PROBITÉ, PRUDENCE, DÉSINTÉRESSEMENT.

Puisse cet éclatant hommage rendu par la ville de Paris à la probité du petit marchand de Bourges, profiter à l'avenir de la rue Rambuteau. Déjà tout le commerce du quartier a fait invasion dans la rue nouvelle; la renommée de Jacques Cœur trouble le repos de la toile d'Alsace, et empêche l'article Paris de dormir; chaque marchand rêve derrière son comptoir les splendeurs de l'argentier du roi; il s'y fait des commandes et de la diplomatie par correspondance. La bourre-de-soie trame des protocoles et des cachemires pur laine; les fauteuils gothiques ont remplacé les tabourets de paille, et toutes les demoiselles de magasins sont des Agnès. Le dix-neuvième siècle a rétrogradé jusqu'au quinzième. Il y a des circonstances où reculer, c'est progresser.

Mais j'aperçois d'ici le carrefour où s'ouvrait la bouche noire, humide et infecte d'une ruelle autrefois célèbre. Qu'a-t-on fait de la rue des Ménétriers, je vous prie, joyeuse fille du vieux Paris, qui, dès le XIII° siècle chantait incessamment la nuit et le jour d'une voix rauque et avinée, à l'angle de la rue Beaubourg et de la rue Geoffroi-Langevin? En 1225, c'était la rue *aux joueurs de vielle*, puis la rue des *Jugleours*; au XIII° siècle rue aux *Jongleurs*, plus tard rue des *Ménestrels*, et depuis 1482, rue des *Ménostriers*.

Pour moi, je l'avoue, j'aime cette rue d'un amour d'artiste; j'ai pour elle une sorte de vénération et de respect filial, quand je songe que ce titre de *Ménestriers* fut l'humble manteau qui recouvrit, il y a huit siècles environ, les musiciens et les poètes.

On les appelait troubadours ou trouvères, soit qu'ils vinssent du Midi ou du Nord; quelquefois même on les nommait sans scrupule jongleurs et *ménestriers*. Qu'était-ce, en effet? des bateleurs vagabonds, qui faisaient simplement dans leur pèlerinage poétique la langue d'*Oc* ou la langue d'*Oïl*, reconstruisaient à la France un idiome perdu depuis longtemps, ou corrompu par les invasions des Barbares et les conquêtes des Romains, créaient une poésie, trouvaient une musique, et civilisaient des peuples au son des vielles et des rebecs. Dès le xie siècle les troubadours, trouvères, jongleurs ou ménestriers, s'étaient déjà rendus fameux, et comme les bonnes choses et les saines traditions ne durent guère, ils ne tardèrent pas à dégénérer, de telle sorte que Philippe-Auguste se vit contraint de les bannir la première année de son règne. Alors la gaîté insoucieuse, le rire franc et jovial, les belles histoires et les bons contes, les jolis refrains des ménestriers, les chants amoureux des troubadours, les divertissantes singeries, les merveilleux tours de gibecières, les danses plaisantes et les jovialités des jongleurs, tout cela s'en fut tristement dans la terre d'exil, laissant en grand émoi nobles dames et jeunes seigneurs, et plongeant toutes les châtellenies d'Oc et d'Oïl dans la consternation et dans le deuil. De la Provence à la Picardie, ce ne fut qu'une lamentable clameur de détresse; aussi vit-on bientôt revenir les joyeux compagnons de la Ménestrandie.

La nouvelle de leur retour se répandit promptement; jamais roi couronné ne fut plus cordialement, plus magnifiquement accueilli. Ils rapportaient tant de nouvelles chansons, tant de galantes histoires, tant d'aventures merveilleuses, et d'autres qui avaient pieusement utilisé leur pèlerinage étaient chargés de tant de précieuses reliques péniblement apportées de la Terre-Sainte, que l'enthousiasme ne connut bientôt plus de borne.

Jacques Grure et Hugues-le-Lorain, deux ménétriers dont les affaires avaient prospéré sur la terre d'exil, fondèrent à cette époque une chapelle dédiée à saint Julien et à saint Genest; ils y annexèrent un hôpital où les ménétriers et jongleurs étrangers passant par la ville de Paris étaient reçus et hébergés gratuitement. Enfin, peu de temps après, ils formèrent une confrérie sous le patronage de saint Julien et saint Genest. Le règlement de cette confrérie fut dressé au Châtelet, le 23 novembre 1321. Ce règlement est un véritable privilège en faveur des ménétriers parisiens; il fut signé par trente-sept ménétriers jongleurs ou jongleresses, au nombre desquels se trouvaient Pariset, ménestrel du roi; Jaucor, fils du *Moine*, et Marguerite, *la Femme au Moine*. Pour justifier ces surnoms, au moins étranges, il n'est pas inutile de dire que la rue *des Ménétriers* touchait de fort près aux murs du couvent de Saint-Magloire; le voisinage explique tant de choses. Les compagnons, ou membres de la confrérie des Ménétriers, avaient croix et bannières, ainsi que toutes les autres corporations, et l'on voyait dans le sceau de la confrérie Saint-Genest, droit et raide, jouant de la vielle avec toute la gravité et le décorum qu'exigeaient son titre et sa position de bateleur canonisé.

A cette époque la confrérie était en telle odeur de sainteté, que saint Louis voulant lui donner une marque de sa royale munificence, exempta les compagnons du droit de péage, à l'entrée de Paris, sous le Petit-Châtelet, à condition qu'ils feraient sauter leurs singes et chanteraient une chanson devant le péager. Telle est l'origine de ce proverbe si connu : « *Payer en monnaie de singe.* »

Mais, hélas ! il en fut des *ménestriers* comme des grands de la terre; ils ne purent demeurer longtemps au faîte où ils s'étaient élevés, et le jour de leur grandeur fut celui de leur décadence.

Depuis quelque temps la rue des Ménétriers se dérangeait. On avait eu beau la baptiser et la rebaptiser vingt fois, elle restait toujours un peu païenne, en dépit des ordonnances de Philippe-Auguste et des sages édits du saint roi. Jamais on n'avait ouï tant de chansons obscènes; il y avait du libertinage dans l'air; du matin jusqu'au soir, du soir jusqu'au matin c'était un continuel fracas de pots fêlés, de refrains grivois, de baisers retentissants et d'instruments discords; on voyait incessamment courir dans la pénombre de cette rue obscure des formes ivres et débraillées; déjà des regards indiscrets et des lèvres plus indiscrètes encore avaient éventé bien des secrets. Certaine porte du couvent de Saint-Magloire, condamnée du temps de Philippe-Auguste, s'ouvrait par fois à la nuit close, et les médisants assuraient que Marguerite-la-Jongleresse, surnommée la *Femme-au-Moine*, n'avait pas entièrement volé ce surnom. Les mœurs des Ménétriers avaient déteint sur le couvent, où la chanson était plus en honneur que le cantique. Puis on disait ceci et cela, et bien d'autres choses encore; il est vrai que les beautés peu farouches de la rue Trousse-Nonain dénouaient trop facilement, peut-être, leurs ceintures dorées; il se peut aussi que plus d'une fois les joyeux compagnons de la confrérie des Ménétriers leur aient appliqué la paternelle ordonnance de saint Louis, et que, par une licence poétique un peu hasardée, ils aient traité ces prêtresses de l'amour satisfait comme la barrière du Petit-Châtelet, dont ils payaient le passage en monnaie de singe.

Déjà bannis une première fois pour cause de libertinage, les ménétriers n'en continuèrent pas moins leur vie licencieuse et déréglée; leurs désordres nouveaux furent portés à un tel excès, que le prévôt de Paris se vit obligé de rendre une ordonnance qui leur fit « défense de rien dire, représenter ou chanter dans les lieux publics et autres qui pût causer quelque scandale, à peine d'amende, de prison, et d'être réduit au pain et à l'eau. » Atterrés par cette loi sévère, ils se séparèrent et prirent différents partis : les uns se livrèrent à l'exercice des tours de force et d'adresse, et furent appelés bateleurs; telle est l'origine des danseurs de corde. A l'entrée d'Isabeau de Bavière, un ange, précurseur d'Auriol et de Mazurier, descendit sans balancier sur une corde tendue à la porte

Rue Rambuteau.

Saint-Denis, et vint poser une couronne sur la tête de la reine. C'était un de ces bateleurs.

Les autres après avoir fait divorce avec les singes, se lièrent entre eux et fondèrent la compagnie des Ménestrels.

Enfin, les derniers, dévots à la mémoire de leurs patrons, se vouèrent au culte du vrai Dieu, et voulant devenir maîtres de chapelle, parvinrent, non sans peine, à la dignité de chantres de paroisse.

Ainsi finit la confrérie des Ménestriers; l'institution s'éteignit, mais le principe survécut; que sont en effet de nos jours l'association des *auteurs dramatiques*, celle des artistes, des directeurs de théâtres, des gens de lettres? et la plus jeune de toutes, la société des musiciens qui vient de se fonder, que sont elles? si non les filles dégénérées de la grande *confrérie des Ménétriers*.

Quant à la rue, elle existait encore il y a six mois, toujours noire, toujours humide, elle était devenue l'asile des ateliers de chapellerie que le marteau municipal en a chassé. Le monastère de Saint-Magloire n'existait plus, le souffle révolutionnaire qui fit écrouler tant d'édifices féodaux, abattit en 1790, l'église et le couvent, et de ce puissant monastère, il ne resta bientôt plus rien qu'une impasse.

La ville de Paris vient de jeter un pan de son manteau sur toutes ces souillures, les taches du passé ont disparu; mais si vous soulevez les dalles du trottoir ou le pavé de la chaussée, vous trouverez peut-être encore les traces boueuses de la rue des Ménétriers; les traces sanglantes du gibet de Saint-Magloire.

D'un gibet à un cardinal, il n'y a que la corde, le sang tombé de l'un, a bien souvent ravivé la pourpre de l'autre; surtout quand ce dernier s'appelait Charles-de-Lorraine, cardinal de Guise. Que sa sainteté nous le pardonne, la rue Rambuteau tient à ses illustrations, et chacun sait que l'hôtel d'Olivier de Clisson est passé en 1587, à la maison de Lorraine. C'est là que fut le berceau de la Ligue, les massacres de la Saint-Barthélemi ont été conçus à l'hôtel de la Miséricorde.

Pourquoi faut-il que nous trouvions toujours sous notre plume des souvenirs sanglants?—Voici venir une femme, jeune et belle, rieuse et folâtre, et qui va nous parler d'amour. Que portez-vous donc là, belle dame? quel est ce bijou mignon coquettement suspendu à votre châtelaine guillochée? Dieu me pardonne! ce sont des ciseaux, je crois. Jamais ces blanches mains aux fossettes amoureuses n'ont manié l'aiguille; jamais ces beaux yeux ne se sont rougis à l'ardeur du travail! Pourquoi donc ces jolis ciseaux dorés dont la pointe acérée est moins fine pourtant que votre esprit?—Ah! je comprends; ce sont d'enragés Ligueurs que ces petits ciseaux mignons, et vous, madame, vous êtes la duchesse de Montpensier, qui venez savoir de votre bon oncle le cardinal, comment on s'y prend pour changer une couronne en tonsure, et faire un moine d'un roi.

On gratte à la porte;—Qui est là?—Vite, vite, madame la duchesse, remettez votre loup de velours; esquivez-vous par la porte secrète, il ne faut pas que l'on vous voie; il ne faut pas que vous puissiez voir. Ce bon cardinal, comme il est ému. La duchesse s'est éloignée; la portière est retombée sur elle; on peut ouvrir maintenant. Cette fois c'est encore une femme.—Est-elle jeune? est-elle jolie?—Attendez; elle a quitté sa mante; elle est jeune. Son masque tombe; elle est jolie.

Jolie, dites-vous? mais elle est charmante : demandez plutôt à Henri III, qui l'a surnommée la belle Gabrielle. Voyez la grâcieuse taille, le pied mignon, la bouche vermeille et épanouie, les belles mains, les beaux yeux! oh! que tout cela est bien fait vraiment, pour enivrer d'amour rois, princes et cardinaux!

Mais, dites-nous de grâce, charmante Gabrielle, ce que vous venez faire à l'hôtel de Guise? ou plutôt ne dites rien. Allez, bouleversez le cabinet de son éminence; riez, chantez, lutinez ce pauvre cardinal de Lorraine, qui n'en peut mais, empêché qu'il est, le saint homme, par son avarice et sa soutane rouge.

Gabrielle est déjà loin. Ah! Monsieur le cardinal! non-seulement vous voulez enlever au roi son royaume, mais vous lui prenez encore sa maîtresse! une vive et pétulante jeune fille de dix-huit ans, pleine d'amour et de folie, ardente au plaisir comme un page; et vous vous imaginez qu'il n'en sera que cela. Tudieu! Gabrielle ferait-elle donc aussi partie de la sainte Ligue, passe encore pour la tonsure, que vous ménagez à Henri, passe pour les barricades, passe pour la Saint-Barthélemi; mais la maîtresse du roi, la Gabrielle d'amour, que vous laissez aller au bout d'un an, par une ladradie indigne. Prenez-y garde, le jour des représailles viendra : et le 24 décembre 1588, il ne tiendra qu'à vous de voir derrière le poignard des assassins de Blois, l'arme d'une femme irritée qui se venge!

Mais, non, Gabrielle était trop bonne fille pour cela. Comme elle avait passé du roi au cardinal, elle passa du cardinal au duc de Longueville, et de celui-là à un autre, jusqu'à ce qu'elle fût enfin remonté de nouveau dans la couche royale; de Henri III à Henri IV elle avait franchi un règne, et sa beauté avait fait comme elle; le bouton s'était épanoui, la fleur était alors dans tout son éclat, dans tout son parfum.

La rue Rambuteau est toute remplie du souvenir de cette adorable femme. L'histoire de ses amours est écrite à chacun de ses angles, sous chacun de ses pavés. En sortant de chez le cardinal de Lorraine, elle trébucha à mi-chemin et fit une chute; elle se releva duchesse de Beaufort. Ce petit hôtel, qui se cache derrière une des façades de la rue Rambuteau, sur la droite, non loin de la rue Quincampoix, nous en dirait bien plus long à ce sujet. C'est là que vint au monde César de Vendôme, cet enfant chéri de Henri IV, qui fut le père du duc de Beaufort, l'un des chefs les plus influents de la Fronde; le duc de Beaufort, idole des Parisiens, qui l'avaient surnommé le roi des Halles, avait, dit-on, du sang de ligueur dans les veines; comment n'eût-il pas été Frondeur.

Un peu plus loin, rue de de la Chanvrerie, ou mieux rue Rambuteau, nous retrouvons encore l'empreinte de ce joli pied qui se posait sans se fixer jamais. Or, Gabrielle avait le cœur sur le pied. Cette fois pourtant l'hôtel a gardé un plus long souvenir de sa propriétaire. A cette porte, Henri IV s'arrêta souvent, la rue était étroite et obscure; il se glissait le long des murailles, le joyeux roi, comme un écolier en bonne fortune; tandis que Sully le croyait enfermé dans son Louvre, il se livrait aux charmes d'un

amoureux tête-à-tête, ou au plaisir de quelque bonne partie de dés avec M. de Villars; il perdait vaillamment deux ou trois mille pistoles, et la belle Gabrielle, accoudée sur le dossier du royal fauteuil, suivait d'un œil curieux le rapide mouvement des dés et de l'or sur le tapis.

Pendant que nous suivons au vol, et d'amours en amours, la changeante Gabrielle, la rue Rambuteau a vu bien d'autres révolutions, ma foi. Un grand cri s'est fait entendre ; une clameur formidable a retenti ; c'est la journée des barricades qui finit; le roi vient d'envoyer le maréchal de Biron à l'hôtel de Guise, prier le duc d'intervenir pour sauver les troupes royales de la fureur du peuple ; le duc, flatté, est monté à cheval et l'ordre s'est rétabli aux cris mille fois répétés de vive Guise ! vive la Ligue ! Ramené en triomphe à son hôtel, le chef des Ligueurs, se tournant vers les Parisiens, leur dit alors ces remarquables paroles : « C'est assez, c'est trop, Messieurs ; criez vive le roi ! » Et l'on cria vive le roi, comme on avait crié vive la Ligue, tant était grande l'influence de cet homme, plus roi que le roi lui-même.

En 1697, l'hôtel est passé à François de Rohan, prince de Soubise, qui l'a fait reconstruire en 1706, tel qu'il existe encore, le fronton décoré des armoiries de la maison de Rohan-Soubise était un chef-d'œuvre de Le Lorrain; Brunetti peignit le grand escalier, un luxe vraiment royal présida à cette importante restauration.

Sur ces murailles, véritable memento historique, on déchiffre une date et un nom : mars 1786. — *Cardinal de Rohan.* — *Collier de la reine.*

Place, place ; laissez passer le carrosse de monseigneur le maréchal prince de Soubise, le noble seigneur a trouvé sans doute qu'il y avait bien loin de la rue du Chaume à la rue de l'Arcade, et le voilà qui abandonne son hôtel pour aller mourir dans l'alcove d'une fille de l'Opéra, comme on disait en 1787.

Aujourd'hui cet hôtel, qui garde le souvenir des Templiers, d'Olivier de Clisson, de la maison de Lorraine et de la famille des Rohan-Soubise, sert d'entrepôt, de magasin, de bibliothèque, comme on voudra l'appeler, aux Archives de France. Il était certes, impossible de trouver un emplacement qui fût à la fois plus digne de cet honneur et en même temps moins propre à cette importante destination.

Ici nous touchons à la fin de notre tâche ; nous avons demandé au passé tout ce qu'il pouvait décemment nous apprendre ; on devinera que si nous n'avons pas tout dit, c'est que la naïveté du vieux langage touche parfois à la licence, et la rue Rambuteau est un peu prude. Que voulez-vous ? la bonnetterie a des mœurs. Respectons la candeur du fil d'Ecosse et ne faisons pas rougir la toile peinte.

Nous avons passé au galop de notre plume à travers la rue Quincampoix, obstruée sous la régence par les agioteurs du Mississipi ; la fièvre de l'or est contagieuse : heureux temps que celui où l'on se battait à la porte de l'hôtel de Nevers, pour avoir le privilége de perdre son argent ; on se battait encore aujourd'hui, mais pour avoir le droit de le garder.

— Autres rues, autres mœurs.

Partis de la rue du Chaume, nous voici arrivés aux halles en droite ligne.

La rue Rambuteau s'arrête là.

De tout ce passé plein de gloire, d'amour, de sang et de boue, la rue Rambuteau n'a rien gardé : c'est une rue nouvelle s'il en fut; propre, droite et quelque peu monumentale; d'un luxe sobre et bourgeois; une rue qui résume admirablement l'époque et le quartier qui lui ont donné le jour, style de la rue Rambuteau : car cette rue a son langage comme elle a ses mœurs et sa physionomie. La rue Rambuteau dit : mon *épouse*, pour dire ma femme et prononce *aigledon*, pour édredon. Elle se couche à dix heures, habitude du Marais, porte des pantalons de nankin l'été et

des parapluies en toute saison. A cela près, c'est une rue irréprochable, honnête et probe, pleine d'honneur et de dignité; les maisons s'y alignent comme les colonnes d'un livre de caisse, et les portiers de cette rue tiennent leurs escaliers en partie double avec une régularité irréprochable.

Il est vrai de dire que l'orgueil entre pour beaucoup dans ce luxe d'éponges et de paillassons, l'orgueil ce Charançon de la petite propriété; l'orgueil qui a perdu tant de rues illustres, est ce qui a sauvé celle-ci, en lui faisant choisir tout d'abord un préfet pour parrain? et quel préfet! le plus magnifique et le plus brillant; celui dont l'administration a réalisé en quelques années toutes les améliorations depuis si longtemps rêvées ; à qui Paris est redevable des immenses travaux des Champs-Élysées, des boulevarts, de la place de la Concorde et des quais de Paris ; celui à qui l'on doit le splendide achèvement et l'intelligente restauration de l'Hôtel-de-Ville, et qui, placé à la tête du corps municipal, représente la ville tout entière ; en un mot, le préfet de la Seine, M. de Rambuteau.

A M. de Rambuteau appartient l'heureuse idée de percer cette rue nouvelle ; la rue reconnaissante s'est parée de son nom ; c'était justice.

Mais qu'on ne s'y trompe pas, la rue Rambuteau est une rue politique, à elle seule ; elle a plus fait pour la tranquillité de Paris que vingt régiments et cinquante mille baïonnettes. La rue Rambuteau coupe à tout jamais le pied à l'émeute, en dévidant ce terrible écheveau de ruelles embrouillées de carrefours fangeux, de cul-de-sacs immondes qui étendaient leur sinistre réseau du marché des Innocents à la rue Saint-Avoie, et de l'Hôtel-de-Ville au cloître Saint-Merry.

Cette rue restera, comme un des plus utiles monuments de l'administration de M. de Rambuteau, et peut-être qu'un jour, lorsque les passions seront calmées, et que la consécration du temps permettra d'honorer chacun selon ses mérites, il se trouvera à la tête du conseil municipal de Paris un magistrat qui fera pour M. de Rambuteau ce que le préfet de la Seine vient de faire pour le petit marchand de Bourges.

Nul doute que la postérité n'inscrive alors en première ligne, à côté du nom de M. de Rambuteau, ce mot qui résume à la fois l'homme et le magistrat : *Urbanité!*

Ch. ROUGET.

FIN DE LA PREMIÈRE PARTIE.

TABLE DES MATIÈRES

DU TOME PREMIER.

	Pages.
A Travers les Rues, par Louis Lurine.	1
Place de l'Hôtel-de-Ville, par Eugène Briffault	21
Rue de la Chaussée-d'Antin, par Amédée Achard	39
Place Royale, par Jules Janin.	49
Rue Pierre-l'Escot, par Taxile Delort	69
Allée et Avenue de l'Observatoire, par Étienne Arago.	81
Rue de la Harpe, par Roger de Beauvoir.	93
Rue Laffitte, par Eugène Guinot.	105
Rue et Faubourg-Saint-Antoine, par Touchard-Lafosse	115
Rue Notre-Dame-de-Lorette, par Albéric Second.	131
La Cité, par Paul L. Jacob, Bibliophile.	141
Rue de la Paix, par Emile Marco de Saint-Hilaire.	159
Rue des Blancs-Manteaux, par Carle Henriès.	175
Le Palais-Royal, par Eugène Briffault,	185
Rue Saint-Florentin, par Louis Lurine.	205
Rue des Lombards, par Louis Huart.	227
Rue et Passage du Caire, par Elie Berthet.	237
Marché des Innocents, par Touchard-Lafosse.	255
Rue et Quartier Saint-Germain-des-Prés, par Harry Hœrtel.	265
Rue Quincampoix, par Mary-Aycard.	283
Les Quais, par Mary-Lafon.	293
Rue Mouffetard, par Louis Berger.	317
Rue et Faubourg-Saint-Honoré, par Lottin de Laval.	331
Rue Neuve des Petits-Champs, par P. Christian.	345
Place Louis XV, par Théodore Burette	357
Rue Lepelletier, par Albert Cler.	371
Rue Rambuteau, par Rouget.	385

www.ingramcontent.com/pod-product-compliance
Lightning Source LLC
Chambersburg PA
CBHW060546230426
43670CB00011B/1710